掌尚文化

SALUTE & DISCOVERY

致敬与发现

The National Postdoctoral Forum on
"Rural revitalization and precision Poverty alleviation"

博思拮智

——乡村振兴与精准扶贫全国博士后论坛论文集

主　编　吴大华

副主编　吕　军

经济管理出版社

ECONOMY & MANAGEMENT PUBLISHING HOUSE

图书在版编目（CIP）数据

博思拮智：乡村振兴与精准扶贫全国博士后论坛论文集 / 吴大华主编 . —北京：经济管理出版社，2021. 2

ISBN 978-7-5096-7813-8

Ⅰ . ①博…　Ⅱ . ①吴…　Ⅲ . ①农村—社会主义建设—中国—文集　Ⅳ . ① F320.3-53

中国版本图书馆 CIP 数据核字（2021）第 038193 号

组稿编辑：宋　娜
责任编辑：宋　娜　张鹤溶　张玉珠
责任印制：黄章平
责任校对：陈　颖

出版发行：经济管理出版社
　　　　　（北京市海淀区北蜂窝 8 号中雅大厦 A 座 11 层　100038）
网　　　址：www.E-mp.com.cn
电　　　话：（010）51915602
印　　　刷：唐山昊达印刷有限公司
经　　　销：新华书店
开　　　本：710mm×1000mm / 16
印　　　张：24
字　　　数：444 千字
版　　　次：2021 年 4 月第 1 版　2021 年 4 月第 1 次印刷
书　　　号：ISBN 978-7-5096-7813-8
定　　　价：198.00 元

目 录

CONTENTS

1. 甘肃省政策性农业保险绩效评价 *

王建兵　胡苗

摘要：本文利用入户调查数据，从农户、政府、保险公司层面微观评价政策性农业保险情况，在此基础上，建立政策决策、政策管理、政策绩效和政策影响力四个相关的评价指标体系。提出了加强农业保险政策宣传、进一步优化政策性农业保险保费的分摊比例、优化保费补贴资金的运行机制、根据实际情况及时调整合同内容、简化赔付手续的对策建议。

关键词：政策性农业保险；绩效评估

甘肃省气候变化敏感，生态环境十分脆弱，属于我国自然灾害种类最多、活动最频繁、危害最严重的省份之一。近年来，自然灾害呈现愈演愈烈的态势，农牧民因灾致贫、因灾返贫的现象也比较严重，在甘肃省大力发展政策性农业保险对分散农牧民经营风险、有效保障农民利益、推动甘肃省农业经济社会发展具有实际意义。在这样的背景下摸清甘肃省政策性农业保险发展的现状，通过建立科学的评价指标体系对甘肃省政策性农业保险实施效果进行定性及定量评价，并且找出政策性农业保险可持续发展的制约因素，为甘肃省政策性农业保险稳定持续发展谏言献策。

一、研究综述

国外学者对农业保险运行效率及福利意义的研究主要是从国家整体福利水平方面进行的。Hazell（1986）认为农业保险带来的产出增加不仅有利于生

---

* 王建兵，男，博士，研究员，甘肃省社会科学院农村发展研究所所长，研究领域为生态经济和农村发展。胡苗，女，硕士，助理研究员。

产者，而且也有利于消费者。Nelson 和 Loehman（1987）对农业保险的风险分摊机制等问题进行了研究，其认为政府如果在农业保险合约的设计上多投入些会比给予补贴所带来的社会效益更大。Babcock 和 Hart（2000）认为美国较高的农业保险补贴增加了美国农户购买高保障水平农作物保险的预期边际净收益，从而提高了农业保险绩效。国外关于农业保险对于生产和产量影响方面的研究，Glauber 等（2007）认为农户由于购买农业保险所造成的产量增加并不一定会使其收入增加，反而可能会降低其福利。

在我国政策性农业保险绩效的研究中，李军（1996）指出农业保险具有显著的社会效益，在分散风险、促进农业资源合理配置、促进农产品总量的增加和质量的提高方面作用显著，对保障农业再生产和扩大再生产具有重要意义。庹国柱和王国军（2002）指出政策性补贴的额度与农民福利水平提高的幅度是一个国家转移支付的效率问题，并从福利经济学的角度论证了农业保险具有生产正外部性和消费正外部性。俞雅乖（2008）认为政策性农业保险最终会实现社会效用的增加。孙香玉和钟甫宁（2008）通过实证研究得出由于农业保险业务有最低的参保率限制，因此农业保险补贴政策可能会带来社会经济福利的净增加。

二、甘肃省政策农业保险实施的现状

甘肃省自 2007 年开始与全国同步开展农业保险，在财政、农牧、林业、金融服务办公室、保险监督管理委员会和保险公司各方协调推进下，农业保险取得显著成效，并形成甘肃省的发展特征。

2016 年甘肃省实现保费收入 307.7 亿元，同比增长 19.8%。甘肃省农业保险种植业承保面积 8039 万亩（含森林、林果面积），养殖业承保数量 543 万头（只），参保农户 202 万户次，受旱灾暴洪等极端天气自然灾害的影响，目前已向 153 万户次农户支付灾害损失赔款 6.86 亿元，同比增长 31.3%。

（一）央补险种覆盖全省，省补险种点片分布

甘肃省自 2007 年开始与全国同步开展农业保险以来，已经累计提供农业风险保障 700 多亿元，农业保险覆盖到所有市州、县区。

目前，甘肃省农险发展规模达到 8.4 亿元，继续位居全国中游。2016 年甘

肃省农业保险继续扩面增品，2016 年新开办茶叶、李广杏、枸杞、洋葱、葡萄、军马 6 个特色险种，目前农险品种达到 30 余个。2016 年甘肃省农业保险参保农户 202.2 万户次，支付赔款 6.86 亿元，受益农户 153.02 万户次。

（二）大宗农业保额物化成本比例逐步提高

当下，甘肃省政府出台的"1+17"精准扶贫政策文件，将保险机制纳入推进精准扶贫框架。甘肃省相应提高部分险种保额，形成差异化保障产品。玉米、马铃薯和奶牛 3 个险种的保额分别提高 43%、100% 和 66%，不同产区玉米保额达到每亩 500 元和每亩 1000 元，不同风险区域马铃薯保额达到每亩 500 元和每亩 700 元，奶牛保险保额达到每头 5000 元，基本达到直接物化成本，接地气的差异化产品受到了农户的普遍欢迎。

甘肃省为山丹马场提供马匹、种养业、旅游责任、人身意外和贷款保证保险等创新性一揽子保险保障。2016 年，在陇南市康县开办茶叶低温指数保险试点；在敦煌开办李广杏气象指数保险和葡萄种植保险；在白银市靖远、景泰两县开展枸杞种植保险。

2016 年甘肃省新开办茶叶、李广杏、枸杞、洋葱、葡萄、军马 6 个特色险种。试点茶树气象指数保险，承保 1.2 万亩，试点李广杏气象指数保险，承保 8 万株。在嘉峪关、金昌、临夏开办蔬菜价格指数保险，承保 8500 亩。中药材产值保险在定西、陇南开办的基础上，扩大到兰州，共承保 26 万亩，参保农户 1.8 万户，提供风险保障 3.74 亿元。农房保险扩大到 5 个市开展统保，定西市开展农房地震保险。

新型价格保险助力农户有效应对市场风险，定西市陇西、渭源两个国家级贫困县试点中药材产值保险，为药农提供自然灾害和中药材价格下跌的"双保险"，药农可凭保单增信获得种植贷款服务。党参、黄芪和当归的保额为每亩 2000 元到每亩 3300 元，保费为每亩 120 元到每亩 198 元，地方财政每亩补贴 80 元，这些措施有效应对了市场价格下跌和自然灾害给种植户造成的损失。2016 年，甘肃省中药材产值保险简单赔付率在 100% 左右。

（三）自然灾害多样，涉面广危害重，农业保险频现超高赔付

甘肃省特色农产品面临的风险多样，所以开发专属产品的保额也相对较高。先后开展设施蔬菜、经济林果、玉米制种、烤烟、肉牛、肉羊、葡萄、枸杞等特色产业保险。2016 年，蔬菜价格保险保费 118 万元，赔付 389 万

元。在静宁县、秦安县开办包括除霜机、防雹网等防灾防损设施责任在内的苹果种植综合保险，当年赔款 2600 万元，简单赔付率达到 126%。在正宁县试点烤烟保险，支付赔款 515 万元，简单赔付率达 465%，户均赔款近 2000元。中药材产值保险在 2014 年、2015 年、2016 年的简单赔付率（赔款支出 / 保费收入）均在 100% 以上。苹果保险连年高额赔付，2016 年赔款高达2596.41 万元。敦煌葡萄保费收入 120 万元，预计赔款超过 1000 万元。此外，烤烟、枸杞、肉羊等地方特色产品赔付水平较高，农业保险在充分发挥风险保障作用的同时，也使保险经营主体损失严重。

（四）开展保险增信贷款，助农金融合作加深

让种养大户和涉农小微企业通过保单增信，在无抵押、无担保的情况下获得贷款，解决企业及养殖户资金短缺、银行贷款门槛过高等问题。甘肃省从农户反映的实际出发，扩大涉农小额贷款保证保险，支持种养大户缓解融资难题。在陇西县开展畜草产业小额贷款保证保险，让种养大户和小微企业通过保单增信，在无抵押、无担保的情况下快速获得贷款。通过"政银保"模式，在陇西县试点畜草产业贷款保证保险，缓解养殖户融资难、融资贵的问题，并由县政府为畜草产业贷款提供风险损失补偿基金和 50% 的贴息资金，保险公司为借款人提供保证保险产品，种养大户和小微企业通过保单增信、财政贴息，可快速获得无抵押、无担保的低利率贷款。当贷款出现本金违约损失时，由政府补偿基金、银行、保险公司分别按照 2：1：7 的比例共担损失。自此业务开办以来，共向 482 户农户发放贷款超 1 亿元，满足陇西县 10% 以上养殖户的资金需求。该项业务实际融资成本远低于小贷公司和民间借贷，且无须担保抵押，运行安全可靠，是中国保险监督管理委员会在全国推广的典型模式。目前，甘肃省 9 个县开展"政保银"小额贷款保证保险，累计支持 580 家涉农小微企业获得银行贷款超 2 亿元。

（五）立足"大三农"保险，拓展涉农保险服务领域

2016 年，在兰州、平凉等 5 市开展农房统保试点，在定西市开展农房地震保险试点。农村家庭财产保险、农村"五小车辆"保险及农村小额人身保险、养老保险和健康保险、外出务工人员意外险等加快发展，有效防范因病因伤致贫返贫。

由市、县政府全额或部分补贴，每户 10~40 元保费不等，提供泥石流、

滑坡、暴雨等自然灾害以及火灾等风险保障 0.5 万 ~4 万元，农房保险已覆盖 9 市 28 个县区，承保 34.6 万户，支付赔款 363.5 万元。迭部县政府还将全县 655 座寺院僧舍全部投保房屋保险，赢得了僧侣和社会的积极评价。

（六）藏区农业保险走在前端，稳藏富藏功效明显

针对贫困藏区，甘肃省保险业在中央扶持下大力发展藏区牦牛、藏羊保险，业务开办五年来规模稳居全国第一，截至 2016 年底累计承保牦牛 615 万头、藏羊 1157 万只，承保率已分别达到存栏量的 89% 和 77%，支付赔款 4.85 亿元，受益牧民 6.6 万户，户均获得赔款 7348 元。广大牧民亲切地将牦牛、藏羊保险喻为"润泽草原和牧民的阳光雨露"。甘南藏族自治州还将玛曲、夏河等五大畜牧业县列为特色养殖保险示范区，通过政企共建服务网络、印制藏汉双语宣传、简化理赔流程等举措，加快业务发展，为金融稳藏富藏发挥了积极作用，为少数民族地区保险助力脱贫提供了经验。

三、政策性保险实施的影响

（一）数据来源

为进一步了解政策实施所在地农户的基本情况，分析政策实施对农户的影响，2017 年 4 月 10~17 日，课题组分四组对甘肃省 14 个地州市政策性农业保险情况进行了调研。调研在每个市选择 2 个县区，每个县区选择 2 个乡镇（村）进行农户调研。

调查采取实地走访的问卷调查方式，对农户的个人特征、农户的风险经历、购买农业保险的情况、对农业保险的认知、农业保险赔款对农户作用等问题进行了调研。本文调研共完成问卷 335 份，其中有效问卷 320 份，样本有效率为 95.52%。

（二）农户层面

农户作为农业保险保费补贴政策的直接受益主体和保障核心，其是否对政策性农业保险满意、是否真正得到福利、是否有负担保费的能力是农业保

险政策最关注的问题。因此，基于农户视角的政策性农业保险评价主要包括农户对政策的了解程度、投保积极性、满意程度、受益和负担能力的评价。

1. 基本情况调查

被调查农户的基本情况包括农户年龄、受教育程度、是否是村干部、经营规模等。调查数据显示，被调查农户以 30~50 岁的中年男性为主，样本平均年龄为 44.5 岁，其中男性占 55.63%，被调查农户的平均受教育时间为 2.59 年（小学未毕业水平），在被调查对象中，14.33% 的农户为村干部，具体情况如表 1 所示。

表 1 被调查农户样本年龄、性别及受教育时间的分布情况

年龄（岁）	男性			女性			小计		
	样本（户）	比重（%）	平均受教育时间（年）	样本（户）	比例（%）	平均受教育时间（年）	样本（户）	比重（%）	平均受教育时间（年）
<30	12	3.75	5.50	12	3.75	5.40	24	7.50	5.45
30~40	54	16.88	3.00	32	10.00	1.93	86	26.88	2.47
41~50	64	20.00	2.10	53	16.56	1.90	117	36.56	2.06
>50	48	15.00	1.50	45	14.06	1.10	93	29.06	1.32
样本平均年龄（岁）			44.50	样本平均受教育时间（年）					2.59
是否为村干部（%）			是	14.33		否			85.67

资料来源：根据课题组问卷调查统计而来。

从调查数据看，户均耕地面积小于或等于 5 亩的有 33 户，占总样本户的 10.31%，户均耕地面积在 5~15 亩的共有 131 户，占总样本户的 40.94%，户均耕地面积为 15~20 亩的共有 62 户，占总样本户的 19.38%，户均耕地面积在 20 亩以上的有 94 户，占总样本户的 29.37%。从总用工量来看，土地经营规模小于或等于 5 亩的农户其劳动力总用工量最少，平均为 1.46 人，土地经营规模大于 20 亩的农户其劳动力总用工量最大，平均为 9.44 人，如表 2 所示。

表 2 不同土地经营规模样本农户构成

面积（亩）	户数（户）	不同规模农户占样本总体比例（%）	总用工量（人）
≤ 5	33	10.31	1.46
5~10	57	17.81	2.84
10~15	74	23.13	4.10

面积（亩）	户数（户）	不同规模农户占样本总体比例（%）	总用工量（人）
15~20	62	19.38	5.42
>20	94	29.37	9.44
合计		320	

资料来源：根据调查数据统计而来。

从表2可以看到，户均耕地面积在10亩以下的占总样本户的28.12%，户均耕地面积在20亩以上的占29.37%。如果基准人口按每户4人计算，家庭人均耕地面积不到2亩的占到总样本户的14.46%。所以，农户分配到的耕地分散，且每块耕地规模较小，绝大多数家庭属于小规模经营。

从调研数据看，2016年被调查农户耕地面积为5138.45亩，参加农业保险的有685.98亩，占农作物总面积的13.35%。以临夏回族自治州临夏县为例，2016年政策性农业保险产品有冬小麦、玉米、能繁母猪、奶牛、牦牛、藏羊，分别占到种养殖总量的83.33%、16.65%、13.28%、16.07%、15.49%、12.16%。虽然较2015年投保数量有所增加，但95.67%的农户认为当前的农业保险品种不能满足需要，尤其是给农户带来较高利益的经济作物未能列入投保系列。

2. 受自然灾害影响程度

了解农户生产中面临的风险，以及风险对农户的影响程度，能够深刻理解农业保险在农民生产生活中的作用。在调查中，设计了"您（2016年）是否遭受自然灾害""受灾损失程度""自然灾害造成的损失对您家生活的影响情况"等问题来了解被调查农户受自然灾害的影响程度。调查数据显示，97.81%的被调查农户受到了不同程度的灾害影响；其中认为最严重的自然灾害对生活产生非常大的影响的农户占总样本户的40.94%；认为最严重的自然灾害对生活产生比较小的影响的农户占总样本户的13.44%。所以，被调研地区的农业生产深受自然灾害的影响，农户的生产、生活遭受的损失比较大，农户需要分散农业生产中的自然风险，具体内容如表3所示。

表3　最严重的自然灾害对调查农户生活的影响程度

影响程度	样本数（户）	所占比重（%）
非常大	131	40.94
比较大	102	31.87

续表

影响程度	样本数（户）	所占比重（%）
一般	37	11.56
比较小	43	13.44
根本没影响	7	2.19

资料来源：根据调查数据统计而来。

3. 农业保险参与度

在调查的农户中有 254 户购买了农业保险，占样本总数的 79.38%。当调查问卷问及农户购买农业保险的原因时（多选题），89.37% 的农户购买农业保险的原因是"能弥补损失，对生产有保障"；15.41% 的农户购买农业保险的原因是"可以得到政府补贴"；10.67% 的农户购买农业保险的原因是"政府要求购买农业保险"；4.21% 的农户购买农业保险的原因是"可以享受优惠政策"。农户没有购买农业保险的原因主要有四个方面：一是农户可选险种少；二是险种门槛高，出现一般农户"有保而不能保"的尴尬局面；三是农户认为自己的农业风险比较小，不需要购买农业保险；四是有些险种因赔付额度低、赔付时间长等原因被农户拒绝。

4. 农业保险满意度

调查农户对基层政府在农业保险方面、保险公司的理赔服务工作方面表示基本满意，大多数农户认为保险公司的赔付是合理的，但由于承保和理赔程序太烦琐、工作量太大，使保险公司的赔付不及时。同时，由于保险金额转到农户"一折通"账户时并没有标注此款项的来源，因此给农户造成了许多困扰，影响了农户的知情权。此外，农户也常常因在遭灾后所得到的赔付额度与其心理预期有所差距，从而造成农户对农业保险产生误解和不信任，农户对农业保险满意度的具体情况如表 4 所示。

表 4　调查农户满意度

	均值	众数
您对基层政府在农业保险方面的工作满意吗？[①]	2.78	2
您对保险公司的理赔服务工作满意吗？[②]	2.43	2
您认为保险公司的承保和理赔程序怎么样？[③]	1.15	1
您认为保险公司的赔付是否及时？[④]	2.25	2
您认为保险公司的理赔是否合理？[⑤]	2.67	3

续表

	均值	众数
您认为政府对农业保险补贴的效果好不好？⑥	1.59	1
您认为农业保险中农民个人缴费怎么样？⑦	4.18	5

注：①②满意度：1= 很满意；2= 比较满意；3= 一般；4= 不满意；5= 非常不满意；6= 说不清楚。③ 1= 太烦琐；2= 合适；3= 说不上。④ 1= 及时；2= 不及时；3= 说不上。⑤ 1= 合理；2= 不合理；3= 说不上。⑥ 1= 效果好；2= 一般；3= 不好；4= 说不上。⑦ 1= 合适；2= 太高了；3= 有点高；4= 有点低；5= 说不上。

资料来源：根据课题组问卷调查统计而来。

根据以上问卷调查统计可以得到以下结论：

（1）通过调研我们发现农业保险自开办以来得到了广大农户的认可，政策性农业保险受益面非常广，投保农户对开展政策性农业保险比较满意。各级政府对农户购买农业保险进行了保费补贴，大大降低了农户的负担。通过农户对农业保险服务的评价可以看出，有一部分农户没有见过农业保险公司的工作人员，在得到过灾后赔款的农户中有近一半农户没有见过查勘定损人员，农业保险经营机构的服务并不完善。农业保险设置保费补贴品种、保险责任范围基本能够符合大部分农户的需求，但是农户对农业保险金额的评价却不高，农业保险金额处于一般水平。

（2）投保品种不能全覆盖。在农业保险的运作过程当中，部分农产品的保险已经获得了农户的广泛认可，如苹果保险、玉米保险等。但限于地方财力，目前农户只能部分投保，这意味着灾害发生后农户只能按照投保的面积和数量获得补偿，剩余的损失则由自己承担，尤其是经济价值比较高的农作物其保险覆盖率较低，当损失发生后农户自己承担的部分则较大。

（3）部分经济价值高的地方特色产品不能获得保险保障。在调研中，农户和地方政府普遍反映华亭的黄芪、独活，宁县的万寿菊等产品未列入中央和省级的财政补贴范围，保险公司若要开办这些险种，农户则需要承担较多的保险费用，所以到目前为止，这些产品还没有实施保险。故受访农户迫切希望这类能够带来较高收入的产品能够获得保险保障。

（4）保险金额不足，难以实现预期赔付。政策性农业保险在保险金额的设置上遵循保成本的原则，目前中央和省级财政补贴的农业保险产品的保险金额均是以 2012 年的物化成本来确定的，例如，玉米的保险金额为每亩 500元、马铃薯的保险金额为每亩 700 元、苹果丰产园的保险金额为每亩 2000 元，此后并没有根据成本价格进行适当的调整。这种情况使农户感到成本的投入和保险的补偿有较大的差距，尤其是经济价值较大的农牧产品的此种差距更加突出。

（三）政府层面

甘南藏族自治州是甘肃省畜牧养殖业的主产地之一，参加农业保险的险种主要有牦牛、藏羊、青稞、马铃薯和冬小麦 5 个品种。甘南藏族自治州承保的牦牛和藏羊从数量上呈现出增长的趋势。牦牛承保数量从 2011 年的 46.6 万头增加到 2016 年的 120 万头，藏羊从 2011 年的 84.2 万只增加到 2016 年的 233 万只。青稞承保面积呈现下降的趋势，从 2011 年的 11.7 万亩减少到 2016 年的 9.6 万亩，这主要与种植结构调整有关。甘南藏族自治州建立了"三农"基层服务体系和"三农"保险服务站，由乡镇分管农牧领导兼任站长，兽医站技术骨干为协管员，村组干部为协保员，初步建立了"三农"保险服务体系。

平凉市中央性政策农业保险包括能繁母猪、奶牛、冬小麦、玉米、马铃薯、公益林、经济林等险种，2015 年和 2016 年签单保费分别为 5037.6 万元和 5469.52 万元，2015 年和 2016 年两年总赔付金额 6149.8 万元，综合赔付率为 61%。省级政策性农业保险财政补贴险种有苹果、肉牛和设施蔬菜 3 种，2015 年和 2016 年两年总保费规模为 4081.26 万元，2015 年和 2016 年两年共赔付 4060.7 万元，综合赔付率为 99.6%。中央和省级财政补贴险种 2015 年和 2016 年两年累计赔付约 1.02 亿元，简单赔付率为 70%。

庆阳市中央政策性农业保险产品包括能繁母猪、玉米、冬小麦、马铃薯、森林、奶牛等。2015 年和 2016 年的简单赔付率为玉米 82.94%、能繁母猪 355.33%、奶牛 44.62%、马铃薯 69%、森林 41.8%。2014~2016 年市、县两级财政补贴共计 2491 万元。

通过调研发现，甘肃省在政策性农业保险的发展中面临以下困境：

（1）从政府层面讲，配套补贴资金的筹集非常困难，甘肃省的县大多是农业县，财政收入比较困难，部分县的财政收入还不能满足财政供养人员的工资发放。即使中央和省级财政承担了政策性农业保险中保费补贴的大部分，但县级财政仍然负担较重，这使中央和省级财政补贴的险种覆盖率较低。因此，地方政府尤其是县级政府在推广政策性农业保险方面存在一定的担忧，其积极性不高。

（2）从已经开办的政策性农业保险的赔付状况来看，虽然各个农产品的赔付率差异性较大，部分产品如能繁母猪保险、苹果保险赔付较高，其简单赔付率达到或者超过了 100%，但也有部分产品如冬小麦、马铃薯等赔付率较低，其简单赔付率在 50% 左右。从总体上来看，政策性农业保险的简单赔付率在 75% 左右，除去保险公司 10%~15% 的经营费用率，保险公司还有部分盈余。这种结果致使地方政府认为补贴资金的投入和产出并不匹配，对农业保险产生了一定的误解。

（3）政策性农业保险的开办秉承"政府引导、协同推进"的原则，尤其是在小农生产的经营模式下，农业保险的承保、理赔等环节非常需要基层政府的大力支持，否则保险公司的成本将非常高。农业保险的承保和理赔时间大多与基层政府开展各项工作的时间相重合，这导致基层政府没有更多的时间和精力投放到农业保险上面。甚至部分基层政府将农业保险事务看作分外工作，这样造成基层政府对农业保险产生抵触心理。

（4）当前政策性农业保险采取的是省级财政按照县级农业状况编制计划，编制计划完成后再向保险公司进行招标，保险公司通过基层政府进行承保，各级财政根据各承保农产品的规模进行补贴资金的划拨。这样的运作机制在很大程度上限制了县级政府运用农业保险的灵活性，使部分县域具有地方优势、经济效益高的农产品不能或者大部分不能获得保险保障。因此，中央和省级财政的补贴品种与地方重点扶持的特色农产品的协调性较差，不能有力地支持地方发展特色农业和高效农业的规划目标。

（四）保险公司层面

保险公司作为农业保险市场的主体之一，是农业保险的供给方，是执行农业保险政策的重要载体。其决策和行为等与农业保险的经营效率息息相关。保险公司是以追求利益最大化为需求的，因此从保险公司的视角来看，对政策性农业保险的评价主要从经营自主性、赔付率、管理体系健全等方面展开。在农业保险实施过程中，保险公司面临的问题有以下几个方面：

（1）农户的分散经营所带来投保的时效性问题。每个农户种植和经营的农产品品种繁多，分布也较为分散，即便采取按行政村集体投保的方式，保险公司要完成承保合同签订也需要较长时间。所以，还未完成投保就出现险情的情况时有发生，很容易造成农户、政府和保险公司之间的纠纷。

（2）农户外出打工较多，不能做到及时签字，最终导致投保和获赔不及时，增加了保险公司的工作难度。

（3）受灾后结果的差异化带来定损难的问题。各市、县之间由于地理、地貌等存在很大的差异，使得各个区域之间的风险特征差异较大。即便是同一区域在遭遇相同的风险后，各个农户的农产品损失程度也存在一定的差异。受灾后，保险公司一般同地方农技、畜牧部门和地方政府共同定损，但是县域之间的差异性以及抽样调查的局限性使定损结果与农户的实际损失之间仍然存在差异。由此造成了农户对保险公司的不信任和误解。

（4）"投一保十"的风险无法根除。目前正在运行的农业保险产品中，没有一个能够做到全覆盖，这就意味着保险公司将以不足额的保费承担全额的风险。如果农业保险不能做到全覆盖，那么作为农户和地方政府将可能进一步降低承保的面积或数量，使农业保险陷入倒退的境地，这也极大地挫伤了保险公司的积极性。

（5）农户平均主义思想难以转变。长期受平均主义思想和依赖政府的心理影响，农户普遍认为灾害后的保险赔偿是一种政府救灾。所以，无论农户自身受灾程度如何，农户都会关注其他农户获得补偿的额度，一旦其他受灾较重农户获得的补偿高于自己，便认为该种赔偿是不公平的。由此使部分地区的保险公司不得不以相同的标准进行赔偿，但这种相同的赔偿标准扭曲了"损失多少补偿多少"的保险经营原则。

四、农业保险政策实施评估

公共政策评价不仅包括对公共政策事实的评价，也应该包括对公共政策价值的评价。公共政策评估价值问题与政策评估的合理性、科学性有直接关系，会对政策的内容和结果产生影响。研究公共政策的政策价值，其目的在于制定公共政策时能以正确的价值导向指导决策者，使各群体的社会实践活动顺利进行。对政策活动的评估主要有两个方面：一是政策自身的价值；二是为实现政策预期目标而采取的技术手段所产生的事实价值。

不同于目前大多数国内研究均强调"效果评估"（事后评估），本文构建的政策评估方法框架涵盖政策全过程，涉及"政策决策""政策管理""政策绩效"和"政策影响力"各个节点，其指标构建如表5所示。

表5 政策性农业保险的政策评估指标构建

一级指标	二级指标	三级指标	评估标准
政策决策	补贴目标	目标内容	是否制定本年度政策性农业保险试点工作目标；目标是否明确、细化、量化

续表

一级指标	二级指标	三级指标	评估标准
政策决策	决策过程	决策依据	贯彻"政府引导、市场运作、自主自愿、协同推进"的原则和工作要求，结合甘肃省实际，扎实推进农业保险工作
		决策程序	申请参加中央财政农业保险保费补贴试点是否坚持自主自愿原则，申报是否及时、方案是否科学、措施是否可行
政策管理	资金到位	资金到位率	省市县财政应承担保费补贴资金到位率 =（实际到位保费补贴资金 / 按照承保计划应到位补贴资金）×100%
		资金到位时效	农业保费补贴列入年初预算省市县占比 =∑ 已列入年初预算个数 / 应列入年初预算个数 × 权数；其中省级 25%、市级 25%、县级 50%
	资金管理	保费补贴资金管理	试点市财政是否建立保费补贴备查账，是否及时反映补贴资金收支余情况；是否存在截留、挤占、挪用保费补贴的现象
	组织实施	基层服务网络	经办地区乡村农业保险站点覆盖率 =∑ 已建农业保险服务站点乡村个数 / 应建农业保险服务站点乡村个数 × 权数；其中乡镇 40%、行政村 60%
政策绩效	项目产出	保险覆盖率	甘肃省实施农业保险保费补贴的地区和品种占比情况。农业保险覆盖率 =∑ 试点地区种、养品种数量 / 甘肃省种、养品种数量 × 权数；其中养殖业 20%、种植业 70%、森林 10%
		理赔兑现率	保险经办机构是否及时足额理赔。保险机构理赔结案率 = 已结案件数量 / 已报案件数量 ×0.5+ 已结案件金额 / 已报案件金额 ×0.5
	项目效益	减少灾害损失	抽取一定数量不同受灾程度的农户为样本，以样本农户保险赔款与直接物化成本损失之比来反映受灾农户直接物化成本损失的补偿情况
		农户满意度	抽取一定数量不同受灾程度的农户为样本，农户对扶贫政策实施过程的满意程度
		政策宣传到位情况	知晓农业保险保费补贴人数占调查人数比重是否超过 80%

续表

一级指标	二级指标	三级指标	评估标准
政策影响力	长效管理	长效发展机制	根据相关政策变化，及时调整相关内容；修订和完善相关的配套管理制度
	信息管理	信息管理完备性	建立完善的信息管理制度；及时录入、更新参保农民的关键信息和数据

（一）政策评估方法

针对政策性保险的实施，在构建评价指标的基础上，采用合理的评估方法，采用专家评分法对各项指标的权重进行打分，并通过评估模型进行计算汇总。评估模型的建立是在已经确定各因素权重的基础上，以数学表达式的形式将评估结果展现出来并用于实际计算。具体公式如下：

$$R = \sum_{i=1}^{n} q_i \times a_i$$

其中，R 为评价指标总得分；q_i 为评价对象第 i 个指标项的得分；n 为一级、二级、三级指标的个数；α_i 为第 i 个指标项的权重，$\sum_{i=1}^{n} \alpha_i = 1$。

评价对象的指标项得分 q 共划分为 5 个等级。其具体赋值关系如表 6 所示。

表 6 　指标项得分 q 的等级划分与值域

	指标项得分 q	值域
等级	（80，100］	（4，5］
	（60，80］	（3，4］
	（40，60］	（2，3］
	（20，40］	（1，2］
	［0，20］	［0，1］

（二）动态评价结果分析

根据评估值域来评判。其中，优秀为（4，5］、良好为（3，4］、一般为（2，3］、较差为（1，2］、差为［0，1］。同理，计算得出一级、二级指标的权重，综合得分和实现程度，结果可以看到，甘肃省政策性农业保险评价总体得分为 2.146 分，实现程度"一般"。

在四类一级指标中，政策决策评价指标总得分最高，分值达到 3.307 分，其次为政策管理，评价指标总得分为 3.348 分，政策决策和政策管理对农业保险带动效应较大。政策绩效得分相对较低。从细分影响因素可以看出，在二级指标中，政策管理中的组织实施和政策决策中的补贴目标分值最高，分别为 3.96 分和 3.65 分，而政策绩效中项目效益得分最低为 2.16 分。

1. 政策决策

政策补贴目标和决策过程的得分分别为 3.65 分、3.16 分，被评级为"良好"。这主要是近年来中央及地方出台的一系列强农惠农政策和专项扶贫政策与国情、区域发展及优先重点发展情况相符合，这些政策使得政策性农业保险能够有条不紊地发展，农业保险开办区域已覆盖全国所有省份，承保农作物涉及农、林、牧、渔各个领域，为广大农户的农业生产活动提供了良好的保障，受到了各级政府和广大农户的好评。但是政策性农业保险的运行也存在不少问题。例如，顶层设计方面与基层实际的执行相脱节，甘肃省的农业保险补贴由中央政府、省政府、市县政府和农户共同承担。理论上，这种制度设计对强化不同主体参与管理、提高补贴资金的多元化具有多种优势，但在现实执行中，对地方财力不足的地区，农业保险补贴加重了地方财政支出的压力，这种制度设计已经成为提高该地区农业保险覆盖率的掣肘。

2. 政策管理

资金到位、资金管理、组织实施综合得分分别为 3.18 分、3.06 分、3.95 分，政策管理被评级为"良好"。为了更好地落实政策性保险工作，各地区县政府成立了政策性农业保险工作领导小组，制定了相关的工作实施方案，明确规定了政策性农业保险工作的保险品种、保险责任、保险金额、部门职责及资金管理要求。在资金监管方面，派专人参与政策性农业保险保费归集、理赔的监督管理，各乡镇的经办机构保留相应的台账，实行三方联动监督管理。但由于有些地方政府的资金不足，为减少财政负担，对地方相关配套规模做出限制，这直接影响了农业保险参保的规模和实施。

3. 政策绩效

项目产出、项目绩效得分分别为 2.37 分、2.16 分，被评级为"一般"。农业保险对分散农户降低生产经营风险的作用十分明显，在政府和保险公司的积极宣传、周边参保户的有效示范、政府补贴政策的激励下，大部分农户参保意识普遍提高。但由于甘肃省政策性农业保险承保数量小、承保率低、覆盖面窄，其政策性农业保险还远不能达到农户的保障需求。以临夏回族自治州为例，2016 年末全州能繁母猪承保率为 43.5%、奶牛承保率为 31.6%，而玉米的承保率则仅有 12.7%，不能满足农户需求，从而影响了政策实施的效果。

4. 政策影响力

长效管理和信息管理得分分别为 2.74 分、3.15 分。从总体来看，政策性农业保险目前处于飞速发展时期，长效发展是政策性农业保险发展中的主要问题。

表 7　评价等级计算结果　　　　　　　　单位：分

一级指标	得分	评价等级	二级指标	得分
政策决策	3.307	良好	补贴目标	3.65
			决策过程	3.16
政策管理	3.348	良好	资金到位	3.18
			资金管理	3.06
			组织实施	3.95
政策绩效	2.204	一般	项目产出	2.37
			项目效益	2.16
政策影响力	2.896	一般	长效管理	2.74
			信息管理	3.15

五、政策性农业保险运行优化建议

（一）加强农业保险政策宣传

广泛宣传发展农业保险的重要意义，充分利用电视、广播、报纸等媒体作用加大对农业政策性保险方针、政策的宣传力度，尤其要加强面向养殖大户、龙头企业、专业合作组织的宣传，使这项工作家喻户晓。保险公司也要组织人员深入乡村开展农业保险知识讲座，具体讲解农业保险的有关知识，使农牧民了解农业保险，懂得投保、索赔、防灾防损常识，提高农牧民对农业保险的认知水平和保险意识，增强农牧民投保的积极性和主动性。

（二）进一步优化政策性农业保险保费的分摊比例

甘肃省的大部分县属于农业大县，农业产值占比较高，财政收入比较困难，随着农业保险规模的不断扩大，财政配套补贴资金日益短缺，故无法支撑重要农牧产品全覆盖的目标和要求。以甘南藏族自治州为例，2016 年全州一般公共预算收入为 9.85 亿元，而州县两级财政对青稞、牦牛、藏羊保费补贴高达 3700 余万元，补贴金额占公共财政预算收入的比重接近 3.76%，地方财政负担较重。因此，建议逐步提高中央省级财政补贴标准，降低或者取消县级财政的保费补贴。同时，适当增加粮食作物中农户自担的比例。在现行的政策性农业保险中，农户自负比例大都不超过 15%，由于粮食作物种植面积大、保费低，提高农户自负比例对个体农户并不会造成较大负担，但对县级政府来讲，其节省的补贴资金却相当可观，政府部门可将节省的补贴资金用于开发具有地方特色的高效农产品保险。

（三）优化保费补贴资金的运行机制

目前保费补贴的运作流程是省级财政汇通农牧部门设定承保计划，在确定招标的保险公司之后，向各市县下达和分解指标，县区保险公司落实承保面积和数量并签订保单后，各级财政按比例进行补贴资金的拨付。这种运作机制，对控制资金运用风险和防范地方政府套取补贴资金具有一定的作用，但是却限制了县区政府灵活使用补贴资金、支持地方优势农产品发展的主动性。建议根据各县区农业产值确定补贴资金的总量，除了对部分具有重大战略意义的中央补贴品种做出承保面积的要求外，剩余的补贴资金可由县级政府根据本地农业发展的目标开办支持本地特色农产品的险种。同时，省级财政在调整补贴险种和下达承保计划时需要加强时效性，使保险公司能及时做出调整，保证保险合同能覆盖作物的整个生长期，减少保险公司与农户的纠纷。

（四）根据实际情况及时调整合同内容

目前农业保险合同中的许多关键内容在长期内没有进行过合理的调整，例如保险金额、保险费率、承保风险等。农业保险具有复杂性和差异性特征，需要在实践中不断积累和总结经验，根据实践状况和各地情况进行适当的调整，这样才能满足农户的需求和保险公司经营的要求。例如，在调研中普遍发现保险金额较低、部分险种费率较高等问题。此外，保险公司在产品方面需要增加灵活性，如设计不同的保险金额让农户选择，使农户在享受政策补贴的同时获得商业保险保障，并由此达到政策性农业保险促进商业性农业保险的作用，使农户对农业保险树立正确的认知。

（五）简化赔付手续

由于农业保险服务的对象是农民，在服务方式上应充分考虑农村的实际情况，在灾害发生后，要做到简化手续、迅速理赔，在赔付金额方面还应考虑农民的综合成本，适当提高保险理赔金额，最大限度地保护农户的切身利益，以优质、高效、快捷的服务取信于民。

参考文献

［1］Babcock B.，Hart C..A Second Look at Subsidies and Supply［J］.Lowa Ag Review，2000，6（1）：305-378.

［2］Glauber J.W.，Keith J.C.，Peter J. B.Crop Insurance，Disaster Assistance，and the Role of the Federal Government in Providing Catastrophic Risk Protection［J］.Agricultural Finance Review，Fall 2002，62（2）：81-101.

［3］Mosley Paul，R. Krishnamurthy.Can crop insurance work? The case of India［J］.The Journal of Development Studies，1995，31（3）：428-450.

［4］宁满秀，邢骊，钟甫宁.影响农户购买农业保险决策因素的实证分析——以新疆玛纳斯河流域为例［J］.农业经济问题，2005（6）：38-44.

［5］孙香玉，钟甫宁.对农业保险补贴的福利经济学分析［J］.农业经济问题，2008（2）：4-11.

［6］庹国柱，王国军.中国农业保险与农村社会保障制度研究［M］.北京：首都经济贸易大学出版社，2002.

［7］俞雅乖.政策性农业保险的补贴政策及绩效——浙江省"共保体"的实践［J］.湖南农业大学学报（社会科学版），2008，9（5）：4-8.

2. 基于泰尔指数的中国农业能源消费碳排放区域差异研究 *

胡剑波　王青松

摘要：研究农业能源消费碳排放的区域差异演进规律对于农业现代化经济体系的建立和乡村振兴战略的实施具有重要意义。基于此，本文利用泰尔指数，并在八大区域分区方式下对中国农业能源消费碳排放的区域总差异进行测度，归纳八大区域内部省（市）差异的演变趋势，分析区域间差异和区域内差异对总差异的贡献程度。实证结果表明：2001~2016 年，我国农业依然停留在高消耗、高污染、高排放的粗放经营状态下，以农业人口为权重的泰尔指数 T（P）和以农业 GDP 为权重的泰尔指数 T（G）皆处于上升状态，中国农业能源消费碳排放表现出明显的区域差异性。其中，①以农业 GDP 为权重的泰尔指数 T（G）呈现"下降—上升"的变化趋势，而以农业人口为权重的泰尔指数 T（P）则持续上升；②T（P）＞T（G）；③农业经济发展效率、农业产业结构和政策、人均能源消费量和农业机械化水平等因素的差异导致两种权重下八大地区差异演变趋势不同；④中国农业能源消费碳排放区域的总体差异主要是由区域间差异引起的，区域间差异贡献率大于区域内差异贡献率，区域内差异对总差异的贡献都保持在相对稳定的状态。

关键词：农业能源消费碳排放；泰尔指数；区域差异；贡献率

一、引言

党的十九大报告提出实施乡村振兴战略，这是以习近平同志为核心的党中

---

* 胡剑波，男，博士，贵州省社会科学院博士后，贵州财经大学经济学院教授、硕士生导师，研究方向为气候变化经济学。王青松，男，贵州财经大学经济学院硕士生，研究方向为贸易与气候变化。

央着眼党和国家事业全局，对"三农"工作做出的重大决策部署，是全面建设社会主义现代化国家的重大历史任务。在此背景下，以生态环境友好和资源永续利用为导向，促进乡村生产生活环境稳步改善，成为乡村振兴战略实施的重要途径。目前，第二、第三产业是最主要的碳排放主导部门，而实际上，农业碳排放所诱发的气候变化同样不可忽视。自工业革命以来，全球大气中70%以上的新增甲烷由人类生产活动引起，其中农业秸秆焚烧等活动是甲烷的主要来源。联合国政府间气候变化专门委员会（IPCC）评估报告显示，农业碳排放所产生的二氧化碳占人为温室气体总排放量的17%~20%，预计到2050年，农业碳排放量将激增30%以上，这严重削弱了全球碳减排行动的效果。自21世纪以来，中国农业取得了举世瞩目的成就。2001~2017年农林牧渔总产值从26179.6亿元上升到114653.1亿元，年均增长率高达9.7%；2017年我国粮食播种面积虽较2001年下降27.9%，但粮食总产量较2001年增长了36.5%，达到了61790.7万吨。农业经济增长在有效促进三次产业结构资源利用效率、提高我国综合国力的同时，也消耗了大量的能源，排放了大量的碳污染，根据《中华人民共和国气候变化初始国家信息通报》，中国农业排放的温室气体占全国温室排放总量的17%，其中农业排放的甲烷（CH_4）和二氧化氮（NO_2）分别占全国排放总量的50%和92%，并且农业二氧化碳排放量仍以5%左右的速度增长。目前，农业减排降碳已经关系到乡村振兴战略的具体实施成效以及建设社会主义现代化经济体系目标的实现。同时，我国地域辽阔，农业区域分布呈现"广"而"散"的地理格局，各地区农业生产条件和资源禀赋的巨大差异带来农业经济发展水平、农业产业结构和能源需求层次的不同，进而引起农业能源碳排放的显著区域差异。因此，为完成全面建成小康社会和乡村振兴的双重目标，有必要探究各地区的农业经济发展水平、农业人口数量等因素对农业能源消费碳排放的差异化影响程度，进而探讨如何通过因地制宜的减排措施提高农业碳减排的效果，为我国加快乡村振兴的步伐、实现"五位一体"总体布局和"四个全面"战略布局提供重要的决策参考和政策建议。

二、文献综述

目前，国内外学术界对农业碳排放加剧温室效应的观点逐步达成统一，越来越多的学者对农业碳排放及其衍生问题展开讨论，主要研究思路体现在以下三个方面：

（1）农业碳排放的测算研究。West 和 Marland（2003）分析了美国种植业的土地利用效率和净碳排放量的关系。Lin（2011）通过测算农业化肥、农药、农膜等六类农业碳排放源，发现在联合国气候变化框架下的农业碳排放源并不充分。鲁钊阳（2013）通过省级单位面板数据进行单位根检验和协整分析，发现我国东部地区农业碳排放量与农村金融结构和规模成反比例关系，农村金融效率与农业碳排放成正比例关系。张广胜和王珊珊（2014）利用生命周期法构建了中国农业碳排放测算体系，并利用 1985~2011 年的时间序列数据分析了中国农业碳排放总量。Doorslaer 等（2015）全面测量了德国、法国和英国等欧盟国家的农业碳排放情况，发现各国农业碳排放占欧盟碳排放总量的比重有显著差异。陈慧等（2018）测算 2001~2014 年江苏省县域排放量和排放强度，发现江苏省农业排放量年际变化波动较大，农业排放量在 2007 年以后年均增长4.37%，而排放强度则以年均 4.26% 的速度大幅度下降。

（2）农业碳排放的驱动因素分析研究。Lantz 和 Feng（2006）发现技术进步是引起加拿大农业隐含碳排放的主要因素。Johnson 等（2007）认为化石能源等各类农业资源利用是农业碳排放的源头。黄祖辉和米松华（2011）采用分层投入产出—生命周期评价法，发现农业能源消费、农业废弃物和工业产品生产是农业碳排放的三大来源。刘其涛（2015）采用 Malmquist-Luenberger 指数分析 2000~2013 年中国 30 个省市的农业碳排放效率及其分解，结果表明，中国农业碳排放动力主要来源于技术进步。何艳秋等（2018）将动态灰色关联法和回归模型相结合，发现农业经济水平、农业机械化、农业产业结构和农业人力资本等是造成省域农业碳排放差异的主要因素。王劼和朱朝枝（2018）基于32 个国家 2000~2014 年的数据，利用 LMDI 模型和 Tapio 脱钩模型，发现碳源结构变化对农业碳排放量变化的影响几乎为零，生产规模扩张是农业部门碳排放增长的促进因素。黎孔清和马豆豆（2018）应用 STIRPAT 模型研究江苏省 2000~2015 年经济发展、技术进步与农业碳排放增长的关系，研究表明江苏省经济发展、技术进步对农业碳排放有重大影响。

（3）农业碳排放的时空差异研究。田云等（2014）利用基尼系数和核密度估计法，发现全国农业碳排放空间分布的总体差距正逐步扩大，但农业碳排放的地区差距在样本考察期内呈下降态势；高鸣和宋洪远（2015）使用1999~2010 年的面板数据和 Malmquist-Luenberger 指数，指出中国农业碳排放绩效面临区域发展不平衡的状况，例如，东部地区农业碳排放绩效最高而中部地区农业碳排放绩效最低。何艳秋和戴小文（2016）将对应分析和面板模型相结合，认为中国农业碳排放的主导因素在空间维度上存在明显的区域差异，主要体现在农业经济发展水平和机械化水平对农业碳排放的主导性由西向东减弱。

综上所述，国内外学者的研究成果为农业碳排放的研究开展提供了理论借鉴和实证依据，但是，现有文献存在一定的不足：第一，对农业碳排放的测算体系并不完善，测算结果千差万别，以往的文献侧重于从农业物资利用、牲畜粪便排放、农膜、化肥等方面建立碳排放测算框架，鲜有文献从农村经济发展水平（GDP）、农业人口数量等因素对农业能源消费碳排放的影响进行深入研究。第二，上述文献对各地区农业碳排放驱动因素的探讨往往基于国家层面，而事实上，鉴于农业碳排放的特殊性，各地区农业碳排放驱动要素分析和碳减排政策要避免全国一盘棋，要在充分考量各地区农业产业结构的基础上构建差异化减排体系。第三，在农业碳排放的时空差异研究上，大多数研究往往采用东、中、西的区域划分法，少数学者根据《中国区域间投入产出表》的八大区域划分方法进行区域差异性的研究，八大区域划分法综合考虑了各区域农业资源禀赋、区域间经济联系的影响，更有利于实现区域经济结构的战略布局。基于此，本文选择八大区域分区方式，采用以农业 GDP 和农业人口数量为权重的泰尔指数，研究农业经济发展水平和农业人口比重对中国农业能源消费碳排放区域差异的影响，并探究区域内差异和区域间差异对总体差异的贡献度，以期为差异化农业碳减排政策的制定以及乡村振兴战略目标的实现提供必要的参考依据。

三、研究方法及数据来源

（一）研究方法

在学术界，衡量区域差异的方法主要是基尼系数法、泰尔指数法和迪氏指数法，其中泰尔指数（Theil Index）最早由 Theil 在 1967 年根据信息论中熵的概念提出，用来测量国家间收入差距，现在被普遍应用到研究各区域差异的领域中。相较于其他两种方法，泰尔指数可以分解为区域内泰尔指数和区域间泰尔指数，不仅能够准确反映各区域之间以及各区域内部差异程度，而且还反映出区域内差异与区域间差异分别对总差异的影响程度。泰尔指数的取值范围在 0~1 之间，泰尔指数越小即越接近于 0，则区域性差异就越小；泰尔指数越大即越接近于 1，则区域性差异就越大。

在以中国农业 GDP 总量（或中国农业人口总量）为权重的前提下，总泰尔指数、区域间泰尔指数和区域内泰尔指数的计算公式如下：

$$T = \sum_{i=1}^{N} \left| \frac{X_i}{X} \ln\left(\frac{X_i/X}{E_i/E}\right) \right| \tag{1}$$

式（1）中：T 为反映中国农业能源消费碳排放区域差异的总体泰尔指数；i 表示第 i 省（市）；N 表示省（市）总数；E 表示中国农业能源消耗的排放总量；X 表示计算泰尔指数的权重变量，本文以中国农业 GDP 总量（或者中国农业人口总量）作为权重；Xi，Ei 表示第 i 省（市）的农业 GDP 总量（或者农业人口总量）、第 i 省（市）的农业能源消费碳排放量。

$$T_w = \sum_{i=1}^{M} \frac{X_j}{X} \cdot |T_{wj}| = \sum_{j=1}^{M} \frac{X_j}{X} \sum_{i=1}^{N_j} \left| \frac{X_{ij}}{X_j} \ln \frac{X_{ij}/X_j}{E_{ij}/E_j} \right| \tag{2}$$

$$T_b = \sum_{j=1}^{M} \left| \frac{X_j}{X} \ln \frac{X_j/X}{E_j/E} \right| \tag{3}$$

$$T = T_w + T_b \tag{4}$$

其中，T_w，T_b 分别表示区域内泰尔指数与区域间泰尔指数；j 表示第 j 区域；M 表示区域总数量；N_j 表示第 j 区域的省（市）数量；T_{wj} 表示第 j 区域的泰尔指数；X_j 表示第 j 区域的农业 GDP 总量（或者农业人口总量）；E_j 表示 j 区域农业能源消费碳排放总量；X_{ij} 表示第 j 区域内第 i 省（市）的农业 GDP 总量（或者农业人口总量）；E_{ij} 表示第 j 区域内第 i 省（市）的农业能源消费碳排放量。

为了进一步分析八大地区农业能源消费碳排放差异对全国农业能源消费碳排放总差异的影响，将泰尔指数引入到区域间和区域内差异贡献率分析中，计算公式如下：

$$I_b = T_b / T \tag{5}$$

$$I_w = 1 - I_b = T_W/T = \sum_{j=1}^{M} I_j \tag{6}$$

$$I_j = (X_j / X) |T_{wj}| / T \tag{7}$$

其中，区域间差异对总差异的贡献率为 I_b；区域内差异对总差异的贡献率为 I_w；第 j 区域内部差异对总差异的贡献率为 I_j。区域贡献率的大小说明其对总体差异的影响和重要程度。

（二）数据来源及处理

鉴于各省市间相关数据的连续性和可比性，本文以 2001~2016 年作为研究区间。农业能源消费碳排放及其泰尔指数的测算主要涉及农业能源消费碳排放量、农业 GDP 和农业人口数量三类数据，由于目前我国尚未公布各省市农业能源消费碳排放数据，文章基于 IPCC 方法测度了我国 30 个省（市）（西藏、香港、澳门和台湾不在考察范围内）的农业能源消费碳排放。文章所用基础数据主要为各省市历年的农业 GDP、农业人口数量、农业能源消费量，为保证数据资料详细、统一和可靠，各地区农业能源消费量数据来源于《中国能源统计年鉴》，农业 GDP 和农业人口数据来源于《中国统计年鉴》。本文将 30 个省（市）划分为 8 个基本单元，划分结果如下：①京津区域，北京、天津；②北部沿海区域，河北、山东；③东部沿海区域，上海、江苏、浙江；④南部沿海区域，广东、海南、福建；⑤东北区域，吉林、辽宁、黑龙江；⑥西北区域，陕西、内蒙古、新疆、宁夏、甘肃、青海；⑦西南区域，重庆、四川、云南、贵州、广西；⑧中部区域，河南、山西、安徽、湖北、湖南、江西。

四、实证结果与分析

（一）两种权重下中国农业能源消费碳排放总泰尔指数分析

根据公式（1），运用 2001~2016 年全国及 30 个省市农业 GDP 总量、农业人口总数、农业能源消费碳排放总量，分别计算出以农业 GDP 和以农业人口为权重的泰尔指数 T（G）和 T（P）。其中，以农业 GDP 为权重的泰尔指数 T（G）反映了农业能源消费碳排放与经济发展水平的匹配程度；以农业人口为权重的泰尔指数 T（P）反映了农业能源消费碳排放与农业人口数量的匹配程度。如图 1 所示，以折线图表示出的 2001~2016 年总体泰尔指数演变趋势。

（1）T（G）在样本考察期间呈现较为平缓的"U"型曲线。在 2001~2008 年（除 2003 年），T（G）呈现下降趋势，从 2001 年的 0.365 下降到 2008 年的 0.296，这主要是因为 2001~2008 年中国农业 GDP 的增幅远高于农业能源消费碳排放的增幅。同时，自 2004 年开始，我国每年的中央"一号文件"都聚焦"三农"问题，先后出台了《中共中央、国务院关于促进农民增加收入若干政策的意见》《中共中央、国务院关于进一步加强农村工作提高农业综合生产能力若干政策的意见》等重要文件，确定农业节能减排的工作思路、目标、重点领域和重点技术模式，地方政府先后配套颁布了例如《江苏省农业生态环境保护条例》《山东省农业环境保护条例》等符合本地区发展现状的农业生态保护法律法规，促进了农业能源消费碳排放地区差异的降低，中国区域协调发展政策取得了显著的成效。在 2009~2016 年，T（G）呈现持续上升趋势，从 2009 年的 0.302 上升到 2016 年的 0.377，地区碳排放差异扩大，各区域农业能源消费碳排放日趋"不平衡、不充分"。笔者认为，各区域的农村金融规模和效率差异是导致农业能源消费碳排放差异的主要原因，京津地区、东部沿海地区、南部沿海地区农村金融发展态势良好，各种先进的农业生产理念逐步深入人心，大量节能环保型设备在农业生产中广泛应用，国家相关减排政策在农村经济发展中也得到了更好的贯彻实施，农业 GDP 与其能源消费碳排放的关系已经越过了环境库兹涅茨倒"U"型曲线的拐点，处于曲线的右侧，西北地区、西南地区和中部地区农村经济发展仍会在今后较长时期内相对滞后，高能耗、低效率的农业生产方式不会在短期内得到显著改善，高能耗的农业机械仍会被广泛使用，处于环境库兹涅茨曲线拐点的左侧，导致农业能源消费碳排放差异性扩大，因此发展"生态农业"、协调区域发展势在必行。

（2）以农业人口为权重的总泰尔指数 T（P）在样本考察期间呈现波动式上升趋势，从 2001 年的 0.362 上升到 2016 年的 0.491。因此，全国农业能源消费碳排放区域差异日益显著，主要原因体现在两个方面：第一，各地区在农业"三化"即农业的产业化、城镇化和工业化进程中出现不协调的情况，中西部地区农村优质劳动力向东部地区转移，导致中西部地区农业劳动力素质普遍下降，同时，我国第一产业落后的管理模式和小规模经营的市场导向不利于农业资源尤其是能源的优化配置，最终造成区域差异化指数出现恶化趋势。第二，人均能源利用效率呈现不均衡态势。以江苏和安徽为例，2016 年江苏和安徽农业人口分别为 2582 万人和 2975 万人，但江苏农业人均电力消费量是安徽农业人均电力消费量的 13.3 倍，江苏人均柴油消费量是安徽人均柴油消费量的 1.7 倍，两个省份农业产业结构、农业机械化水平和农业能源碳强度差异导致人均能源消费呈现"江苏高、安徽低"的对比态势，因此诱发 T（P）的持续性上升。

（3）以农业人口为权重的泰尔指数 T（P）大于以农业 GDP 为权重的泰尔指数 T（G）。在 2002~2016 年，T（P）始终大于 T（G），前者均值为 0.407，后者均值为 0.326，究其原因，从泰尔指数的计算方法可以看出，当地区农业

GDP 占全国的比例（或农业人口占全国的比例）与其农业能源消费碳排放量占全国的比例两者数值越接近时，相应的泰尔指数数值就越小。从实际数据来看，以农业规模最大的中部地区为例，2002~2016 年其农业能源消费碳排放量占全国的比例平均为 25.7%，农业人口占全国的比例平均为 30.2%，农业 GDP 占全国的比例平均为 26.8%，中部地区农业能源消费碳排放量占全国的比例与其农业人口占全国比例的差距大于中部地区农业能源消费碳排放量占全国的比例与其农业 GDP 占全国比例的差距，其他区域也存在类似情况。以上分析说明以农业人口为权重计算的泰尔指数更能衡量区域农业能源消费碳排放的区域差异，以 GDP 为权重的泰尔指数则部分掩盖了这种区域差异，但农业 GDP 与农业能源消费碳排放的匹配程度更高。自 2008 年以来，T（P）和 T（G）皆处于上升状态，首先说明了我国农业依然停留在高消耗、高污染、高排放的粗放经营状态，同时也反映了地区农业经济发展中经济发展严重不协调的情况尚未发生根本改变。

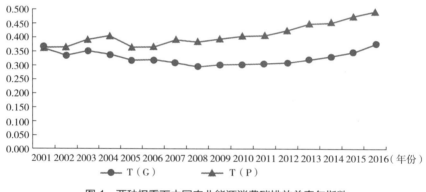

图 1　两种权重下中国农业能源消费碳排放总泰尔指数

（二）两种权重下中国农业能源消费碳排放的八大地区泰尔指数分析

两种权重下中国农业能源消费碳排放的八大地区泰尔指数以及演变趋势如表 1 所示。根据其波动趋势，可将八大区域泰尔指数具体划分为四类。笔者试图从农业经济发展效率、农业产业结构和政策、人均能源消费量和农业机械化水平差异等角度探究两种权重下八大地区泰尔指数变化趋势的内因。

第一类是京津地区、西北地区和东北地区，其泰尔指数皆在 2001~2016 年内呈现波动上升趋势，即区域内农业能源消费碳排放的差异在逐渐扩大。从原始数据看，东北地区差异主要体现在黑龙江和辽宁两个省份，从农业产业结构差异上看，黑龙江在农业、林业和牧业都占有绝对优势，辽宁仅在渔业上占有优势；从农业机械化水平来看，黑龙江地域辽阔，适合机械化耕作，2002~2015年黑龙江和辽宁农业机械总动力差值为247万千瓦，而2016年该数值达到了3465.8万千瓦，因此导致农业能源消费碳排放差异逐渐扩大。京津地区内部差异性扩大（见图2）的原因是地区农业产业集群分工的不同，北京和天津经济发展紧密相关，但北京承担了该地区林业和牧业的主要生产，天津承担了种植业和渔业的生产，并且北京集中了全国最优质的农业劳动力，因此在2001~2016年，北京农业GDP和农业人口占京津地区的45.9%和49.4%，但北京农业能源消费碳排放占京津地区农业能源消费碳排放的36.7%，所以北京的农业结构优于天津的农业结构，在农业生产环节的能源利用效率更高，天津则在一定程度上承接了来自北京相对低端的第一产业转移。西北地区农业能源消费碳排放内部差异扩大的原因是省际农业生产要素禀赋存在较大差异，能源利用效率也不尽相同，主要差异集中在陕西和新疆维吾尔自治区之间，陕西拥有正的农业能源利用效应，其农业优势产业为水果种植业，通过延伸水果产业链得以进一步拓展农业生产潜力，水果产业的规模溢出效应得以显现，其农业GDP和农业人口分别占西北地区的24%和30.5%，但陕西农业能源消费碳排放只占西北地区的15%，新疆维吾尔自治区则相反，农业GDP和农业人口分别占西北地区的25%和18.5%，但其农业能源消费碳排放占西北地区的29%，这主要是因为新疆维吾尔自治区不仅是中国牧区之一，也是中国棉花主产区，棉花全程机械化水平和畜牧业机械化水平的快速提升使其农业能源消耗显著上升。

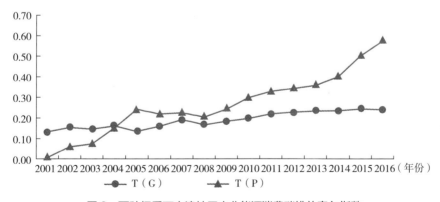

图2　两种权重下京津地区农业能源消费碳排放泰尔指数

　　第二类地区是西南地区，如图 3 所示，其泰尔指数在 2001~2016 年呈现波动式下降趋势。西南地区农业经济相对落后，农业进一步发展空间和减排潜力均较大，效率因素一直都是抑制该地区农业碳排放增加的关键性因素，但在过去的近 20 年里，西南地区各省市的经济均保持较快发展，尤其是重庆和贵州的经济发展速度领先全国，其经济增长的福利效应惠及西南地区农业发展，西南地区农业生产效率得到了提升，在一定程度上实现了农业能源碳减排，区域内部各省（市）之间农业能源消费碳排放差异不断缩小。从具体数值上看，2001~2016 年，重庆占据西南地区 10.7% 的农业 GDP 和 9.5% 的农业人口，其农业能源消费碳排放占西南地区的 8.9%；四川占据西南地区 37.1% 的农业 GDP 和 35.5% 的农业人口，其农业能源消费碳排放占西南地区的 35.7%；云南占据西南地区 17.7% 的农业 GDP 和 20.3% 的农业人口，其农业能源消费碳排放占西南地区的 19%；贵州和广西壮族自治区情况类似。各省（市）农业 GDP、农业人口占全国的比例和农业能源消费碳排放占全国的比例都较为接近，因此该地区泰尔指数呈现下降趋势。

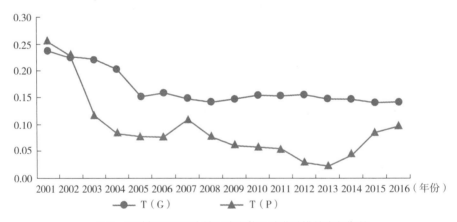

图 3　两种权重下西南地区农业能源消费碳排放泰尔指数

　　第三类地区是中部地区和北部沿海地区，这两个地区泰尔指数在 2001~2016 年呈现较为平稳的趋势，即区域内农业能源消费碳排放差异基本保持不变。中部地区 6 省份除山西外均为我国粮食主产省份，种植业在农业经济中所占比重较高，各省份农用能源需求类别与农业机械化总动力变化趋势较为一致，加之各地区农业产业发展水平较为接近，使得两种权重下农业能源消费碳排放泰尔指数呈现较为平稳的态势（见图 4）。北部沿海地区省际农业机械化水平相似，在 2001~2016 年，河北和山东农业机械化总动力总量几乎相同，两省先后推广农业网上授课和云教学，从事农业生产的农民专业素质显著提高，先进的农业科学技术被大量使用，农民收入大幅增长，促进地区经济协调。

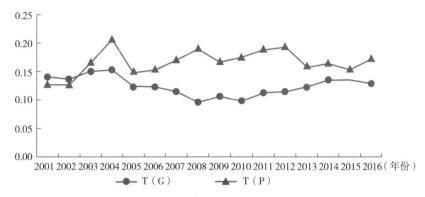

图 4　两种权重下中部地区农业能源消费碳排放泰尔指数

第四类地区是东部沿海地区和南部沿海地区，T（P）在 2001~2016 年呈现上升趋势，其以农业 GDP 为权重的泰尔指数 T（G）呈现平稳的趋势。以东部沿海地区为例（见图 5），以农业 GDP 为权重的泰尔指数 T（G）几乎为 0，笔者认为，东部沿海地区农业综合经济发展水平位居全国前列，农业现代化发展水平和产业结构趋于一致，均以渔业和种植业为主，多重因素促使区域间农业碳排放差距不断缩小。但东部沿海地区以农业人口为权重的泰尔指数 T（P）则波动上升，这主要是因为在考察期间三省（市）人均能源利用效率存在明显差异，浙江省农业人口比重占东部沿海地区的 39.4%，其农业能源消费碳排放只占东部沿海地区的 34.1%，江苏省农业人口占东部沿海地区的 56.1%，但其农业能源消费碳排放占东部沿海地区的 62.7%，因此 T（P）呈上升态势。南部沿海地区情况类似。

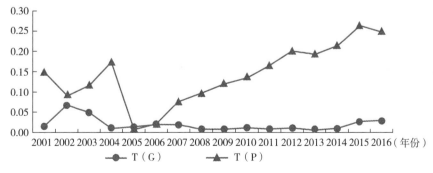

图 5　两种权重下东部沿海地区农业能源消费碳排放泰尔指数

表1 2001~2016年中国八大区域农业能源消费碳排放泰尔指数

地区	2001年	2002年	2003年	2004年	2005年	2006年	2007年	2008年	2009年	2010年	2011年	2012年	2013年	2014年	2015年	2016年
京津	0.13 (0.01)	0.16 (0.06)	0.15 (0.08)	0.16 (0.15)	0.14 (0.24)	0.16 (0.22)	0.19 (0.23)	0.17 (0.21)	0.18 (0.24)	0.20 (0.30)	0.22 (0.33)	0.23 (0.34)	0.23 (0.36)	0.23 (0.40)	0.24 (0.50)	0.24 (0.58)
北部沿海	0.27 (0.22)	0.15 (0.14)	0.17 (0.17)	0.18 (0.22)	0.20 (0.12)	0.22 (0.12)	0.21 (0.14)	0.21 (0.12)	0.21 (0.13)	0.21 (0.13)	0.19 (0.13)	0.19 (0.13)	0.24 (0.18)	0.24 (0.16)	0.24 (0.14)	0.24 (0.15)
东北	0.08 (0.10)	0.07 (0.13)	0.06 (0.16)	0.08 (0.15)	0.07 (0.16)	0.07 (0.14)	0.07 (0.14)	0.05 (0.11)	0.06 (0.11)	0.06 (0.15)	0.05 (0.14)	0.06 (0.14)	0.07 (0.18)	0.08 (0.20)	0.10 (0.22)	0.16 (0.28)
东部沿海	0.01 (0.15)	0.07 (0.09)	0.05 (0.12)	0.01 (0.17)	0.01 (0.01)	0.02 (0.02)	0.02 (0.08)	0.01 (0.10)	0.01 (0.12)	0.01 (0.14)	0.01 (0.17)	0.01 (0.20)	0.01 (0.19)	0.01 (0.21)	0.03 (0.26)	0.03 (0.25)
南部沿海	0.04 (0.23)	0.02 (0.26)	0.03 (0.18)	0.03 (0.18)	0.08 (0.19)	0.08 (0.17)	0.08 (0.20)	0.09 (0.23)	0.08 (0.25)	0.06 (0.24)	0.07 (0.26)	0.06 (0.26)	0.07 (0.28)	0.08 (0.31)	0.08 (0.31)	0.07 (0.32)
中部	0.14 (0.13)	0.14 (0.13)	0.15 (0.17)	0.15 (0.21)	0.12 (0.15)	0.12 (0.15)	0.11 (0.17)	0.10 (0.19)	0.11 (0.17)	0.10 (0.18)	0.11 (0.19)	0.11 (0.19)	0.12 (0.16)	0.14 (0.16)	0.14 (0.15)	0.13 (0.17)
西北	0.14 (0.48)	0.13 (0.46)	0.14 (0.53)	0.16 (0.55)	0.18 (0.55)	0.18 (0.53)	0.17 (0.52)	0.19 (0.47)	0.19 (0.48)	0.19 (0.50)	0.21 (0.50)	0.23 (0.51)	0.29 (0.52)	0.30 (0.52)	0.31 (0.50)	0.32 (0.52)
西南	0.24 (0.26)	0.23 (0.23)	0.22 (0.12)	0.20 (0.08)	0.15 (0.08)	0.16 (0.07)	0.15 (0.11)	0.14 (0.08)	0.15 (0.06)	0.15 (0.06)	0.15 (0.05)	0.16 (0.03)	0.15 (0.02)	0.15 (0.04)	0.14 (0.09)	0.14 (0.10)
平均	0.13 (0.20)	0.12 (0.19)	0.12 (0.19)	0.12 (0.21)	0.12 (0.19)	0.13 (0.18)	0.13 (0.20)	0.12 (0.19)	0.12 (0.19)	0.12 (0.21)	0.13 (0.22)	0.13 (0.23)	0.15 (0.24)	0.15 (0.25)	0.16 (0.27)	0.17 (0.30)

注：（ ）内为以农业人口为权重的的泰尔指数。

（三）两种权重下中国农业能源消费碳排放的贡献率对比分析

根据公式（5）至公式（7）计算出区域间差异、区域内差异以及八大区域内部差异对总差异的贡献程度，结果如表 2 所示。

（1）中国农业能源消费碳排放区域的总体差异主要是由区域间差异引起的，在 2001~2016 年，除个别年份外，两种权重下区域间差异贡献率大于区域内差异贡献率。其中，以农业 GDP 为权重下区域间差异贡献率始终维持在55%~63%。笔者认为，造成这种结果的因素主要有三个方面：第一，农业经济发展水平差异较大。沿海地区和中西部地区的农业投入产出效率差异性明显，最终影响农业能源消费碳排放的空间差异扩大。第二，农业科技的推广存在涟漪效应。当前，中国已初步构建了农业科技推广体系，但在农业科技推广中难免存在涟漪效应，即以东部沿海地区、南部沿海地区、京津地区和北部沿海地区农业的节能减排技术推广效果最佳，但受限于农业生产理念等因素影响，技术向西南地区、西北地区等推广的力度和传播速度都是边际递减的，这使得八大区域的农业能源利用效率存在较大差异。第三，在八大区域分区方式下，每个区域包含省市数量较少，例如京津地区只有北京与天津，东部沿海地区只有浙江、江苏、上海三省（市），不同区域之间自然资源、社会、文化背景等因素差异较大，因此区域间差异对总差异的贡献率较大。康晓娟和杨冬民（2010）、彭定赟和陈玮仪（2014）等学者在三大区域划分法下，将东部地区划分为 11 个省（市）、中部地区划分为 8 个省、西部地区划分为 12 个省（市），与本文不同的是，其得出的结论是区域内差异对总差异的贡献率大于区域间差异对总差异的贡献率。

（2）在地区内差异中，两种权重下八大区域内差异对总差异的贡献都保持相对稳定的状态。这主要是因为在八大区域划分法下，相同区域下的省（市）的农业生产资源禀赋条件相似，农业生产受限于同样的自然条件，因此会投入相似的能源要素，产生相似的农业能源消费碳排放量。此外，相同区域下的农民具有相似的生态环保意识，进而导致农业生产行为的趋同，这使得各地区区域内差异对总差异的贡献度保持相对平衡。

表2 2001~2016年中国农业能源消费碳排放贡献率

单位：%

地区	2001年	2002年	2003年	2004年	2005年	2006年	2007年	2008年	2009年	2010年	2011年	2012年	2013年	2014年	2015年	2016年
京津	0.38	0.48	0.43	0.45	0.38	0.40	0.46	0.40	0.43	0.44	0.45	0.45	0.45	0.43	0.39	0.34
	(0.03)	(0.14)	(0.16)	(0.33)	(0.47)	(0.44)	(0.44)	(0.42)	(0.50)	(0.61)	(0.69)	(0.71)	(0.72)	(0.82)	(1.00)	(1.14)
北部沿海	11.01	6.49	7.04	7.92	9.46	10.22	10.31	10.76	10.92	10.42	9.07	8.67	10.96	10.36	9.77	8.63
	(8.37)	(5.28)	(5.68)	(7.35)	(4.35)	(4.17)	(4.65)	(4.01)	(4.40)	(4.46)	(4.22)	(4.11)	(5.31)	(4.64)	(3.91)	(3.93)
东北	1.92	1.90	1.61	2.16	2.13	2.15	2.24	1.80	2.08	1.86	1.83	2.19	2.45	2.67	3.28	4.14
	(1.78)	(2.32)	(2.62)	(2.53)	(2.91)	(2.59)	(2.40)	(1.93)	(1.92)	(2.62)	(2.36)	(2.41)	(2.87)	(3.06)	(3.27)	(4.13)
东部沿海	0.47	2.34	1.63	0.31	0.48	0.65	0.60	0.29	0.24	0.36	0.29	0.35	0.19	0.28	0.72	0.75
	(4.09)	(2.46)	(2.81)	(4.09)	(0.23)	(0.46)	(1.66)	(2.20)	(2.67)	(2.77)	(3.37)	(3.94)	(3.53)	(3.87)	(4.56)	(4.14)
南部沿海	1.40	0.80	1.09	0.84	2.69	2.98	2.87	3.15	2.75	2.16	2.35	1.92	2.06	2.36	2.32	2.11
	(6.06)	(6.70)	(3.70)	(3.60)	(4.11)	(3.86)	(4.26)	(5.01)	(5.46)	(4.92)	(5.42)	(5.34)	(5.45)	(5.96)	(5.76)	(5.76)
中部	10.52	11.08	11.06	12.26	10.32	10.30	9.95	8.89	9.53	9.06	10.06	9.88	10.13	10.80	10.25	9.11
	(10.65)	(10.71)	(12.69)	(14.87)	(12.66)	(13.00)	(13.21)	(15.21)	(12.82)	(13.24)	(14.22)	(13.85)	(10.68)	(10.84)	(9.77)	(10.51)
西北	2.91	3.05	3.55	4.06	4.97	5.05	4.99	5.71	5.67	6.21	6.89	7.37	9.41	9.52	9.01	8.67
	(12.58)	(12.15)	(12.82)	(12.92)	(15.29)	(14.86)	(13.46)	(12.56)	(12.31)	(12.60)	(12.59)	(12.24)	(11.77)	(11.62)	(10.85)	(10.92)
西南	10.83	11.39	10.87	10.38	8.28	8.51	8.51	8.34	8.21	8.35	8.51	8.64	7.86	7.78	7.36	7.13
	(13.73)	(12.40)	(6.71)	(4.66)	(4.66)	(4.56)	(6.11)	(4.43)	(3.35)	(3.07)	(2.88)	(1.47)	(1.03)	(1.97)	(3.90)	(4.20)
区域内差异	39.44	37.54	37.30	38.38	38.72	40.26	39.93	39.33	39.83	38.86	39.45	39.47	43.51	44.20	43.09	40.89
	(57.29)	(52.17)	(47.20)	(50.37)	(44.68)	(43.94)	(46.19)	(45.77)	(43.43)	(44.30)	(45.75)	(44.05)	(41.36)	(42.79)	(43.01)	(44.72)
区域间差异	60.56	62.46	62.70	61.62	61.28	59.74	60.07	60.67	60.17	61.14	60.55	60.53	56.49	55.80	56.91	59.11
	(42.71)	(47.83)	(52.80)	(49.63)	(55.32)	(56.06)	(53.81)	(54.23)	(56.57)	(55.70)	(54.25)	(55.95)	(58.64)	(57.21)	(56.99)	(55.28)

注：（ ）内为以农业人口为权重下各区域差异的贡献率。

五、结论与政策建议

文章基于泰尔指数，运用我国各地区2001~2016年的农业GDP、农业人口数量和农业能源消费碳排放量三个指标，对中国农业能源消费碳排放的区域差异进行测算。具体结论如下：

（1）2001~2016年，由于我国农业依然停留在高消耗、高污染、高排放的粗放经营状态，自2008年以来，T（G）和T（P）皆处于上升状态，表现出明显的区域差异性。其中，在2001~2008年，得益于中央"一号文件"和地方农业扶持政策，中国农业区域协调发展政策取得了显著成效，T（G）呈现下降趋势；在2009~2016年，由于区域农村金融发展水平的差距扩大，T（G）呈现持续上升趋势。欠发达地区高素质劳动力向发达地区转移、各地区人均能源利用效率和结构不均衡等因素，诱发T（P）持续上升。并且T（P）＞T（G），T（P）更能揭示区域农业能源消费碳排放的差异。

（2）农业经济发展效率、农业产业结构和政策、人均能源消费量和农业机械化水平等因素差异导致两种权重下八大地区泰尔指数演变趋势不同，具体可分为四类地区：第一类是"T（G）和T（P）波动上升型"，即京津地区、西北地区和东北地区；第二类是"T（G）和T（P）波动下降型"，即西南地区；第三类是"T（G）和T（P）持续平稳型"，即中部地区和北部沿海地区；第四类是"T（G）平稳、T（P）上升型"，即东部沿海地区和南部沿海地区。

（3）中国农业能源消费碳排放的总体差异主要是由区域间差异引起的，区域间差异贡献率大于区域内差异贡献率。在区域间差异中，沿海地区和中西部地区农业经济发展水平的差异、农业生产技术推广的涟漪效应已成为决定区域间差异贡献率的主要客观因素。在地区内差异中，得益于相同区域下各省（市）生产条件相同、要素需求相似、农民生产行为的趋同，这使得两种权重下八大区域内差异对总差异的贡献率都保持相对稳定的状态。

研究结论揭示了当前我国农业能源消费碳排放存在较为明显的区域差异性，因此，笔者针对性地提出以下四点建议，以期确保乡村振兴战略落实落地：

第一，完善制度保障和政策，引导低碳农业的发展。首先，强化全国农业低碳经济相关法律法规的实施。明确发展低碳农业经济的基本方针政策，协调

《中华人民共和国能源法》《中华人民共和国节约能源法》等与低碳经济相关的规定，形成相对完整的低碳经济法律规范体系。其次，加大农业财政预算支持力度。在农业低碳技术研发与应用、农产品推广、地方生态农业培训等方面设置相应的专项资金。最后，构建农业低碳监测报告制度。可借鉴环境监测的经验来辅助构建城乡一体化的低碳经济监管体系，开展社会经济发展碳排放强度评价，制定一套科学的农业碳排放报告制度和监测处罚办法。

第二，优化产业结构，推进农业能源的高效利用。一方面，促进农业的规模化生产，充分利用规模效应实现减排。对于西北地区的牧场而言，应加大预防因经营户规模小而造成的对动物垃圾处理不到位的现象；对于中部地区而言，大规模采用机械化的生产方式对提高传统农业规模效益具有重大意义；对东部地区而言，要积极培育观光农业，采用集农业观光、休闲、娱乐于一体的连片开发模式。另一方面，以"减量化、资源化、再利用"为发展理念来降低农村温室气体排放，具体措施为推进农村废弃物资源循环利用，实施农村用户沼气工程、规范畜禽沼气治理工程、秸秆气化集中供气工程，建设配套的农村沼气乡村服务网点，以期实现沼气、沼渣、沼液的综合利用。

第三，创新低碳农业生产技术，推广减排技术应用。首先，加快农业绿色技术攻关，优先发展节能技术。减少对柴油等能源的需求，着重在农村提倡生物质能、风能和水能技术，大力发展农业循环经济技术，形成农产品生产、社会生活等共性技术与产业衔接技术。其次，加强东部地区、中部地区和西部地区各省市在农业低碳技术领域的合作，尤其是新型农业机械化生产、加工等低碳产业链的合作，正确处理各地区低碳技术发展差异，使先进技术同步推广到全国。最后，利用各类农业人才计划，建立和完善发展农业低碳领域人才培养引进的优惠政策评价体系，培养我国此类领域的领军人才。

第四，推进区域间农业平衡发展，提高各地区碳排放绩效。首先，加强沿海发达地区农业资金投入。在利率政策方面向农用能源类企业倾斜，尝试将对农业机械生产、农药和化肥企业的信贷支持纳入农村金融机构网点业绩考核。其次，欠发达地区要充分利用农村金融资源来支持农村经济发展。加大执行国家"工业反哺农业"发展战略的力度，积极引导城镇金融流向农村、农业，进而支持农村经济建设，为解决中西部地区农业能源消费碳排放问题打下坚实的基础。最后，各地区通过推进发展有机农业、循环农业等生态农业模式，降低农作物生产对能源的依赖性，充分利用气候变暖、二氧化碳浓度增高对作物生产的增效作用，科学调整农业种植制度，发展多熟制，提高土地复种指数，增加农业碳汇。

参考文献

［1］Doorslaer B. V., Witzke P., Huck I., et al. An economic assessment of GHG mitigation policy options for EU agriculture［R］.2015.

［2］Johnson J. M., Franzluebbers A. J., Weyers S. L., et al. Agricultural opportunities to mitigate greenhouse gas emissions［J］.Environmental Pollution, 2007, 150（1）：107-124.

［3］Lantz V., Feng Q. Assessing income, population, and technology impacts on CO_2, emissions in Canada：Where's the EKC?［J］. Ecological Economics, 2006, 57（2）：229-238.

［4］Lin H. W., Jin Y., Giglio L., et al. Evaluating greenhouse gas emissions inventories for agricultural burning using satellite observations of active fires［J］.Ecological Applications, 2012, 22（4）：1345-1364.

［5］Mosier A. R., Duxbury J. M., Frreney J. R .Mitigation agricultural emission of methane［J］.Climatic Change, 1998, 40（1）：39-80.

［6］Tubiello F. N., Salvatore M., Golec R. D. C., et al. Agriculture, Forestry and Other Land Use Emissions by Sources and Removals by Sinks［EB/OL］.FAO, http：//www.fao.org/3/i3671e/i3671e.pdf, 2020-03-11.

［7］West T. O., Marland G. Net carbon flux from agriculture：Carbon emissions, carbon sequestration, crop yield, and land-use change［J］.Biogeochemistry, 2003, 63（1）：73-83.

［8］陈慧, 付光辉, 刘友兆.江苏省县域农业温室气体排放：时空差异与趋势演进［J］.资源科学, 2018, 40（5）：1084-1094.

［9］高鸣, 宋洪远.中国农业碳排放绩效的空间收敛与分异——基于 Malmquist-Luenberger 指数与空间计量的实证分析［J］.经济地理, 2015, 35（4）：142-148+185.

［10］何艳秋, 陈柔, 吴昊玥, 等.中国农业碳排放空间格局及影响因素动态研究［J］.中国生态农业学报, 2018, 26（9）：1269-1282.

［11］何艳秋, 戴小文.中国农业碳排放驱动因素的时空特征研究［J］.资源科学, 2016, 38（9）：1780-1790.

［12］黄祖辉, 米松华.农业碳足迹研究——以浙江省为例［J］.农业经济问题, 2011, 32（11）：40-47+111.

［13］康晓娟, 杨冬民.基于泰尔指数法的中国能源消费区域差异分析［J］.资源科学, 2010, 32（3）：485-490.

［14］黎孔清, 马豆豆.江苏省经济发展、技术进步与农业碳排放增长关系研究［J］.科技管理研究, 2018, 38（6）：77-83.

［15］林而达.气候变化与农业可持续发展［M］.北京：北京出版社, 2011.

［16］刘其涛.中国农业碳排放效率的区域差异——基于 Malmquist–Luenberger 指数的实证分析［J］.江苏农业科学，2015，43（9）：497–501.

［17］鲁钊阳.农村金融发展与农业碳排放关系区域差异实证研究［J］.思想战线，2013，39（2）：119–123.

［18］彭定赟，陈玮仪.基于消费差距泰尔指数的收入分配研究［J］.中南财经政法大学学报，2014（2）：30–37.

［19］田云，张俊飚，尹朝静，等.中国农业碳排放分布动态与趋势演进——基于 31 个省（市、区）2002—2011 年的面板数据分析［J］.中国人口·资源与环境，2014，24（7）：91–98.

［20］王劼，朱朝枝.农业碳排放的影响因素分解与脱钩效应的国际比较［J］.统计与决策，2018，34（11）：104–108.

［21］张广胜，王珊珊.中国农业碳排放的结构、效率及其决定机制［J］.农业经济问题，2014，35（7）：18–26+110.

3. 乡村振兴战略背景下田园综合体产业选择问题研究*

郭峰　陈其荣　唐巧

摘要：乡村振兴战略是我国实现乡村现代化的必由之路和须长期努力实施的国家战略。本文通过对典型发达国家乡村振兴历程和经验的总结，对我国近百年实践的描述；通过对国外典型"田园综合体"的发展及模式的总结，对我国田园综合体建设的描述；得到实现乡村振兴的重点在于产业振兴，田园综合体可以作为实现乡村振兴战略和化解当前主要社会矛盾的重要载体和发展动力。田园综合体的本质功能及定位，产业选择的方法、阶段和主体则是保证其投资、建设、运营能否成功的重点和难点。希望本文能为我国田园综合体的发展探索及乡村振兴战略的实施起到一定的引导作用。

关键词：乡村振兴战略；田园综合体；本质功能；产业选择

在改革开放的 40 多年间，中国共产党带领 14 亿中国人创造了中华民族的鼎盛与辉煌；也为全球发展中国家依靠本国力量、特色、制度和智慧发展壮大走出了一条可供借鉴和学习的道路。面对成就，中国共产党正致力于集中全党、全国人民的力量和智慧解决新时期的主要矛盾和问题，诸如实现乡村振兴、解决城乡融合发展、化解"二元"经济结构模式等以此让所有人都能享受到社会经济发展的成果与红利，这是目前和相当长一段时间内的主要工作。实施乡村振兴战略，是解决新时代我国社会主要矛盾和实现农业农村现代化的迫切要求。

自工业革命以来，发达国家乡村发展的一些规律和共性可以为我国实施乡

* 郭峰，男，博士，贵州大学管理学院副教授、硕士研究生导师，研究方向为城市发展战略。陈其荣，女，硕士，贵州建工集团一建设计研究院，研究方向为城市经济、新型城镇化。唐巧，女，硕士，贵州建工集团一建设计研究院，主要研究方向为城镇战略。

村振兴战略提供有益的借鉴。党的十九大提出实施乡村振兴战略，2018 年中央"一号文件"对实施乡村振兴战略做出进一步的部署和安排。2018 年 9 月 26 日，中共中央、国务院印发了《国家乡村振兴战略规划（2018—2022 年）》（以下简称《规划》），这是以习近平同志为核心的党中央着眼于党和国家事业发展的大局，对"三农"工作的总部署和新时代"三农"工作的总抓手，乡村振兴战略上升为国家战略。乡村振兴战略是解决农业边缘化、农村空心化、农民老龄化的重要举措和根本着力点。

本文在基于乡村振兴战略实施的背景下，通过对相关概念和理论的梳理，阐述田园综合体的相关内容并重点研究田园综合体的优势产业选择问题。

一、相关概念及国内外研究概述

（一）乡村振兴与国内外的研究

（1）乡村振兴。我国目前实施乡村振兴战略，即按照产业兴旺、生态宜居、乡风文明、治理有效、生活富裕的总要求，建立健全城乡融合发展体制机制和政策体系，加快推进农业农村现代化；以此实现乡村的产业、人才、文化、生态及组织的五大振兴；实现城乡融合，推动社会经济全面均衡持续发展。2017 年中央农村工作会议明确了到 2020 年、2035 年、2050 年分"三步走"实施乡村振兴战略的目标任务，并将实施乡村振兴战略作为一项长期的历史性任务，要求"科学规划、注重质量、从容建设，不追求速度，更不能刮风搞运动"。

（2）国外发达国家乡村振兴的发展概述。发达国家在工业化和城市化进程中对乡村发展的认识和建设经验可以为我们认知乡村价值、促进乡村振兴提供学习与借鉴。欧美国家的工业化虽然带来了经济上的繁荣，但在工业化和城市化快速推进的过程中，依然存在乡村发展滞后于城市、农村居民收入增长滞后于城市居民收入增长的不协调现象。国外发达国家通过重视规模化经营，支持发展乡村高附加值产业；重视乡村旅游业；重视贫困与偏远乡村的可持续发展；重视乡村基础设施与公共服务均等化；重视三大产业融合，优化生产要素配置等措施和不懈努力来实现乡村振兴，具体内容如表 1 所示。

表1　典型发达国家乡村振兴实施比较

国名	开始时间	开始政策	关键阶段	关键政策	主要效果	实施评述
英国	20世纪中叶	"耕地保护运动"及系列扶持乡村经济发展的政策	21世纪初	乡村宜居政策	2014~2016年乡村人口净流入为13.54万人，城市人口净流出为19.94万人	乡村人口增加；传统农业比重下降，但农产品出口占主导；乡村制造业及专业性服务的产业占比高达58%以上
美国	20世纪60年代	发展农业规模经营，鼓励第二、第三产业，加大直接补贴和基础设施投入等	21世纪初	提升乡村发展价值，开放乡村经济	传统农业总产值从2000年的2435亿美元增加到2016年的4281亿美元	乡村涵盖72%的国土面积，乡村人口从1980年的18.08%降到2016年的14.27%；大型家庭农场经济突出，第二、第三产业发达
日本	20世纪60年代	国土开发计划划等综合手段提升乡村发展价值和促进乡村振兴，不断加大财政投入	20世纪70年代至20世纪90年代	加大了"补助金农政"的实施力度，推动"一村一品"运动	2010年，日本农林水产省制定并颁布了《六次产业化·地产地消法》，确立产业融合政策的法律地位。截至2015年，六次产业的年均增长率保持在3%~5%	乡村生活城市化，公共服务基本均等化，乡村第二、第三产业比重加大
韩国	20世纪70年代	旨在缩小城乡发展差距的"新村运动"	20世纪90年代后	转变政府职能，激活社会自我发展能力，促进产业融合，推广"农工商+政产学研"的合作模式	韩国基本实现了城乡经济的协调发展，城乡居民收入差距从1972年的3∶1缩小到2004年的1∶0.84	大力推广六次产业，实现基于农业多功能性的价值增值

（3）我国农村建设和发展概述。我国乡村建设始于20世纪20年代末，一批从欧美国家学成归国的学子开始进行乡村建设的尝试。梁漱溟在山东邹平建设学堂，实行政教合一和发展农村合作社，促兴农业、发展工业。晏阳初在河北定县（今河北省定州市）进行了旨在启迪心智、培育民德、改善民生的乡村建设等。20世纪80年代初期发端于农业和农村，后来扩展到国家经济社会方方面面的改革开放，实际上就是一次对乡村价值的再判断和新的乡村建设运动。改革开放破除了农业单一粮食生产结构的枷锁；在农村掀起发展工业和第三产业的浪潮，形成了乡镇企业异军突起的发展局面。

韩长赋（2012）认为，"二元发展"战略下对乡村价值的定位，直接导致了工农业和城乡资源要素交换的不平等，形成了工农业产品价格"剪刀差"和城乡发展要素配置的"剪刀差"，最终导致农业资源过多地流向了工业和城市，因此必须改变。韩俊（2013）从产业发展的重要性和地位出发，对乡村价值做了新的定义，即"农业是国民经济的基础，是国家安全的保障，没有农业的发展就没有国民经济的发展和国家的安全，更谈不上工业的发展"。当前，基于党中央、国务院对乡村建设和乡村振兴的新的判断和战略布局，我们相信城乡发展差距会逐步缩小，乡村在国民经济发展和城乡居民生产生活中的价值会不断提升，乡村发展迎来了最好的历史机遇。

（二）田园综合体的发展概述

田园综合体是集现代农业、休闲旅游、田园社区为一体的特色小镇和乡村综合发展模式，是在城乡一体的格局下，顺应农村供给侧结构性改革、新型产业发展，结合农村产权制度改革，实现中国乡村现代化、新型城镇化、社会经济全面发展的一种可持续性模式。国外一般称之为"都市农业""休闲农业""多功能农业""农业公园""观光农业"等。

按照中央"一号文件"的表述，田园综合体要集循环农业、创意农业、农事体验于一体，在原有的生态农业和休闲旅游的基础上延伸和发展，能更好地体现乡村独有的美丽和活力，为新时代的都市人打造别具一格的世外桃源，实现城市居民的田园梦；同时，提升田园综合体模式的商业价值，能更好地带动新农村的发展，促进社会就业问题的解决。

1. 国外田园综合体的发展及模式

"都市农业"的这个提法，在20世纪60年代首先在美国出现。它是指靠近都市，在城乡边界模糊地区发展起来的，可为都市居民提供优良农副产品和优美生态环境的高集约化、多功能的农业。"都市农业"不仅可以提供农业产品，还可以为人们休闲旅游、体验农业、了解农村提供场所。观光农业、休闲农业、旅游农业等都是"都市农业"的一些具体经营方式，典型发达国家"田园综合体"发展模式如表2所示。

表2　典型发达国家"田园综合体"发展及模式概述

国名	一般称谓	开始时间	典型模式及产业特色	典型案例或其他
美国	都市农业	20世纪60年代	市民农园、"银发族"农园、农业公园、民宿农庄、观光农业、农村留学、自然休养村、体验农业、精品农业、精确农业、互联网农业	规模化休闲农业，大多采用"综合服务镇+农业特色镇+主题游线"的立体架构
瑞士	社区支援农业	20世纪70年代	社区支援农业	其市场和模式在日本、欧美国家、澳大利亚、亚洲国家均非常成功
德国	市民农园	20世纪80年代	度假农场、乡村博物馆、市民农园	德国已拥有这样的市民农园超过100万个
日本	绿色观光农业	20世纪70年代	观光农业、市民农园、农业公园	利用城市和乡村相邻的特点，发展"农村观光"
法国	专业化农场发展休闲农业	20世纪80年代	农场客栈、点心农场、农产品农场、骑马农场、教学农场、探索农场、狩猎农场、暂住农场、露营农场	普罗旺斯乡村度假胜地等

从各国的经验来看，以农业活动为基础，立足特色，田园综合体的培育将为农村经济发展和乡村振兴提供成功的建设方案。

2. 我国田园综合体的发展与探索

2012年张诚发表了论文《田园综合体模式研究》，并在江苏省无锡市惠山区实践落地了我国第一个田园综合体项目——无锡田园东方。

2017年2月5日，"田园综合体"作为乡村新型产业发展的亮点措施被写进中央"一号文件"，"支持有条件的乡村建设以农民合作社为主要载体、让农民充分参与和受益，集循环农业、创意农业、农事体验于一体的田园综合体，通过农业综合开发、农村综合改革转移支付等渠道开展试点示范"。

2017年5月24日，财政部印发了《关于开展田园综合体建设试点工作的通知》。2017年6月5日，财政部又印发了《开展农村综合性改革试点试验实施方案》，并发布了开展田园综合体建设试点的通知，决定从2017年起在山东、广东、云南、安徽、湖南、陕西6个省份开展田园综合体试点。2018年9月26日中共中央、国务院印发的《规划》中提到，要推进农业循环经济试点示范和田园综合体试点建设。加快培育一批"农字号"特色小镇，在有条件的地区建设培育特色商贸小镇，推动农村产业发展与新型城镇化相结合。

目前全国已有 5 个成功的田园综合体项目，即无锡田园东方、成都多利农庄、蓝城农庄小镇、河北嘉年华乐园、河北青龙农业迪士尼。通过国内研究和实践得到的田园综合体的组成一般分为景观吸引区、休闲聚集区、农业生产区、居住发展区和社区配套网等功能组成。

二、田园综合体与乡村振兴战略的关系

因为田园综合体的功能和组成，使其具备成为承担起我国乡村振兴战略实施和推进的重要引擎和抓手。田园综合体可以成为城乡融合的新载体和新动力；成为满足城市和乡村相关人群的就业、创业、生活、休闲的集聚地；成为城市有机蔓延和新农村成长坐标的新样本；成为农业供给侧结构性改革新的突破口之一和三产融合新的示范地；成为乡村旅游升级和城市旅游多元，并提升和优化区域产业结构及投资环境的渠道；成为乡村地产、旅游地产、文化地产、康养地产等转型发展的新天地和强大动力。

有理由相信，随着田园综合体及特色小镇等的有序发展，美丽乡村建设的深入，国家对乡村基础设施和公共服务的持续投入，乡村振兴战略一定能够实现。

（一）乡村振兴战略的实施重点及难点

在经济发展新常态的大环境下，如何适应当前我国社会的主要矛盾和存在的问题是关键，要以供给侧结构性改革为主要路径，以满足城市居民新消费和补充提升城市休闲功能为主要目的，达到培育农业农村发展内生新动能，实现城乡融合和乡村振兴的目标。

（1）重点在于乡村振兴的战略思路。新时代乡村振兴的关键在于提高乡村的内生能力，努力避免造成以 GDP 为中心的赶超战略而使乡村内生动力弱化。要制定适合主要参与主体的激励结构和制度来发挥其优势，形成推动乡村振兴战略的活力源泉。

（2）难点在于乡村振兴的产业选择。自 2015 年中央"一号文件"第一次提出"推进乡村产业融合发展"这一新思路起，近些年的乡村产业发展，由产业隔离走向产业融合。在此基础上，党的十九大从国家战略的高度，提出"促进农村一二三产业融合发展，支持和鼓励农民就业创业，拓宽增收渠道"的实施方案，从而进一步指明，要实现乡村产业振兴，关键在于走好产业融合发展的道路。

（二）田园综合体的实施重点及难点

1. 重点在于田园综合体的功能定位

田园综合体将推动农业发展方式、农民增收方式、农村生活方式、乡村治理方式的深刻变化，实现新型城镇化、城乡一体化、农业现代化更高水平的良性互动，实现城乡融合，以此有助于解决目前社会的主要矛盾，即人民日益增长的美好生活需求和不平衡不充分的发展之间的矛盾。

根据相关文件精神和目前的试点，本文提出我国田园综合体的功能定位，如图1所示。

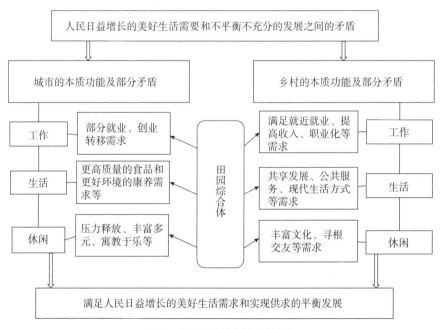

图1 我国田园综合体功能定位

2. 难点在于田园综合体的产业选择

中国社会的一个主要问题是城乡二元问题，这个问题的形成不仅仅是城乡物质差距，更是城乡文化差距。解决差距的主要办法是发展经济，而发展经济的主要路径是产业带动。那么，在乡村社会，什么样的产业可以并需要发展起来呢？乡村可以发展的产业选择并不多，较有普遍性的有现代农业和旅游农业两种主要选择。

最新数据显示，截至 2018 年 6 月，全国休闲农业即乡村旅游实现营业收入4200 亿元，同比增长 15%。返乡双创人员达 740 万人，农村网商共 980 家，带动就业 2800 万人，共享农业、创业农业等新业态不断涌现。所以有必要从科学的、系统的、发展的角度对田园综合体的优势产业选择问题进行分析和研究。

三、田园综合体的优势产业选择研究

正如《规划》指出，农业是国民经济的基础，农村经济是现代化经济体系的重要组成部分。乡村振兴，产业兴旺是重点。实施乡村振兴战略，深化农业供给侧结构性改革，构建现代农业产业体系、生产体系、经营体系，实现农村一二三产业深度融合发展，有利于推动农业从增产导向转向提质导向，增强我国农业创新力和竞争力，为建设现代化经济体系奠定坚实基础。

（一）新时代下乡村振兴的总要求和总目标

以习近平总书记关于"三农"工作的重要论述为指导，按照"产业兴旺、生态宜居、乡风文明、治理有效、生活富裕"的总要求实现乡村全面振兴。按照到 2020 年实现全面建成小康社会和分两个阶段实现第二个百年奋斗目标的战略部署，2018~2022 年这 5 年间，既要在农村实现全面小康，又要为基本实现农业农村现代化开好局、起好步、打好基础。到 2035 年，乡村振兴取得决定性进展，农业农村现代化基本实现。到 2050 年，乡村全面振兴，农业强、农村美、农民富全面实现。

实现乡村振兴目标需要规划布局科学有序，乡村环境生态宜居，乡风民俗健康文明，农村社会和谐稳定，农民生活富裕安康，率先实现农业农村现代化；需要强调新时代的乡村振兴以人民为中心，强调包容性制度和乡村内生能力建设，走乡村内生性发展道路；需要加强实施乡村振兴战略的顶层设计和制度建设；需要规避振兴方式单一化和"一刀切"倾向，着力推进乡村全面、有机和多样化、特色化振兴；规避体制机制改革工程化、政策支持盆景化倾向等。

（二）田园综合体的优势产业选择方法论

为了实现经济发展和乡村振兴，必须研究基于宏观经济和区域经济的主导产业、优势产业问题，通过以下概念阐述，以此分析田园综合体的产业选择。

1. 田园综合体的产业选择及重要性分析

（1）主导产业。按照国内学者的定义，主导产业为带头产业或领衔产业，指的是一个国家在一定时期内，经济发展所依托的重点产业，这些产业在此发展阶段中成为经济的龙头，并在产业结构中占比较大，强调重点产业的经济推动作用。经济发展的规律证明，随着产业结构升级与优化，主导产业的选择与扶植日益重要。区域主导产业选择是促进区域产业结构优化的关键手段，也是实现区域协调发展的有效途径。可以看出，主导产业是指在一个国家或较大区域范围内对国民经济增长贡献大、弹性大、带动性强、辐射性广、市场潜力大，能够在产业系统结构中起到引领带动的产业。

基于田园综合体的规模和作用，不应按照主导产业进行定位和选择，但可以基于和从属于主导产业的作用进行定位和选择。

（2）优势产业。区域优势产业是指以产业比较优势为基础，加速培养产业竞争优势，使其经济优势持续领先于区域内其他类型产业或其他区域的同类型产业。发展区域优势产业有利于提升区域资源配置效率，促使局部区域利益和国家整体利益相互协调，实现区域经济可持续发展。从优势产业的形成路径来看，依据产业比较优势，即产业所在区域的自然资源禀赋、整体经济实力、政策制度环境、人文地理位置、产业配套设施及各类基础设施等外部优势，逐渐增强优势产业劳动力与资本存量的聚集力、扩大产业需求规模、发挥产业规模经济、促使产业内企业间的有效竞争、提升产业技术水平，最终形成不同空间尺度下的优势产业。优势产业具有动态性，随着时间、空间的变化而有所差异。

基于田园综合体的功能和规模及其在区域经济发展中的作用，田园综合体的产业选择应该以具有比较优势产业的选择作为基础，以此打造具有产业特色的田园综合体，发挥其应有的功能和作用，并作为切实的抓手，推进乡村振兴战略的实施。

（3）现有田园综合体配套产业。田园综合体目前在我国处于起步阶段，从外延和内涵来看，均是在原有的生态农业和休闲旅游的基础上进行延伸和发展的。所以，田园综合体的建设一般要求重视前期规划，构建产业体系，即核心产业（农业生产和休闲农业）＋支撑产业（休闲农产品的研发、加工、推介和促销等）＋配套产业（围绕其环境和氛围打造的旅游、餐饮、娱乐、培训、田园地产等）+ 衍生产业（以特色农产品和文化创意形成的其他产业）。

不难看出，因为田园综合体目前仅处于发展的萌芽阶段，从国家、行业、企业的角度还没有形成一套基于产业选择标准、发展模式、发展路径的方法、政策等。而产业的选择也仅停留在以企业投资偏好为主，兼顾地方基层政府的价值引导下做出的初级的、有利于投资和营销的商业模式选择，并没有从顶层和战略的角度去思考和研究田园综合体的比较优势产业选择，有些"本末倒置"。基于此，本文提出一些关于田园综合体比较优势产业选择的方法，希望对国家的政策制定、企业的投资决策、基层政府的价值选择和产业引导、农民及农村经济组织的深度参与提供一定的参考。

2. 田园综合体的优势产业选择方法论研究

（1）田园综合体的比较优势产业选择需要注意的背景及前提问题。在今后相当长的时期内，新型工业化、新型城镇化仍是我国经济社会发展的引擎和建设现代化经济体系的"火车头"。优质资源、优质要素向城镇或产业园区适度集聚，人口向城镇或中心镇、中心村适度集中，仍是推进新型工业化、新型城镇化的大趋势。正是基于推进新型工业化、新型城镇化这个大背景，才增加了实施乡村振兴战略的重要性和紧迫性。所以要统筹考虑提高全要素生产率和产业发展对资源环境与社会的影响，使部分产业、企业、人才和要素向农村转移，不能片面地、急切地以抓乡村振兴战略为由，忽略大的时代背景和基础。

此外，田园综合体的比较优势产业选择需要实现的是有机振兴，即在对各参与要素、参与主体有机整合基础上的振兴，在不损害各要素、各主体基本活力的前提下，对乡村振兴过程实行弹性治理，并将利益相关者的矛盾有效控制在富有活力和竞争力的秩序之内。2017年中央农村工作会议强调，实施乡村振兴战略"要以完善产权制度和要素市场化配置为重点，激活主体、激活要素、激活市场，着力增强改革的系统性、整体性、协同性"，就是讲这个道理。

（2）产业选择的主要方法概述。我国对产业选择分析方法的研究近十多年来呈现快速发展的趋势。从研究者的角度来讲，目前对于产业选择的定性、定量的方法可以分为头脑风暴法、层次分析法、SWOT分析法、Weaver–Thomas组合指数模型、主成分分析法、因子分析法、区位熵分析法等。因为不同方法的应用前提和范围不同，本文基于此不再赘述，仅根据以往其他专家的研究成果和应用，结合自身经验得到相关优势产业选择的方法建议。

（3）田园综合体的比较优势产业选择方法论研究。依据乡村振兴的总要求，产业振兴作为乡村振兴的重点，产业选择的正确、合理、科学是保证产业振兴的前提条件。本文针对投资型田园综合体的优势产业选择提出以下思考：谁来做出田园综合体优势产业的选择？优势产业选择应该分为几个阶段？各阶段可以用到哪些方法和标准？选择的结果如何检验其正确性？按照充分发挥市场决定性作用和更好发挥政府作用的关系，并考虑各方在田园综合体投资、建设、运营环节的作用提出以下建议，如表3所示。

表3　投资型田园综合体优势产业选择方法建议

阶段	选择主导人	参与者	选择方法	选择依据	选择标准	选择的结果检验
机会选择阶段	投资者或基层政府	农村能人、合作社负责人、县级主管部门、农业专家、策划师、规划师等	头脑风暴法、SWOT分析法	城市（镇）总体规划、土地利用总体规划、相关产业规划等	须符合地方资源禀赋和各类规划	具有区域特色产业支撑，投资收益可行
项目决策阶段	投资者	合作社负责人、农业专家、策划师、规划师、运营管理专家等	区位熵分析法、因子分析法、主成分分析法	城市（镇）社会经济发展规划、相关产业发展规划	动态比较优势基准、收入弹性基准、生产率上升率基准、产业关联度基准、生产要素的集约基准、就业基准、可持续发展基准	基本满足选择标准、实现三大产业融合发展
投资建设实施阶段	投资者和运营商	策划师、专业研究机构、专业咨询评估机构等	因子分析法、偏离—份额分析法、聚类分析法	市场需求调研预测算、渠道与合作联盟对接、预运营准备与评估等	项目决策阶段的决策验证并动态调整	有序推动建设，有序进行生产运营准备
运营管理阶段	运营商和投资者	策划师、专业咨询评估机构	SWOT分析法、技术经济比较法	市场需求反馈、生产运营管理成本收益核算	按投资决策计划实施或调整	生产运营有序推进，收益可控，实现投资建设目标

通过田园综合体项目的投资建设来发展区域优势产业，实现有利于提升区域资源配置效率，促使局部区域利益和国家整体利益相互协调，实现区域经济可持续发展，因而区域优势产业的选择是实现这一目标的重要前提。

四、结论及建议

按照"顺应村庄发展规律和演变趋势，根据不同村庄的发展现状、区位条件、资源禀赋等，按照集聚提升、融入城镇、特色保护、搬迁撤并的思路，分类推进乡村振兴，不搞一刀切"的要求，本文提出对田园综合体定义、功能的思考，并对田园综合体的优势产业选择提出了一些建议，希望为我国乡村振兴战略的实施做出一定的贡献。

参考文献

［1］Cullingworth B.J., Nadin V. Town and Country Planning in the UK［M］.London：Routledge，1994.

［2］范建华.乡村振兴战略的理论与实践［J］.思想战线，2018，44（3）：149–163.

［3］龙晓柏，龚建文.英美乡村演变特征、政策及对我国乡村振兴的启示［J］.江西社会科学，2018（4）：216–224.

［4］叶兴庆.新时代中国乡村振兴战略论纲［J］.改革，2018（1）：65–73.

［5］张强，张怀超，刘占芳.乡村振兴：从衰落走向复兴的战略选择［J］.经济与管理，2018，32（1）：6–11.

4. 精准扶贫背景下的旅游扶贫模式透视 *
——基于黔南州旅游扶贫实践

邓小海　曾亮

摘要：基于国家及贵州省旅游扶贫背景，阐述了精准扶贫背景下的旅游扶贫特征，在此基础上对黔南布依族苗族自治州（以下简称"黔南州"）旅游扶贫现状进行了分析，归纳总结了黔南州旅游扶贫项目带人、景区带村、企业带户、资源开发带点、"旅游+"带面和多渠道保障贫困人口增收的"五带一保"旅游扶贫新模式，并提出了相应的对策。

关键词：精准扶贫；旅游扶贫；模式；黔南州

一、研究背景

精准扶贫思想是习近平新时代中国特色社会主义思想的重要组成部分，是打赢脱贫攻坚战、实现全面小康的重要思想指南和理论指引。旅游扶贫已经上升为国家战略，成为助推脱贫奔小康、全面小康建设的重要途径。习近平总书记指出，脱贫攻坚，发展乡村旅游是一个重要渠道。国家旅游局发布的《中国旅游发展报告（2016）》指出，"十三五"期间中国旅游扶贫目标是每年实施 200 万贫困人口通过旅游业发展实现脱贫，到 2020 年，通过乡村旅游带动 1000 万贫困人口脱贫。为推动旅游扶贫发展，党中央、国务院出台了一系列的相关政策。

贵州省委省政府一直将旅游作为扶贫的重要途径。早在 1992 年，贵州省就确定了"以旅游促进对外开放，以旅游促进脱贫致富"的旅游业发展方向。2011 年，贵州省出台了《关于大力实施乡村旅游扶贫倍增计划的意见》。贵州

---
* 邓小海，博士，贵州省社会科学院农村发展研究所副研究员。曾亮，博士，贵州省社会科学院图书信息中心助理馆员。

省政府办公厅印发的《贵州省发展旅游业助推脱贫攻坚三年行动方案（2017—2019 年）》提出，实施旅游项目建设扶贫工程、景区带动旅游扶贫工程、旅游资源开发扶贫工程、乡村旅游扶贫工程、旅游商品扶贫工程、"旅游 +"多产业融合发展扶贫工程、旅游结对帮扶工程、乡村旅游标准化建设工程、旅游教育培训扶贫工程，到 2019 年，力争旅游带动全省 100 万以上建档立卡贫困人口受益脱贫。

二、精准扶贫背景下的旅游扶贫特征

旅游扶贫作为我国产业扶贫的重要方式之一，在当前实施精准扶贫的大背景下，其必然要以精准脱贫为思想指南和理论指引。因此，旅游扶贫在精准扶贫的框架下也必然会表现出应用特征。

（一）精准识别旅游扶贫

1. 精准识别旅游扶贫对象

在充分认识旅游扶贫作为典型产业扶贫的基础上，以贫困人口充分参与受益为核心，围绕贫困人口"能否参与、参与什么"进行贫困人口精准识别。围绕旅游景区、旅游项目所能提供的就业岗位，并结合当地贫困人口的参与意愿，对旅游景区、旅游项目点贫困人口进行精准定位和识别。

2. 精准定位旅游扶贫项目

在遴选旅游扶贫项目时，旅游扶贫重点发展基础条件好、市场效益好、带动能力强的项目，如农旅融合、易地移民搬迁、景区带动、电商扶贫等旅游扶贫项目。

（二）多元主体激励相容

1. 明确主体角色

积极动员社会各界力量共同推进旅游扶贫工程，并对各参与主体的角色进行清晰定位。明确政府的主要职责是规划制定、资源整合、招商引资；企业的主要职责是参与旅游的开发建设，并获取适当收益；村民既是旅游扶贫的受益对象，也是旅游扶贫的主体。

2. 保障贫困人口受益

紧紧围绕贫困人口受益这一核心目标，通过制度安排，千方百计地拓宽贫困人口增收渠道，如土地流转收入、入股分红收入、房屋出租收入、就业务工收入、自主经营收入、农特产品增值收入等。

（三）产业链延伸和本地化

1. 积极培育核心旅游扶贫企业

通过合作、委托经营等方式，做大做强旅游扶贫产业，依托重点旅游景区和核心旅游企业，逐步形成以核心旅游扶贫企业为龙头的产业链格局，确保旅游扶贫产业价值创造。

2. 加强旅游扶贫产业链整合

以"大产业、大旅游"的理念，打破传统旅游边界，深度拓展涉旅要素体系，延伸旅游扶贫产业链，拓宽旅游扶贫产业面，促进资源整合与产业融合，通过旅游产业与相关产业间的融合，如农旅融合、工旅融合、商旅融合、文旅融合、体旅融合等，实现旅游扶贫产业链的侧向延伸和扩展，促进产业增值及当地居民参与旅游受益。

3. 加快旅游扶贫产业链本地化

立足于产业链的本地化，将旅游扶贫产业链根植于当地经济，以增强旅游扶贫带动效应并减少旅游漏损。在利用本地资源包括原材料和人力资源等的基础上，实现游客吃、住、行、游、购、娱等要素在产业链上的合理分工，达到产业环节供给本地化，并以旅游业为龙头优化配置相关产业。

三、黔南州旅游扶贫发展概况

（一）旅游业是黔南州经济发展的新增长点

进入"十三五"时期，黔南州旅游业迎来了井喷式增长。截至 2017 年底，共有 A 级景区 44 家。其中，5A 级景区 1 家、4A 级景区 7 家、3A 级景区 33 家、2A 级景区 3 家。2017 年实现旅游总收入 855.23 亿元，同比增长 41.82%（见表 1）。当前，旅游业已经成为黔南州地区经济发展的典型战略性支柱产业，其综合性强、关联性高、拉动性大，在政治、经济、社会、文化、生态等领域显示出了巨大的发展活力，对地区经济与社会发展的贡献和拉动作用日益突出，是稳增长、促消费、调结构、惠民生的重要产业。

表1　2013~2017 年黔南州旅游总收入和旅游总人数

年份	旅游总收入		旅游总人数	
	绝对数（亿元）	增幅（%）	绝对数（万人次）	增幅（%）
2013	280.24	27.40	3342.54	25.18
2014	344.98	23.10	4038.52	20.82
2015	422.59	22.50	4765.45	18.00
2016	603.04	42.70	6708.98	40.78
2017	855.23	41.82	—	—

资料来源：相关数据来自贵州省旅游发展委员会、黔南州旅游发展委员会。

（二）黔南州旅游扶贫目标及成就

1. 旅游扶贫目标

根据《关于黔南州发展旅游业助推脱贫攻坚三年行动方案（2017—2019 年）》，通过实施 9 项旅游扶贫工程，将带动全州建档立卡贫困人口 80556 人受益脱贫，如表2 所示。

表2　2017~2019 年黔南州旅游扶贫目标　　　　　　单位：人

旅游扶贫工程名称	带动贫困人口脱贫计划			小计
	2017 年	2018 年	2019 年	
旅游项目建设扶贫工程	3274	3729	4010	11013
景区带动旅游扶贫工程	3313	5230	6229	14772
旅游资源开发扶贫工程	2261	3992	3802	10055
乡村旅游扶贫工程	3988	8648	5943	18579
旅游商品扶贫工程	1707	2975	3750	8432
"旅游 +"多产业融合发展扶贫工程	1523	2545	3076	7144
旅游结对帮扶工程	1152	1700	1637	4489
乡村旅游标准化建设工程	1101	1885	1894	4880

续表

旅游扶贫工程名称	带动贫困人口脱贫计划			小计
	2017年	2018年	2019年	
旅游教育培训扶贫工程	238	478	476	1192
合计	18557	31182	30817	80556

资料来源：《关于黔南州发展旅游业助推脱贫攻坚三年行动方案（2017—2019年）》。

2. 旅游扶贫成效

形成了大抓旅游扶贫的格局。黔南州结合旅游资源特点和市场需求因地制宜，开发出形式多样、特色鲜明、能够带动贫困户广泛参与的乡村度假、娱乐休闲、文化演艺和节庆旅游扶贫产品。

探索了旅游扶贫新模式。全州上下先行先试、积极探索，各地不断涌现出景区带动、"美丽乡村"带动、"三变"推动、易地扶贫搬迁联动、农旅融合等旅游扶贫新模式，探索出"农户＋农户""公司＋农户""公司＋村级＋农户""政府＋公司＋农村旅游协会＋旅行社""政府＋公司＋农户"等旅游扶贫利益联结模式。

助推了贫困户增收脱贫。旅游产业已成为黔南州精准扶贫的重要抓手，不仅增强了贫困地区的造血能力，还让贫困群众"靠山水美景吃上旅游饭，摘下穷帽子"。

四、黔南州旅游扶贫模式

黔南州依托各地旅游扶贫发展条件，精准定位旅游扶贫发展的核心动能，优化培育出项目带人、景区带村、企业带户、资源开发带点、"旅游＋"带面和多渠道保障贫困人口增收的"五带一保"旅游扶贫新模式。

（一）"五带一保"的主要内容

1. 项目带人

项目带人，即旅游项目建设带动贫困人口脱贫，其本质在于加大对贫困地区旅游项目的资金投入，并建立起旅游项目建设与贫困人口增收的利益联结保障机制，通过旅游项目建设带动贫困人口增收致富。黔南州多渠道加大对旅游项目建设的资金投入，通过上级政策与财政支持，积极引导社会资本，在贫困地区开展旅游基础设施、示范区（点）、旅游产品开发等项目建设，借助项目驱动平台，优化旅游开发基础条件，不断改善当地投资环境，提高投资吸引力，为旅游扶贫的进一步开展提供强有力的保障。黔南州统筹旅游专项资金、旅游厕所建设奖补资金和少数民族特色村寨、"5 个 100"工程、"四在农家·美丽乡村"基础设施建设等相关项目资金，通过资源整合、规划衔接、项目接入等形式，最大限度地把资金配置到旅游扶贫项目上。同时，为确保贫困人口参与旅游项目建设受益，黔南州在旅游项目建设中严格执行"财政资金每投资 10 万元至少扶持 3.6 名建档立卡贫困人口脱贫，脱贫攻坚旅游子基金每投资 50 万元至少扶持 3.6 名建档立卡贫困人口脱贫"的规定要求。在旅游项目建设过程中，解决部分文化水平偏低、从事体力劳动的贫困人口就业问题。同时，旅游项目建成后，其经营服务提供的固定岗位，对符合条件的当地贫困户优先录用，实现就地上班，带动当地贫困人口参与项目建设增收致富。如独山县麻尾镇麻尾村"千年布依景区"，在项目建设期间，带动麻尾组及周边村组村民到项目基地就业，日均聘请贫困人口 180 多人次，每天现金支付工钱，提高村民收入，特别是提高贫困人口收入。[①]

2. 景区带村

景区带村，也可以称作景区带动扶贫、景区辐射型扶贫，通常是围绕已经开发建设的旅游景区，突出体现旅游景区品牌效应，充分对接旅游吸引物、旅游接待设施以及客源地市场，把景区发展与乡村建设和群众脱贫结合起来，把景区周边村落作为景区休闲、观光和民俗文化体验承接区，充分发挥景区带动的"溢出效应"，为贫困人口创造发展条件。"景区带村"的关键词，主要在"带"字上，核心本质在于鼓励当地村寨、村民参与到旅游产业发展过程中，使其成为旅游景区开发的受益者。黔南州秉持"开发一个景区，富裕一方百姓"的旅游扶贫理念，将景区带村作为推动旅游扶贫工作的重要方式。一方面，通过加强景区投资、加强景区市场营销、加强景区内部管理，不断提高旅游景区吸引力和竞争力，促进景区可持续发展；另一方面，将景区纳入扶贫攻坚工作，以乡村旅游带动、以景区旅游带动、以社区协调发展等方式促进景区社区和谐发展，让景区与社区联动、社区共享。通过建立有效的利益联结机制，确保景区发展惠及周边农户和贫困户。从 2017 年起，黔南州 3A 级

---

① 资料来源：独山县文化旅游局。

及以下旅游景区质量等级评定申报单位必须与景区所在地的村、贫困户建立利益联结机制，制订旅游扶贫工作计划，每家景区分别带动不少于300名贫困人口脱贫，对未建立旅游扶贫台账和旅游扶贫成效不显著的景区实行一票否决。积极引导旅游景区为周边农户提供保安、保洁、咨询、导游等岗位和提供旅游商品销售点、旅游餐饮服务点、停车位等服务便利，带动景区所在村寨和周边建档立卡贫困人口就业。具体包括："景区+农户"，以景区为载体，通过安置就业等办法，带动当地农户从事旅游相关产业，促进增收致富；"景区+农家乐+乡村游"，以景区景点为依托，鼓励周边农民包装农家庭院建筑，参与旅游接待服务，形成景区与农家互促共荣的乡村旅游发展格局，既解决了景区的接待问题，也改善了居民的居住环境，又确保了农户的景区餐饮住宿接待服务企业与旅游公司观光产品互补组成景区旅游企业共同体，居民在景区被就地安置就业，拥有宾馆企业产权和经营权，通过经营获得可观的利润，保证了景区农户在旅游经营体系的深度参与。

3. 企业带户

企业带户，即旅游企业特别是核心旅游企业带动贫困户脱贫致富，强调在政府的引导下，依托区域内核心资源，成立旅游企业或吸引实力雄厚的投资方开发和经营本地旅游（商品开发），形成较大的旅游产业规模，带动贫困户参与旅游产品生产和服务。由于这些地区具有较为独特的资源吸引力，在政府的正确引导下，通过培育核心领导企业，采取延伸、拓展等方式重塑旅游产业价值链，使旅游扶贫的带动作用渗透到当地经济发展的每个环节，成为带动贫困地区发展和贫困户脱贫致富的重要途径。三都水族自治县桃花马尾绣艺术品制作有限公司多年来整合农村原有的制作能手和传承人资源，积极开展对贫困村、贫困户马尾绣制作技术培训和指导，以"公司+基地+贫困村、贫困户+制作能手"的方式带动农民，激发他们的创业、就业热情，同时有效地开发马尾绣产品和提高他们的制作技艺，让农民不用再外出打工，在家创业、就业实现脱贫致富。

4. 资源开发带点

资源开发带点，即旅游资源开发带动扶贫模式，通过构建"资源（Resource）—人（Humanity）—效益（Benefit）"的资源开发思路，以旅游资源为凭借，充分调动人的作用，创造就业机会，提升生活质量，达到经济效益和社会效益的提升，推动资源点所在地及当地贫困人口脱贫致富。黔南州以"三变改革"为抓手，把开发丰富旅游资源推动资源点旅游业发展作为旅游扶贫工作推进的战略思路。依托丰富多彩的旅游资源，通过对贫困地区资源禀赋的科学分析，选准适合自身发展的特色资源，加大对贫困地区旅游资源的开发力度，不断开发和发掘自己优秀的民族民俗文化。同时，通过集体资产入股、农民土地入股的方式，推动旅游资源变资产；通过财政项目资金转变为股金、扶贫专项资金转变为股金的办法，推动资金变股金；通过引导农民入股公司、引导农民入股合作社的形式，推动农民变股东，用"三变"理念整合政府、村社、企业、社会资源发展旅游，实现农旅融合、一体发展，促进农民获得就业、创业、财产多重收入，加快农民脱贫致富奔小康的步伐。荔波县瑶山瑶族乡高桥村充分发挥自身区位优势和资源特色，通过"公司＋合作社＋农户"的模式开发"四季花海"项目，走出了一条带动贫困群众脱贫致富的"一保二分七加"的新型旅游扶贫之路，取得了明显成效。

5. "旅游＋"带面

"旅游＋"带面，即旅游融合带动全面发展模式，其本质是充分发挥旅游业综合拉动性强、扶助功能大、受益面宽的特性，通过加强文化、农业、交通、工业、易地扶贫搬迁、美丽乡村建设等与旅游业的融合发展，充分调动相关优势资源，与旅游业的资源进行有机整合，调动三大产业的融合发展，打造扶贫旅游的产业结构，从而延长产业链，增加就业岗位，推动地方经济社会和贫困人口全面发展，不断让贫困人群的素质高起来，让贫困地区的环境好起来。黔南州以全域旅游为视角，大力推动"旅游＋"融合发展，把自身的优势和旅游业的广泛带动优势相结合，一方面以地方特色优势产业丰富旅游产品；另一方面以旅游产业提升工业、农业等产品的附加值。形成产业互动增长机制，积极引导社会资本以租赁、承包、联营、股份合作等多种形式投资开发旅游项目，兴办多种旅游开发性企业和实体，对吸纳农村贫困人口就业的旅游企业，按照规定给予税收优惠、职业培训补贴等政策支持。如福泉黄丝村"旅游＋美丽乡村"带动旅游扶贫、荔波瑶山瑶族乡"旅游＋易地扶贫搬迁"带动扶贫、惠水好花红"旅游＋互联网"带动扶贫。

6. 多渠道保障贫困人口增收

探索贫困户参与旅游三类收入来源、十大收入渠道。即贫困户参与旅游扶贫经营性收入、工资性收入和财产性收入来源；带动贫困人口通过直接到旅游企业务工增加收入，直接参与旅游经营增加收入，直接开办农事体验或旅游活动项目增加收入，直接出售农副土特产品等增加收入，直接出租房屋或土地等自有资产增加收入，将房屋、土地、人力等自有资源折算入股分红，通过政府、企业低价或无偿提供的停车场、商铺等经营性资产增加收入，从旅游发展中获得补助收入，通过旅游发展获得资产增值收入，通过扶贫专项资金入股分红收入"十种渠道"。

（二）"五带一保"的重要特征

目前，"五带一保"模式已经覆盖黔南州 12 个县（市），并已取得良好效果。截至 2017 年底，全州共有 15 个村寨列入省级乡村旅游扶贫示范村，惠水县好花红入选全国"乡村旅游创客基地"和省级旅游扶贫示范模式。

1. 突出地方优势

各地因地制宜，重点发展农旅融合、易地移民搬迁、景区带动等旅游扶贫项目。围绕"农旅融合、产景互动、生态体验"的产业发展模式，依托农业园区、精品果园等现代农业项目，通过旅游景区打造，做旺景区人气，引导贫困群众参与景区项目建设和服务带动就业增收。将易地扶贫搬迁与旅游结合起来，围绕以产定搬，让搬迁群众搬得出、稳得住、有保障能致富的目标，按照景区规划建设，根据每一户搬迁对象的具体情况，提前谋划予以精准安排到岗位就业，或通过培训后从事经营农家乐等自主创业，确保搬得出、留得住、能发展，实现易地搬迁脱贫。

2. 区分贫困人口参与

为使贫困户充分参与到旅游扶贫中来，黔南州因人施策，结合旅游发展实际区分贫困人口参与，如按照项目建设和旅游发展所能提供的工程建设人员、景区服务人员（包括保安人员、保洁人员、讲解人员、餐厅服务人员等），结合贫困人口自身意愿和条件确定工作岗位。同时，对贫困人口参与旅游扶贫的优势和障碍进行识别，并针对贫困人口参与旅游扶贫所需技能不足和旅游参与障碍，例如经济基础差、缺乏资本、所处地偏僻、可进入性低、素质低、缺乏人力资本、缺乏技能、市场进入能力弱、组织能力弱、缺乏物质资本等，提供相应的帮助，如提供技能培训、提供特惠贷、给予优先就业权等。

3. 多元主体共参共赢

黔南州积极动员社会各界力量共同推进旅游扶贫工程，用"三变"理念整合政府、村社、企业和社会资源发展旅游，如协调各级政府部门、引入旅游企业、发动当地村民（贫困人口）等，并明确各参与主体在旅游扶贫中所扮演的角色、承担的社会责任及参与的程度与内容，形成"政府引导、企业运营、村级服务、村民主体"的多元主体参与模式。

4. 以贫困人口为核心

紧紧围绕贫困人口受益这一核心目标，通过制度安排，包括引导农民入股公司或合作社，推动农民变股东；优先向贫困户提供就业岗位；加大贫困户参与旅游扶贫培训力度；旅游项目捆绑贫困户岗位；扶贫专项资金入股，并向贫困户固定分红等。千方百计地拓宽贫困人口增收渠道，如土地流转、入股分红、房屋出租、就业务工、自主经营、农特产品增值等收入。

（三）"五带一保"的价值

黔南州"五带一保"模式切中了旅游扶贫的核心问题，既能确保旅游扶贫的效益，又能保障贫困人口的受益。

1. 确保旅游扶贫"三性"统一

"五带一保"模式突出旅游扶贫适应性、效益性和益贫性的有机统一。其强调乡村旅游扶贫项目应与当地旅游扶贫开发条件相适应，而不脱离实际盲目开发；强调旅游扶贫项目必须要能满足市场需求，具备较强的市场吸引力和竞争力，并能创造较好的效益；强调旅游扶贫项目应有利于贫困人口的发展，要能为贫困人口提供较多的发展机会，带来实实在在的利益。

2. 确保多元主体激励相容

通过创新，不断优化旅游扶贫管理机制，整合协调旅游扶贫相关部门的政策，整合包括资金在内的各类乡村旅游扶贫资源，加强旅游扶贫各部门、各行业、各参与主体间的协调，充分发挥各参与主体在旅游扶贫中的积极性，实现各方利益的激励相容。

3. 突出贫困户主体地位

旅游扶贫发展中切实关注当地居民，从以前的"扶强不扶弱，扶大不扶小"转变为"扶强又扶弱，扶大又扶小"，以贫困人口为重点，不断增强他们的造血能力。按照"民主决策、权力公开、利益共享"的原则，通过召开群众会，让群众参与决策、参与监督，赢得了群众的理解、支持与配合，调动了群众的积极性，形成了从"要我脱贫、要我创建"到"我要脱贫、我要创建"的转变。

五、黔南州旅游扶贫发展的对策建议

（一）高水准创新旅游扶贫业态

旅游产业是综合带动性较强的产业，据研究其与 13 个以上的行业有着直接的联系。面对旅游业发展的新形势，要把握时机，通过市场手段高效配置整合资源，统筹规划、合力推进，充分利用黔南州独特的文化景观和优美的自然环境，将独有的旅游资源优势转化为经济社会发展的经济优势，努力推动旅游扶贫与各地特色产业融合，加快推动旅游扶贫价值链的优化升级，实现旅游扶贫与三大产业间的互融互通。

要发展特色化、个性化旅游，推进旅游扶贫业态创新，推动旅游与现代山地特色高效农业融合发展，与大健康、文化、体育等相关产业共生共荣，开发提升自然生态观光、民族文化体验、休闲度假养生、运动体育等旅游产品体系。运用大数据、"互联网+"理念和技术，集中推出和提升改造一批覆盖面积大、带动力强、效益好的精品旅游景点、精品旅游线路，注重突出特色、完善内容、优化服务，满足不同地区、不同类型游客的消费需求和旅游偏好。各地旅游部门要结合市场需求，打造一批特色农家休闲、乡村民宿、民宿体验、乡村营地、乡村酒店、康养度假精品和乡村旅游综合体。民政部门要牵头开发一批居家型、度假型养老产品，创建康体养老机构和创新型老年人颐养新村。文化部门要牵头建设民族文化休闲街区，培育知名的民族节庆品牌，推出有影响力的知名演艺产品，开展富有地方特色的民俗演艺、节事节庆活动，建立优秀作品奖励机制。工信、文产办部门要牵头加强本土旅游商品开发，培育旅游商品开发企业，形成包含具有地域标志性的商品、地方土特产和旅游纪念品在内的特殊旅游商品体系。

（二）高规格夯实旅游扶贫基础设施

基础设施及配套服务设施是旅游者进行旅游活动的基本保障，是进行旅游开发的必要条件。要充分发挥旅游扶贫的功效，就必须进一步夯实旅游扶贫基础设施，这样才能确保旅游者在旅游目的地和旅游客源地之间建立起强有力的市场联系，才能让旅游者便利地前往旅游目的地，并实现旅游者在旅游景区（景点）间自由"穿梭"，达到快游慢旅的效果，从而促进旅游者在目的地消费，拉动当地经济发展。

要结合旅游资源布局和产业发展规划，提高内外交通互联互通水平和交通设施便捷度、舒适度、智慧度。统筹交通建设规划，对通向旅游点的道路规划设计时要充分考虑旅游发展的需要，在通向公路、通村公路标准上适当加宽，并配置相应观光、休闲点。加快旅游步道、自行车道、行车道等为主要内容的景区内部交通体系的提升改造。完善自驾游服务体系，推进以旅游交通引导标识、旅游交通导览图为重点的旅游交通引导标识系统。改善旅游配套设施，为旅游者提供便利化服务，包括旅游公共信息服务、吃住娱购服务、公共设施服务。大力新建和改扩建公共厕所、停车场以及吃、住、行、游、购、娱设施场所，改善住宿、饮食、游览、娱乐、购物和其他服务（如金融、通信、医疗等）环境，同时，还要大力加快旅游信息便利化程度建设，努力推动智慧旅游。

（三）高层次整合旅游扶贫资源

要优化整合旅游资源，通过实施多部门、多地旅游共同规划编制，努力实现旅游扶贫区域协调发展，以全村、全镇、全县乃至更大范围来进行旅游扶贫。在推动旅游扶贫发展的过程中，为取得差异化优势、避免同质化竞争，各个旅游扶贫景区要依托自身资源条件，结合旅游市场个性化、特色化、体验化的发展趋势，加强内涵建设，深挖潜力、精心设计，实行诸如"一村一品""一户一业态"的差异化发展策略，推进旅游精品化、特色化发展。

规划统筹旅游、交通、扶贫、农业、林业、国土资源、财政、金融、教育等部门涉及旅游扶贫的资源，实现资金统一规划使用；完善旅游扶贫管理体制，明确责权，确保旅游扶贫管理统一、连贯，改善旅游扶贫景区交通、安全设施、水利、环境卫生、土地、林地等管理混乱的不良现象；通过制度设计强化对旅游扶贫规划落地，加强监督检查以推动规划落到实处。

因此，由政府组织对辖区旅游扶贫进行统一规划，旅游部门负责牵头落实旅游扶贫规划；并将旅游扶贫规划由部门层面规划上升为政府层面规划。以确保规划能够将与旅游扶贫密切相关的政府部门和辖区内地方政府的力量整合起来，实现旅游扶贫资源统一使用。

（四）高要求完善贫困人口受益机制

第一，探索创新旅游扶贫方式。贫困户发展农家乐，在享受旅游普惠政策的同时，还可享受到其他部门、行业政策的扶持，如信贷贴息、低息和无息借款等政策；由企业开发的旅游景区，政府可以在给予相关扶持政策的同时，将扶贫责任捆绑给企业。企业必须履行优先吸纳贫困户劳动力就业，收购贫困户生产的农副产品，门票收入提成用于"扶危济困"、经济发展扶持等扶贫义务。第二，健全"三变"参与方式，建立合理的利益分配机制。深入推进旅游扶贫"三变"改革，坚持旅游扶贫资源集体所有、村民共享。通过制定村规民约、旅游扶贫互助组织等方式明确并公示扶贫项目资金使用、利润分配、项目受益农户等重大事项，使旅游扶贫成果真正惠及贫困农户。第三，提升贫困人口参与旅游扶贫的能力，不断提高贫困人口参与旅游扶贫的质量和深度。第四，建立扶贫项目成果巩固机制。加强扶贫项目后续管护指导工作，建立"谁所有、谁管护、谁受益"的管护机制，发挥扶贫项目效益。

参考文献

［1］国家旅游局多措并促旅游扶贫 2020 年将带动千万人脱贫［EB/OL］.人民网，http：//travel.people.com.cn/n1/2016/0519/c41570-28362238.html，2016-05-19.

［2］宋慧娟，蹇莉，陶恒.景区带动型乡村旅游精准扶贫的机制及路径［J］.农村经济，2018（5）：46-51.

［3］杨英杰."精准扶贫、精准脱贫"重要思想是打赢脱贫攻坚战的根本指针［J］.前线，2017（12）：11-15.

5. 农村转型发展背景下农业技术扩散模式变化及其影响 *

——基于 T 县的田野调查研究

刘磊

摘要： 乡村振兴的前提是坚持农业优先发展，而农业发展的关键是现代农业技术的推广和扩散使用。在农村转型的背景下，农业技术扩散的"计划体制"特征逐渐淡化和"市场机制"特征不断加强。在市场机制环境中，农民、企业、政府等组成行动者网络，开展技术扩散工作。在这一过程中，农业技术行动者网络加快推进农村社会转型，导致新行动者和经济组织的产生，社会群体的分化和运动、新权威的出现。为适应这些行程中的新情境，农村技术扩散工作要由侧重指导"怎么做"向"怎么做"和"为什么这样做"两者并重转变，要尊重农民利益及其知情权、决策权，尊重并善于发挥农民地方性知识的作用。

关键词： 乡村振兴；农村转型；农业技术扩散；模式；影响

《中共中央、国务院关于实施乡村振兴战略的意见》指出乡村振兴要坚持农业优先发展，引领支撑农业转型升级和提质增效。在乡村全面振兴的目标中，"农业强"，先于"农村美""农民富"，成为首要目标。中共中央、国务院印发的《乡村振兴战略规划（2018—2022 年）》强调坚持质量兴农、品牌强农，深入实施创新驱动发展战略，加快农业科技进步，健全基层农业技术推广体系，创新公益性农技推广服务方式，支持各类社会力量参与农技推广。这对农村农业技术扩散和推广提出了新的要求。在贯彻实施这些新要求之前，需要更深刻地理解在乡村振兴发展的新形势下，以及在农村转型发展的新情境下，乡村农业技术扩散的条件和模式发生了哪些变化，将会产生何种影响。本文基

---

* 刘磊，男，博士，江西理工大学副教授，江西财经大学理论经济学在站博士后，主要研究方向为科技政策，农村产业发展。

于 T 县的乡村田野调查，试图对此问题做出探究性的解答。

一、农村社会转型背景下技术扩散条件的变化

第一，从农业技术使用主体来看，农户兼业化和农民"非农化"现状，无法满足现代社会对农民的要求。早在 20 世纪 80 年代，中国农村社会的农户兼业化现象就比较普遍，只不过农业比重仍占绝对优势。1996 年，全国农业生产经营户以农业收入为主的家庭占 65.6%，到 2006 年这一比例下降为 58.4%，10 年间减少了 7.2 个百分点。2006 年国家废止《中华人民共和国农业税条例》，大大解放了土地对农民的束缚，越来越多的农民涌入城市就业，形成庞大的"农民工"潮流。与农业在家庭收入中的下降趋势相匹配，一些文化程度较高、精力充沛的青壮年家庭成员前往城市"务工"，老人、妇女、儿童留守在农村"务农"。而这些留下来的家庭成员无论是精力，还是文化程度，都明显不符合现代农民的素质要求，难以理解和运用现代农业技术。

第二，从促进农业技术扩散的条件看，农业生产效益低迷，影响了农民对农业技术，特别是对粮食生产技术的热情。经国家权威部门测算，2008~2013 年我国农业科技进步贡献率平均每年提升 0.87 个百分点，已经从 50% 提升到 55.2%；但是令农户苦恼的是，粮食增产却带来了种粮净利润的下降。以稻谷为例，2012 年水稻亩产量为 478.75 公斤，相较于 2011 年的水稻亩产量 464.45 公斤增产了 14.3 公斤，然而净利润每亩减少了 85.54 元（见表 1），这无疑不利于农业技术的扩散。

表 1　2011~2012 年亩均稻谷产品成本与收益

年份	产量（公斤）	总产值合计（元）	主产品产值（元）	副产品产值（元）	总成本合计（元）	生产成本（元）	人工成本（元）	土地成本（元）	净利润（元）
2011	464.45	1268.25	1249.67	18.58	896.98	737.30	327.96	159.68	371.27
2012	478.75	1340.83	1321.99	18.84	1055.10	880.13	426.62	174.97	285.73

注：生产成本中已包含人工成本，为显示人工成本的变化，表中列入此项进行对比。

资料来源：《中国农村统计年鉴》（2013）。

第三，从支持农业技术扩散的文化基础来讲，相较于非农业领域的收益，较低的农业生产效益使得农户逐渐脱离种植文化，影响了农民对土地、对农

业的感情。从农村居民纯收入结构的变化来看（见表2），2009年之前，以外出务工为主的工资性收入只占以农业为主的家庭经营纯收入的26%~75%；在2009年之后，两者基本上已经持平。考虑到家庭经营纯收入中包括了相当一部分非农业经营收入，可以说，工资性收入已经大大超过以农业经营为主得到的家庭经营纯收入了。在当前农业比较效益仍然低迷的情势下，虽然有土地流转等新的经营形式，但这并没有增强农民对农业发展的信心和积极性，反而可能成为他们脱离土地和农业的推进力量。

表2　农村居民纯收入结构的变化　　　　　　　　　单位：元/人

年份	1990	1995	2000	2005	2007	2009	2011	2012
工资性收入	138.8	353.7	702.3	1174.5	1596.2	2061.3	2963.4	3447.5
家庭经营纯收入	518.6	1125.8	1427.3	1844.5	2193.7	2526.8	3222.0	3533.4

资料来源：《中国农村统计年鉴》（2013）。

第四，从农业技术推广体系建设来看，长期奉行"政技合一"的计划经济推广模式，已经难以适应市场化的推广环境。在市场化的冲击下，20世纪90年代，44%的县级农业技术推广机构和41%的乡镇农业技术推广机构被停拨或减拨事业费，农业技术推广人员有1/3左右被迫离岗，农业技术推广体系一时间"网破、人散、线断"，农业推广工作陷入停顿状态。尽管2012年新修订的《中华人民共和国农业技术推广法》丰富了农业技术推广工作的主体内涵，提出国家农业技术推广体系应实行推广机构与科研单位、学校、农民专业合作社、涉农企业、群众性科技组织、农民技术人员等有机结合，但是农业技术推广工作的惯性思维和根深蒂固的计划特性，使农技推广机构与其他方面难以有效结合、发挥合力。

二、转型时期农业技术以行动者网络形式进行扩散

农村社会转型时期，农业技术推广的"计划体制"特征逐渐淡化和"市场机制"特征不断加强。

在农村市场化转型之前，无论是1954年《农业技术推广站工作条例》的颁布，还是1974年提出农科所、农科站、农科队、实验小组的"四级农科网"，我国的农业技术推广体系都是以政府为主导的和带有鲜明的计划经济特征的。因此可以说，当时的农技推广机构不只是专业技术服务组织，还是一种

政治组织，兼有经济和政治双重功能。随着 1983 年中央对家庭联产承包责任制的正式确认，农业推广体系失去了其原来的政治基础和经济基础。在这一冲击之下，农业技术推广机构开始进行"去计划特征"的努力。1984 年全国农技推广总站颁布《农业技术承包责任制试行条例》，尝试把乡镇推广机构办成民办公助的集体经济组织。1991 年《国务院关于加强农业社会化服务体系建设的通知》中，明确乡级技术推广机构为国家的基层事业单位。2000 年开始的农村税费制度改革引发对乡镇机构的调整，包括农技站在内的一些站所或被合并或被转制为经营实体。2003 年，农业部、科技部等 4 部委明确要求对农业技术推广的职能进行分离，公益性职能由国家设立的农技推广机构承担，经营性职能按照市场机制进行。

尽管 2003 年农技推广工作进行了公益性职能与经营性职能的区分，但事实上，随着市场机制在农村各个领域发挥主导作用，农业技术推广的公益性职能部分越来越薄弱，而经营性职能却不断发展壮大。在此情况下，农业技术扩散不再是自上而下的计划安排，也不是从农业技术推广人员到农民的单向传播；而是在市场机制环境中，因为企业、研究机构等众多利益相关者的主动参与，各个行动者形成了农业技术扩散的行动者网络。

"行动者网络"（Actor-Network）一词来自行动者网络理论（Actor-Network Theory，ANT）。它是法国科学社会学家 Michel Callon 和 Bruno Latour 提出的一种新理论。行动者网络理论认为，社会是各类异质要素的联结，这些异质要素包括行动者（Aactor）和非人的存在和力量（Actant）；行动者之间的联系及采用路径被称为"网络"（Network）。

那么，农民是如何愿意进入这一网络的呢？以 T 县 S 村超级稻示范田建设为例，T 县农业局农技站是发起行动者，他们要争取农户的一致同意。农技站行动者不是笼统地告诉农民"加入示范田对你们有好处"；而是从兴趣、利益、手段、文化四个层面逐条劝服农户。在兴趣层面，这是一个新品种的示范田，而且是高产示范田。在对稻米的品质难有定量的感知之前，农户对于"高产示范"是有兴趣的。在利益层面，种稻是 S 村的传统，而种稻总要有种子、化肥、农药等的投入，随着近年来农用物资价格的不断上涨，农户已经感觉到农用物资投入是一笔较大的成本。而加入示范田，就可以免费地获取这些生产资料。至于获取目标的手段，农户已掌握种稻所需的技术，况且还有专家的指导。从文化层面上讲，种好地、过好日子，是农户最朴素的观念，并且农户本身也要依靠自己种植的稻谷进行生活消费。

在上述四个层面中，"利益"层面的力量最为关键。实际上，"免费"农用物资成为农业技术推广工作中有效的招募和动员手段。通过对多位农户的访谈，农户也承认"免费"最能打动他们，从而促使他们与政府合作。

三、农业技术行动者网络建构对农村社会的影响

约瑟夫·劳斯在《知识与权力》一书中说："科学实践和科学成果是重构世界的强大力量。"随着农业技术的发展和扩散，农业技术行动者网络也获得了改变农村社会的力量，从而加快推动农村社会的转型。

（一）新行动者和新经济组织的出现

首先，农业技术行动者网络对行动者新的身份定位。

以农民行动者为例，他们会根据各自的利益和兴趣，加入不同的农业技术行动者网络，具有不同的行动者角色。例如，有的农民行动者选择继续从事种植业，有的农民则可能成为服务种植业的专业农机户，还有的农民可能成为提供农产品买卖中介服务的经纪人。

专业农机服务者的出现是由于农业专业化发展的要求和农机知识的不断丰富与复杂化。在早期的耕作方式中，农民用犁翻土，用锄松土和除草，用手插秧，用镰收获；随着农业技术的发展，"面朝黄土背朝天"的农民与土地的关系也不如以往亲密，犁地有专用的农机，插秧有插秧机，松土有松土机，收获有收割机；在犁地和耙地的结合上，产生了犁耙合一的新农机；在粮食作物收割和脱粒的结合上，产生了两者功能兼有的联合收割机。在农机行动者不断被塑造、重组的同时，农民实际上已经成为农作行为的决策者和实施监督者。

除了农机服务人员，新的行动者网络也造就了其他新的职业，如农业产品经纪人。在专业化的行动者网络出现之前，农民均是自产自销，随着专业化技术的发展，从农民中又分化出一支专门协助农民销售产品的经纪人队伍。2011年全国从事农、林、牧、渔、运、批、销等各个涉农行业的经纪人达600万人以上。而在 T 县，2012 年仅本地果蔬销售经纪人规模已超过 3000 人。

其次，农业技术行动者网络促进新型经济组织的不断产生。

随着 T 县西红柿产业的蓬勃发展，一些原本只在县城和乡镇街道提供服务的农用物资店开始在田间地头、村路两旁销售产品。农用物资店行动者的加入，对于农民使用现代农业技术及其产品提供了便利，也为农用物资店的发展提供了更广阔的增长空间。除了农用物资店，一些现代企业家作为新的行动

者，也开始走进农村，一些涉农企业纷纷成立。

随着现代化农业企业在农村的占地发展，一些农户通过流转土地成为"无地农户"。"无地农户"的出路只有两条：要么进城务工，要么在村庄附近的农业企业务工。因此，这部分农民与农业企业家就演化成了企业家与员工的雇佣关系；企业家成为雇用者，农民成为被雇用者。在这种新型的雇佣关系中，由雇用者制定报酬发放规则和工作评价标准，被雇用者只能在这一框架内得到相关评价和获取工作报酬。

（二）社会"群体"加速流动

费孝通在研究近代中国乡土社会时指出，中国乡土社会的基层结构属于"差序格局"，即每个人都有一个以亲属关系布出去的网，每个人与他人的社会关系，不像在团体中那样平等，而是像水的波纹一样，一圈圈推出去，越推越远，也越推越薄；这样每个人与自己所发生社会关系的那一群人就形成了一轮轮波纹的差序。中国乡土社会之所以采取"差序格局"，是因为农民依靠土地就可以丰衣足食，只是在偶尔或临时状态下才需要伙伴，没有必要形成彼此间经常联系的团体，这是中国近代农村缺乏流动性而形成的情况。

如今在 T 县，大多数农民行动者一直处于种植业群体和外出务工群体的流动之中。流动的规模和频率取决于农业种植效益的好坏。在 NM 镇，农民种植西红柿还是超级水稻，主要取决于种植哪个品种带来的经济效益更高。事实上，综合来看，如果农户种植超级水稻，虽然直接收益很低，但是农户可以采用更多的机械设备，可以更多地节约人力和时间，并把这些人力和时间用到城市务工领域。如果种植西红柿，虽然直接收益很高，但是农户需要花费更多的成本、人力和时间。总体来讲，农户选择种植超级水稻还是西红柿，最后的综合经济效益大致是相似的。由于农民进入城市的工作成本、生活成本较高，对于很多农民来说，技术品种直接受益的高低往往影响这个技术行动者网络的发展。

从 T 县近五年的西红柿市场行情（见表 3）来看，2011 年西红柿平均价格为每千克 1.78 元，相较于 2010 年西红柿平均每千克 1.66 元增长了 0.12 元；2012 年西红柿平均价格为每千克 2.92 元，相较于 2011 年增长了 1.14 元。也正是 2012 年前后，NM 镇外出务工人员大量回流。据 S 村村支书介绍，全村近 2000 名村民，长期外出务工人员不超过 20 人。与此同时，村民之间田地转租价格由 2010 年的每亩 600 元上涨到 2013 年的每亩 1200 元。然而，从 2013 年起，西红柿市场行情进入下跌通道，2013 年西红柿平均价格维持在每千克

2.45 元，比 2012 年减少了 16%；2014 年西红柿平均价格为每千克 2.75 元，比 2013 年增长了 0.3 元，但仍没有回归到 2012 年的价格水平，而且有 4 个月价格低于 2013 年的同期价格。在农产品价格下行和农用物资价格上行两方面的挤压下，一些农民不堪重负，开始抛弃田地进城务工。当初，因种植西红柿的经济效益高于超级水稻，使之成为农民放弃种植水稻的诱致性因素；而如今西红柿市场价格的不理想又成为农民种植水稻和外出打工新的诱致性因素。

表3　2010~2014 年 T 县果蔬批发市场西红柿市场行情　　单位：元／千克

年份	1月	2月	3月	4月	5月	6月	7月	8月	9月	10月	11月	12月	平均
2010	2.39	1.51	1.68	2.21	1.50	1.50	1.50	1.50	1.50	1.50	1.50	1.60	1.66
2011	2.42	1.77	2.70	1.49	1.97	1.02	1.03	1.50	2.01	1.98	1.73	1.69	1.78
2012	2.15	2.39	3.18	2.67	4.50	3.45	2.98	2.60	2.54	2.74	3.08	2.79	2.92
2013	2.93	1.54	1.35	1.91	1.77	2.53	2.69	2.45	2.76	2.91	3.74	2.86	2.45
2014	2.89	3.19	3.54	2.10	1.99	2.67	3.12	3.63	3.12	2.43	2.33	2.04	2.75

资料来源：根据商务部全国农产品价格数据库相关数据整理而得。

　　该区域外出流动人口服务管理信息系统显示，T 县 NM 镇外出流动人口 2005~2013 年呈缓慢上升态势，幅度一般为 10%~20%；其中 2013 年相较于 2012 年，其上升不到 10%。而 2014 年相较于 2013 年，其外出流动人口增长约 78.6%。这一现象的背后则是因为 2013 年西红柿市场行情转坏，导致更多的劳动力选择外出务工。

（三）乡村新权威的产生

　　在新技术行动者网络组建和运行的过程中，传统的乡村社会权威正在不断削弱。村委组织作为传统的乡村治理机构，开始遭遇各种挑战。

　　NM 镇 S 村的村支书 G1 曾经是村里的权威，他做了 11 年的村领导，包括 6 年村长、5 年村支书。但是，现在他认为在村里开展工作越来越吃力。与之相对应，随着新技术行动者网络的组建和运行，一些依靠科技致富的乡村能手，逐渐成为新的乡村社会权威，在乡村社会的号召力和影响力日益增强。

　　究其原因，主要有两个方面：一方面，农业科学技术的进步给农民带来了实际利益，因此他们对于掌握科学技术和依靠科学技术已经富裕起来的人，拥有崇拜之情。这种崇拜之情自然在乡村中培育了新的权威。另一方面，农民最朴素的想法是这些人既然能够科技致富，就应该让这些人发挥自己的特长，带领大家一起致富。因此，在每次村委会选举的时候，科技致富能手往往会被农民代表推举出来，并会得到较高的票数。

现在的问题是，这些农业技术能手和科技示范户似乎没有做好成为新权威的准备。G4 是 S 村种植西红柿的大户，除了自家拥有的 10 亩地，他还承包了同村其他农户的 50 多亩地。他是村里最早买轿车的人，因而在村里颇有威望。村民们曾不止一次推荐他担任村主任，但是 G4 并不同意。

不仅是 G4，其他几个种植大户对村里的公共事务均不感兴趣。他们辩解说，虽然不担任村干部，他们依然愿意帮助村民一起发展先进的农业生产。但是，村民们并不相信这一点。如果这些人不担任村干部，那么这些科技致富能手就没有责任和义务带领大家一起致富。

在 S 村，目前村委会的组成结构依然以行政执行人员为主，村委治理方式仅是信息传达与事项通知。对于农作物种子的选择、新技术的应用，仍要依靠农用物资店和科技示范户来实现。因此，当前农村依然是村委会干部"传统权威"与科技致富能手"新权威"共存的时期。新权威的产生虽然没能从根本上改变乡村社会的治理结构，但是他们作为一种新形式的权威，已经彰显了技术应用的积极效应，增进了技术在农村社会扩散的速度和效果。

四、转型社会对农村技术扩散工作的新要求

当前，农村技术扩散工作虽然仍带有一定的行政计划特征，但是，包括农民在内的各类行动者已经可以依据市场规则，根据自己的兴趣、利益、手段、文化，选择加入不同的技术扩散行动者网络。这种不同的技术行动者网络，对新时期农村技术扩散工作提出了新要求。

首先，农民从"劳动致富"到"科学致富"的认识转变，要求农村技术扩散工作由侧重指导"怎么做"向"怎么做"和"为什么这样做"两者并重的转变。

在 20 世纪 80 年代以前，对处于集体分配和物资匮乏时代的农民而言，"科学种田"更多地体现为理想和信念。20 世纪 80 年代以后，由家庭承包经营取代集体劳作制度所带来的劳动积极性释放了农民的巨大能量，"多劳多得"成为克服集体制度缺陷的有力武器。当集体劳动制度解散所释放出的动力和热情逐渐消失后，"科学种田"便成为一部分农户致富的捷径。

当种田更多地依靠科技，而不再是体力之后，在农户的思想深处，"科学

致富"理念正在完成对"勤劳致富"理念的取代。对此,邓小平同志曾指出:"我很高兴,现在连山沟里的农民都知道科学技术是生产力。他们未必读过我的讲话。他们从亲身的实践中,懂得了科学技术能够使生产发展起来,使生活富裕起来。农民把科技人员看成是帮助自己摆脱贫困的亲兄弟,称他们是'财神爷'。'财神爷'这个词,不是我的用语,是农民的发明。"这种思想的转变,一方面提高了农民接受新的农村技术的积极性;另一方面也激发了他们学习先进技术知识的动力。因此,新时期的农村技术扩散工作,除了要做好操作性技术的实践指导,还要加强对农户技术知识的教育,使农民不仅要"知其然",还要"知其所以然",为进一步发挥农民的创造性提供知识基础。

在这一工作模式的转变过程中,要特别重视乡村农用物资店、科技示范户所发挥的非正式科技传播中心的作用,以及这一作用对先进技术知识传播水平和农民科学技术文化素质的提升。

其次,技术利益决定技术选择的扩散机制,要求把农民的利益作为农村技术扩散工作的出发点和落脚点。

在市场经济社会中,尽管兴趣、手段和文化发挥着重要作用,但最重要的往往是经济利益。农民在家种田或是外出务工,是基于家庭经济利益的选择;农民种植或不种植超级水稻,也是基于自身利益的选择;农户选择这一水稻品种或那一水稻品种,也是基于自己经济利益的判断。在示范田超级水稻行动者网络中,农户的利益诉求就是尽可能地降低种地成本。因此,政府免费的农用物资成为实践中有效的处理方式。

在技术扩散工作中,一方面要规范农业技术服务市场,打击销售假冒伪劣农用物资产品行为,保护农民的权益;另一方面要帮助农民树立正确的利益观念,从更大的行动者网络层面上保护农民的利益。例如,农户过度使用化肥、药剂,这并非仅是农户层面的利益观念问题,相关产品经销人员等也要改变这种观念。要想改变这种局面,自然不能仅对农民开展生态环保教育,还要引导消费者改变消费观念,改变经营者理念,规范农产品生产、运输、销售等环节,因此问题的解决需要依靠更大的行动者网络。

最后,农业技术扩散工作要充分尊重农民的知情权、参与决策权,尊重并善于发挥农民的地方性知识作用。

在农业技术扩散行动者网络组建的过程中,农用物资店已经布局到了村庄,农用物资店的技术服务人员已经把服务送到了田间地头,农业产品收购者已经把收购场所建在了田地路边。总体来讲,农用物资销售者、技术服务者、产品收购者等行动者已经懂得如何与农户行动者建立稳固的联结关系。在此方面,作为公共服务部门的农技推广站还有更多的工作要做。

　　在农村技术扩散工作中，例如示范田位置的选定、新技术品种的推广、免费农用物资产品的补贴补助等，要适当引入民主决策程序，听取农民的建议和呼声，充分尊重农民的知情权、参与决策权，从而调动农民在技术扩散中的积极性，提升技术扩散效率。同时，在新技术扩散的过程中，要摒弃"专家知识一定优于农民知识"的观点，改变对农民技术经验的漠视态度，对农民原有的地方性知识经验给予一定的尊重，尽可能研究和提炼出其合理部分，把这些经验与专家技术知识结合起来进行本地化推广，充分发挥农户地方性知识的作用和价值。

参考文献

　　［1］Latour. Reassembling the Social：An Introduction to Bruno Actor–Network–Theory［M］. New York：Oxford University Press，2005.

　　［2］邓小平. 邓小平文选：第3卷［M］. 北京：人民出版社，1993.

　　［3］第二次全国农业普查主要数据公报（第一号）［EB/OL］. 国家统计局网站，http：//www.cnstats.org/nypc/2015/99.html，2008–08–26.

　　［4］弗思. 人文类型·乡土中国［M］. 费孝通，译. 沈阳：辽宁人民出版社，2012.

　　［5］韩俊. 我国农户兼业化问题探析［J］. 经济研究，1988（4）：38–42.

　　［6］扈映. 基层农技推广体制改革研究［M］. 杭州：浙江大学出版社，2009.

　　［7］秦志伟. 农业科技进步贡献率递增的背后［EB/OL］. 和讯网，http：//tech.hexun.com/2015-01-21/172588956.html，2015–01–21.

　　［8］佟屏亚. 农业技术推广体制改革的困境与出路［J］. 调研世界，2008（10）：24–27.

　　［9］约瑟夫·劳斯. 知识与权力：走向科学的政治哲学［M］. 盛晓明，邱慧，孟强，译. 北京：北京大学出版社，2014.

6. 新农村建设中的乡村治理模式创新 *

——以横峰县"好客王家"的考察为例

李建华

摘要： 乡村治理，是国家治理基层的基础，在加快推进新型城镇化的过程中，如何创新乡村治理模式、提高基层自治水平，成为新农村建设中的关键所在。王家村立足于村民自治的"王家模式"，科学规划，倾力打造"好客王家"，实现产村融合发展，不仅摆脱了贫困，而且一跃而成为富裕美丽幸福的小乡村。

关键词： 新农村建设；乡村治理；好客王家

乡村治理，是国家治理的基层基础，关系到农村内部的自我管理和发展与国家治理体系和治理能力现代化的提升。在加快推进新型城镇化的过程中，由于人口结构的变化、经营活动的变化、社区环境的变化，如何创新乡村治理模式、提高基层自治水平，成为新农村建设中的关键所在。2017年，中央"一号文件"持续关注乡村建设问题，指出要开展农村人居环境治理和美丽宜居乡村建设，从基层党组织建设、村民自治试点、农村社区建设试点、优良家风、文明乡风和"新乡贤文化"培育、婚丧嫁娶管理等方面提出具体要求。中共中央、国务院印发了《乡村振兴战略规划（2018—2022年）》，对未来我国乡村振兴指明了方向。江西省作为农业大省，做好农业农村工作，事关全省全面建成小康社会全局。近年来，江西省根据中央经济工作会议和中央农村工作会议的部署要求，扎实推进新农村建设，将"整洁美丽、和谐宜居"作为目标任务，强调"人的新农村"与"物的新农村"并进，集中解决新农村建设中的突出问题，取得了明显成效。现以横峰县姚家乡百家村王家自然村的乡村治理模式为考察样本，总结其具体经验和做法，以期为其他地方的乡村治理提供有益的借鉴参考。

---

* 李建华，女，历史学博士，江西省社会科学院历史研究助理研究员。

一、我国乡村治理的实践模式

我国乡村治理现已形成以党组织为重心、以基层群众为核心的村民自治体制，在农村实行村民自治，由村民对村域事务进行民主选举、民主决策、民主管理和民主监督，达到自我管理、自我教育、自我服务的目的。然而，乡村社会冲突加剧、乡村财政危机严重、乡村治理资源匮乏等多重因素制约着农村工作的开展。鉴于经济社会发展水平的不同及所存在的特殊现实情况，在实行村民自治的前提下，各地积极探索建立符合自身发展要求和管理水平的乡村治理模式，大致可归为政府主导治理模式、多主体参与治理模式、精英主导治理模式。

（一）政府主导治理模式

政府主导模式下的乡村治理，是通过政府的公共管理职能直接实现对乡村生产生活的规范和引导，通过政府宏观的行政手段，如制定政策、发布指令等，从财政、教育等多方面提高农村水平，推动村民和村干部进行村级自治。这种管理模式主要适用于一些经济发展较为落后、缺乏自我建设和保护能力、乡村精英外流严重的村庄。随着新农村建设的推进，这些村庄已渐渐走出困境，以政府为主导的治理模式已被新的治理模式所替代，乡政对村治的压力逐渐减弱。

（二）多主体参与治理模式

多主体参与模式下的乡村治理，是通过发挥党政与村民自治组织的优势，多方协同进行村级事务的管理模式。在这种模式下，村党支部作为村级各组织和各项工作的领导核心，主要负责引领协调、处理利益关系和利益诉求等；乡镇政府作为基层国家行政机关，从宏观上对治理的结构和方向进行引导、规范；村民委员会作为村级群众性自治组织，主要负责处理规定的日常村务具体事项。相较于政府主导模式下的乡村治理，多主体参与更强调治理结构在乡村治理中的作用，从横向上和纵向上进行乡村治理。但是，这种乡村治理模式存在一定的弊端，村党支部拥有重大问题的最后决定权，在与村委会讨论决定村内重大事务时往往会将"参与管理"变成"领导管理",违背了多方参与的初衷,并且"领导管理"很可能弱化村民自治,使村民自治机构成为附属品,无法有效发挥民主自治的本质,村民的权利无法完全实现。

(三)精英主导治理模式

精英主导模式体现了传统中国文化中的民本主义,其注重发挥在当地具有较高声望或拥有较高社会经济地位的村民的作用,选取一批愿意为新农村建设做出贡献的精英作为主事人对村域事务进行管理。相较于其他管理模式,这类精英在乡村具有较高的权威,且对当地的情况非常了解,在进行日常事务管理时,能较好地与当地村民进行沟通。因此,精英主导模式下的乡村在村民自治方面较为成功。

2018年5月,笔者赴上饶市横峰县姚家乡百家村"好客王家"等地调查。"好客王家"全村27户共103人,区域面积不足300亩,交通不畅,至今无农村客运班车通行。然而,就是这样一个自然小村,在横峰"秀美乡村,幸福家园"建设中脱颖而出,声名远播。该村自治管理自成一体,大胆移风易俗,创新产村融合,在毫无资源优势的情况下让全民参与发展乡村旅游,不足一年的时间接待游客逾2万人次,村内老人享受双份养老金。原本贫困的自然小村成为远近闻名的好客村、幸福村。

二、"好客王家"自治创新的经验启示

"好客王家"村庄整洁亮丽,七彩民房坐落有序,经过细致了解,"好客王家"的自治创新令人叹服。"冰冻三尺,非一日之寒;骐骥千里,非一日之功。""好客王家"的发展,有其历史的积淀。

(1)祖训家教,是思想基础。"王家子孙做人就要像王字一样,不歪不斜,端端正正。""宁可缺钱,不可缺德;宁可无财无势,不可无情无义。"村理事会把这些祖训家教高高挂在村内墙上,同时制定了通俗易记、朗朗上口的"八要八不要的村民准则",并实行每个村民签名承诺。每年大年初一,王家村的第一项活动就是重温祖训,诵读准则,学习社会主义核心价值观,使全体村民做到内化于心、外化于行。

(2)村规民约,是治村法宝。自从实行生产承包责任制以来,王家就十分重视自治管理，在不断总结的基础上，于 1995 年形成了第一部《治村规约》。随着社会的进步、时代的发展，2016 年重新修订了《治村规约》，其内容丰富，涵盖了精神文明、农民建房、小组干部（理事会）评议选举、财务管理、山田管理、文化教育等内容。做到了村务管理有据可依、人人平等、持之以恒。

（3）有人管事，是万事之先。领头人是关键。每年正月十五前，全体村民聚集一堂，小组（理事会）干部要述职、财务要公布、村民要评议，然后全体投票，选出新的"掌舵人"。历年来，王家村从无班子瘫痪现象到强有力的干部队伍，为传承好家风、建设好村庄、发展好新产业，起到了至关重要的作用。

（4）"八要八不要"和"四不计较"促村风。在实践总结的基础上，"好客王家"制定了"八要八不要"的《村民准则》，作为全体村民的行为规范。其内容如下：

"好客王家"村民准则

八要八不要

要守规，不要我行我素。

要爱村，不要事不关己。

要和气，不要斤斤计较。

要互帮，不要袖手旁观。

要孝顺，不要嫌弃老人。

要整洁，不要邋遢零乱。

要勤劳，不要好吃懒做。

要重教，不要无知落后。

"四不计较"即干部不和群众计较，晚辈不和长辈计较，男人不和女人计较，有文化的不和没文化的计较。村民遵纪守法，全村无一例违法犯罪案件；村民诚实守信，全村无一户不良信用记录；村内无论谁家办喜事，长辈必请到席且不收礼金。

（5）民主理财。集体财务民主管理，全村无一笔不透明的财务支出，每年正月公布集体财务已成常态。

（6）自发殡葬改革。全村山场无一座坟头，2007 年村民约定废除土葬推行火化建公墓。2015 年重新选址建设"五福山"公墓园。

（7）产村融合发展经济，打造休闲农业。"好客王家"的措施是：①产业与新村融合。村庄拟发展现代观光农业，村内农户的农田已全部流转到集体，然后由集体统一流转到合作社和农业大户；现有的长贵生态种养专业合作社、小兰家庭农场等承包了村里的大部分农田，以种植无公害蔬菜为主。通过规划引领，有效地带动了贫困户增收，也使一些常年在外务工和从事第二、第三产业的农户不再"一心挂两头"。目前村里已兴办了农家乐餐馆。②农耕与旅游融合。兴建了"少儿成长基地"，传播传统文化和农耕文化，通过开展农耕体验、亲子游、夏令营、户外拓展等活动来带动乡村旅游。

（8）崇尚文化，立德育人。"好客王家"围绕社会主义核心价值观，注重"物"的新农村与"人"的新农村的统一，把青少年健康成长与教育融为一体。通过开展农耕体验、亲子游、夏令营、户外拓展等活动，让青少年感受良好的村风民俗、亲近自然、实景体验、自己动手，提高青少年的综合素质和能力。村民筹资建立文化活动中心，村民能够看电影、唱歌和练舞。每年举办春节联欢会，所有节目村民自导自演，青少年个个能上台。

（9）村庄规划管理。自发推行"一户一宅"，全村无一处乱搭乱建的违章建筑，村民建房须由集体讨论通过后经小组干部定桩放样后方可施工，并实行宅基地有偿使用，所收取的费用用于集体公益事业，该规定30余年延续至今。村庄长效保洁，全村无一只家禽在村庄内放养，鸡鸭一律实行圈养；村貌有致，全村无一处污水沟和"赤膊"地；庭院通透，全村无一户封闭式围墙。

江西省"好客王家"27户人家，以转型的方式发展农村经济和集体经济，为江西省广大乡村在社会管理、经济发展、乡风文明建设等方面做出了样板。对此，本文有如下三点启示：

第一，村民自治是乡村社会管理的核心内容。县以下党政组织要通过重视村小组干部选配、提高村小组干部报酬、帮助建立自治管理规章等方面，做好农村卫生保洁，建设秀美乡村。把政府的主体责任转变为群众的主体责任。

第二，发展集体经济的根本，是办好村内公益事业和发展产业。"好客王家"与江西省大部分农村集体做法不同之处在于集体收入从不分配（包括征地资金），全部用于村内基础设施建设，用于发展产业。即使经济发展后，"好客王家"也将把收入用于保障公益性支出（公共水电、保洁等）、提高养老金、村民医疗救助及家庭医生签约服务、支持就学、精神文明建设等方面。然而，在相当多的地方，集体资金全部分配到户，这与各级党政所提倡的发展集体经济背道而驰。

第三，要重视能人资源对乡村的配置。"好客王家"成功的另一个重要方面就是充分利用村内在外工作的乡友，把他们请回家向村民传导新理念、灌输新事物，这极大发挥了这部分乡友的能量和作用。

三、新形势下推进乡村治理的六点建议

党的十八届三中全会强调，要"完善中国特色社会主义制度，推进国家治理体系和治理能力的现代化"。创新乡村社会治理，是实现城乡一体化、推动农村社会结构转型和全面建成小康社会的内在要求，也是全面深化改革的重要内容，是适应乡村社会巨大变化的内在要求。"乡政村治"这种源于计划经济体制和市场经济形成初期的乡村治理体制，已经不再适应新形势发展的需要。创新乡村社会治理，是新时期解决农村、农民、农业发展问题的客观要求。党的十八届三中全会同时指出，全面深化改革必须"坚持以人为本，尊重人民主体地位，发挥群众首创精神，紧紧依靠人民推动改革，促进人的全面发展"。这就告诉我们，改革创新应该处理好政府与人民的关系，实现社会治理主体多元化，充分尊重人民首创精神和人民主体地位。乡村治理是国家治理体系的基础，是国家治理体系的神经末梢，搞好乡村治理，实现农业发展、农村稳定、农民富裕，事关我国全面建成小康社会目标的实现和整个现代化建设的进程。与此同时，乡村治理也是国家治理体系和治理能力现代化的具体要求和生动体现。

推进乡村治理，必须站在助推农村发展、实现农村和谐、为了农民幸福的立场上，从农村实际出发，转变观念、强化职能、创造平台、改革体制、培育组织。政府既要简政放权，又不能无所作为，具体可以从以下六个方面进行改进：

第一，广泛引入现代乡贤和发扬乡贤文化。这里的现代乡贤指的是乡村中具有较高威望、较好道德形象和管理经验丰富的长者，主要表现为老党员、老教师、老干部、老劳模、老退伍军人。这些人在乡村中有着较高的威望，他们以村民理事会等形式在乡村中作为基层群众自治组织存在，有着较大的影响力。

此外，从乡村走出的精英，他们回乡后以自己的经验、学识、专长、技艺、财富以及文化修养参与新农村的建设和治理，对凝聚人心、促进和谐、重构乡村传统文化大有裨益。当前新农村建设的实践证明，当代乡贤在农村基层建设、传统村落保护和传承等方面发挥了重要的作用。乡贤文化是一个地域的精神文化标记，是连接故土、维系乡情的精神纽带。重建乡贤文化是实现乡村治理的重要基础，利用乡贤群体传承乡村文化，是乡村治理的良方。

第二，积极培育乡村治理主体，强化主体意识，夯实群众基础。构筑适应中国乡村的治理模式，更要尊重农民的主体地位，关注农民最关心、最直接、最现实的利益问题，获得农民群众的认同与支持，构建以农民为主体的积极参与机制，让农民真正地"动"起来，在有效发挥政府作用的同时，充分激发乡村社会内部的活力和创造力。唯有如此，我国的新农村建设才能不断地向更深更广的领域突破。

第三，支持鼓励新型合作经济组织的创立者、管理者成为村民自治的领头人。这种新型合作经济组织的创立者、管理者往往是乡村中致富的能人。这种能人与传统的私营企业主相比有一个明显的区别，他们代表的不是私有财产而是联合的私有财产，是合作经济组织的代表。因此，由这些能人担任村民自治的领导人，在经济上具有较强的可靠性。

第四，加强党员干部队伍建设，提供组织保障。"好客王家"自治创新取得的成就证明，以党员干部为核心的理事会在乡村治理中起到了不可替代的作用。

第五，对现有集体经济组织进行改造，构筑物质保障。现有集体经济组织是以土地所有为财产基础的。但目前在乡村中只有行政村和村民小组，而类似于生产队这种集体经济组织已经消失了。集体所有的财产没有经济组织来代表和维护，这是有风险的。因此，要根据新的形势把集体经济组织具体化为各种合作经济组织，使土地这一乡村中最宝贵的财产拥有具体的所有者，这对于做好乡村治理来说有着根本性的意义。

第六，弘扬中华民族传统美德，构筑思想保障。通过对乡规民约的创新，形成乡村中新的道德体系，以此规范村民的言行。

构建适应中国乡村的治理模式仍然是应对当前乡村问题的关键所在。在今天的新农村建设中，政府作为建设的推动者，在中国乡村治理模式中扮演着举足轻重的角色，也是推进中国乡村向现代转型的主导力量。同时，乡村作为更广阔的社会系统的组成部分，需要充分吸纳各种社会资源，整合有益力量，打破长期形成的城乡二元结构，实现乡村与外部社会的平衡发展，各种社会力量在乡村治理中的广泛参与依然有着不可替代的重要作用。

参考文献

[1]毛智勇，汤水清，李建华，叶扬.立足村民自治创新 走上脱贫致富之路——来自横峰县"好客王家"的调研报告[J].江西省社科院《专报》，2017（16），省委副书记姚增科 2017 年 7 月 21 日作出肯定性批示.

［2］汪玉奇.创新乡村治理结构的若干思考［J］.江西省社科院《专报》2013年第23期.

［3］吴扬.中国乡村治理的现实定位与发展思考［J］.毛泽东邓小平理论研究，2012（6）.

7. 新时代乡村振兴战略的理论阐释 *

——基于"四个优先"原则的理论视角

韩俊　金伟

摘要： 党的十九大报告提出实施乡村振兴战略，报告明确指出要坚持农业农村优先发展。2017年底召开的中央农村工作会议和2018年中央发布的《中共中央、国务院关于实施乡村振兴战略的意见》重申坚持农业农村优先发展，要把实现乡村振兴作为全党的共同意志、共同行动，做到认识统一、步调一致，在干部配备上优先考虑，在要素配置上优先满足，在资金投入上优先保障，在公共服务上优先安排，正式提出"四个优先"原则，"四个优先"是实施乡村振兴战略的重要保障，本文将重点探讨这个问题。

关键词： 一号文件；乡村振兴；四个优先

党的十九大报告上，习近平总书记提出实施乡村振兴战略，这是我们党在全面认识国家发展阶段性基础上，从党和国家事业发展全局出发做出的一项重大战略决策，是决胜全面建成小康社会、全面建设社会主义现代化国家的重大历史任务。"任何时候都不能忽视农业、忘记农民、淡漠农村。""中国要强，农业必须强；中国要美，农村必须美；中国要富，农民必须富。"2018年9月中共中央、国务院印发了《乡村振兴战略规划（2018—2022年）》，该文件对乡村振兴战略做了系统全面的部署。可以看出，未来五年，是实施乡村振兴的重要时期，是乡村迈向新一轮发展的重要历史阶段。

"农业农村农民问题是关系国计民生的根本性问题。没有农业农村的现代化，就没有国家的现代化。农业强不强、农村美不美、农民富不富，决定着亿万农民的获得感和幸福感，决定着我国全面小康社会的成色和社会主义现代化的质量。如期实现第一个百年奋斗目标并向第二个百年奋斗目标迈进，最艰巨

---

* 韩俊，博士，乐山师范学院讲师，研究方向为马克思主义与当代。金伟，武汉大学博士生导师、教授，研究方向为中国特色社会主义理论与实践。

最繁重的任务在农村，最广泛最深厚的基础在农村，最大的潜力和后劲也在农村。实施乡村振兴战略，是解决人民日益增长的美好生活需要和不平衡不充分的发展之间矛盾的必然要求，是实现'两个一百年'奋斗目标的必然要求，是实现全体人民共同富裕的必然要求。"

为什么国家始终强调坚持农业农村优先发展。因为，从国家的实际情况来看，我国农业的基础地位没有变，大量农民生活在农村的国情没有变，"当前我国社会中最大的发展不平衡是城乡发展不平衡，最大的发展不充分是农村发展不充分。农业发展质量效益和竞争力不高，农民增收后劲不足，农村自我发展能力较弱，城乡差距依然较大"。如何实现农业农村优先发展，按照中央制定的"四个优先"原则，把优先配置人、财、物作为着力点，全面推进乡村振兴战略。"四个优先"是乡村振兴的关键因素，是乡村振兴的根本保障，如果在"四个优先"上执行得不够彻底，那么乡村振兴就无从谈起。从这个意义上讲，在"四个优先"原则上下足功夫、做好功课，具有十分重要的现实意义。

严格遵循"四个优先"原则，目的在于破解乡村发展中的难题困境，从这四个方面入手推进乡村振兴，是破冰之策，也是振兴之法。"四个优先"是有机的统一，四者之间相互关联、相互促进，优先配备干部是政治保证，优先满足要素需求是基础前提，优先保障资金是必要手段，优先安排公共服务是内在需要，四者是乡村振兴道路上的物质武器，弱化其中任何一个，都无法真正实现乡村全面振兴。

一、优先配备干部是实施乡村振兴战略的政治保证，是党管农村工作的本质要求，核心问题在于配备什么样的干部

在 2017 年 12 月 28 日至 12 月 29 日召开的中央农村工作会议上，习近平总书记指出要加强"三农"工作干部队伍的培养、配备、管理、使用，把到农村一线锻炼作为培养干部的重要途径，形成人才向农村基层一线流动的用人导向，造就一支懂农业、爱农村、爱农民的农村工作队伍。"办好农村的事，实现乡村振兴，基层党组织必须坚强，党员队伍必须过硬。"严格按照党管农村工作的这一根本要求，充分发挥党的领导这一最大的政治优势，具体来说就是在各级党委和政府上下功夫，把振兴乡村的责任落实到干部身上。干部是乡村建设发展的重要智力支撑，也是乡村建设的带头人，配备干部问题关系到乡村

振兴的大局，优先配备什么样的干部，是我们必须认真思考的问题，这也是实现乡村振兴的前序准备工作。为此，不妨从以下三个方面来思考干部优先配备问题：

（一）从政治上来看，优先配备的干部必须有优良的政治品质、坚定的理想信念、敢于担当的政治勇气

从政治上来看，乡村干部必须具有良好的政治品质，立场坚定，要有责任担当。乡村振兴，是实现中华民族伟大复兴的必然要求，实现全面乡村振兴，是一项长期工程，需要几代人的不懈努力，乡村干部要牢固树立"四个意识"，在思想和行动上同中央保持一致，全面贯彻执行中央会议、文件精神。在全面振兴乡村的道路上，义无反顾，勇往直前，切忌左右摇摆，畏首畏尾。广大农村地区是干部锻炼的最佳舞台，农村大有可为，也必有可为，我们的干部要立足时代潮头乘风破浪，一张蓝图绘到底，一件接着一件干，一代接着一代干，在广阔的农村大显身手创造丰功伟业。在乡村建设上要树立正确的政绩观，找到科学的工作方法，不能追求速度下指标，刮风搞运动，不能大拆大建千村一面，不能把乡村搞成缩小版城市。"要推动乡村振兴健康有序进行，规划先行，精准施策，分类推进，科学把握各地差异和特点，注重地域特色，体现乡土风情，特别要保护好传统村落、民族村寨、传统建筑，不搞一刀切，不搞统一模式，不搞层层加码，杜绝'形象工程'。"干部有担当，事业才能兴旺，乡村振兴才有希望。要从根本上认清"三农"问题，要坚信在党的领导下，凭借国家经济社会发展取得的辉煌成就，我们完全有能力走出中国特色乡村振兴之路。乡村振兴不是喊口号，它需要干部投入大量精力，真抓实干。在具体工作中，应以无比的政治底蕴和政治勇气，全身心地投入到乡村发展的事业中去，积极落实乡村振兴的方针政策。

完成这项事业，要选拔那些真心实意为乡村做贡献的干部，尤其在扶贫攻坚战斗中，能够不畏困难，敢于挑战，有理想信念的干部。同时，要警惕那些对中央政策阳奉阴违的干部，坚决不用懈怠、懒政、不作为、乱作为、走过场的干部。实现乡村振兴不是朝夕之间即可完成的事情，不能有"毕其功于一役"的思想。不要以为完成扶贫任务，实现贫困人口脱贫，就可以躺在功劳簿上放松休息。乡村干部必须做好长期奋战准备，要有不达目的誓不罢休的决心，以"功成不必在我，功成必定有我"的态度，承担起为人民谋幸福，为中华民族谋复兴的使命，坚决打赢乡村振兴这场仗。

（二）从思想上来看，配备的干部必须高度重视乡村振兴的事业，真正是一支懂农业、爱农村、爱农民的干部队伍

农村条件相对艰苦，如果支援乡村建设的干部和专业队伍对农村没有感情，不能适应农村地区的生活习惯，想必会从心底打退堂鼓。从实际中也看到，在农村地区工作的一些干部，尤其是年轻干部在工作上挑三拣四，积极性不高，对脏苦累的工作避而不干，一旦等到进城机会，便会选择立刻离开。那些在思想认识上把在乡村锻炼当作跳板，捞取政治资本的干部，绝非对乡村抱有热爱之情，绝非存有热爱之心，在乡村工作中必然会嫌苦嫌累，这样的干部对乡村振兴来说，不但没有丝毫意义，而且还会破坏风气。所以，有热爱才会奉献，才能干出成绩。诸如晏阳初、梁漱溟、陶行知等教育家凭借着对农村的一腔热血，凭借着对民族振兴强烈的责任意识，才能不惧艰难困苦，一心为乡村建设、乡村改造做出许多重要的贡献。

农业关系到全体中国人民的生存大计，粮食是国家的命脉。发展现代农业，走集体化农业道路是实现农业走向富强的不二选择。农业振兴离不开科技，如果没有一支懂农业、热爱农业的专业技术人才队伍，那么要实现科技兴农，提高粮食产量，把中国人的饭碗牢牢端在自己手中，提升农产品供给质量，犹如登天之难。构建乡村产业体系，实现产业兴旺同样离不开经济方面的人才，有了这方面的人才，才能更好地为农业产品打开广阔市场，提升农民经济收入，才能积极推进农业供给侧结构性改革。2018 年中央"一号文件"提出，建立高等院校、科研院所等事业单位专业人员到乡村和企业挂职、兼职和离岗创新创业制度，这就是在为乡村振兴提供懂农业的专业技术人才。

（三）从干部来源上来看，应在本地区选拔干部，培养干部

走乡村振兴之路，离不开人才之力。对全国农村地区来讲，要想实现乡村振兴，最直接、最有效的方式就是依靠本地干部群众，从乡村实际工作中锻炼培养干部，则更具有现实意义。生于农村长于农村的干部，对乡村的情况最为了解，对如何实现乡村振兴这个问题上有更深刻的见解，在具体工作上有更多的发言权，更能做到实事求是，对症下药，贡献出适合本地区发展的智慧。从农村本地培养一批群众基础好、政治素质高、能带领乡亲共同奋斗的干部，是振兴乡村的重要人力资本。本地干部知农、懂农，基层工作经验丰富，这一点比外来干部具有先天优势。同时，要大力培养优秀的农村基层党组织书记，充

分调动基层党员干部，发挥他们的聪明才智。在乡村振兴的进程中，努力形成干部与乡村同发展同进步的局面。积极培养农村本地干部，要在能力与品德的结合上下功夫，重点选用那些真做事、做真事的干部，让那些敢拼敢干的基层干部人尽其才。重点培养年轻干部，年轻人有知识、有魄力、有闯劲，这些年轻干部是乡村振兴的中坚力量。

如何在乡村留住人才、培养人才，这是必须要解决的现实问题。"一号文件"提出了很多指导性的意见，例如，扶持培养一批农业职业经理人、经纪人、乡村工匠、文化能人和非物质文化遗产传承人等，要在政策上鼓励引导农民工、大中专毕业生和退伍军人返乡，为他们创造创业环境，提供创业的优惠政策。在现实操作层面，我们仍有许多工作要做，总之，要从乡村实际出发，从细节上入手，让更多的本地干部、人才汇聚于此。

二、优先满足要素需求是实施乡村振兴战略的基础环节，是乡村存在并发展的必要前提

党中央提出实施乡村振兴要在要素配置上优先满足，这里的要素配备主要是指人、财、物要素的配备。关于人、财要素的问题本文已有相应的论述，即为干部优先配备和资金优先投入的相关内容。接下来主要探讨物的要素配备问题，对乡村来讲，最直接的物、最根本的物就是土地，土地是乡村的本质特征。没有耕种的土地，也就没有乡村的农业，那么乡村的概念也就不存在了，土地与乡村紧密联系在一起。优先满足土地要素配置，就是为农民提供土地，让农民继续承包土地，党的十九大报告中提到，"深化农村土地制度改革，完善承包地'三权分置'制度。保持土地承包关系稳定并长久不变，第二轮土地承包到期后再延长三十年"。依法保护农村集体所有权，针对农民的经营权问题，应依法保护。农民凭借承包土地的经营权，可以依法向金融机构融资担保，以入股的形式，从事农业产业化经营，极大释放了农村要素的活力。

土地和房屋是乡村存在的物质基础，是农民生存生活的根本。中国是农业大国，千百年来，农民依靠土地生活，土地是农民的"命根子"。自土地实行家庭联产承包责任制以来，提升了农民的生产积极性。但是，广大农民担心土地到期后怎么办，在党的十九大报告中，中央已经明确土地到期后再延长三十年，让农民吃上了"定心丸"，解决了他们的后顾之忧。不仅如此，国家还要全面完成土地承包经营权确权登记颁证工作，从法律上平等保护土地经营权。

对于房屋宅基，中央大力推进房地一体的农村集体建设用地和宅基地使用权确权登记颁证。完善农民闲置宅基地和闲置农房政策，保障宅基地农户资格权和农民房屋财产权。土地不允许私有，"不得违规违法买卖宅基地，严格实行土地用途管制，严格禁止下乡利用农村宅基地建设别墅大院和私人会馆"。按照乡村规划，合理盘活土地存量，有效利用土地要素，要为农村的基础建设留下土地资源。因此，从现实意义上来讲，中央把这些要素基本上配备完成，为乡村振兴的实施打下了物质基础。

除了土地、房屋之外，物的要素配置还应包括壮大农村集体经济，构建现代农业。农村集体经济是中国特色社会主义经济的组成部分，夯实农村集体经济有利于乡村经济建设。从要素配置上激活农村集体经济，结合乡村各自的特点，探索适合自身的经济发展方式，积极培育绿色种植、绿色养殖、绿色开发的多种经济形式，鼓励发展旅游产业、种植产业园区。坚持农民主体地位，重点做好新型职业农民培育工作，着力培育新型经营主体，鼓励新型经营主体通过土地流转、土地互换、土地入股等形式适度规模经营，大力发展农业社会化服务，又以服务的规模化带动经营规模化。

构建现代农业，需要土地、资本、人力等要素充分地涌向乡村，我们构建的现代农业要满足科学技术层面的要求，各项指标要符合现代标准，这是产业兴旺的必然要求。现代农业是一条科技含量高、产品质量优、管理现代化、生产规模化的农业发展道路。就目前来看，我国农业供给治理不高，农产品品种多，但多而不优；农业品牌众多，但杂而不亮；农业体量大，但大而不强。在农业现代化道路上，推进质量兴农、绿色兴农、品牌强农，优化农业产品结构、产业结构、区域布局结构，推动农业产业向中高端迈进，提高农业供给体系质量，大力发展农产品加工业，提升种养业水平，促进农业生产与营销、仓储、物流、旅游、文化等产业深度融合，构建农村三大产业融合发展体系。

三、优先保障资金投入是乡村振兴必不可少的中心环节，是乡村振兴的必要手段

长期以来，农村整体上处在不平衡不充分发展的状态，农村落后、农业危险、农民贫穷的"三农"问题牵动着党中央领导的心，从农村的实际情况来看，作为主体的农民还没有真正体验到获得感、幸福感、安全感，在很大程

度上，农民并没有实现富裕。在农民看来，仅依靠农业收入，难以过上富裕生活。目前，在农村地区，大量的农民尤其是青年农民，正极力摆脱土地、摆脱农业，一心进城务工，渴望融入城市生活。据统计在城市中大约有1.5亿名中青年农民工，农村人口外流成为影响乡村振兴的最大因素。城市与乡村形成鲜明的对比，城市人口剧增，乡村人口则骤减，留给农村最多的话题就是留守儿童、留守老人。近年来，我们也看到农村地区空壳化趋势十分严重，没有农民的农村、没有农民的农业的现象较为普遍，农村青壮年人口不足，农村经济社会衰落等问题凸显。推进乡村振兴，要解决农民的需求问题，就是要让全国农民看到实惠、享受实惠，增强获得感，提升幸福感。如果国家在资金方面不舍得投入，要想吸引农民、带领农民、依靠农民共同实施乡村振兴战略，走向共同富裕之路，可能出现政府唱独角戏、农民参与性不高的情况。

从历史上看，中华人民共和国成立之后，我国将发展的重点放在了工业化上面，农业支持工业发展，我国农业一直支持第二产业、第三产业发展，这样导致农业造血不足、逐步萎缩。现在，在农村建设问题上，国家在资金投入上优先保障，就是源源不断地为农村输血，让整个乡村面貌焕然一新。资金投入是乡村振兴的重要手段，所谓"巧妇难为无米之炊"，乡村基础设施破旧，各方面的建设都需要大量的资金投入，乡村振兴必须"真刀真枪地干，真金白银地投"。每年中央财政投入"三农"的资金达1.5万亿元左右，但与乡村振兴的任务相比，仍存在很大的差距，但是从国家实施的力度上可以看到，凡是涉及乡村发展方面的问题，中央在资金投入上绝不含糊，并且从政策上给予资金保障。

当然，"实施乡村振兴战略，必须解决钱从哪里来的问题。要健全投入保障制度，创新投融资机制，加快形成财政优先保障、金融重点倾斜、社会积极参与的多元投入格局，确保投入力度不断增强、总量持续增加"。在资金投入优先问题上，中央要求，要确保财政投入持续增长，在公共财政方面更大力度向"三农"倾斜，确保财政投入与乡村振兴目标任务相适应，要充分发挥财政资金的引导作用，撬动金融和社会资本更多投向乡村振兴。要拓宽资金筹集渠道，调整完善土地出让收入使用范围，进一步提高农业农村投入比例。要提高金融服务水平，坚持农村金融改革发展的正确方向，健全适合农业农村特点的农村金融体系，推动农村金融机构回归本源，把更多金融资源配置到农村经济社会发展的重点领域和薄弱环节，更好地满足乡村振兴多样化的金融需求。

四、优先安排公共服务是乡村振兴的应有之义，是乡村发展过程中的内在需求

优先安排农村地区公共服务，应重点放在教育、医疗卫生、文化服务上。我们常说"十年树木，百年树人"，教育是乡村振兴的根本问题。梁漱溟在1937年发表的《乡村建设理论》中指出："乡村建设必须依靠教育手段，通过社会组织的重建和现代科学生产及生活知识的灌输，来解决中国的政治问题和促进农业经济的复苏与振兴，使中国逐步过渡到真正以民为主的现代国家并由农业引渡到工业化。"事实上，现在我们振兴乡村，也提出了优先发展乡村教育的措施。发展乡村教育，可以从思想上破除中国乡村的散、弱、差、贫、愚、脏、病等难题。教育能够解决思想认识问题，通过发展乡村教育，一方面可以为农村地区培养许多人才，提升乡村思想文化；另一方面逐步改变了乡村以往的陈规陋习，使乡风文明的程度越来越高。教育的力量是非常强大的，大力发展乡村教育事业，让更多的农村孩子成长成才，让乡愁乡情凝结成精神纽带，引导这些孩子学成之后回到乡村，建设家乡。

发展农村医疗卫生事业，可以有效地解决农民看病就医问题，破解农村脏乱差难题。改善农村居住环境，打造生态宜居的美丽家园，这是乡村振兴的重要任务。一直以来，农村医疗设施薄弱，专业医疗人才不足，就医环境简陋成为乡村公共服务的短板，为乡民所诟病。农民常常为就医饱受折腾，农村医疗条件迫使农民在城乡之间来回穿梭。所以，要下大力气改善乡村医疗环境，提供优质的医疗服务。乡村卫生问题看似简单，但却关系到乡村生态和村民的身体健康，是不容忽视的。习近平总书记多次提出厕所革命，厕所是许多疾病之源，提供干净卫生的厕所是广大农村地区最直接最现实的卫生问题，为此，在全国特别是在农村掀起一场"厕所革命"是非常必要的，要实现农村无害化卫生厕所全覆盖，让农村群众用上卫生的厕所。同时，做好乡村的防污减排工作，加大对农村生活垃圾和污水设备的投入，着力处理好农村地区的生活垃圾和污水问题。

提供文化服务有利于提升农村群众的精神生活。我们看到，不少农村地区常以赌博作为娱乐方式，这样的方式不仅影响了村民的家庭和谐，还带坏了乡村社会风气。一直以来，乡村群众文化活动单一，文化生活匮乏，封建迷信思想沉渣泛起，村民文化生活还存在不健康的现象。由此看来，在公共文化服务上优先安排是十分必要的。习近平总书记在2018年"两会"上会见山东代表

团提出"深入挖掘优秀传统农耕文化蕴含的思想观念、人文精神、道德规范，充分发挥其在凝聚人心、教化群众、淳化民风中的重要作用"。

在乡村公共文化优先安排上，具体来讲，就是加强农村公共文化建设，构建基层综合性文化服务中心。让广大农村群众茶余饭后，享受业余文化生活，以广场舞、文艺会演等喜闻乐见的形式，满足村民文化精神生活需求，提升乡村文化品位。在乡村普及网络全覆盖，方便农村群众了解网络信息咨询，提高农民科学文化素养。总之，要通过各种途径为乡村提供更多更好的农村公共文化产品和服务。

五、结语

从 2004 年至今，党中央连续十五年发布以"三农"为主题的"中央一号"文件。这些年来，在国家和全社会的共同努力下，"三农"问题在一定程度上得到了一些解决，农村各方面建设取得了历史性成就。与此同时，我们也要清醒地看到，在新阶段新时期，农村出现的新问题。我们要从问题入手，解决农业发展后劲不足、农村人口流失严重等问题，努力建成人力资本密集和人口与经济社会繁荣的乡村。

乡村振兴的宏伟蓝图已经绘制完成，振兴战略分为三个阶段，到 2020 年，乡村振兴取得重要进展，制度框架和政策体系基本形成；到 2035 年，乡村振兴取得决定性进展，农业农村现代化基本实现；到 2050 年，乡村全面振兴，农业强、农村美、农民富全面实现。虽然乡村振兴目标明确，但是实现起来并不轻松，需要全社会长期关注农村、关心农村发展、支持农村建设，需要国家无论什么时候在面对农村出现的新情况之时，能够及时地给予政策上的支持。

最后再次强调，我们要实现的乡村振兴，一定是在现有乡村基础上的振兴，要特别注意，决不能打着振兴的大旗，破坏乡村原貌。在人、财、物要素上加大投入力度，要形成"人尽其才、财尽其当、物尽其所"的局面。要充分利用国家改革发展的丰硕成果，调动国内积极因素，动员全社会广泛参与到乡村振兴的事业中去。

参考文献

［1］党的十九大报告学习辅导百问［M］.北京：党建读物出版社，2017.

［2］韩长斌．大力实施乡村振兴战略（认真学习宣传贯彻党的十九大精神）［EB/OL］．人民网，http：//politics.people.com.cn/n1/2017/1211/c1001-29697442.html，2017-12-11.

［3］习近平到山东代表团参加审议［EB/OL］．新华网，http：//www.xinhuanet.com/politics/2018lh/2018-03-08/C_1122504756.htm，2018-03-08.

［4］乡村振兴关键在党［EB/OL］．中国社会科学网，http：//ex.cssn.cn/shx-cxyj/201802/t20180208_3344487.shtml，2018-02-08.

［5］中共中央　国务院关于实施乡村振兴战略的意见［EB/OL］．中华人民共和国工业和信息化部，http：//www.miit.gov.cn/n1146392/c6048251/content.html，2018-02-05.

［6］中央农村工作会议在北京举行习近平作重要讲话［EB/OL］．新华网，http：//www.xinhuanet.com/politics/2017-12-29/C_1122187923.htm，2017-12-29.

8. 土地流转—劳动力转移—城镇化的耦合协调发展分析及预测 *
——基于城乡融合发展视角

陈永杰　薛濡壕

摘要: 城乡融合发展是实现乡村振兴的关键,而协调好农村劳动力转移、土地流转与城镇化是加快城乡融合发展的重点。本文在讨论城乡融合发展中农村劳动力转移、土地流转与城镇化交互耦合作用的基础上,通过构建城乡融合发展的耦合协调度评价模型,从时空演变角度对全国东、中、西部地区土地流转—劳动力转移—城镇化的耦合协调发展水平进行分析,进而应用灰色数列模型 GM(1,1)对三大区域未来 15 年的耦合协调发展状况进行预测。结果表明:在 1986~2015 年,我国东、中、西部地区城乡融合发展中各子系统指数及三者的综合协调指数都呈现不断上升趋势,但其上升速度明显不同;耦合协调发展水平呈现中、东部地区高西部地区低的空间分布格局;截面数据显示东、中、西部地区耦合协调类型由失调衰退向中间过渡类型转变;预测未来 15 年三大区域耦合协调度将呈现逐渐上升态势,耦合协调类型会向中级协调、优质协调发展。在此基础上,提出实现区域三者动态耦合协调发展以促进城乡融合发展的建议。

关键词: 土地流转;劳动力转移;城镇化;耦合协调;城乡融合发展

一、引言

党的十九大报告中提出"乡村振兴战略",要求建立城乡融合发展的体制

---

* 陈永杰,男,博士,副教授,硕士生导师,主要研究方向为土地资源管理。薛濡壕,女,博士主要研究方向为土地资源管理。

机制。城乡融合发展就是城市的资本、产业、技术等与农村的土地、劳动力、资源等实现融合，是打破城乡二元结构、实现共同发展的双向互动、相互促进的发展过程。城镇化是不可逆转的，如何在农村劳动力不断向城市转移的同时避免农村土地抛荒，并推动农村土地流转是当前学术界要解决的重大难题，也是实现城乡融合的关键。因此，可将土地流转—劳动力转移—城镇化看成是一个相互联系、结构复杂、层次多样且具有耦合协调关系的系统，而深入研究理解三者相互作用的机理是解决城乡融合发展、提高城乡耦合协调发展的首要问题。

首先，在城乡融合发展的巨大系统中，农村劳动力转移是实现土地流转与城镇化的基础。要发展生产力必须解放较多的劳动力。自改革开放以来，每年数以亿计的农民工进入城镇从事非农产业为城市建设提供了充足的劳动力，促进了中国城镇化的进程，间接推动了农村土地流转的发生。截至2015年，我国农民工数量有2.8亿人，常住人口城镇化率达到56.1%，土地流转率达到33%，未来每年将会转移农村劳动力1300万人，这对中国城镇化的发展以及三次产业的转型升级产生了较大的影响，给土地流转及其相关产业带来机会，加快城乡融合发展战略的实施。其次，城镇化是劳动力转移与土地流转的必要保障。城镇化就是人口与产业向城镇集中的过程，是实现城乡融合发展的前提，可以扩大内需形成新的经济增长点，会转移更多的农村劳动力，加快农户转出土地。随着城镇基础设施的完善，城市对农村劳动力的吸引加强，城市所需的农产品逐渐上升，在农产品供需矛盾的情况下，促使农村各种农业企业、农业合作社等新型经营主体进行规模化、标准化生产，这促进了农村土地流转。最后，土地流转对劳动力转移与城镇化具有重要的推动作用。土地流转可以促进农业适度规模经营，提高农业劳动生产率，解放更多的农村剩余劳动力转移到城镇，加快农村劳动力转移速度，促进农民非农化，推动城镇化发展。土地流转是实现城镇化、工业化与农业现代化协调发展的需要，也是实现城乡融合发展的重要举措。总之，土地流转、劳动力转移与城镇化三者是城乡融合发展中的统一整体，对其中任何一个的忽视都将导致整个系统的失调，进而阻碍城乡融合发展。

国内外学者对土地流转、劳动力转移、城镇化之间的相互关系都进行了相关研究。Feng（2008）通过研究发现土地流转对劳动力转移有显著的影响。Azadi等（2011）证实了人口城镇化是推动土地流转的重要动力。丁敬磊等（2016）以菏泽市为例，对其农地流转、劳动力转移及城镇化三者间的动态变化进行了研究。刘卫柏（2012）通过实证分析发现土地流转为劳动力转移创造了条件，并且城镇化的发展加快了这种可能。任晓聪等（2016）实证分析表明土地流转与农村劳动力转移之间是呈正相关关系的。杨群（2012）认为土地流转是发展现代农业、建设城镇化的需要。蒋文莉和陈中伟（2013）经过统计分析发现，我国东、中、西部地区的土地流转均滞后于劳动力转移。李新仓和于立秋（2016）认为劳动力转移与土地流转具有关联性，它们之间的互动能有效地促进城镇化发展。陈浩和陈中伟（2013）通过对河南省农民工的调查表明，劳动力转移与土地流转存在动态不一致情况，这成为制约城市化与农业现代化发展的瓶颈。孙云奋（2013）对山东省6个地市的分析发现，劳动力转移与土地流转的耦合关系与经济发展水平、区位条件有关。"城镇化进程中农村劳动力转移问题研究"课题组（2011）认为城镇化可以转移更多的农村人口与劳动力。曾湘泉等（2013）实证研究表明我国的城镇化有效推动了农村劳动力转移，其在吸纳劳动力的效率上表现出东南高、西北低的阶梯状地理差异特征。从已有研究文献来看，以往研究以土地流转、劳动力转移与城镇化的两两关系分析为主，将三者统一成整体进行系统性研究并与城乡融合发展相结合的研究尚未发现。研究对象多侧重某个省份或某个地市，研究时段多是某年或短期的截面数据，缺少对三系统未来关系的预测。有关耦合协调关系的研究也多集中在经济、生态环境、城镇化、旅游、人口、土地等方面。基于此，本文从城乡融合发展的视角出发，以全国东、中、西部地区为研究对象，运用耦合协调度模型，从时空维度对城乡融合发展中土地流转、劳动力转移与城镇化三大系统的耦合协调发展关系进行量化研究，并借用灰色数列模型 GM（1，1）对全国三大区域未来 15 年的耦合协调发展状况进行预测，这将有利于促进区域土地流转、劳动力转移与城镇化的协调发展，改善区域人地关系，实现城乡融合发展，为政府有关部门制定协调三者相互发展、促进城乡融合的相关政策提供建议。

二、数据来源

本文数据主要来源于《全国农村社会经济典型调查数据汇编》《全国农村固定观察点调查数据汇编》《中国人口和就业统计年鉴》矢量数据来源于国家基础地理信息数据库。

三、研究方法

（一）土地流转率、劳动力转移率、城镇化率的测算

本文运用家庭年末经营转包田耕地面积表示农村土地流转水平，用外出从事劳务的农村劳动力人数表示农村劳动力转移水平，用各地区非农业人口比重表示城镇化水平。土地流转率、劳动力转移率、城镇化率计算公式如下：

$$T_{dy} = \frac{S_{dy}^z}{S_{dy}^g}; \quad L_{dy} = \frac{P_{dy}^w}{P_{dy}^z}; \quad U_{dy} = \frac{u_{dy}^i}{u_{dy}^p} \tag{1}$$

式（1）中，T_{dy} 表示 d 区 y 年的土地流转率，S_{dy}^g 表示 d 区 y 年的年末经营耕地面积，S_{dy}^z 表示 d 区 y 年的年末经营转包田耕地面积；L_{dy} 表示 d 区 y 年的农村劳动力转移率，P_{dy}^z 表示 d 区 y 年的农村劳动力人数，P_{dy}^w 表示 d 区 y 年的农村外出从事劳务的劳动力人数；U_{dy} 表示 d 区 y 年的城镇化率，u_{dy}^p 表示 d 区 y 年的总人口数，u_{dy}^i 表示 d 区 y 年的非农业人口数。

（二）城乡融合发展耦合协调度评价模型构建

由于农村土地流转、劳动力转移与城镇化三者之间在城乡融合发展的环境下既相互独立又相互作用、相互影响，因此三者之间的协调发展程度可以借鉴物理学中的耦合协调度模型进行计算分析。耦合指两个及以上系统之间相互作用而影响的现象。当系统内各要素之间协调发展时为良性耦合；反之，相互摩擦时为恶性耦合。耦合度可以表示各系统相互影响的强弱程度。协调指两个及以上系统之间良性循环发展的关系。协调度是衡量各系统之间良性耦合协调程度的大小，体现了系统由无序向有序的发展趋势，反映了系统耦合协调发展水平的高低。

借用耦合系数模型构建城乡融合发展中土地流转—劳动力转移—城镇化三系统的耦合度模型，模型计算公式如下：

$$C = \left[\frac{T \times L \times U}{\left(\frac{T+L+U}{3} \right)^3} \right]^{\frac{1}{3}} \tag{2}$$

式（2）中，C为城乡融合发展耦合度，$0 \leqslant C \leqslant 1$，C越靠近1表明三系统内各要素之间耦合状态越好。由于耦合度并不能表示耦合协调发展水平的高低，因此用耦合协调度模型计算土地流转—劳动力转移—城镇化三系统的协调发展程度，即：

$$D = \sqrt{C \times T}; \quad T = \alpha T + \beta L + X U \tag{3}$$

式（3）中，D为城乡融合发展耦合协调度，T为三系统对城乡融合发展综合协调指数，α、β、χ 分别为各系统的待定系数。由于农村土地流转和劳动力转移在一定程度上会促进城镇化的进程，但是城镇化的发展不一定会推动土地流转和劳动力转移。因此本文借鉴前人研究成果并采用专家打分法，最终确定待定系数 $\alpha = 0.4$，$\beta = 0.4$，$\chi = 0.2$。

为了判定区域土地流转—劳动力转移—城镇化三系统在城乡融合发展中的耦合协调发展程度，参考已有研究成果，确定了耦合协调度的判断标准，如表1所示。

表1　耦合协调度类型及等级评价标准

耦合协调度	[0, 0.1]	(0.1, 0.2]	(0.2, 0.3]	(0.3, 0.4]	(0.4, 0.5]	(0.5, 0.6]	(0.6, 0.7]	(0.7, 0.8]	(0.8, 0.9]	(0.9, 1]
耦合协调等级	极度失调	严重失调	中度失调	轻度失调	濒临失调	勉强协调	初级协调	中级协调	良好协调	优质协调
耦合协调类型	失调衰退类型				中间过渡类型		协调提升类型			

（三）灰色数列模型 GM（1，1）

灰色数列预测主要是指利用GM（1，1）模型，对时间序列数据进行数量大小的预测。例如，人口预测、劳动力预测、产品产量预测、各行业产值预测及病虫害发生趋势预测等，就是利用历年统计资料，对其未来的发展进行预测。建立GM（1，1）模型的基本步骤如下：

（1）设时间序列数据 $X_0 = \{x_0(1), x_0(2), \cdots, x_0(n)\}$ 有n个观测值，对原数据序列做累加生成得到 $X_1 = \{x_1(1), x_1(2), \cdots, x_1(n)\}$，则GM（1，1）模型对应的微分方程为：

$$\frac{dX_1}{dt} + \alpha X_1 = \mu \tag{4}$$

式（4）中，α 为发展灰数，μ 为内生控制灰数。

（2）用最小二乘法求解灰参数 $\hat{\alpha} = (B^T B)^{-1} B^T Y_n$，解微分方程可得预测模型：

$$x_1^T \hat{X}_1(k+1) = \left[x_0(1) - \frac{\mu}{\alpha} \right] e^{-ak} + \frac{\mu}{\alpha} \tag{5}$$

其中，k=1,2，…，n。

（3）根据后验比 c 和小误差概率 p 对模型进行后验差检验，当 p>0.95 和 c<0.35 时，模型可靠，此时可根据模型对系统进行预测。当建立的模型残差较大、精确度不够理想时，可对残差进行建模分析，以修正模型。

四、结果与分析

（一）区域城乡融合发展各子系统及综合协调指数分析

由城乡融合发展耦合协调度评价模型计算得出东、中、西部地区 1986~2015 年土地流转、劳动力转移、城镇化 3 个子系统对城乡融合发展综合影响的协调指数（见图 1）。如图 1 所示，我国东、中、西部地区土地流转—劳动力转移—城镇化综合发展情况存在显著的区域差异，这种差异是由于区域在地理位置、社会经济水平、资源禀赋、人才、政策等方面不同而造成的城乡融合发展中土地流转、劳动力转移、城镇化具有显著差异。根据图 1 可得，我国东、中、西部地区的综合协调指数都呈现不断波动上升的趋势，但其上升速度明显不同，整体呈现中、东部地区高，西部地区低的空间差异。从时序上看，2002 年之前是东部地区高于中、西部地区，但 2002 年之后中部地区的综合协调指数迅速上升并超过东部地区，这是由于中部地区在 2002 年之后大量的农村劳动力转移到城镇并带动了农村土地流转与城镇化发展。由图 2、图 3 与图 4 可得，在研究时段内，东部地区处于超前发展的系统依次是城镇化、劳动力转移、土地流转。在 2002 年之后，东部地区城镇化快速发展并在 2015 年达到最高水平为 51.49%，而劳动力转移与土地流转也处于稳中有升的状态，这说明东部地区大量的农村劳动力转移与土地流转推动了城镇化的进程。中、西部地区处于发展超前的系统依次是劳动力转移、城镇化、土地流转，在 1986~2009 年，中、西部地区的城镇化水平指数最高，但在 2009 年之后，农村劳动力转移指数快速增加并超过城镇化水平指数和土地流转指数，这说明中、西部地区较高的城镇化发展水平吸引农村劳动力向城市转移并间接促进了农村土地流转的发生。从区域各子系统发展情况来看，土地流转进程较缓慢，已严重影响城乡融合发展综合协调度的提升，这表明区域劳动力转移、城镇化发展与土地流转严重脱节，这将是城乡融合发展的瓶颈。

（二）全国城乡融合发展各子系统及综合协调指数分析

从全国层面对我国城乡融合发展中土地流转、劳动力转移、城镇化各子系统及综合协调指数的变化情况进行分析。根据图1至图4可得以下结果：

在1986~2015年，我国农村劳动力转移大致经历了4个阶段：① 1986~1991年，劳动力转移速度较慢，劳动力转移率在6%左右徘徊；② 1992~2004年，劳动力转移人数缓慢增长；③ 2005~2010年，劳动力转移率呈现加速增长趋势，在2010年中、西部地区的劳动力转移率超过城镇化率，说明在此阶段城乡差距的加大、城镇基础设施建设的完善、城市经济的快速发展带动了全国大量农村劳动力向城市转移；④ 2011~2015年劳动力转移处于稳定阶段，与城镇化发展基本保持一致，说明此时劳动力转移受到政策、户籍、城乡二元结构等的影响。

城镇化发展可划分为2个阶段：① 1986~2003年为缓慢发展阶段，农村剩余劳动力转移较慢；② 2004~2015年为快速发展时期，城镇化水平超过30%，劳动力转移较快，农业人口转为非农业人口较多，城乡融合发展较快。

农村土地流转发展大致可以划分为3个阶段：① 1986~1997年，全国的土地流转处于低水平发展时期，土地流转率保持在4%左右；② 1998~2009年，土地流转处于稳定增长阶段，受全国社会经济逐渐发展的影响，年增长率约为0.5%；③ 2010~2015年，全国的土地流转速度加快，年增长率超过1%，且在2015年全国土地流转率达到21%，这与我国在这一时期颁布的一系列关于"引导农村土地有序流转、发展农业适度规模经营"、促进城乡融合发展的相关政策文件有关。在研究期内，全国土地流转—劳动力转移—城镇化的综合协调指数不断增加，一直处于稳步上升趋势，这是3个子系统在城乡融合发展的驱动下共同发展、相互作用的结果。

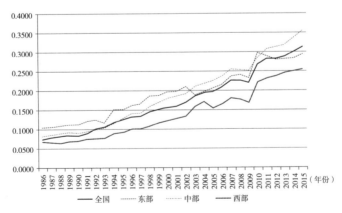

图1 区域土地流转—劳动力转移—城镇化综合协调指数

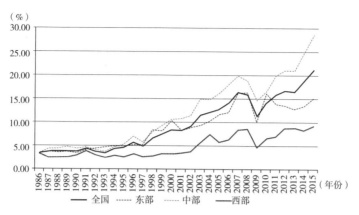

图2　全国及东、中、西部地区农村土地流转率

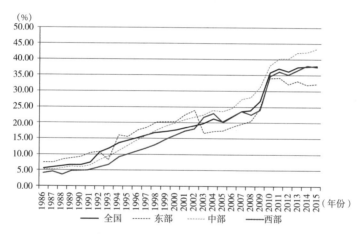

图3　全国及东、中、西部地区农村劳动力转移率

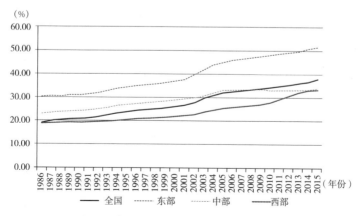

图4　全国及东、中、西部地区城镇化率

（三）区域城乡融合发展耦合协调时空演变分析

将我国东、中、西部地区 1986~2015 年的土地流转率、劳动力转移率、城镇化率分别代入城乡融合发展耦合度计算公式、耦合协调度计算公式，从而得到区域在城乡融合发展中土地流转—劳动力转移—城镇化三系统的耦合协调发展程度，并结合耦合协调度类型与等级评价标准深入分析其时空演化。

1. 城乡融合发展耦合协调度的时序演化分析

区域土地流转—劳动力转移—城镇化耦合协调发展水平在 30 年的演变中，表现出整体性与差异性（见表 2）。在 1986~2015 年，东、中、西部地区土地流转—劳动力转移—城镇化的耦合协调发展水平整体上呈逐渐上升趋势，但是由于区域劳动力转移数量、城镇化发展水平、土地政策、户籍制度对土地流转产生的影响不同，耦合协调发展水平具有显著的地区差异，呈现出中、东部地区高，西部地区低的空间分布格局，与土地流转的分布特征基本一致。这也说明土地流转指数能够反映耦合协调发展水平的变化趋势，对城乡融合系统耦合协调度的变化趋势较为敏感，如 2009 年，区域土地流转率均出现下滑趋势，导致耦合协调度也呈现一定的下降趋势。具体而言，东、中部地区的协调类型都由中度失调向勉强协调转变，但是东部地区在 2012~2014 年出现过濒临失调的现象，而耦合协调度最低的西部地区经过发展也由中度失调演变为濒临失调。这说明近 30 年来全国土地流转、劳动力转移、城镇化系统在城乡不断融合发展的情况下，耦合协调发展的趋势逐渐凸显。中部地区的耦合协调度从 1986 年的 0.2390 上升到 2015 年的 0.5907，增长了 0.3517，上升幅度最大；西部地区上升幅度最小，同期只上升了 0.2422。经过比较可以发现，全国东、中、西部地区土地流转—劳动力转移—城镇化耦合协调度差距较小。但是通过变化幅度说明，耦合协调性由低到高的变化速度具有明显差异。

将土地流转、劳动力转移、城镇化各子系统与耦合协调度结合分析发现，部分地区存在"短板"：西部地区的土地流转存在明显滞后，中部地区的城镇化水平偏低，东部地区的土地流转也不高。西部地区由于特殊的自然地理环境导致适宜耕作的土地较少，土地产出较低，因此劳动力外出转移时土地大多被抛荒，土地流转率较低；中部地区由于农业生产条件优越、地理位置较好，农业"兼业"化现象严重，农业人口转为非农业人口意愿较差，导致城镇化水平不高；东部地区自改革开放以来，社会经济发展迅速，城镇化水平较高，耕地更多地被城镇建设用地所占用，土地流转受到影响。这将严重阻碍区域城乡融合发展耦合协调度的进一步提高。

2. 城乡融合发展耦合协调度的空间演变分析

为了研究我国东、中、西部地区土地流转—劳动力转移—城镇化耦合协调度的空间演变差异，依据耦合协调度值与分类标准并考虑研究的方便，选用1986年、1995年、2005年、2015年4年的时间截面数据，利用ArcGIS10.2软件绘制东、中、西部地区耦合协调类型的空间分布与演变（见图5）。

1986年，东、中、西部地区耦合协调度全都处于低水平的中度失调阶段。结合各子系统可知，由于当时全国的生产力还比较落后、各项社会经济事业发展较为缓慢、城乡二元制度等影响造成农村劳动力转移与土地流转严重滞后，基本处于起步阶段。1986~1995年，各地区的耦合协调度有了微小提升。东、中部地区由中度失调提升为轻度失调，西部仍为中度失调但耦合协调度值有所上升。这主要是因为东、中部地区的农村劳动力转移与城镇化水平提升对城乡融合发展系统耦合协调度影响较大，而西部地区由于城镇化水平发展较慢导致耦合协调度仍然较低。1995~2005年，各区域的耦合协调度进一步上升。东、中部地区由轻度失调上升为濒临失调，西部地区也由中度失调上升为轻度失调。在这一时期，受城乡一体化发展思想、农业生产水平提高、城乡差距日益显现等影响，东、中、西部地区农村剩余劳动力不断向城市转移，农村劳动力转移率都上升了10%左右，土地流转率与城镇化率也随之上升了5%~10%，这就使得耦合协调度总体提高。2005~2015年，东、中、西部地区的耦合协调度大幅提升。东、中部地区由失调向协调转变，达到勉强耦合协调阶段，西部地区为濒临失调。在此阶段，随着新型城镇化、新农村建设、城乡统筹发展的提出，全国的城镇化水平显著提升并吸引大量农村劳动力转移，受政策指引，区域土地流转呈现不同程度的提高，土地流转与城镇化、劳动力转移逐渐实现良性耦合协调发展。但西部地区土地流转仍然比较滞后，成为制约城乡融合系统耦合协调度提升的主要因素。因此，东、中部地区率先进入协调阶段，西部地区仍为失调阶段。

表2 区域土地流转—劳动力转移—城镇化耦合协调度时间演变

年份	东部			中部			西部		
	耦合度	耦合协调度	协调类型	耦合度	耦合协调度	协调类型	耦合度	耦合协调度	协调类型
1986	0.6697	0.2636	中度失调衰退	0.7059	0.2390	中度失调衰退	0.7253	0.2210	中度失调衰退
1987	0.6786	0.2674	中度失调衰退	0.7325	0.2496	中度失调衰退	0.6850	0.2119	中度失调衰退

续表

年份	东部			中部			西部		
	耦合度	耦合协调度	协调类型	耦合度	耦合协调度	协调类型	耦合度	耦合协调度	协调类型
1988	0.6839	0.2720	中度失调衰退	0.7431	0.2561	中度失调衰退	0.6639	0.2050	中度失调衰退
1989	0.6916	0.2780	中度失调衰退	0.7580	0.2637	中度失调衰退	0.6930	0.2172	中度失调衰退
1990	0.6820	0.2769	中度失调衰退	0.7448	0.2588	中度失调衰退	0.7183	0.2232	中度失调衰退
1991	0.7186	0.2940	中度失调衰退	0.7606	0.2669	中度失调衰退	0.7678	0.2393	中度失调衰退
1992	0.7311	0.3018	轻度失调衰退	0.7564	0.2732	中度失调衰退	0.7397	0.2351	中度失调衰退
1993	0.7066	0.2868	中度失调衰退	0.7416	0.2762	中度失调衰退	0.7112	0.2326	中度失调衰退
1994	0.7589	0.3380	轻度失调衰退	0.7904	0.3029	轻度失调衰退	0.7492	0.2566	中度失调衰退
1995	0.7554	0.3368	轻度失调衰退	0.8132	0.3208	轻度失调衰退	0.7325	0.2594	中度失调衰退
1996	0.7661	0.3513	轻度失调衰退	0.8621	0.3479	轻度失调衰退	0.7705	0.2765	中度失调衰退
1997	0.7619	0.3550	轻度失调衰退	0.8283	0.3422	轻度失调衰退	0.7322	0.2713	中度失调衰退
1998	0.8476	0.3965	轻度失调衰退	0.8833	0.3731	轻度失调衰退	0.7410	0.2809	中度失调衰退
1999	0.8423	0.3962	轻度失调衰退	0.9061	0.3916	轻度失调衰退	0.7674	0.2973	中度失调衰退
2000	0.8789	0.4160	濒临失调衰退	0.9221	0.4067	濒临失调衰退	0.7648	0.3036	轻度失调衰退
2001	0.8386	0.4075	濒临失调衰退	0.9218	0.4132	濒临失调衰退	0.7678	0.3126	轻度失调衰退
2002	0.8422	0.4215	濒临失调衰退	0.9289	0.4235	濒临失调衰退	0.7797	0.3227	轻度失调衰退
2003	0.8273	0.3944	轻度失调衰退	0.9587	0.4490	濒临失调衰退	0.8439	0.3651	轻度失调衰退
2004	0.8319	0.4053	濒临失调衰退	0.9535	0.4558	濒临失调衰退	0.8816	0.3880	轻度失调衰退

年份	东部			中部			西部		
	耦合度	耦合协调度	协调类型	耦合度	耦合协调度	协调类型	耦合度	耦合协调度	协调类型
2005	0.8453	0.4170	濒临失调衰退	0.9593	0.4641	濒临失调衰退	0.8351	0.3587	轻度失调衰退
2006	0.8531	0.4281	濒临失调衰退	0.9707	0.4792	濒临失调衰退	0.8464	0.3742	轻度失调衰退
2007	0.8949	0.4601	濒临失调衰退	0.9786	0.4992	濒临失调衰退	0.8928	0.4014	濒临失调衰退
2008	0.8962	0.4645	濒临失调衰退	0.9733	0.4968	濒临失调衰退	0.8977	0.3990	轻度失调衰退
2009	0.8282	0.4388	濒临失调衰退	0.9388	0.4852	濒临失调衰退	0.7774	0.3615	轻度失调衰退
2010	0.9093	0.5193	勉强耦合协调	0.9416	0.5179	勉强耦合协调	0.8044	0.4219	濒临失调衰退
2011	0.8825	0.5051	勉强耦合协调	0.9592	0.5418	勉强耦合协调	0.8061	0.4314	濒临失调衰退
2012	0.8773	0.4960	濒临失调衰退	0.9649	0.5482	勉强耦合协调	0.8491	0.4489	濒临失调衰退
2013	0.8667	0.4953	濒临失调衰退	0.9606	0.5526	勉强耦合协调	0.8425	0.4542	濒临失调衰退
2014	0.8714	0.4965	濒临失调衰退	0.9775	0.5723	勉强耦合协调	0.8274	0.4553	濒临失调衰退
2015	0.8884	0.5096	勉强耦合协调	0.9850	0.5907	勉强耦合协调	0.8451	0.4632	濒临失调衰退

（四）区域城乡融合发展耦合协调度预测分析

基于灰色数列 GM（1，1）预测模型，将我国东、中、西部地区 1986~2015 年的耦合协调度作为分析数据，利用 DPS7.05 数据处理软件进行参数预测分析，由此得到区域城乡融合发展耦合协调度的预测结果。

如表 3 所示，区域土地流转—劳动力转移—城镇化耦合协调度在未来 15 年发展中将延续 1986~2015 年的变化特征，三大区域的耦合协调度都呈现不断上升的发展态势，但是耦合协调度的发展速度明显不同。东部地区由 2016 年的勉强协调逐步上升到 2030 年的中级协调，但其发展速度在逐渐减缓；中部地区在 2028 年将达到优质协调，协调程度最高、发展速度最快；西部地区由 2016 年的濒临失调发展到 2030 年的中级协调，在 2030 年耦合协调水平基本赶上东部地区，发展速度较快。根据模型预测结果表明，我国东、中、西部地区土地流转—劳动力转移—城镇化耦合协调度在未来十几年内还有很大的发展空间，各区域达到了系统优质协调发展的情况仍需较长时间。因此各区域为优化升级城乡融合发展耦合协调类型，应着力解决自身的"短板"、突破限制性因素，实现区域土地流转、农村劳动力转移与城镇化发展三者良性耦合协调提升。

表 3 区域土地流转—劳动力转移—城镇化耦合协调度预测

预测年份	东部		中部		西部	
	耦合协调度	协调类型	耦合协调度	协调类型	耦合协调度	协调类型
2016	0.5482	勉强协调	0.6302	初级协调	0.4969	濒临失调
2017	0.5611	勉强协调	0.6501	初级协调	0.5121	勉强协调
2018	0.5743	勉强协调	0.6706	初级协调	0.5277	勉强协调
2019	0.5877	勉强协调	0.6918	初级协调	0.5438	勉强协调
2020	0.6015	初级协调	0.7137	中级协调	0.5603	勉强协调
2021	0.6156	初级协调	0.7362	中级协调	0.5774	勉强协调
2022	0.6301	初级协调	0.7595	中级协调	0.5950	勉强协调
2023	0.6448	初级协调	0.7835	中级协调	0.6131	初级协调
2024	0.6600	初级协调	0.8082	良好协调	0.6318	初级协调
2025	0.6754	初级协调	0.8338	良好协调	0.6511	初级协调
2026	0.6913	初级协调	0.8601	良好协调	0.6709	初级协调
2027	0.7075	中级协调	0.8873	良好协调	0.6914	初级协调
2028	0.7241	中级协调	0.9153	优质协调	0.7124	中级协调
2029	0.7411	中级协调	0.9442	优质协调	0.7342	中级协调
2030	0.7585	中级协调	0.9740	优质协调	0.7565	中级协调

五、结论与建议

（一）结论

（1）在 1986~2015 年，区域城乡融合发展各子系统指数及三者的综合协调指数都呈上升趋势，但其上升速度明显不同，整体表现为中、东部地区高，西部地区低的空间差异。从时间演化角度来看，东部地区的演化模式为城镇化—劳动力转移—土地流转，中、西部地区为劳动力转移—城镇化—土地流转。从各子系统空间发展差异来看，土地流转发展差异最大，城镇化发展次之，劳动力转移发展差异最小。

（2）我国城乡融合发展耦合协调度在1986~2015年的演变中，表现出区域整体性与差异性。东、中、西部地区在过去的30年中，耦合协调度以保持平稳上升为主。从变化幅度来看，中部地区变化幅度最大，2015年较1986年增长了1.47倍，耦合协调度的变化速度具有明显差异。由1986年、1995年、2005年、2015年的时间截面数据表明，东、中、西部地区耦合协调类型由失调衰退向中间过渡类型转变。

（3）三大区域城乡融合发展耦合协调度在未来15年发展中将延续1986~2015年的变化特征，都呈现不断上升的发展态势，协调类型会向中级协调、优质协调演变，但是耦合协调度的发展速度明显不同，需要各区域突破自身的不利因素，实现三者协调发展。

（二）建议

稳步提高城镇化水平与推动规模经营是实现城乡融合发展、消除城乡二元结构的必然选择，而规模经营的发展与城镇化水平的提高需要农村劳动力转移，进而推动土地承包经营权的流转。尽管我国东、中、西部地区的城镇化水平、土地流转面积、劳动力转移人数在2000年之后都有了较大的提高，但从各子系统的演变趋势来看，区域土地流转、劳动力转移、城镇化还有较大的发展空间，城乡融合发展程度还需要进一步提升。东部地区在城市化高速发展的同时，应加快农村劳动力转移进程，促进农村土地规模流转实现农业现代化。而中部地区应着重提高城镇化水平，加强城镇基础设施建设，提升城市基本公共服务。对于西部地区，首先要加强新型职业农民培育，提高劳动者专业技能，使劳动力形成最终转移；其次需要保障农民流转土地的利益，引进农业企业、农业合作社因地制宜地发展农业，放活土地流转市场，积极引导土地经营权有序流转；最后还须继续提高城镇化发展水平，坚定不移地推进城镇化，加快特色小镇建设，促进农业转移人口就近城镇化。

根据区域城乡融合发展耦合协调度的发展现状及耦合协调度的预测结果，我国东、中、西部地区土地流转—劳动力转移—城镇化耦合协调度还须进一步完善。对于东、中部地区来说，要完善土地承包经营权流转机制，促进城乡各要素自由流动，增强城市反哺农村的能力，推动土地集中流转带动农业现代化，这是实现城乡融合发展各系统达到优质协调的重要途径。对于西部地区来讲，需要克服自然地理、社会经济等因素，补齐"短板"。西部地区应重点加快城镇化建设，吸引东部地区的第二、第三产业投资，提高非农产业发展水平，增加农村劳动力转移就业率，增加非农收入，完善社会保障制度，解决农民流转土地的后顾之忧，推动土地流转，使西部地区由濒临失调向良好协调发展，提高城乡耦合协调度，促进城乡融合发展。

参考文献

［1］Azadi H., Ho P., Hasfiati L. Agricultural Land Conversion Drivers：A Comparison between Less Developed，Developing and Developed Countries［J］.Land Degradation Development，2011，22（6）：596-604.

［2］Feng S. Land rental，Off-farm Employment and Technical Efficiency of Farm Households in Jiangxi Province，China［J］.NJAS-Wageningen Journal of Life Siences，2008，55（4）：363-378.

［3］"城镇化进程中农村劳动力转移问题研究"课题组.城镇化进程中农村劳动力转移：战略抉择和决策思路［J］.中国农村经济，2011（6）：4-13.

［4］蔡为民，吴云青，刘瑶，等.农地流转与城镇化的互动关系和耦合协调性研究——基于中国2000—2014年的时间序列数据［J］.干旱区资源与环境，2017，31（5）：34-37.

［5］曾湘泉，陈力闻，杨玉梅.城镇化、产业结构与农村劳动力转移吸纳效率［J］.中国人民大学学报，2013（4）：36-45.

［6］陈浩，陈中伟.农村劳动力迁移与土地流转动态不一致分析——基于河南省进城务工农村劳动力的调查［J］.西北人口，2013，34（5）：63-68.

［7］陈涛，陈池波.人口外流背景下县域城镇化与农村人口空心化耦合评价研究［J］.农业经济问题，2017（4）：58-65.

［8］邓椿.山西省旅游产业—城镇化—生态环境耦合协调发展分析［J］.地域研究与开发，2018，37（3）：85-88.

［9］丁敬磊，刘光远，赵美平.农地流转、劳动力转移及城镇化耦合协调度研究——基于城乡统筹发展的视角［J］.中国农业资源与区划，2016，37（2）：37-43.

［10］韩长赋.切实把《关于引导农村土地经营权有序流转发展农业适度规模经营的意见》宣传好贯彻好落实好［EB/OL］.中华人民共和国农业部，http：//jiuban. moa. gov. cn/2wllm/2wdt/201412/t20141216_4295515.htm，2014-12-16.

［11］何广伟，周德全.基于灰色数列预测模型的耕地变化预测——以贵州省普安县为例［J］.安徽农业科学，2010，38（6）：3017-3018.

［12］侯明利. 劳动力流动与农地流转的耦合协调研究［J］. 暨南学报（哲学社会科学版），2013（10）：150–154.

［13］蒋文莉，陈中伟. 农地流转滞后农村劳动力转移及区域差异分析［J］. 贵州社会科学，2013（9）：71–76.

［14］李新仓，于立秋. 农村剩余劳动力转移与土地流转的关联性研究——基于辽宁的实证研究［J］. 贵州社会科学，2016，32（11）：112–115.

［15］李悦铮，徐凯，王凯. 山东省旅游—经济—环境耦合协调分析［J］. 地域研究与开发，2016，35（4）：99–103.

［16］刘卫柏. 城市化进程中农村土地流转模式创新及政策建议［J］. 经济纵横，2012（3）：92–95.

［17］任晓聪，孔梅. 我国农村土地流转对劳动力转移影响的研究［J］. 农村金融研究，2016（1）：70–75.

［18］沈宏婷，陆玉麟，沈惊宏. 中国省域创新投入—创新产出—创新效益的时空耦合研究［J］. 经济地理，2017，37（6）：18–22.

［19］孙黄平，黄震方，徐冬冬，等. 泛长三角城市群城镇化与生态环境耦合的空间特征与驱动机制［J］. 经济地理，2017，37（2）：163–170.

［20］孙云奋. 劳动力转移与农地流转的关联度：鲁省个案［J］. 改革，2013（9）：84–88.

［21］徐建华. 现代地理学中的数学方法［M］. 北京：高等教育出版社，2002.

［22］杨群. 土地流转：实现城镇化与农业现代化协调发展［J］. 学术交流，2012，227（2）：96–99.

［23］张浩，冯淑怡，曲福田. 耕地保护、建设用地集约利用与城镇化耦合协调性研究［J］. 自然资源学报，2017，32（6）：1002–1015.

［24］周成，冯学钢，唐睿. 区域经济—生态环境—旅游产业耦合协调发展分析及预测——以长江经济带沿线各省市为例［J］. 经济地理，2016，36（3）：187–193.

9. 黄土高原丘陵山区农村空心化测度 *

——以浮山县为例

陈静儒 陕永杰 薛濡壕 张美萍

摘要： 空心化是乡村振兴战略中土地问题的核心。本文以自然区位、人口、农业生产三个要素，从影响人口迁移的角度，通过层次分析法（AHP）、综合指标评价法对位于黄土高原丘陵山区浮山县各行政村的空心化分布特征进行了测度。在自然和区位空心化方面呈现出西部低、东部高的特点；在农业生产要素的空心化方面呈现出中西部、东部高，中南部和北部低的特征；在人口空心化方面呈现南部高、西北部和东部低的特点。综合上述三要素，浮山县的空心化呈现出东部、南部高，中西部低的总体特征。并基于上述分布特征，提出加强交通建设和土地整治等措施的建议。

关键词： 农村空心化；测度；乡村地理学；分布特征

一、引言

城市化的发展是导致乡村空心化的重要因素，早在 20 世纪 50 年代英国学者就对城市化引起的乡村问题进行了研究。我国近年来快速发展的城市化加速了乡村地域人口、资金等要素的外流，导致"乡村病"等问题出现，影响到乡村的可持续发展。在农村空心化的研究方面，程连生等（2001）从对农村聚落空心化的机理进行了研究。宋伟等（2013）对农村宅基地、人口和综合空心化进行了研究。崔卫国等（2011）对重点农区的空心化的特征、形成机制及如何调控进行了研究。面对我国农村空心化的发展，刘彦随等（2009、2010、

---

* 陈静儒，男，硕士，主要从事土地利用、乡村地理学研究。陕永杰，男，博士，副教授，硕士生导师，主要研究方向为土地资源管理。

2011、2012）在总结和梳理空心化机理的基础上进行了空心村综合整治模式的研究。刘彦随等（2014、2018）提出村镇系统及融合发展的新型城镇化发展模式，整合乡村现有资源、融合城乡发展要素，为实现乡村振兴提供新的思路。在研究尺度上，现有研究多从大中尺度对县域以上区域的人口、土地利用等方面来分析空心化在区域间的分布特征及影响因素，但是对影响乡村居民迁移要素的研究较为缺乏，未能深入了解小尺度区域内乡村空心化的空间分异和作用机制。

本文以位于黄土高原丘陵山区的浮山县为研究对象，从自然区位、人口和农业生产三个角度对县内 185 个行政村的空心化水平进行研究。可以丰富乡村空心化的小尺度研究内容，并完善地理学对乡村空心化研究的理论体系，同时还可以为县域空心化治理、精准扶贫和乡村振兴提供参考。

二、研究方法与数据来源

（一）研究区域概况

浮山县位于临汾市东部、太岳山南麓，境内西部低、东部高，平均海拔为 1044.8 米，面积 946 平方千米，2013 年浮山县总人口为 13 万人；2017 年全县国民生产总值 47.3 亿元，第一、第二、第三产业产值分别占比为 9.7%、64.6%、25.7%；浮山县属于温带季风气候，年降水量 600 毫米左右；农作物一年一熟到一年两熟，以种植小麦、玉米和豆类为主。

（二）农村空心化评价指标体系的建立

我国乡村空心化主要是由工业化和城市化的快速发展引起的，工业化和城市化吸引大量的农村劳动力从农业生产投入到第二、第三产业中，并且工作和生活的地域从农村地区转移到城市地区。本文从自然区位、人口要素、农业生产要素 3 个方面共 11 个指标（见表 1）来测度其对乡村农业劳动力迁移的影响。

1. 自然和区位要素

自然条件是区域发展的基础，任何社会经济都在区域自然要素的框架内活动。在自然要素方面，采用行政村平均海拔和地形起伏度两个指标，海拔的差距会影响到农作物成熟的时间，但对农作物种类和产量的影响不大。地形起伏度直接影响到居民生活的便捷性和农业生产的效率，进而影响居民的收入。在区位要素方面，采用距离县城的距离和距离主要交通线的距离两个指标，这两个指标直接影响到村民的出行、购物、子女上学的便捷性，是影响居民迁移的重要因素。

2. 人口要素

人口要素从行政村人口密度、农业人口比例、家庭平均人口数三个要素来测度。人口是区域发展的能动要素，是调配区域资源配置、整合区域资源的重要主体。农业人口比例直接反映当地乡村人数中从事农业生产劳动力的情况，从事农业的劳动力越多，相对外出从事其他产业的劳动力就越少，空心化程度也就越轻。人口密度反映当地乡村的人口集聚程度，集聚程度越高则相对空心化程度越低。

3. 农业生产要素

所研究的区域是典型的农业县，农业收入在居民收入中占比较高，本文采用人均耕地面积和人均粮食产量、单位面积农业用电量、单位面积总动力投入。前两者反映农业的生产效率和农民的收入，更高的农业生产效率和农业收入意味着乡村居民缺少外出务工的拉力，后两者反映对农业生产资料的投入，更多农业机械的投入意味着更少的劳动力投入，起到推动劳动力外流的作用。

表 1　浮山县空心化综合测度指标体系框架

目标层	准则层	指标层	指标属性	计算方法	指标权重
总体空心化水平	自然和区位要素空心化	距县城距离	+	距县城距离	0.0892
		距主要交通线距离	+	距主要交通线距离	0.1090
		平均海拔	+	平均海拔	0.0768
		地形起伏度	+	地形起伏度	0.1037
	农业生产要素空心化	人均耕地面积	−	播种面积 / 农业人口数量	0.0868
		人均粮食产量	−	粮食产量 / 农业人口数量	0.0868
		单位面积总动力投入	+	柴油使用量 / 播种面积	0.0582
		单位面积农业用电量	+	农业用电量 / 播种面积	0.0582
	人口要素空心化	人口密度	−	总人口 / 土地面积	0.1029
		农业人口比例	−	农业人口 / 总人口	0.1256
		家庭平均人口数	−	人口 / 户数	0.1029

（三）数据来源与处理

1. 数据来源

本文所采用的数据包括 2017 年浮山县 185 个行政村人口、农业生产相关资料，这些资料均来自浮山县统计局乡村基本情况文件。

2. 数据标准化

数据标准化的目的旨在消除数据不同量纲之间的影响，保证不同数据之间的可比性，采用下列公式进行数据的无量纲化处理：

（1）正向指标。

$$x'_{ij} = \left[\frac{x_{ij} - \min(x_{1j}, x_{2j}, \cdots, x_{nj})}{\max(x_{1j}, x_{2j}, \cdots, x_{nj}) - \min(x_{1j}, x_{2j}, \cdots, x_{nj})} \right] \times 100 \qquad (1)$$

（2）负向指标。

$$x'_{ij} = \left[\frac{\max(x_{1j}, x_{2j}, \cdots, x_{nj}) - x_{ij}}{\max(x_{1j}, x_{2j}, \cdots, x_{nj}) - \min(x_{1j}, x_{2j}, \cdots, x_{nj})} \right] \times 100 \qquad (2)$$

式（1）和式（2）中，x'_{ij} 为 j 个行政单元的 i 指标的标准化值；j=1, 2, $\cdots$, n 为行政单元的数量；x_{ij} 为第 j 个行政单元的 i 指标的原始值；$\min(x_{1j}, x_{2j}, \cdots, x_{nj})$ 为 i 指标的最小值，$\max(x_{1j}, x_{2j}, \cdots, x_{nj})$ 为 i 指标的最大值。

3. 确定权重

采用层次分析法（AHP），建立影响农村人口迁移的评价层次结构模型，并基于每一层次各因素的相对重要性做出判断，建立判断矩阵。采用层次单排序计算判断矩阵的特征根和特征向量，即对判断矩阵 B，计算满足：

$$BW = \lambda_{max} \cdot W \qquad (3)$$

式（3）中，λ_{max} 为 B 的最大特征根，W 为对应于 λ_{max} 的正规化特征向量，W 的分量 w_i 即是相应因素单排序的权值。

由于客观条件的复杂性，判断会存在一定的误差，因此须进行一致性检验，一致性指标 CI：

$$CI = \frac{\lambda_{max} - n}{n - 1} \qquad (4)$$

显然，当判断矩阵具有完全一致性时，CI=0。（$\lambda_{max} - n$）越大，CI 越大，判断矩阵的一致性越差。注意到矩阵 B 的 n 个特征值之和恰好等于 n，所以

CI 相当于除 λ_{max} 外其余（n–1）个特征根的平均值。为了检验判断矩阵是否具有满意的一致性，需要找出衡量矩阵 B 的一致性指标 CI 的标准，Saaty 引入了随机一致性指标，如表 2 所示。

表 2　矩阵的平均随机一致性指标

阶数	1	2	3	4	5	6	7	8	9
RI	0.00	0.00	0.58	0.90	1.12	1.24	1.32	1.41	1.45

判断矩阵的一致性指标 CI，与同阶平均随机一致性的指标 RI 之比 $\frac{CI}{RI}$ 称为判断矩阵的随机一致性比例，记为 CR。当 $CR=\frac{CI}{RI}<0.01$ 时，判断矩阵具有满意的一致性，否则需要对判断矩阵进行调整。

4. 农村空心化的测度模型

在数据标准化和指标计算完成之后，将各项指标的权重与其标准化数值相乘求和，计算自然和区位、农业生产、人口三个要素的数值，由此来计算研究区域内各行政单元的农村空心化水平，计算公式如下：

$$S_i = \sum_{j=1}^{m} W_j \times p_{ij}, \quad (i = 1, 2, \cdots, n) \tag{5}$$

式（5）中，S_i 为第 i 个地域单元农村空心化水平数值；j 为主成分因子个数；P_{ij} 为因子分值；W_j 为相应主成分因子的权重值。

三、结果分析

通过对自然和区位要素、农业生产要素、人口要素共 11 个指标的计算，对浮山县 185 个行政村自然和区位要素、农业生产要素、人口要素以及三者综合因素引致的空心化水平进行测度，通过自然断点法将空心化水平划分为低、中低、中、中高、高五个等级。

（一）自然和区位要素导致的空心化

总体上看，浮山县境内的自然和区位要素的空心化水平为东高西低，呈现出以县城为中心向外扩散的趋势，其中张庄乡总体空心化水平最低，寨疙瘩乡空心化水平最高，天坛镇和北王乡境内包含空心化 5 种类型。空心化低值区集中分布在北王乡、天坛镇、响水河镇东部，张庄乡绝大部分地区和东张乡北部少数部分村庄，这部分地区属于丘陵沟壑区，海拔较低，交通条件便利，与县城联系方便。空心化中低值区分布东张乡中部、槐埝乡中北部和北王乡西北部，其自然和区位条件次于低值区。空心化中值区分布在槐埝乡、东张乡部分地区、响水河镇南部、米家垣乡西部、北韩乡西部和天坛镇，这部分地区的交通和区位条件较差，地形破碎度较高，距离主要交通线和县城距离较远，对外联系不便，促使当地居民外出务工并在交通条件便利的城镇定居。空心化中高值区分布在槐埝乡南部、响水河镇东部、米家垣乡东部、天坛镇东部、北王乡东部、北韩乡中东部，这部分地区的平均海拔普遍超过 1100 米，地形更加破碎，对当地居民的农业生产和生活都产生了很大的不便。空心化的高值区包括寨疙瘩乡全部、北韩乡东部、北王乡东部、天坛镇东部、米家垣乡东部，这部分地区位于太岳山地区，海拔高、地形崎岖导致对外联系不便，对居民生产生活产生了严重的影响。

（二）农业生产要素的空心化

浮山县农业生产要素的空心化总体分布呈现出中南部、北部低，中西部、东部高的特点，米家垣乡和北韩乡空心化水平最低，空心化高值区出现在东张乡、张庄乡和天坛镇部分乡村，其原因是这些乡村的可耕地面积少且人口较为密集，部分村庄靠近县城，从事农业生产的人口较少，农业生产资料的投入少。空心化的中高值区集中在 230 省道周边地区和寨疙瘩乡中东部地区，该部分地区包括人口较为密集的中西部丘陵地区和东部山区，在中西部丘陵地区分布的原因是人多地少，当地农民从农业中获取的收入较少，在东部山区分布的原因是该地区地形崎岖，农作物生产条件差。空心化中值区分布面积最广，包括槐埝乡、北王乡大部分地区，张庄乡、天坛镇、响水河镇、东张乡、寨疙瘩乡部分地区，这部分地区的平均海拔为 900~1000 米，农业生产条件受到地形和人口的双重影响。空心化的中低值区位于米家垣乡、北韩乡，导致这样分布的原因是该地区人少地多，农业人口的平均耕地面积和粮食产量较高，农户的农业收入高。

（三）人口要素的空心化

浮山县人口要素空心化总体呈现南部高，西北部、东部低的特征。空心化的低值区分布在县城周边乡村，平坦的地形、密集的人口和较少的农业人口比例是其主要原因。空心化的中低值区主要分布在东北部乡镇各村和寨疙瘩乡部分乡村，张庄乡和天坛镇的乡村人口较为密集且距离县城较近，农村劳动力可就近从事第二、第三产业，而北韩乡和寨疙瘩乡中低值区分布的主要原因是该区域农业人口所占比例较多。空心化中值区分布较为散乱，既包含丘陵区也包含山区，整体上受到人口密度和农业人口比例的双重影响。空心化中高值区同样分布较为散乱，天坛镇、北王乡和米家垣乡空心化程度高的原因是自然条件差导致的人口密度低。空心化的高值区集中分布在浮山县南部山区的米家垣乡、响水河镇南部和东张乡部分地区，东张乡和响水河镇部分村庄的居民多在当地厂矿工作，从事农业生产的人口比例较少，米家垣乡地形崎岖，对外联系极为不便，导致当地居民外出务工比例较高，劳动力从事农业生产的比例较低，加之较低的人口密度，所以人口要素的空心化水平高。

（四）综合空心化

通过对自然和区位要素、农业生产要素和人口要素的综合得到浮山县的空心化分布。空心化的总体分布表现出中西部低，东部、南部高的特征。空心化的低值区集中分布在张庄乡和天坛镇西部地区，这部分地区的优势是距离县城较近，受到县城产业的辐射，当地居民多在县城就近从事第二、第三产业和郊区农业。空心化的中低值区分布在北韩乡、北王乡西部地区，县城周边地区，响水河镇、槐埝乡北部地区，这部分地区地形起伏度较小、地形平坦。空心化中值区分布在空心化中低值区周边区域，这部分区域位于丘陵区向山区的过渡地带，区位条件和自然条件属于中等水平。空心化的中高值区主要分布在响水河镇、东张乡、槐埝乡的南部地区，北韩乡、北王乡东部地区和米家垣乡的大部分，南部的响水河镇、东张乡和槐埝乡的居民从事农业生产的比例较少是空心化的主要原因，而北韩乡、北王乡和米家垣乡出现空心化中高值的主要原因是自然和区位条件较差所导致的。空心化的高值区集中分布在寨疙瘩乡，原因是该地区位于太岳山南段腹地、地形崎岖，农业生产条件差，距离县城远，区位条件极差，同时人口密度低，导致当地居民普遍外出务工。

四、结论与讨论

浮山县的农村空心化存在着明显的地域差异，受到自然条件和区位条件的影响，空心化呈现出由低海拔区域向高海拔区域加强的趋势，表明偏远地区的居民更愿意离开乡村。在农业生产条件的影响下，中西部条件较好的区域由于人多地少，当地居民获得的农业收入少，而在米家垣乡和北韩乡则拥有人均较高的农业产出，当地村民农业收入高，缺少外出务工的推力。人口要素影响的空心化水平呈现出南部空心化程度高、西北部较低的特点。多要素综合空心化表现出与自然和区位空心化高度重合的特点，说明自然和区位要素对交通条件、农业生产条件、人口分布的重要影响。

从各乡镇的角度来讲，张庄乡空心化程度最低，这是得益于良好的自然和区位条件，应继续发挥其靠近县城和良好的自然条件，依托县城的消费市场，发展面向城市居民的郊区农业和休闲观光等第三产业。天坛镇境内地形从丘陵沟壑区延伸到东部太岳山区，由于巨大的自然条件差异，综合空心化值差异最大，东部山区空心化程度较高，应着力改善东部地区的交通条件，开发森林公园，提升当地乡村的发展潜力。寨疙瘩乡区位条件最差，且人口稀少，农业耕作条件差，空心化程度最高，改善当地居民生活生产条件应首先解决当地出行难的问题。另外，可开发当地山林中的中药材等资源，提高居民收入，对于地理位置极端偏远、人口少、空心化严重的村庄，可通过整体搬迁等措施提升当地居民的生活条件。米家垣乡的空心化水平集中在中高值水平，由于崎岖的地形条件，缺少高等级的公路，但该地区在人均耕地面积和人均粮食产量方面有较强的优势，所以应改善当地的交通条件，并且通过土地整治等措施提高农业生产效率，加强当地农业生产方面的优势。北韩乡、北王乡、响水河镇、槐埝乡具有相似的特点，境内包含空心化的中低值区、中值区和中高值区，对于处在空心化中值区、中高值区的乡村应加强社会保障功能，保证当地居民的基本生活水平，对于空心化程度较低的村庄，则可以通过土地整治等措施提高农业生产的机械化水平和现代化水平。东张乡包含四种空心化值类型，表明该地区的空心化差异巨大，主要表现在其农业从业人员较少，但由于当地存在较多的厂矿企业，所以除交通不便的乡村外，其余乡村的空心化水平相对较低。

参考文献

［1］Peter J. Smailes. From Rural Dilution to Multifunctional Countryside：Some Pointers to the Future from South Australia［J］. Australian Geographer，2002，33（1）：79-95.

［2］陈玉福，孙虎，刘彦随. 中国典型农区空心村综合整治模式［J］. 地理学报，2010，65（6）：727-735.

［3］程连生，冯文勇，蒋立宏. 太原盆地东南部农村聚落空心化机理分析［J］. 地理学

报，2001（4）：437–446.

[4] 崔卫国，李裕瑞，刘彦随. 中国重点农区农村空心化的特征、机制与调控——以河南省郸城县为例 [J]. 资源科学，2011，33（11）：2014–2021.

[5] 刘彦随，陈聪，李玉恒. 中国新型城镇化村镇建设格局研究 [J]. 地域研究与开发，2014，33（6）：1–6.

[6] 刘彦随，刘玉，陈秧分，等. 快速城市化中的中国农村空心化（英文）[J].Journal of Geographical Sciences，2010，20（6）：876–888.

[7] 刘彦随，刘玉，翟荣新. 中国农村空心化的地理学研究与整治实践 [J]. 地理学报，2009，64（10）：1193–1202.

[8] 刘彦随，刘玉. 中国农村空心化问题研究的进展与展望 [J]. 地理研究，2010，29（1）：35–42.

[9] 刘彦随，龙花楼，张小林，乔家君. 中国农业与乡村地理研究进展与展望 [J]. 地理科学进展，2011，30（12）：1498–1505.

[10] 刘彦随，朱琳，李玉恒. 转型期农村土地整治的基础理论与模式探析 [J]. 地理科学进展，2012，31（6）：777–782.

[11] 刘彦随. 中国新时代城乡融合与乡村振兴 [J]. 地理学报，2018，73（4）：637–650.

[12] 龙花楼，屠爽爽. 论乡村重构 [J]. 地理学报，2017，72（4）：563–576.

[13] 谭雪兰，于思远，欧阳巧玲，等. 快速城市化区域农村空心化测度与影响因素研究——以长株潭地区为例 [J]. 地理研究，2017，36（4）：684–694.

[14] 欧聪，谭雪兰. 快速城市化区域农村空心化综合测度及地域类型划分——以长株潭地区为例 [J]. 湖北农业科学，2016，55（10）：2695–2700.

[15] 宋伟，陈百明，张英. 中国村庄宅基地空心化评价及其影响因素 [J]. 地理研究，2013，32（1）：20–28.

[16] 杨忍，刘彦随，陈秧分. 中国农村空心化综合测度与分区 [J]. 地理研究，2012，31（9）：1697–1706.

[17] 周祝平. 中国农村人口空心化及其挑战 [J]. 人口研究，2008（2）：45–52.

10. 文化自信视阈下新时代乡村文化振兴的瓶颈及路径 *

崔晨涛

摘要： 乡村文化是新时代乡村振兴战略的精神内核，也是中华文明生生不息的源流根脉。乡村文化振兴是新时代文化自信的表现，同时文化自信又构成乡村文化振兴的逻辑起点，所以乡村文化振兴的内在旨趣就是重拾文化自信再塑乡村文明。当期乡村文化振兴的主要制约瓶颈在于其所面临的科学技术运用与道德人文关怀的互动和整合、高雅文化形态与通俗文化潮流的碰撞和融合、原生态经典与现代性特质的衔接和互促等内生性问题，从内生性问题突破发掘乡村文化振兴的内生性动力，才能切中实质揭示出新时代乡村文化振兴的理念思路及方针策略，而这也正是乡村文化能够以文化自信为逻辑起点实现振兴的关键所在。

关键词： 政治学理论；乡村文化；文化自信；乡村振兴；乡村文化振兴

一、乡村文化：新时代乡村振兴战略的精神内核

"人们的意识，随着人们的生活条件、人们的社会关系、人们的社会存在的改变而改变。"马克思的这句话鲜明地揭示了物质文明和精神文明在人类实践活动中存在相互依赖、相互促进的逻辑关联性，两种文明的发展要保持与人类社会发展阶段相适应，并最终统一于人类改造主客观世界的创造性活动之中。同样地，新时代乡村振兴战略作为主观见之于客观的实践改造活动既需要物质文明建设的成果积累，也需要精神文明建设的升华巩固。而对于乡村振兴而言，这里的精神文明主要是指乡村文化，新时代乡村振兴所要实现的精神文明建设就是振兴乡村文化。乡村文化之于乡村振兴意味着精神文明之实，那么

　＊　崔晨涛，男，法学博士，对外经济贸易大学马克思主义学院讲师，主要从事政治学理论研究。

乡村文化也理应成为乡村振兴的内涵担纲，构筑起乡村振兴战略的价值归宿。

"农村是我国传统文明的发源地，乡土文化的根不能断，农村不能成为荒芜的农村、留守的农村、记忆中的故园。"乡村文化作为乡村社会的意识形态建构，在人类社会历史沉淀中孕育着乡村文明生生不息的基因和密码，一旦剥离了乡村文化这个精神内核，乡村社会也就失去了历史文化传承所赋予的血缘底色，这种文脉之殇注定了任何唯经济因素考量的乡村振兴都难以行稳致远。所以，乡村振兴必然要求乡村文化担当起精神内核的引导角色。乡村文化振兴就是要在全面建成小康社会增加物质文明建设成果的同时加强精神文明建设的丰富枝叶，只有协调推进物质层面建设和精神层面建设，才能创新乡村振兴之路，实现新时代乡村跨越式发展。正如习近平在中央农村工作会议中的讲话，"必须传承发展提升农耕文明，走乡村文化兴盛之路。坚持物质文明和精神文明一齐抓，不断提高乡村社会文明程度"。只有传承乡村文化的乡村社会才能不失其味，只有坚持乡村文化振兴的乡村振兴才能焕发新貌、长蓄动力、永葆生机。

"从基层上看去，中国社会是乡土性的。"乡村文化浓郁的乡土气息一如古老文明的历史一般渗透进我们世俗生活的点点滴滴。文化始终是人类社会文明进步的显著标志，乡村文化亦然，始终代表着乡村社会文明进步的历程。新时代乡村振兴绝不能成为脱离了乡村文化的孤芳自赏，乡村文化一旦缺位，乡村振兴也将失去其精神内核而趋于低成色轻质量。站在新的历史起点，新时代乡村振兴战略要赋予乡村文化全新的内涵阐释，即重拾文化自信，重塑乡村文明。只有振兴乡村文化提高乡村社会精神文明建设水平，才能增续乡村振兴的内在动力，为全面建成小康社会筑牢精神文明根基。习近平指出："要推动乡村文化振兴，深入挖掘优秀传统农耕文化蕴含的思想观念、人文精神、道德规范，培育挖掘乡土文化人才，弘扬主旋律和社会正气，培育文明乡风、良好家风、淳朴民风，改善农民精神风貌，提高乡村社会文明程度，焕发乡村文明新气象。"乡村文化是乡村振兴战略的精神内核，并引领着乡村振兴的精神状态和前进方向，只有坚持乡村文化振兴和乡村振兴相统一，才能持续推进乡村振兴战略走向更加开阔、创新的境地。新时代乡村振兴就是要彰显文化自信，推动物质文明和精神文明协调发展，建设具有高度社会主义精神文明的乡村文化，以乡村文化振兴实现提高全面小康社会的成色和社会主义现代化的质量。所谓乡村文化的复兴，实际上就是在全球化背景下重新找回属于中国人的文化血脉，而不是继续接受西方现代性文化的价值判断和主导。数据时代的来临，使得空间和时间的差距已不再遥不可及，城市化加剧了现代人对自然万物变化的敏感性，尤其是对乡土文化，已成为现代文明冲刷下的一缕残阳。但是，现代文明并没有解决困扰人类的基本问题，人与人的问题、人与"我"的问题越发复杂。而这个时候，当我们重新思考乡村文化的复兴，将是一个具有现实性的命题，它将紧密联系我们现代生活的点点滴滴，并将应和着中华民族伟大复兴的使命。

二、文化自信：新时代乡村文化振兴的逻辑起点

乡村文化是区别于城市文化具有显著农耕文明特点的原创文化。乡村文化的原创性就在于其孕育发展不曾游离于乡村固有的场域空间，乡村文化最本质的特征就是乡土性。"中国文化以乡村为本，以乡村为重，所以中国文化的根就是乡村。"中华文明的历史是由乡村积淀而成的，乡村构成了中华文明的基点，而乡村文化在这基点之上组合排列着中华文明的最初原始基因。在东方世界乡土文明的造就下，中国人天然地裹挟着乡愁、乡情、乡愿的情怀生息繁衍，这种情怀犹如基因密码置入中国人的灵魂深处。所以，乡村文化是中华文明的元气所在，也是中华文明最值得保有、最值得自信、最值得骄傲的文明之源，振兴乡村文化就是要传承发扬中华文明的历史文化命脉。文化自信是我们古老而厚重的文化记忆和与生俱来的高贵品质，也是激励我们重新续写祖国荣耀的不竭源泉，这份自信天然地归位于我们振兴乡村文化的逻辑起点。"文化是一个国家、一个民族的灵魂。文化兴国运兴，文化强民族强。没有高度的文化自信，没有文化的繁荣兴盛，就没有中华民族的伟大复兴。"乡村文化是乡村社会的灵魂、内核，更是中华文明赖以骄傲的原创成果。乡村文化振兴不仅是对乡村精神风貌的提振，也是对绵绵不绝的文化根脉奉上一片赤诚和敬意，而这背后皆源于对文化自信的信仰力量，即我们有充分的理由去恢复那份属于我们自己文明的荣耀记忆。

随着西方学术话语递进的影响，长期以来学术界一直存在着极力否定批判农耕文明，讴歌赞扬海洋文明的倾向。殊不知，所谓对农耕文明的贬低评判实质上是对中国传统社会秩序中"忠孝节义、礼义廉耻"等道德规范的评判。这种评判是对本身文化根脉的极力推翻和否定。作为农耕民族文化的代表，乡村文化具有根脉传承的深远意义。习近平强调建设美丽乡村要留得住乡愁，而这乡愁就是乡村文化绵绵情愫最显而易见的体现。乡村文化振兴就是要坚持文化自信，重新发掘乡村文化中符合时代愿景的价值意蕴，即将乡村文化与时代文化精神、现代文化理念交融互补，实现乡村文化的传承与创新。乡村文化振兴

需要从贴近群众生活的基本层面出发，以提升乡村生活品质、拓展乡村发展空间、引领乡村文明进步为行动要义。兼具乡村文化振兴使命的乡村振兴战略才能引领乡村实现高成色高质量的发展。在传统社会生活体系中，乡村是一个中国基层社会生活的共同体，这个共同体囊括着生产、生活以及文明创造的延伸部分。乡村文化孕育在这个共同体之中，并为乡村文明的历史形态演进提供着凝聚力、生产力、驱动力。乡村文化的发展变迁正是乡村文明沿着历史脉络向前推进的直观体现。新时代的乡村文化应该在传承中华文化优秀积淀的基础上彰显文化自信，即乡村文化振兴要兼具遗传性和创新性。正如党的十九大报告中所指出的那样，"传承发展提升农村优秀传统文化。在保护传承的基础上，创造性转化、创新性发展，不断赋予时代内涵、丰富表现形式"。

三、核心问题：新时代乡村文化振兴的制约瓶颈

源起于农耕时代的乡村文化为乡村社会秩序维系、乡土文明生产创造注入了本土血性。从历史纵向来看，乡村文化镌刻着来自中国传统文化自信理念的元素象征。但近现代以来，我国乡村社会经由多次重大历史社会变迁，传统乡村文化底蕴式微，新的具备时代兼容性的乡村文化再造却又进展缓慢，由此困扰着乡村文化繁荣稳定局面的形成，尤其是在多元文化潮流涌入乡村社会的境况下，恢复文化自信张力已成为乡村文化振兴的一大必修功课。从乡村文化振兴面临的内生性问题来看，科学技术运用与道德人文关怀倡导的割裂导致乡村文化价值脱节，高雅文化形态与通俗文化潮流配置的失衡造成乡村文化品位缺失，原生态经典与现代性特质衔接的断层引发乡村文化创新滞后。一句话，要实现乡村文化振兴就需要从这些内生性问题着手，而不能仅局限于考虑对乡村文化的资本投入、乡村文化创作生产、乡村文化人才建设等外部嵌入性因素。只有充分考虑将乡村文化振兴面临的经济因素、社会因素、文化因素、价值因素相融合才能把握问题的核心本质，如此方能实现乡村文化振兴与文化自信的逻辑起点相吻合。

（一）价值脱节：科学技术运用与道德人文关怀倡导的割裂

科学技术广泛运用极大促进了乡村文化生产创作方式、题材形式、传播途径的发展，提高了乡村社会的生活水平和文化审美情趣。特别是随着移动互联

网、智能终端设备等技术手段在乡村的发展和普及，一方面使更多乡村文化产品得以以更快的速度和更便捷的方式惠及乡村群众；另一方面也催生出乡村文化的线上创作和传播，乡村文化在科学技术运用的交换配置中实现了与外部世界的双向互动。但同时也要看到，科学技术运用带来的只是乡村文化生产传播形式的改观，并非触及乡村文化内在价值的宣扬和升华。乡村文化所应有的道德人文关怀未能与外在形式的改观得以同步推进。相反，科学技术方式的运用只是将乡村文化在技术层面上加以整合并推陈出新，但由于技术手段使用所引发的价值取向的脱节或错位，以及对社会基本伦理道德的背离，在乡村文化重拾自信的发展中引发出一系列伦理失范问题。

技术工具助力文化传播交流的零距发展，使各个独立分割的区域单元打破地域限制的壁垒，促进了文化交流的纵深发展。世界各个角落的文化借由互联网工具的操作主动抑或被动地被纳入技术工具带来的文化交流体系之中。特别是以乡村年轻人为典型代表的群体，在应用各种即时通信工具、移动互联网终端的过程中，了解、接收各种不同文化，对原有乡村道德体系带来冲击、碰撞并重构个人道德观念，并不断将这种变化扩散到周边其他人群，使原有的乡村道德体系不断瓦解。这个过程中有其积极的一面，对一些违背科学、落后的乡村道德观念改变具有一定效果，但目前由于缺乏有效的引导和及时的监管，使诸多不符合地区乡村文化发展规律甚至明显违背科学与人文精神的娱乐产品也被广泛流传，如借助各种网络直播平台、短视频 APP 制造所谓的"乡村网红效应"，这些以追求新鲜刺激为博眼球出位的"表演"，在娱乐大众的同时也无形之中拉低了大众的审美，扭曲了乡村社会的基本形态，一些"三俗"表演或直播甚嚣尘上，"吃瓜群众"打赏的是感官愉悦的刺激，其实却是在为不负责任的"文化肢解行为"买单。借助智能技术手段产生的乡村文化输出对原有的乡村道德体系进行了不自觉的建构，而这种娱乐性生产带来的仅是新奇的感官享受，并未拉近与道德人文情怀的距离，娱乐性生产对乡村文化造成的渐进式置换剥离了乡村文化原有的价值取向。

乡村文化主要是在宗族、邻里等血缘、地缘交往关系中建立形成的，这就决定了乡村文化所倡导的道德人文精神具有族亲姻亲伦理要求的风貌特征。因此可以说，乡村文化是一种文化共同体、价值共同体。乡村文化通过血缘地缘纽带建立了尊老爱幼、守望相助、忠孝传家等为基本价值规范的人文精神，并依靠这些理念维系着乡村社会的淳朴性。现代文明向乡村社会的进发，传统乡村文化所恪守的理念不断为市场价值取向所取代，乡规村约逐渐为市场关系所取代。并且随着交通出行的便利化，大部分乡村群众选择外出就业并将精力更多地关注在物质生活方式的改善和财富的增加方面，这些人在乡村生活的时间减少，原本相互依赖的人际关系逐渐走向独立，乡村文化也因缺乏承载的主体而日益凋敝。乡村文化世代传承的伦理道德操守渐次消退，而这种状况的存在将给乡村文化的振兴带来巨大阻碍，造成乡村社会价值脱节，乡村文化振兴也将失去灵魂依托。

（二）品位缺失：高雅文化形态与通俗文化潮流配置的失衡

在物质获得感得到满足的情况下，乡村社会渴望获得更加丰富多样的文化产品以满足精神消费的需求，然而当前高雅文化形态与通俗文化潮流配置的失衡导致乡村文化不平衡不充分的发展，这已成为制约乡村社会实现美好生活需要的一大障碍。从整体消费状况来看，我国乡村社会对文化产品的需求已从分配型、维持型的低端层次向发展型、享受型的中高端层次转变，然而当前乡村文化配置结构表现出的失衡状态，即在通俗文化潮流在乡村社会大行其道的同时，乡村社会对高雅文化的旺盛需求却得不到满足。长期以来，以农村经济发展为导向的供给配置决定了乡村文化供给水平必然受限，乡村文化作为整个文化供给系统的毛细血管末梢常常处于被忽略的尴尬境地而缺乏较高的关注度。由此造成乡村文化供给水平低下、供给结构单一、供给能力不足等状况，即乡村文化供给疲软。文化本来就是流变的过程，在社会经济发展中，必然会有一些文化被激活、被消解或被重构，这几乎是不可避免的。我国乡村生产力的发展决定了乡村社会对文化形态的需求层次也在提升，显然从目前来看，这个提升是跟不上需求变化的。乡村文化在高雅与通俗形式间的配置比例失调、品位缺失。

改革开放四十多年来，乡村文化建设虽然取得了一些成绩，农民的精神面貌也因此有了明显改观，但乡村文化供给层次匮乏的问题却一直未能得到有效解决。在乡村现实生活中，由于长期以来乡村文化生产停滞在原有层次上，使之不能跟进文化形态的发展而造成品位缺失，且乡村文化在基层市场的阵地萎缩，大多数农民只能以低层次的消遣性娱乐活动来打发闲暇时间，高质量高水平的乡村文化活动匮乏。乡村文化品位缺失又表现为缺乏文化支点，即不能有效根据农民的文化需求和兴趣爱好来提供相应的活动内容。如果文化活动脱离了农民生产生活的实际需要，不能运用群众喜闻乐见的形式来反映农民生活，那么这样的文化活动也必将失去吸引力。用农民自己的话来讲，"平时在农村生活，除了看电视，就只能听狗叫了。集体活动几乎没有，文化娱乐更单调得很。"另外，由于农民科学文化水平本身不高，在一些农村，封建迷信活动滋生蔓延，一些地方在建设乡村文化设施、农民活动场馆等方面投入不足，这些怪象乱象更进一步加深了乡村群众精神世界的空虚。

如果乡村文化的配置仅停留在低层次的附加，而缺乏高层次的投入，那么在通俗文化潮流占据大部分乡村文化市场的境况下，乡村文化的品位注定难以提升。乡村文化品位缺失造成大量低层次低质量的文化产品被生产供应，这将无助于农民思想道德素质和科学文化水平的提升和进步，农村精神文化生活匮乏更将直接导致低俗娱乐活动、封建迷信活动等反弹和扩散，乡村振兴的精神内涵将受到消解和腐蚀。促进农村生产力的发展必须建立在人的综合素质的提高之上，而乡村文化正是其中重要的一环，提升乡村文化品位的重要性不言而喻。乡村振兴是一项系统工程，仅靠充裕的物质生活显然不足以解决，如果乡村文化供给不能有效回应需求层次的变化，那么物质充裕的乡村生活也将失去精神内涵而变得庸俗匮乏，也就不可能真正吸引人们扎根乡村，热爱奉献这片"恩许之地"。

（三）创新滞后：原生态经典与现代性特质衔接的断层

乡村社会所呈现的文化需求旺盛和文化供给不足的状况，直接导致了乡村文化消费体验欠佳、整体满意度较低。如果乡村文化中原生经典不能得到有效保留，优秀经典的文化资源不能在乡村地区得到充足供应，而低成本、低质量、易复制的低俗文化、消极文化却大行其道，那么乡村文化发展的出路难有改观。市场经济推动乡村社会消费观念的更新，原有的乡村文化发展模式已不能适应乡村社会的消费需求，在传统乡村文化消费萎缩和具有时代特点的乡村文化不能及时生产供给的情形下，乡村社会对文化产品的合理需求得不到满足，甚至受到抑制。

尽管农耕文明在中国文明中积累了丰厚的文化底蕴，但面临外来价值观念和思想潮流的碰撞，自身却又未能及时调整发展模式和取向，不免失去对乡村社会的吸引力，由此导致我们的优秀传统乡村文化资源优势不能转化为文化竞争优势，乡村文化在同台竞争中不可避免地走向溃败。乡村文化是我们农耕文明的宝贵遗存，如果在市场经济的冲击下，乡村文化无法回应消费需求的变化，原有的发展模式又不能及时得到调整转型，那么乡村文化终将为历史和社会所抛弃。

全球化、市场化前所未有地影响着中国农村消费人群，如果乡村文化发展模式依然沿袭旧制，那么在同其他现代文化的竞争中失去自己的市场和客户人群则是必然，乡村文化在当下的价值也将成为一个值得怀疑的失败案例并影响着乡村振兴的精神内涵。"城市和工业吸引着所有的能量，但乡村始终哺育着恬静美满、安全永恒的田园牧歌式幻梦。"乡村文化是我们本土文化之根，更是新时代指引乡村振兴的旗帜号角，我们振兴乡村文化就是要建设能够传承和发扬我们民族精神的文化，同时也是能够增强中国特色社会主义文化自信的文化，乡村文化要想与时俱进地满足当下乡村社会的消费需求，就要具备新时代的发展特质，就需要建立全新的适应性发展模式回应现代社会需求，使乡村文化的原生态经典与现代性特质有机结合，通过创新改观原有滞后的发展模式，使乡村文化中的经典能够具备现代性特质，以回应需求变化，提升自身文化竞争力，将经典文化在创新中得以传承并发扬光大。

四、重拾自信：新时代乡村文化振兴的路径选择

（一）价值重构：促进科学技术运用与道德人文关怀的互动整合

科学技术与道德人文同属于文化范畴，都是文化在不同时代下的产物和前行发展的必要因素。乡村文化要重拾自信，在利用科学技术发展机遇的同时要保护和发扬道德人文的核心精神。科学技术层面的发展是人类工具的不断变革，当前的科技发展是以智能化、信息化为导向的，以工具的变革不断地解放人体的各项机能，但工具毕竟只是工具，仅有机械理性而缺乏人文理性，并不能真正实现人的精神世界的解放。乡村文化依赖科学技术的发展是为了更好地适应不断变化的外部环境，利用科学技术发展带来的各种创作、传播的便利。乡村文化的精髓是其人文色彩，仅靠科学技术运用不足以彰显文化特质。要为科技手段运用下发展的乡村文化注入道德人文的内涵，由里及表地实现科学技术层面与道德人文层面的系统整合，借助新兴技术大力传播优秀乡村文化，创造人们喜闻乐见且能够涵养道德的乡村文化产品，进而实现乡村文化价值重构，在科技运用和人文关怀的互动中实现乡村文化内涵的提质。

科学技术层面体现的是一种科学精神，而科学精神与人文精神的统一是社会发展历史的见证。在重拾乡村文化自信的发展中，要坚持科学精神与人文精神的统一，既要看到它们相互区别的一面，又要看到它们相互渗透、相互补充、相互促进的一面，自觉地把两者统一起来，促进乡村文化的全面发展。深刻认识和把握乡村文化发展的客观规律，以社会历史发展的客观必然性为参照

来衡量、检验与校正乡村文化发展中人文目标的合理性。同时，应当深刻认识实现乡村文化中人文目标的艰巨性、复杂性和长期性，从乡村实际出发，以理性的态度和方法加强乡村文化建设，使乡村文化人文精神的弘扬过程成为应用科学思想、科学方法的过程，要善于运用科学技术手段来实现人文价值的宣扬。此外，科学精神也可作为反对封建迷信、伪科学的锐利武器，引导人们牢固树立科学的价值观、人生观和世界观，保持乡村文化的良性发展。

（二）品位兼容：实现高雅文化形态与通俗文化潮流的碰撞融合

在面向乡村的文化供给中，作为供给主体的政府往往忽视文化生产的乡村本位原则，对乡村文化阶段性的发展和变迁规律认识不足。要想保证乡村文化供给准确，就必须先摸清消费人群的需求。只有号准乡村人口对文化需求的脉搏，才能真正地解决乡村文化供给问题，修复乡村文化供需断面、优化乡村文化供需结构，满足人民日益增长的多样性文化需求。因此，在需求导向下乡村文化振兴需要实现文化品位的兼容。要确保高雅文化形态与通俗文化潮流的供需结构得以优化，以改善乡村文化供需层次分布失衡的现状。深入开展乡村文化情况调研，摸清乡村文化需求状况才能真正掌握乡村文化需求，从而建立乡村文化需求反馈机制，及时准确收集响应乡村文化的需求，以便更好地提供菜单式、个性化的乡村文化服务体验，特别是有针对性地回应不同文化水平、不同年龄层次、不同经济基础的人群对文化的不同需求，为乡村文化自信发展提供更加丰富完善的产品。所以要在优化乡村文化供需结构中，准确把握乡村文化需求是前提，只有把乡村文化的"需"与"供"匹配起来，特别是高雅文化与通俗文化搭配融合，这样的乡村文化才能真正符合乡村需求，才能真正称得上乡村文化。

优化乡村文化供需结构就是要改变长期以来乡村公共文化建设条块分割、多头管理的混乱状况。通过优化供需结构将散乱的乡村文化资源加以整合，并实现系统带动下乡村文化资源的有序流动，这样，乡村文化才能得到源头活水，乡村文化振兴才能水到渠成。如果乡村公共文化服务缺乏统筹不能形成合力，文化不流动，只能是自娱自乐。各地政府要在优化乡村文化的供需中，既应做好平台建设，也应充分尊重市场作用，调动各类非政府组织在乡村文化供需中的积极性，扩大乡村文化振兴的参与力量。

另外，优化供需结构应坚持保护与开发有机结合的原则，在加强对乡村通俗文化保护和修复的基础上，发展乡村高雅文化产业，推动乡村文化焕发生机。传统是必需的，而且应该坚持，因为它们给予生活连续性，并形成生活。

我们所倡导的优化乡村文化供需结构就是要鼓励现代乡村文化的生产创新，并支持结合现代"三农"题材的文化产品创作生产，推进民间自办文化机构发展，繁荣乡村文化市场，提升乡村文化供给质量，实现雅俗共赏。同时，还要注意发挥乡村文化品牌引领作用，优先推出一批具有影响力的乡村文化产品，激发新时代乡村文化的创造活力，促进乡村文化要素合理配置，提升乡村文化产品品质，实现乡村文化价值链升级，增加乡村文化有效供给，推动乡村文化供需结构转型升级。乡村文化供需结构的优化必将有利于引领乡村文化消费升级，增补当前乡村文化中高雅文化创作生产不足的短板，拉动乡村文化新需求，进而促进乡村文化供需结构的循环升级，实现乡村文化发展提质增效。

（三）传承创新：推动原生态经典与现代性特质的衔接互促

党的十九大特别强调要创新服务手段，提倡创新观念。针对乡村文化振兴，就是要通过创新驱动创造乡村文化发展模式；实现乡村文化繁荣发展，就是要在坚持原生经典文化的基础上，结合时代特征，创造具有现代特质的文化，提升乡村文化的活力。新时代乡村文化振兴应该走出一条原生经典与现代特质有机结合的发展模式，以满足乡村社会消费需求的升级需要。没有发展模式的创新便不可能实现乡村文化的创新，那么乡村文化不平衡不充分发展的问题也将难以解决。总体来讲，实现原生经典与现代特质有机结合需要从人员队伍的教育培养、专项资金投入的加大、创作理念的更新等方面做出努力。

人员队伍的教育培养就是要推动乡村文化发展创作主体的不断增强。国家、社会要注重乡村文化发展专业人员队伍的教育培养，使之逐渐专业化、常态化。目前乡村文化的发展主要由"传帮带"、家族传承等形式进行人才储备和教育培养，这种传统人才培养供给模式无法满足当前乡村文化现代化发展的需要。必须通过专业化教育培养，使一批了解热爱原生经典的乡村文化人员去学习当前文化发展的新特质，不断壮大人员队伍，才能为乡村文化自信发展提供蓄力保障。在推动乡村文化实现原生经典与时代特质结合的过程中，应充分争取和利用专项财政扶持资金，确保乡村文化现代化发展的基础性投入支持。同时也要鼓励吸收社会资本参与到乡村文化振兴的事业中，以此拓展乡村文化的资本投入。此外，要通过社会资本参与探索乡村文化原生经典并与时代特质有机结合的发展途径，促进乡村文化产业活跃。在创作理念方面，要结合乡村文化原生经典的基本特质，利用现代化创作体裁和表现形式去解析乡村文化，实现乡村文化经典的时代回归和舞台重生，在理念创新中激活乡村文化创作空间，真正实现乡村文化以现代性的面目去传承经典与贴近现实。

参考文献

［1］费孝通.乡土中国—生育制度［M］.北京：北京大学出版社，1995.

［2］李佳.从资源到产业：乡村文化的现代性重构［J］.学术论坛，2012（1）：77-81.

［3］梁漱溟.梁漱溟全集（第1卷）［M］.山东：山东人民出版社，2005.

［4］马克思恩格斯选集（第1卷）［M］.北京：人民出版社，1995.

［5］孟德拉斯.农民的终结［M］.李培林，译.北京：社会科学文献出版社，1991.

［6］习近平：乡村振兴战略是一篇大文章［EB/OL］.新华网，http：//www.xinhuanet.com/mvdx/2018-03/09/C_137025846.htm，2018-03-09.

［7］中央农村工作会议在北京举行［EB/OL］.中国网，http：//www.china. com .cn/v/2013-12/24/content_3099112/.htm，2013-12-24.

［8］中央农村工作会议在北京举行—习近平作重要讲话［EB/OL］.中华人民共和国中央人民政府，http：//www.gov.cn/xinwen/2017-12/29/content_5251611.htm，2017-12-29.

11. 乡村振兴战略下农村党建工作内容与形式变化分析 *

刘远志

摘要： 农村党组织是党在农村的基层组织，是党联系农民的中介与桥梁，是党在农村落实各项政策的前沿阵地。农村党建工作的好坏直接关系到农村的稳定与发展，关系到党对国家的治理效果。当前，中国特色社会主义进入新时代，"十九大"对于"三农"工作做出重大决策部署，开展精准扶贫，实施乡村振兴战略，决胜全面建成小康社会、全面建设社会主义现代化国家。人口大规模流动形成的流动社会对农村党建工作的冲击是巨大的，我国农村党建工作的内容与形式发生了变化。具体表现为基层党组织的碎片化、人员复杂化和官僚行为消极化。研究如何在"十九大"思想指导下开展农村党建工作具有十分重要的意义。

关键词： 农村党建；精准扶贫；乡村振兴

中国是个农业大国，"三农"问题直接关涉中国特色社会主义现代化的进程，如何解决好这一问题始终是全党工作的一个重要课题。而做好农村工作，关键在农村基层党组织。"十九大"报告明确提出实施乡村振兴战略，并将这一战略写进党章。如何实现这一伟大战略，农村党建工作起着不可忽视的作用，正所谓基础不牢、地动山摇。关于基层组织建设，党的十九大报告指出："党的基层组织是确保党的路线方针政策和决策部署贯彻落实的基础。要以提升组织力为重点，突出政治功能，把企业、农村、机关、学校、科研院所、街道社区、社会组织等基层党组织建设成为宣传党的主张、贯彻党的决定、领导基层治理、团结动员群众、推动改革发展的坚强战斗堡垒。"农村党组织是党的重要堡垒之一，我们要在认真贯彻党的十九大精神的基础上，在农村扎实开展党建与精准扶贫工作，使农村党组织真正地融入扶贫、服务扶贫、推动扶

* 刘远志，男，法学博士，政治学博士后，厦门大学马克思主义学院助理研究员。

贫，进而促进我国乡村的发展与腾飞。

一、我国农村党建工作的基本内涵

农村工作十分复杂，其中党建工作是农村工作的核心，可以说党建工作是开展其他农村各项工作的基础。农村党组织是党最为基层的党组织，是联系党和农民的中介和桥梁，更是宣传和落实党发布的各项政策的战斗堡垒。在2018年初各省《关于推进乡村振兴战略实施的意见》中，加强农村基层党组织建设均占重要篇章，意义可见一斑。农村党建工作的基本内涵应包括以下五个方面（见图1）：

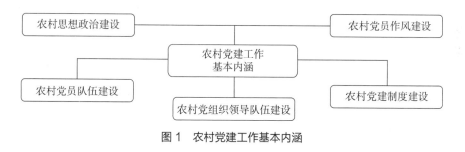

图1 农村党建工作基本内涵

（一）农村思想政治建设

农村党建工作的首要任务是农村思想政治建设，提升党员干部和农民群众的思想政治素质。近些年来，伴随着国家领导人对农村思想政治建设的重视，我国农民的思想政治水平、法律意识、文化素质都明显得到了提升，这也为我国新农村建设，为实现乡村振兴战略夯实了基础。同时，随着经济的快速发展，精神文化生活水平的提高，广大农民群众的思想也面临着各种负面因素的影响，例如各种宗教团体对农村的入侵。在实现乡村振兴战略的过程中，如何进一步提高党员干部和农民群众的思想政治水平，如何开展农村思想政治工作，是摆在农村党组织面前的重要难题。为此，农村党组织必须牢记一切为了农民，一切依靠农民的宗旨；坚持从农民中来，到农民中去的路线，推进农村思想政治建设。

（二）农村党组织领导队伍建设

千秋伟业，关键在人。党的十九大报告指出，加强农村基层基础工作，健全自治、法治、德治相结合的乡村治理体系；培养造就一支懂农业、爱农村、爱农民的"三农"工作队伍。实现农业强、农村美、农民富的乡村振兴目标，必须发挥农村党建的组织功能，培养农村党组织领导队伍，在党的领导下实现多元主体在农村的协同治理，推动乡村治理体系现代化构建。在农村党组织中，党组织领导者是整个队伍的核心，是党建工作的具体参与者和指挥者。党组织领导队伍建设关系到农村党组织的发展，关系到党建工作能否有效开展，更关系着当地村落的长治久安，关系着基层治理能力现代化的推进。在乡村振兴战略下，"第一书记"或者村支书角色的重要性不容忽视，他是联系党和农民群众最为鲜活的桥梁，更是促进党的各项政策能够落实的重要执行者。因而，必须加强对农村党组织领导队伍的建设，围绕增强"八大本领"的要求，按照"抓什么训什么、管什么学什么、缺什么补什么"的原则，定期或不定期开展立体式、多角度、全方位的专题培训，引领和指导农村党员干部自觉融入和践行"五大发展"新理念，增强领导队伍的业务能力和相互间的凝聚力。

（三）农村党员队伍建设

我国是农村人口占总人口比例较高的农业大国，农村党员是我国党员队伍中的重要组成部分（见表1），加强农村党员队伍建设十分重要。作为基层党组织，农村党组织有责任和义务把农村党员队伍的建设作为一项长期的工作内容，关注培养符合党员要求的群众，及时为党组织输入新鲜血液。同时对新党员进行思想政治上的教育，提高整体队伍的素质，为党负责、为农村建设、为农民生活的富裕、为乡村振兴战略的实现提供助力。

表1　我国党员职业调查　　　　　　　　　　　　　　单位：万人

我国党员职业调查	
工人	734.3
农牧渔民	2570.3
企业专业技术人员	501.9
企业管理人员	506.9
事业单位、民办非企业单位管理人员、专业技术人员	1088.0

续表

我国党员职业调查	
党政机关工作人员	730.3
学生	260.4
离退休人员	1589.1
其他职业人员	687.4

（四）农村党员作风建设

党员作风建设关系党的执政能力、执政水平和执政形象。党的十九大报告中明确指出："坚持全面从严治党……严肃党内政治生活，严明党的纪律，强化党内监督，发展积极健康的党内政治文化，全面净化党内政治生态，坚决纠正各种不正之风，以零容忍态度惩治腐败，不断增强党自我净化、自我完善、自我革新、自我提高的能力，始终保持党同人民群众的血肉联系。"党员作风建设是全面从严治党背景下乡村党建的必然要求，要加强党员干部反腐、清正、廉洁的精神作风。加强乡村党的作风建设，就要将群众路线教育工作贯穿于乡村党建过程中，密切乡村党员和农民群众之间的联系。农村党员干部是党在农民群众中的代表，其作风问题直接关系着党在农民心中的形象问题。因而，农村党组织在党的十九大思想指导下必须加强党员作风建设，坚决维护党和国家的形象。

（五）农村党建制度建设

建设制度的目的在于规范行为，为良好的秩序打下基础。农村党建工作中要注重制度建设，不断结合当地实际情况，找出能够有效解决党建工作问题的方式方法，形成相关制度，为党建工作的顺利开展提供助力。乡村党建制度建设，意味着要做到无制度建设制度，特别是农村干部准入机制、教育培训机制、交流使用机制、绩效评估机制等，有制度就要遵照制度。

二、乡村振兴战略下农村党建工作内容与形式变化分析

党的十九大为我们提供了建设新时代中国特色社会主义的思想和基本方

略，包括坚持党对一切工作的领导、坚持从严治党、坚持以人民为中心、坚持新发展理念、坚持在发展中保障和改善民生等这些极具战略意义的指导思想，不仅指明了我们前进的方向，同时也为新时代中国特色社会主义乡村振兴实践提供了指导，其中新时代农村党建工作内容与形式变化是极其重要的一环，如图2所示。

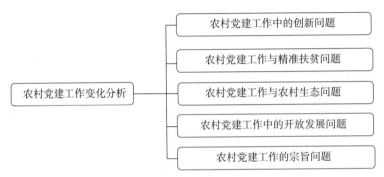

图2 农村党建工作变化分析

第一，农村党建工作中的创新问题。解决发展动力的关键在于创新，我国把创新放在了国家发展当中的重要位置，没有创新很难取得真正的进步。这里所说的创新是一种广义的创新，不仅包括科技创新、文化创新，还包括思想创新、制度创新、管理创新，也包括我国农村党建工作创新。农村不同于城市，城乡二元结构短时间内不可能完全打破。因此，如何将党的声音及时、准确、全面地传达给农民是一个重大课题。鉴于农村的特殊情况，必须谋求独特的党建工作方式。

第二，农村党建工作与精准扶贫问题。习近平同志在党的十九大报告中指出，要动员全党全国全社会力量，坚持精准扶贫、精准脱贫。农村经济协调平衡发展不可能顺其自然，而是需要一定的引领和协调，农村党组织在精准扶贫、推进减贫过程中起着十分重要的作用。首先，为人民服务是党的根本宗旨，以农民为中心是乡村振兴战略的精神实质；农村是联系农民、服务农民的前沿阵地，农村党组织对农民最为熟悉，精确识别、精准帮扶、精确管理都需要农村党组织的有效作为，做到党建带扶贫，党建促脱贫。农村党组织强大，精准扶贫才可以有的放矢，"矢"就是农村党组织，"的"就是贫困农民。其次，精准扶贫关系到党在农村执政工作中的成效，只有农民脱贫致富，共享发展成果，才能让党更具向心力，更有凝聚力。这就需要选拔一批懂国情、知民情、肯动脑、真实干、敢担责的党员干部充实到扶贫攻坚第一线，组成充满战斗力的农村基层党组织。将基层党建与精准扶贫有效衔接、互惠互利，完善其内在机制，更好更快地推进乡村振兴。

第三，农村党建工作与农村生态问题。党的十九大实施乡村振兴战略中指出："要坚持农业农村优先发展，按照产业兴旺、生态宜居、乡风文明、治理有效、生活富裕的总要求，建立健全城乡融合发展体制机制和政策体系，加快推进农业农村现代化。"习近平强调："生态兴则文明兴，生态衰则文明衰。"生态文明建设在我国新时代中国特色社会主义建设中占据着重要的地位。在农村党建工作中，要关注当地的生态环境状况，对生态环境造成危害的行为要及时制止，为子孙后代留下绿水青山。

第四，农村党建工作中的开放发展问题。党建系统要想具备持久的活力和动力，就需要打破原有的封闭性，引入新的能量。热力学表明，封闭将导致系统内部熵值变大，系统将趋于混乱。只有打破原有的封闭，引入新的智慧，吸收新的能量，系统才能不断强化。

第五，农村党建工作的宗旨问题。当前，"共享"在社会生活中广泛流行。从更深的角度来看待，"共享"意味着社会资源的均享和公平问题。作为基层的党组织，农村党组织要始终牢固树立为人民服务的宗旨，坚持发展过程依靠人民，坚持发展的成果由人民来共享，在实现乡村振兴战略的同时，让农民群众切实感受到国家发展带来的幸福和满足。

三、乡村振兴战略下农村党建工作的开展路径

（一）增强党建工作的创新动力，为农村党建工作的创新发展提供保障

创新的目的在于解放思想，为农村的党建工作增添活力，以更为广阔多元的眼光来安排党组织的各项职责与义务。在农村党建工作创新中有两大基础保障：一是党建工作的经费保障；二是较为完善的党建工作考核体系保障。党建工作的经费保障是创新的重要基础，要不断完善农村党建工作资金的投入机制，从根源上解决党组织干部的后顾之忧，使其能够全身心地投入到工作当中。同时对在党建工作中有创新贡献的干部要进行适当的资金鼓励和支持，充分尊重鼓励基层党员干部的创新精神，不断提升党建工作者的创新能力。要不断完善党建工作的考核体系，将科学的考核与党建工作创新相结合，有效刺激农村党建工作的创新发展。可根据各地不同的实际情况，分等级分区域进行考

核体系的制定，充分调动各级党员干部参与创新、为民创新，拓宽发展思路。同时在创新过程中，对出现的错误要及时纠正，既不可有意打压党员干部的创新激情，也不可无条件无限制地谋求创新。

探索多种方式吸引流动党员向组织汇报，农村党员外出务工必须向所在党支部汇报，说明外出原因、时间、地点或情况，该党支部对外出党员的外出地点、外出原因、外出时间、联系电话、联系方式进行登记备案，发放《流动党员证》。对外出务工党员进行行前教育，要求外出党员外出期间必须时刻牢记自己的党员身份，自觉按照党员标准，严格要求自己，每季度至少一次以书面、电子邮件或电话等形式向自己组织关系的所在党组织联系，汇报思想情况和工作情况。该党支部向务工所在地党委去函说明，务工党员到达单位后，所在地党支部主动联系该党员，编入支部。党支部与单位协商，每周保证该党员听取一次党课，每次党课至少一个半小时，如有交通费用则由党组织给予报销。以此让党员时刻感受到组织的温暖，所在地党支部及时将外来流动党员重要情况反馈给流出地党组织。对没有正当理由，连续六个月不向党支部汇报思想工作、不与党支部保持联系或不交党费的党员，要根据党章和有关规定进行严肃处理。

（二）发挥农村党组织的引领作用，打赢脱贫攻坚战

农村党组织在乡村发展过程中发挥着重要的引领作用，是做好精准扶贫、精准脱贫，实现乡村振兴战略的有力保障。对贫困农民进行精准扶贫，党组织必须走在前头，精准建章立制、建档立卡之后，瞄准贫困户需要做好以下两点：一要挖掘土地资源形成内在动力；二要引导有益社会力量形成外在合力。发挥农业资源与社会资源的合理配置与有效利用，并在乡村治理模式上推进乡政结构的有效嵌入，从而提高村治能力。

1. 挖掘土地资源形成内在动力

农村土地是农民最主要的资源。精准扶贫不能是无源之水，丢弃源头不可能实质脱贫。农村党组织要监督落实农地"三权分置"改革方案，宜农则农、宜林则林、宜牧则牧、宜商则商，倡导"归农""归村"。"归农"指外出贫困农民回归农村，或者城镇居民迁移到农村从事农业劳动。本地外出务工农民熟悉当地实情以及贫困面貌，对当地拥有感情，对发达地区有一定认知，可以为本地带来新思维。城镇居民可以到农村置业或者务农，有生产能力的人员可以租种农地。也可以通过租赁将耕地向大农户集中，推进农地规模化和农业现代化，随之可以带来农村休闲化和农村产业多元化。顺应"逆城市化"浪潮和乡

村振兴的发展趋势，培育从城市返乡的"新农民"。"归村"就是城市居民到农村居住，包括城市中的老人回农村养老。

对于新时代农村的定位，需要转换思维。以前对农村的定位仅是粮食生产基地，现在更多地应该将农村看成是生活、就业（各种产品创业园）、教育（组织大中小朋友参观，学习农业知识）、科研（研究基地）和休闲空间（旅行放松）。赵民和李仁熙（2018）认为，对于支援农村，其定位是保全农村，而不仅是为了粮食等农业生产。2014年贵州省六盘水实施的"三变"改革值得借鉴，即资源变资产、资金变股金、农民变股东。大力推动土地资源向园区、农业大户、企业集中，使其转化为农民股权和股金，进而实现股权收益。

只有发挥农地的所有潜力，农民才能得到更多的实惠，也有利于农民转变思维，从而克服实践中异地搬迁遇到的困难。

2. 引导有益社会力量形成外在合力

只有农村党组织拥有这种能力，农村党组织也必须拥有这种能力，即不断适应市场经济变化的能力，协调精准扶贫过程中各项资源的能力，包括土地资源、技术资源、政策资源等，将各类资源协调整合后提供给贫困户，帮扶其发展经济，进而提高其生活水平。同时要注重对各方力量的配合协调，包括当地政府、社会力量以及当地的老百姓，做到党组织牵头、政府支持、社会力量加入、当地老百姓为主体、贫困户为最终目标。刘益曦（2018）认为，党建引领下的农业产业化精准扶贫，是社会力量参与精准扶贫的优势所在。村党组织提供场地、财力、智力支持，与高校、企业等保持联络，设置公益性岗位，每一个村庄都要建设党员之家，作为公共服务点，用于接待、培训及文化娱乐。这样不仅能照顾到贫困户的利益，而且能够兼顾社会力量参与精准扶贫的长效机制。笔者在云南省三江并流自然保护区调研过程中发现，在资金投入何种项目时，村各小组常常有分歧，例如是扶持蜜蜂产业还是搞种植还是建立垃圾池等。此时，基层党组织就有了发挥作用的土壤，有的党组织组织农民赶赴相关项目开展比较好的地方进行调研，有的党组织邀请专家提供智力支持。

（三）注重基层党组织政治生态的营造，实现农村党建工作的绿色管理

生态不仅包括自然环境生态，也包括政治生态。刘京希（2007）认为，"在政治生态理论看来，生态化的政治体系，其作用半径和关系范围由三个层级组

成，即政治体系内生态，政治—社会生态，政治—社会—自然生态"。因而政治体系的生态化构建也包括了政治与社会、自然的有效互动，政治生态和自然环境生态构成了农村党建过程中政治体系的生态化构建。在农村党建工作中要努力营造作风优良的政治生态。对有能力、有知识、有党性的干部要选用、重用，不以资历作为选拔干部的唯一标准，而要综合看待选拔干部的各项能力，包括业务能力、人品等。努力营造出农村党组织风清气正的政治生态。要注重实现绿色管理融入农村党建工作当中，降低管理成本，提高管理效率，进一步推动节约型、环境友好型社会的建设。例如，我国有地区正在运用基层党建工作绿色管理系统，以图片、视频等形式全程记录基层党组织的重大会议和决策过程。记录的资料一方面存档，另一方面上传到大数据库中方便上级党组织审阅查看。这样既方便了上级对基层党组织的管理，也降低了整个党建工作的管理成本，真正实现了绿色管理。

农村党建工作不仅要注重党组织的政治生态，同时也要关注当地的自然环境生态。正如上文所说，实现乡村振兴战略，不仅要促进乡村经济的发展，同时也要提高对乡村自然生态环境的保护。基层党组织在工作中，要具备一定的生态环境保护意识，对危害农村自然环境的行为要及时制止和纠正，并配合相关部门开展生态环境保护活动，提高广大农民的生态保护意识。

（四）打破传统封闭的党建工作模式，适度提升透明度

适度提升透明度，就是要打破原有的封闭性。在传统的党建工作模式中，事务的处理往往仅由党组织内部成员来决定，这就造成了一些决策得不到老百姓的认同，决策后不能顺利执行的后果，忽视了老百姓的决策参与权、知情权。因而基层党组织在开展工作过程中，要适当向党外群众开放，对于事关老百姓且不需要保密的具体事务，可邀请有关群众参与到决策中来。这样既调动了老百姓参与决策的积极性，也为后期决策的执行提供了保障，同时也提高了老百姓对党组织的信任。例如，我国某地区的农村党组织在进行重大事务的决策时，通过村里的广播向老百姓进行实时传递，老百姓坐在家里就能了解到整个决策过程的状况。

从传统的封闭模式到适度的开放，这是基层党组织与群众沟通交流上的进步。原本的单向传递变成了双向的沟通交流，原本的党组织决策、老百姓接受的过程，变成了党组织与群众间的无障碍交流。对于受地域交通限制，如山区等特殊情况，基层党组织可建立网络决策公共平台或党员交流团队。通过网络决策公共平台接收党外群众的各种建议和意见，通过党员交流团队到基层的调

查走访获取决策的实施效果。

（五）共享优势资源，对接群众需求，实现乡村振兴

在农村党建工作中，上级党组织要鼓励基层组织之间实现优势资源的共享。共享理念体现了社会主义的本质内涵，要求实现共同富裕，推动广大人民群众尤其是乡村群众分享改革发展的机会和成果。由于地方区域的特色不同，各个地方农村党组织工作的优势资源各不相同，有些地方的技术人才较多，有些地方的产业项目较多等。在共享的时代，在农村党组织的引领下，优势资源间的共享能够极大地带动当地经济的发展和农村的建设。例如，劳动力资源较为丰富的地区，可向产业资源优势地区输入劳动力，也可相互合作成立新的产业项目，进而实现两地区间的共赢和发展。同时城乡之间、村与村之间、党组织之间可相互沟通交流，借鉴彼此发展的经验，实现优势资源的共享，达到互惠互利。

要对接群众需求，农村党组织是党联系农村群众的桥梁和中介，来自人民，必然要服务于人民。老百姓有需求，农村党组织有责任和义务帮助解决。在实际的农村党建工作中，党员干部要定时定点地开展活动进行走访，了解老百姓所想所需。对内部能够解决的问题，要及时解决。对需要跨部门解决的问题，要帮助老百姓找到负责的管理部门，保证老百姓的每一个需求都能够得到回应，每一个问题都能得到解决。乡村振兴战略的实现需要多方治理主体的共同努力，而农村党组织作为党在农村的战斗堡垒，在实现乡村振兴战略的过程中起着十分重要的作用。作为最基础的党组织，农村党员干部在进行农村党建工作时要时刻铭记为人民服务的宗旨，乡村振兴战略下农村党建工作的开展路径如图 3 所示。

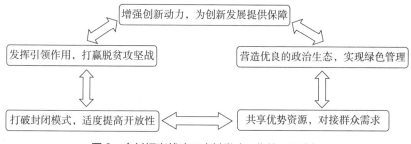

图3　乡村振兴战略下农村党建工作的开展路径

四、结语

在党的十九大报告中，党中央对以往的党建工作做出了充分的肯定，同时也对今后的党建工作做出了明确要求。"火车跑得快，全靠车头带。"农村党组织作为实现乡村振兴战略的前沿阵地，是党在农村全部工作的基础，是党联系广大农民群众的纽带和桥梁。农村的改革和稳定、农业的发展和振兴、农民的富裕和幸福，直接取决于农村党组织的执政能力。农村党组织要在党的十九大思想的指导下开展工作，在新时代中国特色社会主义战略的大背景下，为农村的建设、为国家的现代化发展助力。乡村党建应以党的十九大思想为指导，以新时代中国特色社会主义乡村振兴实践为基础，完善乡村党的思想政治建设、组织建设、作风建设和制度建设等，在促进乡村振兴战略目标实现的同时，推动党的全面领导制度化建设，构建在党的领导下乡村治理体系和治理能力的现代化。

参考文献

［1］李培林，魏后凯，王萍萍，等．中国扶贫开发报告（2017）［M］.北京：社会科学文献出版社，2017.

［2］李再勇．"三变"：深化农村改革的哲学实践与思考［EB/OL］.六盘水师范学院，http://www.lpssy.edu.cn/zzb/2016/0226/c328a2193/page.htm，2016-02-26.

［3］刘京希．政治生态化——政治发展的生态学考察［M］.济南：山东大学出版社，2007.

［4］刘益曦．"党建+"模式下社会力量参与农村精准产业扶贫的模式构建——以三魁镇薛内村村企合作模式为例［J］.湖北农业科学，2018（1）：135-139.

［5］赵民，李仁熙．韩国、日本乡村发展考察——城乡关系、困境和政策应对及其对中国的启示［J］.小城镇建设，2018（4）：62-69.

［6］中国共产党第十九次全国代表大会文件汇编［M］.北京：人民出版社，2017.

12. 贫困治理知识是如何产生的？ *

——改革开放以来中国农村反贫困研究进展

刘宝臣

摘要： 贫困治理知识的增长是推动政策进步的重要力量，但是在当前的学术界，研究的关注点都集中在贫困治理知识的生产和理论的创造，却很少有人关注到贫困治理知识的产生机制。结合贫困状况变化和贫困政策实践的变动情况，来探讨不同历史阶段反贫困研究发生的重大变化，来展示贫困治理知识的生产机制。反贫困政策实践与理论的增长是相互促进的，贫困治理知识的获得不能脱离政策实践而存在。贫困治理知识的获得是外来理论借鉴和本土化创新的结合。在未来的贫困治理研究中，可能存在以下的知识增长点：一是"后小康时代"的农村贫困特征和反贫困政策设计；二是乡村振兴背景下的扶贫和脱贫问题；三是城乡融合发展与城乡反贫困政策的统筹发展。

关键词： 贫困；贫困治理；扶贫开发；社会救助

一、问题提出

自改革开放以来，针对农村地区的贫困问题，我们国家实施了大规模反贫和缓贫政策，并取得了举世瞩目的辉煌成果。在学术研究领域，围绕着反贫困政策实践的不断推进，也开展了卓有成效的研究，形成了许多有影响力的研究成果，这些研究成果反过来又促进了反贫困政策实践的不断深入。贫困治理知识的增长是推动政策进步的重要力量，但是在当前的学术界，研究的关注点都集中在贫困治理知识的生产和理论的创造方面，很少有学者关注到贫困治理知识的产生机制，探讨关于贫困治理的知识如何产生。实际上，开展此类研究又

---

* 刘宝臣，中国人民大学博士研究生，山东建筑大学讲师，研究方向为社会救助、社会福利。

有着非常重要的意义，掌握贫困治理知识生产机制，有助于把握相关领域的知识增长点，可使学者开展更有针对性、更具有实践意义的研究，更好地推动我国反贫困政策的实施。本文期望能对我国贫困治理知识的生产机制进行初步的讨论。

本文中的"贫困治理知识"指的是在贫困研究中积累的一些常识、判断和由此抽象出来的相关理论。具体来说，主要是三个方面的知识，即贫困现实、反贫困政策以及两者之间的互动关系。本文把自改革开放以来我国农村反贫困研究的进展为研究对象，重点关注在不同历史时期反贫困研究主题和焦点的变迁，以及理论上的重要突破。在此，本文假设贫困治理知识主要来自两个方面：其一是贫困治理知识产生的现实基础，既包括不断变化的现实中的贫困状况，也包括同样处于变化之中的政府主导的反贫困政策实践，政策实践在受到贫困状况制约的同时，也在不断塑造和改变着贫困发生的特征；其二是由于学术交流所带来的国际理论学习和借鉴，这是影响贫困治理知识的外部因素，这受到我国对外开放程度和对外交流强度的影响，这种对外的理论借鉴又常常与政策借鉴联系在一起。按照这种思路，建立起一个初步的分析框架，来讨论贫困现实、政策实践和理论借鉴对我国贫困治理知识生产的影响，如图1所示。

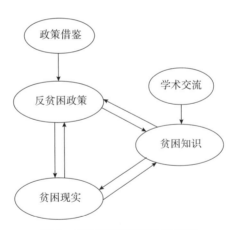

图1　贫困治理知识的生产机制

本文接下来的部分，将结合贫困状况变化和贫困政策实践的变动情况，来探讨不同历史阶段反贫困研究发生的重大变化，以此来展示贫困治理知识的生产机制。从实践上来看，农村反贫困政策体系包括侧重于贫困地区整体发展的扶贫开发战略和针对贫困个体的社会救助政策。通常来讲，学术界以扶贫开发工作方式的几次重大转变为节点，将我国反贫困政策的发展划分为以下五个阶段：体制改革推动脱贫阶段（1978~1985年）、区域扶贫开发阶段（1986~1993

年）、"八七"扶贫攻坚阶段（1994~2000 年）、整村推进扶贫阶段（2001~2012 年）、精准扶贫阶段（2013 年以后）。虽然学术研究不像政策实践有明确的阶段划分，但大体上仍然可以按照这几个阶段进行梳理。

二、区域扶贫开发阶段

20 世纪 80 年代中期，农村贫困问题开始得到关注，开发式扶贫工作模式得以确立。在此阶段，理论界主要解决以下三个问题：为什么要关注和着力解决农村的贫困问题？农村反贫困政策为什么要瞄准区域性贫困？为什么选择开发式扶贫模式？

（一）农村贫困以及扶贫问题得到关注

在改革开放以前，国家经济发展陷入停滞，平均主义盛行，人民生活处于一种"普遍贫困"的状态。在这种状态下，在人民生活依靠集体组织，极度困难人员由国家和集体予以救济。贫困问题非但没有得到关注，社会中反而充斥着一种以穷为荣的病态。

在改革开放后，贫困问题得到关注。一方面，在政策上推行一系列农村经济体制改革举措，建立起按劳分配的原则，鼓励一部分人先富起来。改革开放后，确立了共同富裕的社会主义原则，把贫困作为要消灭的现象和要解决的问题。邓小平提出"贫穷不是社会主义"的著名论断，共同富裕成为全国上下的一致要求，贫困问题成为所要消灭的对象。社会上形成一种共识，即共同富裕是社会主义的本质特征，劳动致富是社会主义、共产主义的要求。另一方面，在现实中，农村贫富差别的问题逐渐显现出来。家庭联产承包责任制的推行，极大释放了农村的生产潜力，农民的生活水平得到普遍提高。实行产量责任制、包产到户，是打破贫困队、落后队恶性循环的出路。劳动致富需要劳动与生产资料相结合才能实现，虽然政策上放开了对追求富裕的限制，但是由于人们劳动能力和占有生产资料的差异，在富裕程度上就拉开了差距。也有学者指出，自包产到户以后，贫富差别不是扩大而是缩小。因为农民生活从普遍贫困走向共同富裕的过程中，大家的收入状况普遍得到改善，只是改善的程度不同。早在 1981 年，中国农村发展问题研究组在安徽滁州（原安徽滁县）地区开展调查，就关注到"双包到户"后农村的贫富差别问题，并指出，若无相应措施，贫富差别有扩大的可能。改革开放后出现的这种贫富差别，正是开展"扶贫"的必要性所在。

（二）贫困地区经济发展成为反贫困主要途径

20世纪80年代的农村扶贫工作，实现了从扶助贫困户到扶持贫困地区的转变。改革开放初期的扶贫工作，延续了计划经济时代农村社会救济工作，主要关注个体贫困，是对贫困户的救济和扶助。1982年国家经济委员会等部门发布的《关于认真做好扶助农村贫困户工作的通知》规定，"扶助农村贫困户是党的一项重要政策"，是"农村救济工作的发展"。到1984年，中共中央、国务院发布《关于帮助贫困地区尽快改变面貌的通知》，政策关注点转向集中了大部分贫困人口的贫困地区。在此背景下，学术界的研究重点也转移到贫困地区的经济发展上来，探讨贫困地区的特点和问题，为贫困地区的经济发展出谋划策。时至今日，依然有许多以贫困地区为研究对象的研究被发表。

第一，区域性贫困是我国贫困的主要表现。由于各地区从农村经济体制改革中的受益程度不同，我国贫困主要表现为区域性贫困。区域性贫困的主要特征是贫困人口主要聚集在自然环境和资源条件不利的地区，但在同一区域内，农户的贫困程度是相似的。这种贫困分布的状态，使得瞄准区域能够在很大程度上节约政策执行成本，面向贫困地区的扶贫开发政策能够发挥作用。学者们借用发展经济学的"涓滴效应"，认为区域经济的发展自然会带来贫困状况的整体改善，达到一种"大河有水小河满"的效果。基于我国贫困主要表现为区域性贫困的判断，国家扶贫工作确立以贫困地区经济发展为主的扶贫战略，以区域经济发展带动贫困缓解。在具体瞄准层次上，为扶贫开发重点县提供政策支持，这是区域贫困瞄准战略的基本举措。

第二，关注贫困地区的分布及特点。既然确定了扶贫工作主要瞄准贫困地区，那么就需要对贫困地区的特征进行研究。首先，从分布上来看，我国贫困地区主要分布在山区，而这些山区有时也是少数民族地区、革命老区、边远地区。其次，贫困地区存在一些普遍问题，包括土地贫瘠、自然条件恶劣、农业产出率低、教育落后、人口素质较低、观念落后等。往往正是这些问题，使得贫困地区经济发展面临诸多障碍。贫困地区实际上反映了我国农村经济发展中的差距问题。最后，贫困地区发展的制约主要在于资源匮乏。费孝通先生将贫困地区分为两类：一类是战争、地震等特殊原因造成的灾区；另一类是生产水平低、经济能力差的经济不发达地区，大部分贫困地区属于后者，反映了我国经济发展的差距问题。

第三，开展贫困标准的初步探索。贫困标准或者说贫困线是理解贫困的关键，只有确定了明确的贫困标准，才能有效识别贫困人口和非贫困人口，并对贫困发生率、贫困程度以及贫困分布等情况进行准确把握。在此阶段，贫困标准的划定具有以下特点：①贫困标准以解决温饱问题为限度。②设定贫困标准的目的不仅在于识别贫困户，还在于区分贫困县。

（三）从救济式扶贫到开发式扶贫

"输血"和"造血"这两个医学中常用的词汇，是对开发式和救济式两种扶贫机制的比喻，自20世纪80年代在扶贫工作的讨论中被引入，[①]这两个词汇就成为反贫困政策研究中最常用的表达。"输血"代表的是救济机制，通过向贫困者提供金钱和物资，使其能够维持一定水平的生活，而"造血"代表的是扶贫机制，不同于单纯的社会救济，它力图通过改善困难户的生产条件和个人能力，使其能够积极参与农副产品生产，提高收入。计划经济体制下的扶贫采用的是"输血"机制，即政府将发达地区积累的资金以财政补贴或投资的方式调拨给贫困地区。20世纪80年代中期建立起的开发式扶贫，则立足于建立一种"造血"机制，它让贫困地区和贫困人口能够通过自力更生，获得持续的收入，进而摆脱贫困。

学者们倡导"输血"机制向"造血"机制的转变。因为救济和援助的方式，容易助长贫困地区地方政府和贫困人口的依赖行为，对于"愚"和"懒"的问题起不到很好的效果，而开发式扶贫更适应贫困地区经济发展的需要，所以，"输血"不如"造血"，要变"输血"机制为"造血"机制，就得到学术界的普遍认可。当务之急就是在贫困地区建立起内部积累机制，把"漏斗"型的经济改造为"蓄水池"。

因为面向贫困地区的扶贫开发工作刚刚开始推行，在实践上尚在探索对贫困地区扶持的有效途径，理论研究的关注点也在于具体的开发式扶贫项目上其主要内容有：①对于资金扶持项目的讨论。研究发现，资金不足是制约贫困地区发展的一个重要因素，而扶贫资金分配中"撒胡椒面"的平均主义倾向，限制了扶贫效果的发挥。②对于以工代赈项目实施情况的评估。以工代赈是20世纪80年代重要的扶贫开发手段，在贫困地区开展的以工代赈项目，能够在有效改善贫困地区基础设施状况的同时，实现为贫困人口提供短期就业和收入

---

① 使用中国知网进行检索，发现在1985年的文献中已经有学者使用"输血"和"造血"指代两种扶贫机制。

的效果，还为贫困地区人力资本增加创造条件。③发现贫困地区的科技文化落后，严重桎梏了生产力的发展。提出了科技扶贫的重要性，科技扶贫的实质是将知识形态的生产力转化为实际生产力，在根本上增强贫困农户的生产能力。④针对贫困地区存在的人口素质较低的情况，学者们发现，"越生越穷，越穷越生"是贫困地区的普遍现象和典型特征。所以，扶贫开发应该与计划生育工作结合起来，把控制贫困地区的人口数量和提高人口素质作为改变贫困地区面貌的一个重要途径。

三、扶贫攻坚阶段

1994 年，国务院颁布《国家八七扶贫攻坚计划》明确提出要用 7 年的时间，解决 8000 万贫困人口的温饱问题。《国家八七扶贫攻坚计划》的实施，标志着我国政府加大了扶贫开发的力度，农村扶贫工作进入扶贫攻坚阶段。与此同时，国家开始全面建立社会主义市场经济体制。在这一阶段，农村反贫困政策研究的重要主题就是，在市场化转型的背景下，如何改进扶贫开发工作机制，提高工作效率。

（一）总结和反思区域扶贫开发战略

第一，总结区域扶贫开发战略的特点。我国的扶贫开发工作表现出了独特的运行规则，学者们对中国特色的扶贫经验进行了总结。吴国宝（1996）认为，这种战略通过促进贫困区域自我发展能力的提高和区域经济的发展来达到减缓和消除贫困的目标，有以下基本特点：①以贫困人口集中区域为工作对象；②强调通过经济增长来减贫，脱贫缓贫建立在农村发展的基础之上；③通过资源开发实现经济增长；④重视提高人口素质、改善基础设施和应用科学技术；⑤在缺乏基本生存条件的区域，考虑人口迁移和劳务输出。同时，这种扶贫战略中县级政府承上启下的关键作用得到关注，中央政府和省级政府选择的受援单位是贫困县，县级政府再通过乡村两级干部将资源传递给贫困户。

第二，反思区域扶贫开发战略的不足。到 20 世纪 90 年代，我国贫困状况发生改变，贫困人口减少的速度明显下降，这个问题得到了学术界的广泛关注。出现这种情况，一方面在于农村经济增长乏力，农民增收陷入困境，经济增长的"涓滴效应"难以发挥；另一方面则在于农村扶贫工作中出现的问题，政府的实际扶贫资金投入减少和扶贫难度增加。这些变化促使学者们对反贫困政策进行反思，提出这种通过区域经济发展来带动贫困减少的战略存在明显的劣势，即排斥非贫困地区的贫困人口以及使贫困地区的非贫困人口受益。主要因为：一方面，在贫困地区以外还存在大量的贫困人口，这要求国家须为这部分人口提供相应的政策支持；另一方面，国家和省市按照"公平原则"把扶贫资源分配给贫困县，各贫困县却以"效率原则"来分配这些资金和资源，使得最贫困的那部分人口在扶贫开发工作中处于最不利的位置。此外，对扶贫效果评价，也更加看重贫困县域的经济增长，而非贫困人口的脱贫。这就使得扶贫工作中容易出现"扶县不扶户、扶富不扶贫、贫富一起扶"的问题，越是偏远落后的地方，扶持力度越小。

针对这些问题，有学者提出，国家要把区域发展战略与扶贫到户结合起来，实施瞄准贫困人口群体的反贫困政策。一方面，扶贫瞄准机制要做出调整。反贫困政策应该针对贫困人口而不是贫困地区，扶贫战略目标要经历从推动贫困地区发展向满足贫困人口基本需求转变。另一方面，要加强农村的社会安全网建设。虽然中国农村的扶贫政策取得了巨大成效，但日益加重的老龄化、人口抚养比的不断增加带来收入差距扩大的风险，农村集体医疗和福利项目的解体和农村社会保障的缺失，最终会拖累经济增长的步伐。所以，对于农村地区无法被扶贫计划所覆盖以及难以扶持的那部分丧失劳动能力的贫困人群，要建立起完善的社会保障系统，尤其是要建立起作为兜底性项目的农村最低生活保障制度。

（二）扶贫工作的模式比较

随着扶贫实践的不断发展，许多地方发展出反贫困的地方性实践，开发出许多行之有效的扶贫机制和方式方法，学者们尝试对这些实践进行总结，并进行模式化。学术界梳理并讨论了许多具有代表性的扶贫模式和工作机制。

第一，围绕扶贫实践的展开，学者们对具体扶贫方式做了专门讨论，除早期的科技扶贫、以工代赈外，人力资源开发、小额信贷、劳务输出等形式的扶贫，也得到较多的关注和讨论。

第二，对扶贫主体问题展开深入讨论。学者们认为，在扶贫攻坚阶段，需要动员社会各方面的力量支持和帮助贫困地区，除了政府要注入力量，还要动员科研院所、社会组织、工商企业参与扶贫，以及开展国家交流与合作。对于政府、社会组织、农户，以及市场主体在扶贫开发工作中的作用和角色，都进行了充分的讨论。

第三，随着社会主义市场经济体制的建立，市场经济条件下的扶贫机制创新问题得到学者们的关注。在市场经济体制下，贫困地区将出现分化和不平衡，贫困特征将更加复杂化，扶贫机制必须与市场经济相适应。

（三）农村贫困标准的学理讨论

早期关于农村贫困标准的讨论，通常侧重于操作层面，在接受这种衡量方法的前提下，来测算贫困线，很少对其合理性提出质疑。这种以基本生活需求来测算贫困标准的做法，存在明显的缺陷：①不同人所需要的热量水平是不同的；②在同样热量和营养需求下，人们对物品的偏好是不一样的；③将消费品转化为具体的收入标准，也存在诸多困难。童星和林闽钢（1994）对农村贫困线的设定做出新的尝试，他们认为单一的贫困标准不能准确反映农户生活的层次及差距，给扶贫工作带来不便，他们提出三条直接与贫困相关的界限，分别是特困线（活命线）、温饱线（贫困线）和发展线（脱贫线），以1991年为例，三条线分别为250元、350元和600元。此后，学者们开始尝试使用不同的方法来划定中国的贫困标准和贫困线。

四、扶贫开发与社会救助独立运行阶段

进入新世纪，我国扶贫开发工作政策做出重要调整，在坚持区域扶贫开发的基础上，开始推行整村推进扶贫战略，把村庄作为一个基本的扶贫工作开展单元。与此同时，随着我国社会保障制度建设的不断完善，国家开始加强农村的社会安全网建设，建立起覆盖所有农村地区的社会保障体系，尤其是强化针对农村贫困人口的社会救助。在此阶段，农村反贫困政策研究的重要主题包括农村贫困动态与扶贫政策调整、农村社会救助制度建设的重要意义及途径。

（一）对贫困理解的深化

进入新世纪，一方面因为学者们关于农村贫困的研究日益增加所带来的知识积累；另一方面是受到国际贫困研究的影响，学术界对农村贫困现象的理解不断走向深入。在此阶段，主要表现为：

第一，在绝对贫困以外，增加了对相对贫困的关注。绝对贫困代表人们基本生活需求得不到满足的状况，相对贫困代表的则是处于底层的那部分人口的生活状况，它测量的是财富在不同社会阶层和人群间的分配状况。学者们注意到，中国农村扶贫工作中更关注绝对贫困状况，对相对贫困有所忽视。在贫困测量中，一直使用绝对贫困标准，这个标准较低，如果贫困标准发生变化，则会影响到贫困类型的结构。这使得反贫困政策的制定和调整变得更为复杂，收入分配恶化已经成为反贫困的巨大障碍。在绝对贫困现象减少的同时，相对贫困状况日趋恶化，绝对贫困标准会随着经济发展水平的提高而相应降低，所以有必要在贫困测量中引入相对贫困线。

第二，在收入贫困以外，引入能力贫困视角。20世纪80年代，阿玛蒂亚·森发展出能力贫困的概念，这种理论国内学术界广泛接受和传播，能力贫困成为学者们分析中国贫困问题和扶贫政策的一个重要视角。学者们开发出能力贫困的测量指标，来重新评估我国农村的贫困现象和反贫困政策的效果，发现这种扶贫模式难以惠及缺乏劳动能力的贫困人口，也难以应对疾病、教育等致贫风险，扶贫政策应该更注重提升贫困风险人群应对风险的能力。基于能力视角，包括发展教育、开展职业培训等在内的针对贫困人口的人力资本投资，成为反贫困政策的重要举措。

第三，对贫困致因追求更深层次的解释。因为反贫困政策实践主要面向区域性贫困，在20世纪八九十年代，对农村贫困的分析主要集中于区域贫困而非个体贫困，侧重于对贫困地区存在问题的描述和就事论事的讨论，缺乏理论上的探讨。进入21世纪，学术界开始关注个体层面的贫困致因，并尝试从制度、文化、结构、权利、能力、社会排斥等角度来解释贫困原因。学术界形成了一个共识，即贫困是一种长期存在的社会现象，也是一个具有多种面目的社会现象，人们可以从多个角度来分析和解释贫困。

（二）农村贫困形态的变化和扶贫政策调整

自改革开放以来，中国取得了巨大的减贫成就。按照我国官方的统计资料，中国农村贫困人口从1978年的2.5亿人下降到2007年的1478万人，贫困发生率从30.7%下降到1.6%。根据世界银行测算，我国贫困人口从1981年的4.9亿人下降到2004年的7600万人，贫困发生率从59.3%下降到8.1%。还有其他学者使用不同的统计指标对改革开放以后我国的减贫成效进行测算。虽然按照不同的贫困标准计算方法，我国贫困人口减少的程度有所差异，但我国在贫困减少方面取得的巨大成就得到了普遍认可。

巨大的减贫成就自然引发学者们关注大规模减贫的解释。大规模减贫的成就是如何取得的？学者们主要使用经济增长—收入差距—贫困变动的分析框架来对此做出解释，他们认为，经济增长，尤其是农业和农村经济的持续增长，是大规模减贫的主要推动力量，有针对性的开发式扶贫对减贫起到补充作用。同时，学者们还发现，在经济增长带来减贫的同时，收入不平等的加大减少了经济增长的缓贫效应，强烈的不平等成为农村减贫的一个重要障碍。

20年代80年代中后期到20世纪90年代初，由于贫困人口比重大且收入分配不平等程度较低，贫困地区经济增长必然能带来大量贫困人口脱贫。但是，进入21世纪以后，扶贫政策效果有所降低。对这种情况的研究使学者们意识到，中国农村贫困形态发生重大变化，这表现在贫困人口的分布更加分散。贫困人口的分布从相对集中于国家级贫困县区域向更低层次的村级社区集中，贫困村在我国东中西部地区都有所分布。都阳和蔡昉（2005）提出，我国的贫困分布逐渐从整体性、区域性贫困过渡到个体性贫困。

由于贫困分布状态发生变化，围绕国家级贫困县开展的扶贫开发工作已经不能覆盖大部分贫困人口，在此背景下，要提高农村反贫困政策的效果，就应该调整以贫困县为基本单元开展反贫困工作的做法，将扶贫资源直接瞄准贫困人口。改进扶贫政策瞄准机制的一个重要尝试就是降低扶贫瞄准层次，从县级瞄准转向村级瞄准。这种瞄准机制转变成为新的研究热点。扶贫工作从县级瞄准转变为村级瞄准，主要目的在于改善扶贫投资项目对贫困人口的覆盖，同时减少对非贫困人口的漏出。虽然明显提高了政府和村庄的财政投资，但是在村庄内部，更贫困农户的收入和消费都没有显著增加，相对富裕农户的收入和消费却增加了6.1%~9.2%，有更高教育水平的富裕户从这类扶贫项目中获得了更多好处。

（三）农村社会安全网建设

计划经济体制下，农村社会保障缺失。这种局面一直持续到21世纪初期，而且由于农村集体经济的解体，既有制度的保障功能不断弱化，济贫、缓贫的功能发挥有限。进入21世纪，农村地区陆续建立起新型农村合作医疗、新型农村社会养老保险、农村居民最低生活保障等制度，并完成五保供养制度的转型。在农村社会安全网建立的过程中，学者们从农村反贫困的角度对相关问题进行了讨论。

第一，从现行扶贫开发政策下的贫困人口漏出问题出发，重新认识到建立农村社会安全网的必要性。研究发现，以开发式扶贫为主的反贫困政策替代农村社会保障，导致农村长期存在大量的绝对贫困人口，社会救助对于反贫困发挥作用不理想，农村反贫困要实现从社会救助向社会保护转变，形成一个由普遍性医疗保障制度、普惠型福利、选择性社会救助以及开发式反贫困政策组成的政策体系。对于尚未解决温饱问题的丧失劳动能力或者因病因残致贫的人口，当务之急就是建立农村社会保障体系。

第二，探讨建立农村社会安全网的具体途径。加强农村社会安全网建设成为学术界的主流观点，但安全网也是一个具有多种政策意蕴的概念，在具体的政策层面，学者们探讨了与之息息相关的多种制度安排。除了从整体意义上讨论农村社会保障，也专门讨论在社会保障体系中承担兜底功能的社会救助。因为制度发展较为迅速，农村最低生活保障制度、农村五保供养制度、农村医疗保障制度，得到了更多的讨论。

五、精准扶贫与反贫困政策整合阶段

自党的十八大以后，我国进入全面建成小康社会的新的伟大历史进程。在全面建成小康社会的背景下，《中共中央 国务院关于打赢脱贫攻坚战的决定》要求在 2020 年以前实现农村贫困人口脱贫。"精准扶贫"理念提出后，国家把"精准扶贫、精准脱贫"作为扶贫开发的基本方略，相互交叉又独立运行的扶贫开发政策和农村社会救助制度被整合进一个大的反贫困政策框架。在此阶段，反贫困研究主要围绕两个主题展开：一是精准扶贫战略的理念及实现途径；二是农村扶贫和社会救助制度的整合发展。

（一）精准扶贫的理念及实践

2013 年，习近平总书记在湘西考察时提出精准扶贫的理念，随后，"精准扶贫"作为六项扶贫机制创新之一在全国范围内推开。精准扶贫的理念提出以后，迅速成为一个学术热点，引起学术界的热烈关注和讨论，产生了海量的文献。[①] 精准扶贫提出的时代背景、主要内容、工作机制、重点难点以及实现精准扶贫的路径，都得到充分的讨论。还有学者在精准扶贫视角下，讨论了旅游扶贫、教育扶贫、生态扶贫、产业扶贫等具体扶贫工作的实施。

---

① 使用中国知网，检索标题中包含"精准扶贫"的期刊文章，在2015年、2016年和2017年分别有448篇、2075篇和3170篇。

精准扶贫理念催生出学术界对政策焦点问题的研究：

第一，贫困的精准识别与反贫政策的瞄准偏差。精准的反贫困政策，必须要能有效区分贫困人群和非贫困人群，并能准确评估出贫困人群的贫困程度，这依赖于有效的瞄准机制。瞄准机制是贫困人群及其贫困程度的识别方法，如何高效准确地找到应该被救助的贫困人口，是制定有效政策的基础。学者们敏锐地关注到，扶贫政策表现出的"益贫困地区"大于"益贫困户"的特征，并将这一现象的原因归结为扶贫政策实施过程中的瞄准偏差。这种现象有时也称为"精英俘获"，即区域内的精英群体在扶贫项目中受益更多。不单独在扶贫项目中，在农村最低生活保障项目中，也存在瞄准偏差的现象。多项研究表明农村最低生活保障项目的瞄准率很低（漏出率和错保率均较高），最低生活保障项目救助资源的发放对象与政策目标人群并不一致。

对于瞄准偏差现象，学术界从技术、管理体制、政治过程等多个角度进行解释。从技术角度，学术者们更关注扶贫制度设计中的缺陷和漏洞。朱玲（2011）认为，一方面，在扶贫资源竞争中，非贫困群体比贫困群体有更大的发言权；另一方面，出于对项目成功的预期，扶贫机构更倾向于选择易于成功的人群。所以，要提高瞄准效率，可以通过机制创新，融合自上而下和自下而上两种机制，也可以改进技术手段，例如使用多维度贫困标准来考察农村最低生活保障项目的瞄准率。也有学者认为，如果没有政策环境的改善，技术的改进并不一定能够带来更高的精准。还有寻求"政治"上的解释，农村最低生活保障项目从"底线救助"变异为"高位福利"，出现泛福利化的情况，最低生活保障对象突破底线群体、范围过广，最低生活保障标准超出底线标准、出现福利捆绑，吸纳了过多的资源。李棉管（2017）认为，对于扶贫过程中"瞄准偏差"的研究，可以归纳为技术、政治、文化等视角，技术视角将瞄准看作是一个技术难题，政治视角强调政治氛围、层级分化、基层社会治理等因素对扶贫资源分配的影响，而文化视角会考察福利污名化的文化差异及其在社会政策中的应用。

第二，倡导多维贫困与全面干预。早期对贫困的测量主要通过收入，以收入来衡量贫困，最大的优势是简单，但也存在不准确的缺点。随着对贫困的理解加深，人们发现对贫困进行单维度测量具有明显的局限性，收入低下只是贫困的一种表现，逐渐发展出多维贫困测量途径。随着多维贫困概念在国际贫困研究中的兴起，以阿尔基尔为代表的学者发展出一套多维测量贫困的方法。国内学者们认为，随着温饱问题基本解决，社会保险、教育、医疗卫生等基本公共服务逐渐拉开差距，也应该采取多维测量的方法。近年来，国内开始使用多维贫困的测量指标来对我国的贫困状况进行测量，这套测量方法通常包括收入、生活水平、教育、健康和社会保障等指标。

第三，福利治理中的反贫困政策。在"治理"的语境下，学者们展开了对农村扶贫项目和社会救助制度运行机制的讨论。在李迎生等（2017）看来，福利治理有两个方面的基本含义：一是以福利进行治理，把福利作为基层社会治理的手段。在农村最低生活保障政策实践中，基层政府往往把最低生活保障资格获取与农民的行为联系在一起，最低生活保障在某种程度上成为基层政权的"治理"手段。福利治理的逻辑正是农村最低生活保障目标定位偏差的深层次原因。二是对福利进行治理，实现福利政策目标。这既包括技术层面的改进，也包括制度和体制层面的完善。殷浩栋等（2017）区分了基层治理中的基于差序格局的价值型关系理性、趋利避害的工具型关系理性和非人格化的科层理性，扶贫项目投资的异化，原因就在于价值型关系理性优于科层理性，而科层理性优于工具型关系理性。

（二）扶贫开发和社会救助政策的整合发展

2007 年农村最低生活保障制度在全国范围内建立，使得我国农村扶贫开发和社会救助制度交叉重合的问题开始凸显，讨论两项制度的对接有了实践意义。2009 年，国家开始推行两项制度衔接的试点。如何将这两类针对农村贫困人口政策整合进一个反贫困框架，成为学术界关注的热点问题。现有研究主要集中在：

第一，农村扶贫开发和社会救助制度整合发展的必要性。在我国农村的反贫困政策中，实际上存在扶贫开发和社会救助两套不同的政策体系，前者侧重于环境建设，为具有劳动能力的贫困农户创造发展条件，后者为无能力参与市场活动的贫困农户提供基本生活保障。在长时间内，两类制度都是孤立运行的。这两类政策，在目标上具有一致性，而在政策对象上存在重叠，在功能上存在交叉和互补，如果保持分割运行的状态，不仅削弱反贫效果，还会造成资金使用分散、管理成本高等问题。两项政策各有所长也各有其短，只有进行有效整合才能发挥"1+1>2"的整体效应。

第二，农村扶贫开发和社会救助制度整合的问题和困难。农村反贫困政策的整合依赖于一定的条件，而农村扶贫开发和社会救助制度本身的运行特征，可能会成为制度整合的障碍。向德平和刘欣（2014）认为，扶贫开发与农村最低生活保障制度在反贫困的宏观目标上具有一致性，而在具体的政策概念、价值、对象、性质和目标上又存在一定的差异。两项制度衔接中的突出问题主要表现为政策对象识别和动态管理落实困难、衔接成本高、政策的负向激励与公平性不足等。左停和贺莉（2017）对农村扶贫开发和最低生活保障两项制度进行比较，发现两项制度在制度形成路径、执行部分、识别标准、覆盖人群方面都存在不同，交叉覆盖程度不高。刘宝臣和韩克庆（2016）认为，扶贫开发与社会救助在政策对象、运行机制和政策属性方面都存在不同，扶贫开发政策的未来走向、城乡社会救助的一体化趋势、两条贫困线造成的制度碎片化，都可能成为两项制度整合的障碍。

第三，农村扶贫开发与社会救助制度整合的措施和途径。因为两项制度各有其优势和运行基础，实现两项制度的整合发展，绝对不是要将两项制度合二为一，而是要在保持各自独立性的基础上实现有效的衔接和配合。其中，农村居民最低生活保障制度作为农村社会救助的主体制度，与精准扶贫工作的有效衔接，是我国当前反贫困战略的重点。从原则上来讲，扶贫开发侧重于农村社会的整体发展，而社会救助侧重于满足贫困人群的基本生活，在具体衔接机制上，包括了信息库整合、贫困标准对接、部门配合、评估开展、社会力量参与等。

六、结论和展望

自改革开放以来，学术界在农村扶贫开发和社会救助方面进行了大量研究，取得非常丰富的研究成果。结合不同历史时期我国农村贫困发生状况的变化和反贫困政策的变动情况，通过对代表性研究成果的梳理，对我国贫困治理知识的获得，可以得出以下基本结论：

首先，反贫困政策实践与理论的增长是相互促进的，贫困治理知识的获得不能脱离政策实践而存在。一方面，对农村反贫困政策的研究紧紧围绕政策实践展开，政策的重大变化往往会成为理论研究的热点，例如，面向贫困地区的扶贫开发政策带动了对区域性贫困的研究、精准扶贫战略实施导致精准扶贫成为理论研究的热点；另一方面，理论研究的深化也推动了政策的变革，例如，对农村贫困人口分布状况变化的讨论促使政府加强对农村社会救助制度的建设。

其次，贫困治理知识的获得是外来理论借鉴和本土化创新的结合。在众多的研究中，既能够发现对国外研究理论的借鉴，例如对"涓滴效应"的运用、能力贫困和多维贫困概念的引入，也能够发现学者们对我国反贫困政策实践的提炼和反思，例如对开发式扶贫战略的反思、对精准扶贫理念的阐释等。这种结合，推动我国对农村贫困问题和反贫困政策的研究由表及里、由浅入深，从描述贫困到理解贫困背后的深层次原因，从讨论政策运行特征到深入探讨政策的运行机制。

虽然关于农村贫困问题和反贫困政策的研究取得了丰硕的研究成果，这些研究成果让我们更好地理解中国农村的贫困现象，更好地把握农村扶贫开发和社会救助等反贫困政策的方向。但是，现有的研究尚不能向我们提供所有答案。贫困现象不会轻易消失，只要还存在贫困现象和贫困问题，那么对贫困问题及反贫困政策的研究就将持续下去。结合当前农村贫困发生状况和政策动向，在未来的贫困治理研究中，可能存在以下知识增长点：

第一，"后小康时代"的农村贫困特征和反贫困政策设计。到2020年，我国将全面建成小康社会。如果全面建成小康社会的目标如期实现，那么我国农村的贫困结构和贫困形态将发生巨大改变。在小康社会实现之后，仍然会存在"后小康时代"的贫困问题。可以预见的情况是，在现行贫困标准下，农村贫困人口全部实现脱贫，贫困县全部摘帽，区域性贫困的问题基本解决。在"后小康时代"，中国贫困分布将发生什么样的变化？是否仍然表现出区域性特征？贫困标准该如何调整？如何准确识别贫困人口？应对反贫困政策做出哪些调整？这些问题，都有继续讨论的必要。

第二，乡村振兴背景下的扶贫问题和脱贫问题。实现乡村振兴是近期国家所推行的一项重大战略部署，也是全面建成小康社会的一项重要任务。乡村振兴，意味着中国农村在经济、社会、文化、政治、生态环境等多个方面的全面发展和提高，而摆脱贫困是乡村振兴的一个重要内容。如何将农村的反贫困政策整合进乡村振兴战略之中？如何通过乡村振兴战略的实施来推动农村反贫困工作？这将是具有强烈实践意义的研究课题。

第三，城乡融合发展与城乡反贫困政策的统筹发展。打破城乡界限，实现城乡融合发展，缩小城乡差距，是我国政府所要努力达成的目标。统筹城乡社会保障制度，让城乡居民享受到同样的社会保障权利，是统筹城乡发展的题中之意。农村扶贫开发和社会救助的整合问题已经受到学术界的关注，随着统筹城乡社会救助制度的推进，扶贫开发与城市社会救助制度的衔接问题也应受到关注。此外，在城乡间流动的贫困人口，可能会漏出在反贫困制度之外，也应得到研究者的关注。

第四，对长期贫困和贫困代际传递的研究。当前，中国农村中的长期贫困和贫困代际传递现象已经得到关注。避免贫困居民陷入长期贫困，以及打破贫困的代际循环，无论在理论上还是在实践上，都需要进一步的研究和讨论。教育和医疗的作用已经得到了一定的讨论，而仍有进一步研究空间的还有贫困农户在反贫困中的主体性、就业救助在农村反贫困中的作用、服务型社会救助的设计和实施等。

参考文献

[1] Albert Park, Sangui Wang. Community-based development and poverty alleviation : An evaluation of China's poor village investment program Journal of Economic [J]. Social Suence Electror Publishing , 2010 (94): 790-799.

[2] Mark Selden. Poverty Alleviation, Inequality and Welfare in Rural China [J]. Economic and Political Weekly, 1999, 34 (45): 3183-3190.

[3] Poor village investment program [J]. Journal of Public Economics, 2020 (94): 790-799.

[4] Yansui Liu, Yuanzhi Guo , Yang Zhou. Poverty alleviation in rural China : policy changes, future challenges and policy implications [J]. China Agricultural Economic Review, 2018, 10 (2): 241-259.

[5] 蔡昉, 陈凡, 张车伟. 政府开发式扶贫资金政策与投资效率 [J]. 中国青年政治学院学报, 2001 (2): 60-66.

[6] 陈俊生. 消除贫困——伟大而艰巨的历史使命 [J]. 求是, 1996 (19): 6-11.

[7] 陈宗胜, 沈扬扬, 周云波. 中国农村贫困状况的绝对与相对变动——兼论相对贫困线的设定 [J]. 管理世界, 2013 (1): 67-77.

[8] 仇叶, 贺雪峰. 泛福利化: 农村低保制度的政策目标偏移及其解释 [J]. 政治学研究, 2017 (3): 63-74.

[9] 都阳, 蔡昉. 中国农村贫困性质的变化与扶贫战略调整 [J]. 中国农村观察, 2005 (5): 2-9.

[10] 方黎明, 张秀兰. 中国农村扶贫的政策效应分析——基于能力贫困理论的考察 [J]. 财经研究, 2007 (12): 47-57.

[11] 费孝通. 关于贫困地区的概念、原因及开发途径 [J]. 农业现代化研究, 1986 (6): 1-4.

[12] 关信平. 论现阶段我国贫困的复杂性及反贫困行动的长期性 [J]. 社会科学辑刊, 2018 (1): 15-22+209.

[13] 国风. 中国农村消除贫困问题分析 [J]. 管理世界, 1996 (5): 183-188.

[14] 贺雪峰. 中国农村反贫困战略中的扶贫政策与社会保障政策 [J]. 武汉大学学报 (哲学社会科学版), 2018 (3): 147-153.

[15] 黄季焜, 马恒运. 中国的扶贫问题和政策 [J]. 改革, 1998 (4): 72-83.

［16］贾俊雪，秦聪，刘勇政."自上而下"与"自下而上"融合的政策设计——基于农村发展扶贫项目的经验分析［J］.中国社会科学，2017（9）：68-89.

［17］康涛，陈斐.关于我国农村贫困与反贫困的研究［J］.华中农业大学学报（社会科学版），2002（4）：5-11.

［18］康晓光.中国贫困与反贫困理论［M］.南宁：广西人民出版社，1995.

［19］李棉管.技术难题、政治过程与文化结果——"瞄准偏差"的三种研究视角及其对中国"精准扶贫"的启示［J］.社会学研究，2017（1）：217-241.

［20］李实古，斯塔夫森.八十年代末中国贫困规模和程度的估计［J］.中国社会科学，1996（6）：29-44.

［21］李小云，张雪梅，唐丽霞.当前中国农村的贫困问题［J］.中国农业大学学报，2005（4）：67-74.

［22］李迎生，李泉然，袁小平.福利治理、政策执行与社会政策目标定位——基于N村低保的考察［J］.社会学研究，2017（6）：44-69.

［23］厉以宁.贫困地区经济与环境的协调发展［J］.中国社会科学，1991（4）：199-210.

［24］刘宝臣，韩克庆.中国反贫困政策的分裂与整合：对社会救助与扶贫开发的思考［J］.广东社会科学，2016（6）：5-13.

［25］邱泽奇，李守经.中国乡村贫困现实之尝试［J］.社会学研究，1992（5）：91-104.

［26］沈红.扶贫开发的方式与质量（续）——甘肃、宁夏两省区扶贫调查分析［J］.开发研究，1993（3）：48-50.

［27］时正新.论科技扶贫［J］.中国农村经济，1987（2）：15-16.

［28］唐钧.中国的贫困状况与整合性反贫困策略［J］.社会发展研究，2015（2）：22-40.

［29］童星，林闽钢.我国农村贫困标准线研究［J］.中国社会科学，1994（3）：86-98.

［30］王朝明.中国农村30年开发式扶贫：政策实践与理论反思［J］.贵州财经学院学报，2008（6）：78-84.

［31］王正理.贫困地区的特点及发展对策［J］.科学·经济·社会，1986（6）：330-333.

［32］吴国宝.对中国扶贫战略的简评［J］.中国农村经济，1996（8）.

［33］吴象.农业联系产量责任制的三种主要形式［J］.中国社会科学，1981（4）：63-76.

［34］吴忠.贫困与反贫困的理论探讨（上）［J］.开发研究，1991（4）.

［35］向德平，刘欣.构建多元化反贫困政策：农村低保与扶贫开发政策的有效衔接［J］.社会工作与管理，2014（A01）：54–61.

［36］徐德微.贫困地区内部经济差异与扶贫效率——对河北内丘县侯家庄乡的实证研究［J］.管理世界，1997（2）：191–198.

［37］徐月宾，刘凤芹，张秀兰.中国农村反贫困政策的反思——从社会救助向社会保护转变［J］.中国社会科学，2007（3）：40–56.

［38］徐月宾，张秀兰.我国城乡最低生活保障制度若干问题探析［J］.东岳论丛，2009（2）：23–24.刘凤芹，徐月宾.谁在享有公共救助资源？——中国农村低保制度的瞄准效果研究［J］.公共管理学报，2016（1）：141–150.

［39］杨理健.论科技扶贫的地位和作用［J］.农业现代化研究，1987（6）：58–60.

［40］殷浩栋，汪三贵，郭子豪.精准扶贫与基层治理理性——对于A省D县扶贫项目库建设的解构［J］.社会学研究，2017（6）：70–93.

［41］银平均.社会排斥视角下的农村贫困［D］.天津：南开大学，博士学位论文，2006.

［42］于祖尧.农业实行包干到户是我国经济体制改革的前奏［J］.经济研究，1983（3）：45–51.

［43］余华银.论我国扶贫战略的误区［J］.农业经济问题，1998（9）：34–37.

［44］远志明，薛德震.论"富"——党的富民政策断想［J］.人民日报，1984–08–03.

［45］张德元.农村的人文贫困与农村的"制度"贫困［J］.人文杂志，2002（1）：150–155.

［46］张铭羽，沈红.向市场经济体制转轨中的扶贫机制［J］.农业经济问题，1994（12）：28–32.

［47］张全红，张建华.中国农村贫困变动：1981—2005——基于不同贫困线标准和指数的对比分析［J］.统计研究，2010（2）：28–35.

［48］张翼.当前中国精准扶贫工作存在的主要问题及改进措施［J］.国际经济评论，2016（6）：77–85.

［49］赵慧珠.走出中国农村反贫困政策的困境［J］.文史哲，2007（4）：161–168.林闽钢，陶鹏.中国贫困治理三十年回顾与前瞻［J］.甘肃行政学院学报，2008（6）：51–56.Kun Yan. Poverty Alleviation in China：A Theoretical and Empirical Study［M］.Berlin：Springer–Verlag，2016.

［50］郑子青.贫困测量应当采用多维测度［J］.中国社会保障，2013（9）：40.

［51］中国农村发展问题研究组.农村发展中的几个新问题——"双包到户"后的安徽省滁县地区农村调查［J］.中国社会科学，1982（3）：93–110.

［52］朱玲.公共工程对乡村贫困地区经济增长、就业和社会服务的影响——关于80

年代以工代赈政策实施情况的典型调查［J］.经济研究，1990（10）：20–32.

［53］朱玲.应对极端贫困和边缘化：来自中国农村的经验［J］.经济学动态，2011（7）：27–34.

［54］朱玲.中国扶贫理论和政策研究评述［J］.管理世界，1992（4）：190–197.

［55］朱梦冰，李实.精准扶贫重在精准识别贫困人口——农村低保政策的瞄准效果分析［J］.中国社会科学，2017（9）：90–113.

［56］邹薇，方迎风.怎样测度贫困：从单维到多维［J］.国外社会科学，2012（2）：63–69.

［57］左停，贺莉.制度衔接与整合：农村最低生活保障与扶贫开发两项制度比较研究［J］.公共行政评论，2017（3）：7–25.

13. 乡村振兴战略下陕西农民专业合作社发展的问题与对策研究 *

冯煜雯

摘要： 农民专业合作社作为"小农户"和"大市场"有机衔接的重要组织载体和经济力量，在未来乡村振兴战略中的意义重大。陕西省农民专业合作社在《中华人民共和国农民专业合作社法》颁布后，迅猛发展，然而在发展过程中存在一些问题，如总体规模较小，发展层次低，制度不健全，运行不规范，缺乏技术、人才和资金等。本文提出确立农民专业合作社在市场中的主体地位，助推农民专业合作社的联合联盟扩张发展，完善各主体的利益联结机制，建立健全产业服务、风险防范、财政金融、人才培育"四大体系"，实现"四大转变"。

关键词： 乡村振兴；农民专业合作社；问题；对策

一、乡村振兴战略下农民专业合作社的重大意义

"产业兴旺、生态宜居、乡风文明、治理有效、生活富裕"的乡村振兴战略，是中共十九大提出的强国富民战略之一。乡村振兴战略是继统筹城乡发展、建设社会主义新农村之后，对"三农"工作做出的一个全面的、长久的战略部署。乡村振兴的主体是农民，而无组织的"小农户"在市场经济中处于弱势地位，农民专业合作社作为"小农户"和"大市场"有机衔接的重要载体、农村相关主体利益联结的桥梁纽带，在实施乡村振兴战略中意义重大。

1. 助力产业兴旺

农民专业合作社是乡村发展特色现代农业的有效载体，通过提高分散小

---

* 冯煜雯，西北工业大学博士在读，陕西省社会科学院农村发展研究所助理研究员，研究方向为管理科学与工程。

农的组织化程度，形成规模效应；通过对接科研院所、企业、政府等主体，提升农产品附加值；把农业生产与农产品加工、物流、旅游等结合起来，实现三大产业融合发展，做好产前、产中、产后全产业链服务，助力乡村产业兴旺。

2. 促进生态宜居

合作社通过自身的组织力量，引导农户进行标准化、无公害化种植，减少畜禽养殖污染，用有机肥料替代化学肥料，促进生物农药、绿色饲料的推广，减少农药和化肥的过度施用、塑料薄膜残留等造成的污染问题，促进乡村的生态宜居。

3. 助推乡风文明

农民专业合作社通过自身文化建设，积极弘扬"为农、诚信、合作"的合作社精神，大力推进社务诚信、成员诚信建设，着力创建团结、快乐、和谐的社会环境。在发展中，注重对成员文化素养和整体素质的培训，注重培养成员的合作意识、互助意识、民主意识、管理意识、经营意识、团队意识、协作意识及合作精神，传承乡村的人文风俗和历史文化，助推乡风文明建设。

4. 促进治理有效

农民专业合作社以公司化运营，内部形成"产权清晰、权责明确、管理科学、运转高效"的现代经营制度。成员大会是合作社的最高权力机构，由全体成员组成。坚持"民办民管民受益"的原则，以谋求共同致富为宗旨，切实保障社员对农民专业合作社生产经营活动的知情权、参与权、决策权和监督权，有助于以德治村和依法治村相结合的乡村治理模式的形成。

5. 带动生活富裕

农户参与合作社的受益方式主要有：通过农民专业合作社免费获得或低价购买农业生产资料；农户以土地出租或者流转的方式来获取土地流转费用；通过土地、果树等生产资料入股来获取股份并分红；在农民专业合作社生产基地工作并获取劳动收入；通过加入农民专业合作社免费获得技术指导和培训；通过向农民专业合作社销售农副产品，获得较高的产品销售价格；通过交易量等方式获得返利。可见加入农民专业合作社能够有效带动农户脱贫增收。

二、陕西省农民专业合作社快速发展成效显著

（一）农民专业合作社数量急剧扩张

《中华人民共和国农民专业合作社法》自 2007 年正式实施至今已超过十年，在这期间，陕西省农民专业合作社迅猛发展。截至 2017 年底，陕西省在工商部门登记注册的农民专业合作社达到 6 万家，入社农户约 230 万户，占陕西省农户总数的 30%，带动农户 340 万户。与 2008 年相比，合作社数量增长了约 16 倍，入社农户数增加了约 50 倍，农民入社率提高了 29.99%，带动农户数增加了 1.26 倍。自 2014 年认定农民合作社示范社开始至 2017 年，陕西省共认定示范社 2586 家，其中国家级示范社 253 家，省级示范社 891 家，如表 1 所示。

表 1　陕西省农民专业合作社发展情况

年份	2008	2012	2014	2017
工商登记（万家）	0.3544	1.8900	3.1300	6.0000
入社农户（万户）	4.4680	114.2000	164.7000	230.0000
入社率（%）	0.0100	15.8000	24.0000	30.0000
带动农户（万户）	150.0000	210.0000	275.0000	340.0000

陕西省各地市农民专业合作社快速发展，在 891 家省级示范社中，宝鸡、渭南、榆林、咸阳 4 市示范社数量均超过 100 家，其中渭南市示范社数量最高，达到 158 家，如图 1 所示。

产业也涵盖种植业、林业、畜牧业、渔业、农机、民俗工艺、加工业、旅游休闲农业等多个领域。涉及农业产前、产中和产后各阶段，连接了农业经营的收购、营销、储运各环节，农民专业合作社不断引入新技术，发展新业态，融合三大产业，基本克服了农户家庭分散、小规模经营的困难，提高了农业的组织化、市场化程度。陕西省省级农民专业合作社示范社共 891 家、省级示范家庭农场共 1017 家。其中，种植业分别占省级农民专业合作社示范社的62% 和省级示范家庭农场的 52%，，畜牧业分别占省级农民专业合作社示范社的 21% 和省级示范家庭农场的 24%，林业分别占省级农民专业合作社示范社

的 9% 和省级示范家庭农场的 16%。

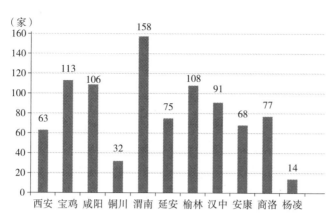

图 1　2017 年陕西省各地市示范社数量

陕西省各地农民专业合作社在发展过程中逐步形成五大模式，各种模式的优缺点及特征如表 2 所示。

表 2　陕西省农民专业合作社五大模式

模式	特征	优点	缺点	案例
合作社 + 农户	最基本的合作社模式，一般是由具有一定经济实力和能力的种养大户等牵头组建并组织运行的合作社	合作社组织人员熟悉本地环境、资源和政策，易于组建适合当地情况的合作社	容易造成大户和能人控制合作社，形成利益集团	在受调查合作社中，50% 的地方采用这种模式
合作社 + 基地 + 农户	这类模式合作社一般都有一定数量的生产土地，并且有一定的发展方向和目标，已经做好开辟定向市场的准备	社员可以在合作社的基地工作，生产基地密切了合作社和农户的联系；盈余主要按照成员投入的股份比例返还	生产基地的运行和维护对合作社管理人员的要求相对较高	汉坝村扶贫互助合作社
龙头企业 + 合作社 + 农户	这种类型的合作社，企业占合作社股份的绝大部分，社员须缴纳一定的会费，或以劳动或以产品入股	一般由企业发起成立合作社，通过合作社联结农户，这样避免了企业直接联结农户造成的很多麻烦	合作社依附性强，自主性较差	千阳县借力海升集团、华圣集团等龙头企业，形成该模式

续表

模式	特征	优点	缺点	案例
党支部＋合作社＋农户	党支部牵头组织合作社的形式	发挥党支部的作用	农户自主性较差	安塞绿源瓜果蔬菜专业合作社
联合社＋农户	组织模式由从事相关产业的不同合作社组成。形成产、加、销一体化经营的联合体	在各环节上带动社员和农户，通过联合社组建区域农业产业链经济	需要做好风险防控和监督监管	目前各地都在鼓励合作社成立联合社

（二）带动农民脱贫增收

1. 农户受益方式

在全社会脱贫攻坚战中，"合作社＋贫困户"成为各地产业扶贫的主要模式之一。农民专业合作社带动贫困户发展生产，成为产业脱贫的重要组织载体，成效显著。受调查贫困户中90%以上表示参与合作社后收入得到提高，户均收入增幅可达30%以上。各地区因地制宜，形成不同的合作社扶贫模式。如富平县富皇苹果种植专业合作社，对贫困户发放扶贫物资1.1万元，无偿提供优质苹果苗木4800余株。洋县朱鹮湖果业专业合作社从种植有机水稻、梨果、从事第二第三产业和鼓励贫困户土地入股分红、入社务工等方面精准帮扶，对贫困户进行了有机农业技术培训，免费发放有机肥料120吨、优质水稻种子1吨。洛南县云蒙山绿色动物养殖专业合作社以党员社员和骨干社员为主体，对当地农村贫困户开展结对帮扶，合作社户均扶持10万元，帮扶困难群众发展蛋鸡养殖产业。

2. 农户参与意愿

课题组对陕西麟游、富平、合阳、定边、米脂和延川等10个县的农民专业合作社项目建设进行了全面的实地调研。通过与农业部门、扶贫部门、农户进行座谈、访谈和问卷调查，充分了解合作社项目建设进度及对农户的影响。

受访农户共231人，男女性别比例为55∶45，年龄构成在16~65岁之间，其中25~55岁占比68.9%，贫困户占比30%。

（1）家庭人口情况。受影响农户户均4.42人，其中女性2.01人，占45.48%；户均劳动力2.54人，占57.47%，其中女性劳动力1.19人，占劳动力46.85%；户均务工1.57人，占劳动力的61.81%；户均上学0.87人。

（2）生产经营情况。被调查农户人均拥有 1.54 亩土地，68.7% 的家庭土地用于自己耕种，3% 的家庭土地集体耕种，19.4% 的家庭将土地出租，8.9% 的家庭将土地荒废。约 35% 的家庭从事养殖业。另外，23.5% 的家庭进行非农业生产经营，其中 47.2% 的家庭从事服务行业，16.7% 的家庭从事建筑相关行业，11.1% 的家庭从事餐饮住宿行业，8.3% 的家庭从事其他服务业。

（3）对合作社的态度。通过对农户调查显示，农户对种植型、养殖型和服务型合作社的参与意愿依次降低，麟游、富平、合阳三县的农户选择参加种植型专业合作社的比例达到 100%，定边、米脂和延川三县农户则对养殖型专业合作社参加意愿最高。各地农户主要是基于当地产业发展基础选择参与哪种类型的合作社，同时也说明目前陕西省农业产业梯度较低，仍然以传统种植业、养殖业为主，对农业社会化服务需求较少。关于合作社规模，受调查农户普遍认为专业合作社规模不宜过大，否则可能增加合作社的管理成本和协调成本，降低其运行效率。关于利益分配，受调查农户对按入股资金分红、按交易额返还、按奖励分红和其他方式四种合作社收益分配方式的认可比例依次降低。受调查农户中 60% 的农户加入了合作社，而在其余农户中，期望加入合作社的农户达 90% 以上，可见期望入社的农户与实际入社的农户数量差距较大。

（4）对农户的影响。参与合作社的农户中，90% 的农户表示加入合作社后从中受益，收入明显提高的农户占 59%，销售便利的农户占 60%，降低生产成本的农户占 41%，得到培训的农户占 65%。也有部分农户表示加入合作社对收入提高并不明显，合作社仅在农产品销售、购买生产资料和技术培训方面提供帮助，管理也较为松散，没有年终分红。少数农户参与合作社经营管理，许多农户不参与合作社决策。可见合作社的功能还不够完善，未与农户建立完善的利益联结机制，合作社权力集中在负责人和大农户手中，许多农户不享有决策权。此外，部分农户表示期望能够得到合作社分红，参与合作社管理决策。

三、农村专业合作社发展过程中存在的问题

（一）政策制度不完善，市场主体地位较弱

《中华人民共和国农民专业合作社法》亟待修改和完善，配套的地方性法律法规有待制定并完善，农民专业合作社财务会计制度有待完善；农民专业合作社的市场主体地位薄弱，极少数合作社能够成为有影响力的大机构、大组

织，多部门管理也不利于合作社的良性发展；农民专业合作社税收优惠政策落实不到位，土地承包经营权抵押政策不完善等。

（二）总体规模较小，发展层次较低

从农民专业合作社的规模来看，总体规模较小、原产品多、深加工少、产品附加值不高、产品竞争力不强，产业链条不完整。难以形成自身品牌。农民专业合作社注册资金 1000 万元以上的占比不足 10%，8% 以上的合作社社员人数不足百人。从合作社的种类来看，种养业仍是最主要的产业形态，加工业、服务业等类型的合作社数量较少。从合作社提供的服务来看，大多数合作社为社员提供农产品销售、农业技术培训和农业生产资料购买服务，在良种引进、农产品深加工等方面的服务较少。从质量安全来看，建立农产品质量安全追溯体系的合作社数量较少，"三品一标"认证较少，标准化程度不高，生产质量体系不够健全。

（三）缺乏利益联结纽带，带动性不强

目前大部分农民专业合作社是能人、农业大户的合作社，广大的农户社员并没有真正参与并获益。虽然大多数合作社都已建立了收益分配机制，但从实际收益返还情况来看，只有少数合作社进行了收益分配，且返还比例没有达到《中华人民共和国农民专业合作社法》的要求。许多农户对合作社的职能并不够了解，对与合作社之间的权利义务理解也不到位，对合作社收益分配并没有抱太大期望。

（四）内部制度不健全，运行不规范

许多农民专业合作社虽然制定了完善的章程，但不能真正按章程办事，运作不规范。财务管理规范化不够，部分农民专业合作社没有会计，缺乏监事会，还有部分农民专业合作社没有建立规范的财务制度和会计账簿，只有内部收支流水账；大部分农民专业合作社创立的时间较短，整体发展水平较低，运作和管理随意性较大，农民专业合作社民主意识不足，缺乏健全的决策机制，运行维护多依靠个人的信誉和权威来维持，农民专业合作社的合伙人多是能人大户和村干部成员，普通农户和贫困农户很少参与合作社的重大事宜决策。

（五）发展资金缺乏，融资渠道不畅

农民专业合作社普遍存在资金不足，融资渠道不畅的问题。首先，合作社普遍对政府资金补助依赖性较强，甚至部分合作社没有政府资金，就无法运营。其次，财政补贴资金较小，惠及面较窄，在引进新品种、新技术、技术培训、市场开发、品牌宣传等方面资金不足，难以满足农民专业合作社生产和发展的资金需要。最后，中国农业银行、农村信用合作社等金融机构对农民专业合作社这一市场主体没有授信贷款，农业保险未对接农民专业合作社，许多农民专业合作社融资还存有困难。

（六）技术和人才不足，缺乏核心竞争力

在农民专业合作社中懂技术、善经营、会管理的人才不多。在调研过程中发现，大多数管理层人员学历较低，本科以上学历人员占比较低，负责人大多是所在村组负责人或种养殖大户，由于农民自身认知的局限性，综合素质不高，缺乏理论和科技知识，品牌意识不强，管理层的培训机制不完善，导致负责人对农民专业合作社经营管理缺乏长远规划。农民专业合作社普遍缺乏专业人才，专业技术服务水平较低，技术人员数量不足，未能与科研院所有效对接，没能形成完善的技术服务体系，农民专业合作社经营范围主要集中在"微笑曲线"中端产品附加值低的位置，而前端新品种研发培育、农资农机等生产资料供应和后端精深加工等高附加值部分严重匮乏（见图2），难以形成完善的产业链，导致农民专业合作社在经营过程中缺乏竞争力。

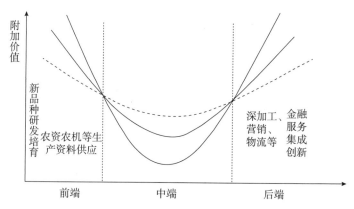

图2　农业生产"微笑曲线"

四、支持农民专业合作社健康发展，助力乡村振兴的建议

确立农民专业合作社在市场经济中的主体地位，助推农民专业合作社的联合联盟扩张发展，完善各主体的利益联结机制，建立健全产业服务、风险防范、财政金融、人才培育"四大体系"，实现"四大转变"。农民专业合作社作为农村经济中的一个重要组织载体和经济力量，在未来乡村振兴战略中的核心地位将越来越凸显，未来农民专业合作社发展将逐步实现"四大转变"。从数量急剧扩张，逐步向个体规模扩大、质量提升、数量增加势头减缓的态势转变；从专业性经营，逐步向综合性生产经营发展转变；从单一社发展，逐步向农民专业合作社联合和联盟的普遍趋势转变；从社员需求导向，逐步向市场需求导向转变。

（一）确立农民专业合作社在市场中的主体地位

首先，明确农民专业合作社的管理机构，制定《中华人民共和国农民专业合作社法》的配套法律法规，强化激励与监管并重的政策导向，出台加快推进农民专业合作社规范发展的意见，进一步明确农民专业合作社在市场经济中的主体地位，在农民专业合作社的组织形式、内部运行机制、内外部利益关系等方面进行规范指导，帮助农民专业合作社建立一整套企业化管理制度和规范化管理模式。

其次，进一步提高农民参与程度，引导农户合作经营。虽然陕西省农民专业合作社已达 6 万多家，入社农户 230 万户，但仅占陕西省农户总数的 30%，远不能满足农民发展生产的需求。引导并鼓励农民以土地经营权等各种资源要素作价出资办社入社，扩大成员覆盖面。

再次，加强农民专业合作社对接市场，实施品牌战略，鼓励扶持农民专业合作社申报有机认证、绿色食品认证，加大对农产品商标注册的力度，打造知名品牌，提高特色农产品进入市场的组织化程度。

最后，建立农民专业合作社的考核评价体系，引入第三方机构对农民专业合作社进行评估，完善审计抽查制度和惩处制度，健全农民专业合作社的准入机制与退出机制。

（二）助推农民专业合作社的联合联盟扩张发展

建设关中、陕南、陕北区域性农民专业合作社的试点示范工程，鼓励以农民专业合作社为成员依法自愿组建区域性农民专业合作社联合社，共同出资、共创品牌、共享利益。

打破行政区域界线，按照产业特征，引导同产业的农民专业合作社合并重组，扩大经营服务规模，培育发展一批起点高、规模大、竞争力和带动力强的农民专业合作社，建设如苹果、魔芋、蔬菜、茶叶、奶山羊等各类产业合作社的试点示范工程。完善农民专业合作社多种功能，支持有条件的农民专业合作社发展生产、供销、信用"三位一体"的综合业务合作。

要创新发展，对规模较大、运行规范的重点农民专业合作社或联合社采取超常规举措。例如，支持开展互助保险试点，探索帮助小农户多渠道化解风险的新型方式；给予更多的优惠包括税收、土地、资金奖励等，开辟绿色通道。

（三）建立完善农民专业合作社的利益联结机制

建立农民专业合作社与农户的利益联结机制，在保证农民获得土地流转收益、务工收益的基础上，进一步建立起由产权关系决定的新型合作经营模式，切实维护农民的合法权益。利益联结机制的主要形式是实行土地股份合作制。探索农户以土地，并且包括资金、劳动力等要素入股，让农民在合作社中拥有股份，参与合作社的经营管理监督。这样农民专业合作社与农户不仅有严格的经济约束，而且作为共同的出资者组合成新的市场主体，形成了"资金共筹、利益均沾、积累共有、风险共担"的经济利益共同体，能够充分调动双方积极性。在这种利益联结方式下，农民专业合作社与农户形成新型的产权关系。农户不再是单纯的原料提供者，而是产、供、销环节中利润的分享者。建立农村土地流转风险保障金制度，在农业支持保护补贴中安排一定数量资金作为流转风险金，保证农民基本的土地流转收益。

（四）完善农民专业合作社的现代农业服务体系

随着市场形势的变化和消费结构的升级，农民专业合作社应立足当地资源禀赋，做好产业规划，发展壮大主导产业和优势特色产业，如临潼的石榴、周至的猕猴桃、关中和陕北的苹果、陕南的绿茶等。

支持农民专业合作社建设加工、贮藏、保鲜、冷链物流等设施，根据需求高标准配备符合现代农业发展要求、质量优良、性能可靠的现代农机装备，构建农产品从田头到餐桌、从初级产品到终端消费无缝对接的产业体系，完善产业链的各个环节，促进农民专业合作社向产业链前端研发和后端精深加工、服务集成创新方面延伸，引进优质品种、先进设备，将大数据、云计算、"互联网＋"等引入农民专业合作社的经营领域，提高农产品科技含量，增加产品附加值。建立农业科技创新和科技推广示范体系，加快科技成果转化，推进农机装备产业转型升级，加强科研机构、设备制造企业联合攻关。

积极发展新产业新业态，利用生产基地，拓展农耕体验、文化娱乐、教育展示、休闲垂钓、住宿餐饮等农业的多功能服务，促进三大产业融合发展。

（五）建立健全农民专业合作社的风险防范体系

农业项目建设投入大、周期长、见效慢，农民专业合作社经营过程中既要承受自然风险、市场风险、管理风险、信用与道德风险，还要带动农民脱贫增收，承担准公共产品的职能，因此需要建立农民专业合作社的风险防范体系。首先，制定农民专业合作社的发展规划，加强产业引导，避免盲目性。要根据国家和陕西省对各地的功能区规划，因地制宜、发挥特色，准确选择适合本地发展、有市场开拓潜力的优势产业，明确产业发展的重点和区域布局，制定鼓励和引导农民专业合作社发展的专项规划。其次，农民专业合作社应加强自身财务管理、提高账务透明度，降低财务风险。再次，由政府出资建立风险基金、担保基金，专门对农民专业合作社进行担保，用于风险损失的补偿。最后，积极推进农业保险，有针对性地增加保险品种和覆盖范围，保障产业发展的可持续性。

（六）完善农民专业合作社的财政金融支持体系

第一，加大财政支持力度。采取政府扶持、以奖代补、财政贴息等办法扶持农民专业合作社发展。在坚持集中财力、保证重点的原则基础上，扩大财政支持范围、对象。通过财政贴息，调动金融机构对农业企业贷款的积极性。

第二，加快扩大土地经营权抵押担保试点范围，探索设施设备、生产基地的地上附着物、产品订单、农产品等作为抵押担保，并建立农业政策性担保机构。完善抵押担保制度，允许农民专业合作社以自有资产抵押或成员联保等形式办理抵押贷款，解决其生产性、季节性和临时性的资金需要。

第三，建立适合农民专业合作社的信贷评级制度，合理确定信用评级标准，制定适合农民专业合作社的信贷管理政策，出台相关配套的政策。

第四，对用于种植业、养殖业等生产领域的贷款利率可适当给予优惠。金融机构要降低贷款门槛，使从事农产品加工、储藏、运输等环节的成员，均可使用小额信贷。

（七）强化农民专业合作社的人才培养与引进体系

第一，培养职业农民。随着"大西安农民节"的设立，让农民转变为新型职业农民，农民不再是身份，而是一种职业，让农民成为更有吸引力的职业。大力培养职业农民，组建一支高效专业的职业农民队伍，创造农民专业合作社发展的可持续性和新动能。

第二，鼓励和支持农技人员、高校毕业生领办或创办农民专业合作社，基层农业技术推广部门、科研院所、大中专院校及农业产业化龙头企业与农民专业合作社开展技术合作，鼓励和支持科研人员以知识产权出资加入农民专业合作社。

第三，出台一些有利于农民专业合作社引进人才的政策，积极引导大学生到农民专业合作社就业或挂职锻炼，各级财政每年给予一定数额的生活补贴，组织人事部门在招录公务员、事业单位干部等方面给予优惠优先，建立健全表彰激励机制，打通优秀人员进入农民专业合作社领导班子的渠道。引入职业经理人制度，采取专职兼职相结合的方式。

第四，加强对农民专业合作社负责人、社员、工作人员的培训，针对各专业合作社存在的问题，在市场营销、信息利用、财务核算、种养殖技能等方面对人员进行强化培训。

参考文献

［1］刘宇翔.欠发达地区农民合作扶贫模式研究［J］.农业经济问题，2015（7）：37–45.

［2］王勇.沿海发达地区农民专业合作社的农业社会化服务功能［J］.农机化研究，2013（9）：246–249.

［3］姚爱锦.农民专业合作社融资难的原因及对策［J］.现代农业科技，2013（8）：348–349.

［4］游玲玲.推动现代农业发展促进农村扶贫开发——加快增城市农民专业合作社发

展的设想［J］.经济视角，2011（29）：159–161+163.

　　［5］赵丹阳.农民专业合作社对农户增收的带动效应——基于博弈视角分析［J］.农村经济与科技,2015（7）：79–81.

14. 秦巴山区易地搬迁脱贫的镇坪路径 *

赖作莲

摘要: 易地搬迁脱贫是"一方水土养不起一方人"地区消除贫困的有效方式,是脱贫攻坚"八个一批"精准扶贫工程的重要举措。地处秦巴山区腹地的陕西省安康市镇坪县在高质量落实国家、省市易地搬迁脱贫政策的实践中,走出了独特的镇坪路径。"三级五方",齐抓共管力促搬迁脱贫;"三精"管理,搬迁脱贫"提速度、上水平";"产业园+兜底院",破解"夹心层"搬迁难题;"社区+园区",有业安置稳人心;"社区工厂",让搬迁贫困户在家门口上班;打造搬迁"升级版",社区建成景区。

关键词: 秦巴山区;易地搬迁脱贫;镇坪;路径

易地搬迁脱贫是"一方水土养不起一方人"地区消除贫困的有效方式,是脱贫攻坚"八个一批"精准扶贫工程的重要举措。秦巴山区作为全国 11 个连片特困地区之一,山大沟深、地质构造复杂,是自然灾害多发易发区,许多贫困人口需要通过易地搬迁来摆脱贫困。

易地扶贫搬迁作为一种政府主导的扶贫模式,国家相继出台实施了一系列的政策文件。《国民经济和社会发展第十一个五年规划纲要》明确对缺乏生存条件地区的贫困人口实施易地扶贫。《中国农村扶贫开发纲要(2001—2010年)》提出了关于自愿扶贫移民的政策主张。此后,又专门制定了《易地扶贫搬迁"十一五"规划》《易地扶贫搬迁"十二五"规划》《"十三五"时期易地扶贫搬迁工作方案》。《中共中央 国务院关于打赢脱贫攻坚战的决定》和《中共中央国务院关于打赢脱贫攻坚战三年行动的指导意见》也对易地扶贫搬迁进行详细部署。在中央政策的指导下,秦巴山区各省结合各自的情况又出台了具体省级政策。以陕西省为例,陕西省相继制定和实施了《陕西省农村扶贫开发规划(2001—2010)》《陕南地区移民搬迁安置总体规划(2011—2020 年)》《陕

---

* 赖作莲,女,管理学博士,陕西省社会学院农村发展研究所副研究员,研究方向为农村经济。

南地区移民搬迁安置工作实施办法（暂行）》《陕西省"十二五"农村扶贫开发规划》《陕西省人民政府办公厅关于进一步加强和规范陕南地区移民搬迁工作的意见》《陕西省"十三五"易地扶贫搬迁工作实施方案》。中央、省级政策的出台为易地扶贫搬迁的实施提供了强有力的政策保障。

但是易地扶贫搬迁能否实现"搬得出、稳得住、能致富"的政策预期目标，不仅取决于制度设计，也取决于政策执行，特别是县级政府对政策的贯彻与落实。高质量的政策落实，既要求不走样地执行政策，又要求政策符合县域实际，政策为群众接受和认可，得到群众拥护。陕西省安康市镇坪县地处陕西省最南端，大巴山北麓，东与湖北省竹溪县接壤，南与重庆市巫溪县、城口县毗邻，素有"鸡鸣一声听三省""一脚踏三省"之称。镇坪县境内山冈连绵，峰岭叠嶂，是易地搬迁脱贫的重点县。镇坪县 2017 年全县总人口 5.93 万人，2011~2017 年已累计搬迁 4979 户共 14571 人，搬迁人口占全县总人口的 24.57%。本文试图以地处秦巴山区腹地的陕西省安康市镇坪县为例，探讨县级政府执行落实中央、省市政策，推动易地搬迁脱贫的路径和办法，为丰富易地扶贫搬迁模式、经验，提供陕西省秦巴山区样本。

一、"三级五方"：齐抓共管力促搬迁脱贫

"三级"指"县、镇、村"三级，"五方"指"县政府常务会议＋县扶贫开发领导小组办公室＋县相关部门＋镇政府＋村级干部"各方。"三级五方"就是指镇坪县上下一心齐抓、各方聚力共管，推进易地搬迁脱贫的工作格局。

（一）"三级"联动

镇坪县高度重视易地搬迁脱贫，将搬迁脱贫作为了一项"拔穷根"的治本工程来全力推进。镇坪县成立了由县委书记任组长，县长任责任组长，县委副书记、常务副县长、组织部长、分管副县长任副组长的移民（脱贫）搬迁工作领导小组。在县内形成了县负总责统筹实施、镇负责对象核准、村负责环境保障的三级搬迁推进机制，为移民（脱贫）搬迁工作的高效推进提供了强有力的组织保障。为了更好实现"三级"联动，推行"三联"包抓机制，即县委常委联镇包抓、县级领导和县级部门联村包抓、干部联户包抓，使每个需要搬迁的

贫困户都有人帮扶，都有人负责。

（二）"五方"聚力

"五方"聚力的具体运行表现：

（1）县委县政府决策。县政府每月常委会议专题讨论、决策移民（脱贫）搬迁重大事项，县委、县政府还通过召开移民（脱贫）搬迁工作动员会、推进会、相关部门联席会等多种形式的会议，细化工作任务，明确单位职责，解答群众疑惑。

（2）县搬迁具体负责。县搬迁办负责具体实施搬迁事项。以核定的搬迁扶贫数据库为基础，依照每户计划，倒排工期、责任到人，统筹压茬推进。县搬迁项目管理部、技术服务部对各镇、村安置房和配套设施工程建设进行跟踪指导，每月定期巡查所有搬迁扶贫安置项目建设，对发现的问题现场责令整改，对工程施工过程中的疑惑进行现场指导，加快搬迁安置房屋如期完工。

（3）县各部门管保障。县相关部门全力保障基础设施和公共服务设施建设，包括县交通局保障搬迁安置点的道路建设、县水利局保障搬迁群众生产生活用水、县卫生局保障搬迁安置点的卫生室建设等。

（4）镇政府管实施。在镇一级建立县级联村领导、驻村扶贫部门负责人、镇党委政府班子成员"三位一体"的领导责任体系，在镇政府的统揽下开展易地搬迁脱贫工作。首要的是精准确定搬迁对象，干部进村入户、调查摸底，确定安置区选址、规划。例如，曾家镇在推动洪阳移民搬迁集中安置点的建设中，镇政府抽调精兵强将，成立 15 人移民搬迁调查队，分成 3 个工作组，进驻洪阳、云雾、仁河 3 个村，集中 10 天时间，逐户上门宣传搬迁政策，了解群众家庭现状，调查群众搬迁意愿，做到了搬迁意愿清、家庭状况清、居住环境清"三清"。镇干部还对移民（脱贫）搬迁政策进行专题辅导，面对面地向群众宣传政策，答疑解惑。在对群众的宣传辅导中，因地制宜采用了多种方式，先后发放《陕西移民（脱贫）搬迁政策 60 问》2500 多册，宣传彩页 2500 余份。通过立体式、全方位宣传，极大地转变了群众观念，打消了心中顾虑，增强了群众在搬迁中的自我能动性，变"要我搬"为"我要搬"。

（5）村管施工环境与服务。村级组织和村干部保障移民搬迁安置建设的顺利施工，并做好已入住对象的后续服务。

二、"三精"管理：搬迁脱贫"提速度、上水平"

"三精"管理是指"精准搬迁、精细管理、精确施策"。镇坪县以精准搬迁为基础，以精细管理为关键，以精确施策为核心，镇坪县坚持"三精"管理，提升易地搬迁水平，切实做到搬迁脱贫"走在前面、干在实处"。

（一）精准搬迁是基础

精准识别对象，严格三级公示。结合贫困户建档立卡"回头看"，严格执行搬迁户申请、村民评议、镇村初审、相关部门审定、县区政府批准的程序，坚持村、镇办、县区三级公示，精准确定搬迁对象。

精准房屋建设，以户定建压茬推进。成立搬迁扶贫专项督查组，由县搬迁办副主任带队对 2016 年的 12 个脱贫村搬迁脱贫对象逐户核查，进一步核准核实对象，完善搬迁扶贫台账，调整贫困信息系统，逐户制订搬迁进度计划，村建档、镇造册、县建库，以户定建、销号管理，确保年度搬迁脱贫任务如期完成。

精准搬迁安置，确保"三优先"搬迁。按家庭人口、劳动力、智力、体力状况，分类精准搬迁安置。优先搬迁安置地质灾害威胁户、洪涝灾害威胁户和特困户。对贫困程度深、想搬而搬不起的建档立卡搬迁户，按家庭人口 3 人60 平方米、4 人 80 平方米、5 人及以上 100 平方米的标准建设住房，无偿提供给贫困户居住。对五保户和家庭人口 2 人以下户除农村敬老院集中供养以外仍需要解决住房的，全部通过"交钥匙"工程统一建设搬迁安置房，供其无偿居住。

（二）精细管理是关键

完善四级分类建档管理。按照"户建包、点建册、镇建档、县建库"，进一步健全完善"县、镇、点、户"四级分类档案，提升工作质量和规范水平。严格配套设施项目管理。按照"五制"要求，落实"五方"责任，加强大、小配套设施的建设管理，完善项目资料，严格质量监管，确保安置项目合格达标。规范资金管理。按照"物理隔离、封闭运行、专款专用"的要求，进一步完善拨付管理使用制度，规范资金使用管理。加快对象验收和资金兑付工作，积极组织安置项目竣工验收报账，杜绝资金滞留。严格底线管理，坚守搬迁安置房面积、群众自筹资金"双红线"和"建房不举债、搬迁不致贫"的底线，严格执行政策标准，对标问题持续整改。

（三）精确施策是核心

抓试点。开展四个试点，结合全县脱贫攻坚实际情况，开展"一村一企一基地，一户一法一产业"试点、社区管理试点、旧宅基地腾退试点和"两房对接"工作试点，致力破解产业、社区、旧宅、存量房源的问题，力求最大限度惠民利民。

抓"两证"。抓"两证"办理，保障移民权益。在尊重搬迁群众意愿的前提下，县国土资源、农业、林业、公安、住房和城乡建设、搬迁办等部门整合力量做好基础工作，为搬迁群众办理土地使用证和房屋产权证，努力探索土地综合利用、土地腾退等试点工作，切实维护了搬迁群众的合法权益。

抓就业。镇坪县从创业就业、技能培训、产业发展等方面出台政策措施，建立重点企业与搬迁对象联动发展机制，采取产业发展带动一批、就业创业带动一批、开发就业岗位扶持一批、"三变"改革带动一批等举措，对搬迁群众进行精准帮扶，把就业岗位落实到人、扶持政策精准到户、产业帮扶精准到安置点。

三、"产业园 + 兜底院"：破解"夹心层"搬迁难题

贫困户情况千差万别。所谓"夹心层"是指既不符合集中供养（或交钥匙）条件，又无建房经济能力的农村低收入贫困家庭。如何让"夹心层"实现顺利搬迁？镇坪县在实践中走出了"产业园 + 兜底院"的路子。

（一）运行步骤

"产业园 + 兜底院"的核心是"园院融合"，其具体运行包括两个重要步骤：一是建立兜底院，通过积极动员，以镇为单元将有劳动能力而无建房能力

的危居、无房"夹心层"贫困户集中安置。二是以产业园吸纳贫困户，让贫困户融入产业园。首先，以产业园区为载体，由企业提供就业岗位，实现贫困劳动力就近稳定务工增收；其次，在贫困户自愿的前提下，将迁出贫困户土地、林地、宅基地等资源交由产业园有偿开发，最大化为贫困户创造利益，实现增收；最后，将入院贫困户纳入综合管理，提供更好的生产生活环境。

（二）政企合作

"产业园＋兜底院"的融合发展，依赖有效的政企合作，政府与企业相互配合，发挥各自的作用。企业以产业园区为载体，发挥园区引领贫困人口发展的组织带动作用，解决园区劳动就业需求，让贫困人员向园区聚集，使贫困户获得稳定的收益。政府通过在园区建立安居周转房、对园区产业政策奖补、院区配套项目资金、提供免费技能培训四个方面对企业进行扶持，让企业健康成长、带动贫困户更加有力。

在具体推进过程中，政府与企业的职责和角色表现为：①由政府按照 PPP模式（或者 BTO 模式）许可企业建设兜底院，政府配套基础设施，负责对象帮扶和对企业政策的支持。②政府与企业共同认定入院对象，企业保障入院对象"两不愁、三保障"。③企业负责按照"园院共建、相互融合"的思路实施对象入院管理、生产安排、薪酬分配和福利发放。④企业着力保障足够的园区承载力和用工需求，培育入园贫困户建立和享有持续的增收能力并实现如期脱贫。⑤政府着力培育企业稳定并逐步扩大经营范围和经营能力、保障入院对象到户扶贫政策的持续性和稳定性。

（三）运行效果

通过产业园和兜底院的融合发展，一方面，通过企业对入院的贫困户有针对性地开展劳动技能培训，变贫困人口为企业工人，实现贫困户安居、增收脱贫；另一方面，企业通过政府扶持和贫困户资源的注入，使园区产业规模进一步扩大，用工来源更加稳定，实现了互利互惠，共享发展。

为了体现搬迁安置中的公平、公正，"产业园＋兜底院"模式实行"336"的原则。即"三搬"（搬危房、搬特困、搬不便），"三扶"（扶产业、扶项目、扶技能），"六保障"（安居有保障、设施有保障、就业有保障、医疗有保障、养老有保障、教育有保障）。通过对入院贫困户对象筛选，对园区产业、项目和技能培训进行扶持，对入院贫困户住房、就业、医疗、养老等进行保障，既使政策优惠享受聚焦到"夹心层"，又使"夹心层"搬迁有保障。

位于牛头店镇的镇坪欣陕农业科技有限公司是一家集高山富硒茶叶和高山有机绿色食品种植、养殖、生产加工、销售及旅游开发为一体的现代循环农业企业。在政府的引领下，采用"产业园＋兜底院"的模式参与脱贫攻坚工作。镇坪欣陕农业科技有限公司为搬迁户建房，建设"兜底院"。同时，公司在发展高山富硒茶的基础上，打造"园区＋景区"的旅游产业园区。在产业园的建设发展中吸纳贫困户参与。搬迁户将土地流转给公司，公司通过整合土地资源，建设连片茶园，并完善观光步道、路灯等基础设施，积极开发休闲农业和生态旅游业。通过公司发展产业，带动搬迁群众脱贫致富。

四、"社区＋园区"：有业安置稳人心

"社区＋园区"是指搬迁安置社区与产业园区相结合，解决搬迁群众就业，实现有业安置。镇坪县在搬迁安置中，遵循"规划选址先定产业、对象确定先选产业、搬迁安置先兴产业、后续服务先抓产业、督查考核先看产业"的原则和思路，在搬迁安置社区的建设中，先期规划建设产业园区，优先谋划就业增收，实施先业后搬。

（一）移民社区与产业园同步建设

为带动贫困户脱贫，自精准扶贫开展以来，镇坪县新建提升了50个现代农业产业园区。其中不少园区是与移民社区同步规划建设的。与曾家镇的"和顺家园"相配套，在安置区的周边规划建设了宏枫现代农业园区、天源生态养殖园区。目前，宏枫现代农业园区内已建成连片500亩的烤烟示范基地1个、2000亩的标准化高山茶园1个、50万袋食用菌基地1个、万头生猪养殖小区1个；天源生态养殖园区建成30000平方米的"多鳞铲颌鱼"生态养殖区，累计带动和实现就业150人。与曾家镇洪阳移民搬迁安置点相配套，在安置点以镇坪县洪阳食品开发有限公司和安康滕展农业发展有限公司为龙头企业，建立了以乌鸡养殖为重点的现代农业园区。城关镇文彩沟避灾扶贫搬迁安置点文彩安置社区，以"山上建园区，山下建社区"为思路，建设"文彩产业孵化园区"。

围绕曙坪镇联合村渔棚子移民搬迁安置社区，打造旅游景区。按照曙坪镇乡村旅游总体布局，重点打造盐道旅游示范村。依托旅游资源，以旅游产品开发、特色产业升级、生态环境保护等为重点，在移民安置点内发展农家乐、休闲观光服务、产品加工营销，通过全域旅游促进经济发展，拓宽搬迁户增收渠道，从而带动全村的脱贫致富。围绕洪石镇五星桃花安置社区建设特色产业园区。引进重庆腾展家禽养殖有限公司投资 5000 万元，流转山林 5000 亩和土地 100 亩，建设镇坪乌鸡种源、示范养殖、物流销售、饲料加工和林下养殖基地，新增就业 100 人。建立食有菌种植基地，在振华生态菌业专业合作社的带动下，发展食用菌 50 万袋。依托县烟草公司的带动，发展烤烟 200 亩。

（二）龙头企业带动产业园区

产业园区发展需要龙头企业带动。面对镇坪县企业规模小、经济总量少、龙头企业少的情况，县委、县政府先后发文《关于印发镇坪县扶贫龙头企业绩效评价及扶持办法的通知》和《关于印发镇坪县扶贫龙头企业认定办法的通知》扶持龙头企业发展，按照安居与乐业统筹、生产与生活同步的原则，依托现有产业资源，在园区中建社区，靠社区规划园区，在每个社区都配建一个以上的产业园区和创业基地，促进搬迁群众就近就地就业，建立有特色、可复制的镇坪移民（脱贫）搬迁模式。

五、"社区工厂"：让搬迁贫困户在家门口上班

镇坪县在实施易地扶贫搬迁的过程中，针对移民搬迁集中安置社区一楼门面房容易闲置的状况，积极引进劳动密集型企业入驻，兴办"社区工厂"，使搬迁居民实现"楼上居住、楼下就业"。搬迁群众在居住环境改善的同时，还实现了在家门口就业，得到了实实在在的实惠。

（一）社区工厂概况

2017 年 7 月，安康市政府下发《安康市人民政府关于培育和发展社区工厂的实施意见》，出台一系列政策扶持，从准入门槛、资金扶持、技能提升、融资服务、税费减免等方面大力培育发展社区工厂，解决搬迁群众就业问题。镇坪县在较好地贯彻落实《安康市人民政府关于培育和发展社区工厂的实施意

见》的同时，还研究出台了《镇坪县社区工厂带动贫困户考核奖补办法》，根据社区工厂带动贫困户就业的贡献大小，提供不同程度的房租减免、扶持贷款、政策免息等政策优惠。曾家镇"和顺家园"社区工厂和牛头店镇社区工厂是两大突出典型。

"和顺家园"扶贫搬迁安置区位于镇坪县曾家镇集镇中心位置，是曾家镇党委政府按照"安居才能乐业，乐业才能致富，致富才能脱贫"的工作思路，着力打造的宜居宜业的新型农村聚集社区，也是镇坪县建设县域副中心、推进新型城镇化的重点项目之一。社区规划占地 183500 平方米，计划建筑面积 11.9 万平方米，安置 1100 户共 4000 人，截至 2016 年已搬迁安置 740 户共 2868 人，其中建档立卡贫困户 183 户共 695 人，2017 年计划搬迁安置 360 户共 1132 人。

"和顺家园"社区先后引进了镇坪县美通达科技有限公司、镇坪县民无忧手套社区工厂、镇坪县欣益电子社区工厂入驻，成为了一个社区工厂集中区。镇坪县美通达科技有限公司成立于 2018 年 3 月，主要从事手机数据线、高端无线充电设备的生产和销售。该公司分四期建设，计划共投入建设资金 1500 万元，厂房占地面积 1800 余平方米，预计可吸纳 200 余人就业。目前公司完成一期建设并开工投产，带动务工人员近 50 人，其中建档立卡贫困户 19 人，搬迁户 12 人，务工人员可月均增加 2500 元收入。镇坪县民无忧手套社区工厂是一家从事劳保手套代加工及销售的公司，现有办公室、厂房、宿舍共 1800 余平方米，吸纳 50 余人就业，月工资 2500~3000 元。镇坪县欣益电子有限公司是曾家镇人民政府招商引进的一家民营企业，公司于 2017 年 8 月 2 日成立，注册资金 300 万元人民币。其主要经营高频变压器、磁环电感等电子元件生产、加工。目前已筹备完毕，正式投产，现已在搬迁户和贫困户中招聘员工 50 人，其中搬迁户 20 人，贫困户 20 人，其他 10 人，年生产总值可达 1200 万元。

牛头店镇为解决贫困户就业，联合镇坪县恒达电子有限公司在集镇开办社区工厂。2017 年 7 月开工，首批吸纳 25 名贫困劳动力上岗就业。公司实行以计件为主、计时为辅的模式，普通劳动力每月可增收 1500 元以上。

（二）社区工厂的成效

镇坪县在着力建设好搬迁安置社区配套设施的基础上，加大招商引资力度，优化投资环境，建成了曾家镇"和顺家园"、牛头店集镇安置社区、城关镇文彩沟口安置社区等一批社区工厂。社区工厂的开业运营，真正实现了搬迁安置居民"挪穷窝、挖穷根、避险情"与"搬得来、稳得住、能致富"的目的，不少搬迁群众既能"在家照顾老和小"，又能"就地就近创家业""社区工厂上班好"。

六、打造搬迁"升级版"：社区建成景区

（一）建设和完善综合配套设施

为了让移民搬迁户享受到优越的综合配套服务，镇坪县充分尊重民意，既考虑移民搬迁户基本居住功能需求，又兼顾考虑移民搬迁户致富后生活品质要求，将搬迁扶贫与综合服务配套相结合，在全县移民搬迁集中安置点修建休闲文化广场、社区服务中心，并且整合部门配套资金、移民搬迁专项资金，建设水、电、路、桥等基础设施和绿化、亮化、美化、休闲文化广场、社区服务中心等配套项目。在曾家镇"和顺家园"社区不仅建成多层单元房，完成小区配套路网、社区广场、社区服务中心、垃圾填埋场等公共基础设施，同时还配套建设社区幼儿园、社区卫生室、文体活动中心等公共服务设施。

（二）积极推动安置社区提档升级

镇坪县抢抓国家大力增加易地扶贫搬迁投资力度的机遇，按照"差的提、缺的补"原则，采取"科学规划、合理布局、整合资源、配套设施、扶持产业、促进增收"的办法，对集中安置点的基础配套设施和公共服务设施进行完善升级，在安置社区配套建设上强化功能配套，把搬迁工程建成精品工程。通过推动安置社区提档升级，曾家镇"和顺家园"安置社区、牛头店集镇安置社区、城关镇小河锦绣城安置社区等移民（脱贫）搬迁安置点的配套设施、公共服务设施和功能结构，得到明显优化。

此外，结合乡村旅游、全域旅游的发展思路，推动安置社区在绿化、亮化、文化建设上的提档升级，力求将每一项工程建成景观，将每一个社区建成景区，成为全域旅游、乡村旅游核心亮点，实现移民（脱贫）搬迁"人口下山，产业上山，产品出山，游客进山"。

通过打造搬迁"升级版"，最终实现社区建设景观化、后续发展产业化、项目管理规范化、服务管理社区化，真正让搬迁群众享受到高品质的生活。

七、小结

自新时期易地扶贫搬迁工作实施以来，镇坪县把易地扶贫搬迁作为一项治本性的民生工程，采用整体系统性思维，坚持易地搬迁与产业发展一盘棋，分类施策精准搬迁脱贫，将搬迁脱贫抓实，取得了显著成效，赢得了群众的满意和社会的认可。通过易地扶贫搬迁，大量搬迁户彻底摆脱了不适宜居住的环境，有效地带动了特色产业发展，促进了群众增收致富，加速了城镇化发展进程，促进了农村生态环境改善，也走出了独特的易地搬迁脱贫镇坪路径。

参考文献

［1］何家理，陈绪敖. 秦巴山区退耕还林与连片扶贫攻坚互动途径及机理研究［M］. 北京：科学出版社，2016.

［2］社区工厂看安康 亮点纷呈成效多［EB/OL］. 兵马俑在线，http：//news.wmxa.cn/shaanxi/201711/520639.html，2017-11-25.

［3］苏海，覃志敏. 实施易地扶贫搬迁［EB/OL］. 中国减贫研究数据库，http：//www.jianpincn.com/skwx-jp/Lilerature Detail.aspx?ID：484629，2020-03-24.

［4］张国栋，谭静池，李玲. 移民搬迁调查分析——基于陕南移民搬迁调查报告［J］. 调研世界，2013（10）：25-27.

［5］镇坪"2345"精准开展避灾扶贫搬迁安置工作［EB/OL］. 安康市亿政府，http：//www.ankang.gov.cn/Content-94926.html，2016-04-13.

15. 秦巴山区集中贫困区以产业精准脱贫带动乡村振兴研究 *
——陕西省安康市南部镇坪县的案例启示

孟宏斌

摘要：我国产业扶贫经过近几年的发展，取得了巨大成就，贫困地区群众增产增收，生活水平和质量显著提高，也形成了一些初具规模和具有品牌效应的特色产业。尽管如此，产业扶贫还面临着诸如基础设施不完善、劳动力素质不高、脱贫任务重、难度大的挑战。各级政府需要在基础设施建设、教育培训、政策和资金投入、管理机制等方面多做工作。本文以陕西省南部镇坪县产业扶贫实际情况为例，描述了其在产业扶贫方面取得的成就和面对挑战所采取的措施，为其他贫困地区的产业扶贫开展提供了案例借鉴。

关键词：秦巴山区；产业扶贫；精准脱贫；镇坪案例

自党的十八大以来，在党和国家的不断努力下，我国的脱贫攻坚战取得了辉煌的成就。截至 2017 年，有 6000 多万的贫困人口走出了贫困。近年来，精准扶贫逐渐被实践证明是打赢脱贫攻坚战的关键，只有做好精准扶贫，才能实现真正脱贫。党的十九大把精准扶贫作为实现全面建成小康社会的三大攻坚战之一，而产业扶贫作为实现精准扶贫的重要一环，扮演着造血、增收的重要角色，是实现扶贫、脱贫目标的关键。

* 孟宏斌，男，中国人民大学出站博士后，陕西师范大学副教授，硕士生导师，主要研究领域为三农理论与政策。

一、精准扶贫视角下产业扶贫的发展现状

在习近平新时代中国特色社会主义思想指导下，全国各地按照党的十九大要求，把精准扶贫工作摆在了突出位置。为了促使贫困地区群众持续稳定地增加收入、摆脱贫困，各地政府把提高贫困群众的收入作为了工作重点，除了基本的财政补贴和移民点易地搬迁外，加快本地区的产业扶持，发展独具优势的特色产业，大力推进产业扶贫，也成了实现增收的主要方案。

（一）产业扶贫取得的成就

在全面建成小康社会目标的指引下，各地按照中央指示，结合自身特点，大力推进产业扶贫，在实际开展中取得了不错的成效。

1. 贫困群众收入增加并且保证了持续增收

产业扶贫在实现精准扶贫过程中具有造血的功能，而且它的最终目的是实现贫困农民增产增收，帮助其摆脱贫困。在各级政府的努力下，全国绝大部分开展产业扶贫的地区，贫困农民群体都在不同程度上实现了收入增长，提高了贫困农民的收入水平和生活质量。

陕西省镇坪县深入推进"一村一企一产业"脱贫模式，健全企业与贫困户精准对接机制，新培育扶持扶贫龙头企业 5 家以上，引领专业合作社或种养基地 10 个以上，带动 1000 户以上贫困户创业增收。自 2016 年各种产业扶贫项目实施以来，镇坪县实现生猪饲养总量达到 33.35 万头，农民人均饲养生猪 6.7 头，发展林下乌鸡、土鸡养殖 50 万羽，建成中药材基地 6 万亩，建成茶园 7500 亩，茶叶总产量 350 吨，发展野猪养殖 0.5 万头，建成生态渔业养殖 500 亩，建成大棚蔬菜 500 亩，实现人均增收 1500 元以上。

2. 产业规模效应和品牌效应成效显著

产业扶贫在于使贫困户通过参与到整个产业生产过程中，获得产业项目收益，实现增产增收，摆脱贫困现状。产业规模效应和品牌效应对于产业的收益具有关键性影响。一方面，产业规模越大，其持续稳定发展能力就越强，就能保证远期收益，真正帮助贫困户脱贫；另一方面，产业扶贫除了基本的政策和资金扶持外，最重要的是要在激烈的市场竞争中占据一定的优势，而想要占据优势，就必然要有自己的特色，打出自己的品牌。在各级政府的努力下，大部

分贫困地区都能围绕自身特色，建立起一系列的产业扶贫项目，并且做大做强，形成了规模，创造了品牌，为精准扶贫事业做出了巨大贡献。

陕西省镇坪县在强力推进产业脱贫，夯实贫困群众增收基础的要求下，充分发挥生态资源优势，大力发展能带动贫困农户增收致富的产业项目，加快推进乌鸡、茶叶、蜂蜜、腊肉、中药材等专业村及乡村旅游、休闲农庄建设，逐步做大规模、做响品牌。为推动产业扶贫脱贫，实现贫困农户的持续增产增收做出了良好的表率。

（二）产业扶贫面临的困扰

在中央以及地方政府的努力下，我国许多贫困地区都紧紧围绕自身的特色优势，开展了一系列的产业扶贫项目，取得了可喜的成就。然而，因为贫困地区情况的复杂性，产业扶贫依旧存在许多困扰。

1. 公共基础设施建设有待完善

产业扶贫的开展和推广离不开公共基础设施的支持。我国贫困地区大部分分布在山区农村，因为地理环境的限制和资金的缺乏，贫困地区公共基础设施往往比较落后。人们常说"要想富，先修路"，以交通建设为代表的公共基础设施跟不上发展要求，严重影响当地的脱贫致富道路。推进产业项目良好开展，既要有良好的交通运输条件，也要有方便资金往来的金融机构，这些设施与服务在广大贫困地区还有待进一步完善，这给产业扶贫带来了不少的困难。

2. 劳动力素质有待提高

产业扶贫的受益对象是贫困地区和贫困群众，产业扶贫的开展离不开贫困群众的参与，让贫困群众积极主动参与到产业项目，通过自己的双手脱贫致富，是实现产业扶贫脱贫造血功能的最好方式。但现实却存在困难。

第一，产业扶贫依托的项目和平台已经不是传统的手工业和种植业能够相比的。历史实践证明，贫困地区传统的劳动方式并不能保证当地群众脱贫致富，因此，想要实现脱贫，必须依托现代科技发展特色产业，这也是社会发展的必然趋势。然而，贫困地区的群众因为各种各样的限制，很少或者根本没有接触到现代技术，劳动方式比较落后，这样很容易导致产业扶贫有项目无人做的尴尬局面。

第二，青壮年劳动力的流失也让产业扶贫"无人可用"。自改革开放四十多年来，中西部贫困地区的青壮年纷纷前往东部沿海大城市谋求发展，贫困地区更多的是老人、妇女和儿童群体，产业扶贫需要大量的青壮年劳动力，或在智力上出谋划策，或在体力上身体力行，然而现实却青壮年群体不愿回到贫困地区。

3. 扶贫难度大、任务重

受地理位置和历史原因影响，贫困地区往往是集中连片存在的，比如秦巴山区，大部分都是国家级贫困县。这些地方底子薄、贫困程度深，最重要的是易返贫，这些特征使产业扶贫很难开展，存在一系列的现实问题。贫困农民投资热情不高、地方政府资金不足、外来资金难以进入等，产业项目很难规划。要在 2020 年完成全面建成小康社会的奋斗目标，这些集中连片贫困区还需要更多的政策和资金支持。

二、秦巴山区集中连片特困地区产业精准扶贫的对策建议

我国的扶贫脱贫事业在党和政府的努力下取得了巨大的成就，同时也在不同层面面临挑战，打赢精准脱贫攻坚战，实现全面建成小康社会的奋斗目标，要把产业扶贫放在突出位置，针对产业扶贫的困扰和挑战，除了遵循基本的科学原则和规律外，还应在政策、资金、教育等方面下大功夫，减少产业扶贫的阻碍，推进产业扶贫健康良好发展。

（一）产业扶贫需要遵循的原则

1. 遵循因地制宜的原则

产业扶贫在于依托贫困地区的实际情况，发挥贫困地区的特色优势，产业项目都是建立在优势可开发的基础上规划的，因此一定要坚持因地制宜的原则。贫困地区有其共性，但个性更需要我们重视，导致贫困的原因是什么，地理因素还是历史因素，政策因素还是资金因素，当地适合发展什么类型的产业，特色种植业还是特色旅游业，甚至该地区是否适合产业扶贫，这些都是需要考虑的，针对不同的情况，做出不同的对策，才能真正实现扶贫脱贫的目标。

2. 遵循扶贫先扶志的原则

产业扶贫需要全体贫困群众的参与，用自己的双手劳动致富，摆脱贫困，既是产业扶贫造血功能的体现，也是我们国家倡导的优良传统，让贫困群众树立脱贫的"志"，这样会使产业扶贫达到事半功倍的效果。如果扶贫不扶志，

扶贫的目的就很难达到，贫困群众可能在政府及他人的帮助下脱了贫，最终还是要返回贫困，脱贫只是昙花一现。改变贫困群众的思想意识，让他们敢于和贫困做斗争，敢于发挥自己的创造精神，用双手脱贫致富，将"要我脱贫"的观念转换为"我要脱贫"的观念，树立信心，变被动为主动，摘掉贫困的帽子。

（二）产业扶贫的建议

1. 加快贫困地区的公共基础设施建设

贫困地区发展缓慢的公共基础设施给产业扶贫带来了很大阻碍，影响了产业扶贫项目的规划，造成产业项目在交通、资金等方面处境困难，加快贫困地区的公共基础设施建设，有利于更好地开展产业扶贫。在开通一般公路的基础上，开放和建设多层次的交通运输条件，可适当修建铁路、高速公路等交通轨道，为产业项目的材料运输、人员调研、外来资金引进创造条件。加快金融机构建设，金融机构作为产业扶贫资金往来的媒介，起着资金流通管理的作用，建立县级银行，乡镇信用合作社是十分必要的。陕西省镇坪县作为秦巴山区的国家级贫困县，规划开工的 G6911 平利至镇坪高速公路和安张衡铁路建成后，镇坪县可以实现 1 小时登机（安康）、2 小时到港（三峡）、4 小时达城（西安、武汉、重庆），在交通基础设施建设上，已经迈出了重要的一步，为当地精准扶贫、产业脱贫打好牢固的基础。

2. 加大政策和资金支持

广大贫困地区除了地理位置造成的贫困外，在政策上和资金上得不到有效支持也是重要因素。如果在政策上得不到支持，地方政府和群众就不能充分地挖掘地方发展潜力，将优势和特色搁置一旁，造成资源浪费。如果在资金上得不到支持可能是导致贫困的关键，首先地方政府因为缺乏产业而导致财政紧张，无法动用更多的资金来解决贫困问题。其次因为各项设施不完善，外来资金的流入缺乏动力，贫困地区则会越来越贫困。因此，必须在政策上予以倾斜，资金上予以补贴，解决贫困地区生产投资动力不足的问题。可以通过利息的适度调节、税收的减免、项目的补贴和奖励等措施，调动贫困群众和外来商户的生产积极性和投资积极性，推动产业扶贫的有效开展。

3. 强力推进教育扶贫

贫困的代际传递在当今社会越来越明显，父母辈的贫困会直接传递给下一代，间接导致第三代的贫困，而能够缓解这一局面的最有效的方式是教育。父母辈通过努力让儿女得到良好的教育，并尽可能让其接受高等教育，这样能够有效遏制代际贫困的传递。让一代又一代的子女接受到良好的教育，为产业扶贫提供了智力支持，减轻产业扶贫的阻力，这是摆脱贫困最有意义的方式。陕西省镇坪县深刻地认识到这一点，并采取了强有力的措施。在教育扶贫政策上，健全完善贫困家庭学生助学政策体系，实现建档立卡贫困家庭学生教育资助全覆盖，义务教育阶段适龄儿童入学率100%。全面落实十三年免费教育、贫困家庭学生生活补助、扶贫助学补助、入学资助、助学贷款等政策，实现贫困家庭学生从幼儿园到大学"一条龙"扶持，不让一个贫困家庭子女因贫失学。在贫困村教学资源配置方面，加快贫困村教学点和薄弱学校改造，支持鼓励优秀校长、教师到贫困村从教，在生活上给予补贴，在职称晋升和评先评优方面优先，推动优质资源向贫困村有序流动，让贫困家庭子女享受教育公平。镇坪县通过教育扶贫脱贫，阻断贫困代际传递，为产业脱贫减缓阻力。

4. 有效提高劳动力素质

较高的劳动力素质对于产业扶贫的意义不言而喻，然而贫困地区劳动力素质低、青壮年劳动力缺失问题严重，为了应对这种困扰，有必要采取措施提高劳动者的素质，留住青壮年劳动力，让产业扶贫在群众的参与中健康发展。首先，要建立各种培训机构，根据群众具体情况有针对性地对其进行技术上的指导，物尽其才，人尽其用。其次，在政策、资金的扶持下，加强对青壮年劳动力的思想宣传，让他们回到家乡，就业创业。镇坪县一方面开展创业就业培训，统筹农民工职业培训、免费实用技术培训、"雨露计划"、科技扶贫等资源，加强贫困劳动力就业技能培训，增强其就地发展产业、进城进园就业、自我发展创业的能力素质，确保全年开展培训2000人次以上；另一方面加强创业政策扶持。整合就业困难人员、青年、妇女等创业扶持政策300万元以上，加强分类指导，实施就业援助，促进群众创业就业，实现"授鱼"向"授渔"转变。有效提高了劳动者的素质，留住了青壮年劳动力。

5. 建立产业扶贫责任制的管理机制

精准脱贫、产业扶贫，领导干部要带好头、走好路、负好责。强化责任主体，谁管理谁负责。产业项目的有效管理直接关系到产业扶贫能否成功，关系着精准脱贫战略能否顺利完成，必须建立一套责权明确、科学合理的管理体系。陕西省南部镇坪县就形成了一套科学有效的管理机制。第一，要求各单位全面贯彻县脱贫攻坚总指挥部的各项决策部署，科学分解任务，精心制定措施，高效率运转，高标准推进，确保脱贫攻坚各项工作落到实处、见到实效。第二，要求落实行业扶贫责任。特色现代产业脱贫办、就业创业脱贫办、教育脱贫办、社保兜底脱贫办及各行业部门要立足职能职责，发挥行业优势，用足用活用好各类行业扶贫政策，加大行业扶贫力度。

产业扶贫作为促使贫困地区群众用自己的双手来脱贫致富的扶贫方式，具有独特的造血功能，其在精准脱贫战略中理应被放在突出位置，尽管我国的产业扶贫取得了使贫困群众增产增收、创造规模效应和品牌效应的成就，但仍然面临着基础设施不完善、劳动力素质不高以及脱贫任务艰巨的挑战。各级政府在产业扶贫开展过程中更应该在基础设施建设、政策资金扶持、教育与培训、管理体制等方面下大力气、加大强度，以便更好地推动产业扶贫，助力精准脱贫，为实现全面建成小康社会的奋斗目标打好基础。

参考文献

［1］范东君.精准扶贫视角下我国产业扶贫现状、模式与对策探析——基于湖南省湘西州的分析[J].中共四川省委党校学报，2016（4）：74–78.

［2］李广志.农村空心化背景下精准扶贫的实施困境及对策［J］.湖南行政学院学报，2016（4）：98–102.

［3］刘军豪，许锋华.教育扶贫：从"扶教育之贫"到"依靠教育扶贫"［J］.中国人民大学教育学刊，2016（2）：44–53.

［4］彭志萍，周淼葭.产业扶贫的大英经验　财政专项扶贫资金用在刀刃上［J］.当代县域经济，2018（2）：52–55.

［5］邱红辉.创新产业扶贫模式　引导企业打造特色品牌农业［J］.中国畜牧业，2017（12）：83–84.

［6］王国勇，邢溦.我国精准扶贫工作机制问题探析［J］.农村经济，2015（9）：46–50.

［7］习近平.决胜全面建成小康社会　夺取新时代中国特色社会主义伟大胜利——在中国共产党第十九次全国代表大会上的报告［EB/OL］.新华网，http：//.www.xinhuanet.com//politics/2017–10/27/l–1121867529.htm，2017–10–27.

16. 以生态文明战略思想引领上海美丽乡村建设研究 *

郭岚

摘要：党的十八大把生态文明建设融入中国特色社会主义"五位一体"全局，党的十九大提出了加快生态文明体制改革，建设美丽中国。为了推动中国生态文明建设战略的实施，习近平总书记就生态文明发表了一系列重要讲话，形成了具有丰富内涵的生态文明建设思想。2013年中央"一号文件"提出"努力建设美丽乡村"，美丽乡村建设在全国范围内起步。2014年3月，上海市出台《关于本市推进美丽乡村建设工作的意见》，要求大力推进美丽乡村建设工作，努力在城乡统筹和新农村建设方面走在全国前列。上海市在推进美丽乡村的进程中，要以生态文明战略思想为指引，将美丽乡村建设作为城乡统筹发展的重要途径，在全面保障农民基本生产、生活条件的基础上，促进农村全面健康可持续发展，使上海市城乡一体化水平迈上新台阶。

关键词：生态文明；美丽乡村；乡村

一、生态文明战略思想内涵

随着现代化建设进程的不断深入，生态问题逐步成为国家和社会生活中的全局性问题。继党的十七大提出生态文明建设战略之后，党的十八大把生态文明建设融入中国特色社会主义"五位一体"全局，做出了全面翔实的战略规划和部署。为推动中国生态文明建设战略的实施，习近平总书记就生态文明发表了一系列重要讲话，2013年4月2日，习近平总书记在参加首都义务植树活动时强调"为建设美丽中国创造更好生态条件"；2013年5月24日，在主

---

* 郭岚，上海社会科学院经济研究所副研究员，博士研究生，研究方向为城乡关系和城市管理。

持十八届中央政治局第六次集体学习时强调"努力走向社会主义生态文明新时代";2013年7月18日,习近平总书记在致生态文明贵阳国际论坛2013年年会的贺信中指出"为子孙后代留下天蓝、地绿、水清的生产生活环境";2013年9月7日,习近平总书记在哈萨克斯坦纳扎尔巴耶夫大学发表演讲并回答学生们问题时提出了"绿水青山就是金山银山"的论断;2014年2月,习近平总书记提出"环境治理是个系统工程";2015年1月,习近平总书记在云南大理市湾桥镇古生村考察工作时提出了"山水林田湖是一个生命共同体"的论述。这些讲话集中解析了生态兴衰与文明变迁、生态文明建设与中华民族伟大复兴之间的耦合关系,形成了具有丰富内涵的生态文明建设思想,具有重大的理论创新意义和实践指导价值。

在当前相当长的一段时期内,发展仍然是党和国家执政兴国的第一要务。只有发展才能满足人民群众日益增长的物质文化需求,只有发展才能实现全面建成小康社会的目标,只有发展才能体现社会主义共同富裕的本质,也只有发展才能实现中华民族伟大复兴的中国梦。但是走"先污染后治理"的发展老路,无节制地消耗资源,不计代价地污染环境,可持续发展将无以为继。解决"如何发展"的问题已日益成为我国所面临的重大战略任务。中国要实现工业化、信息化、城镇化、农业现代化,就必须走出一条新的绿色可持续发展之路。

首先,要树立"绿水青山就是金山银山"的绿色发展观,大力发展循环经济、低碳经济,建设资源节约型和环境友好型社会,实现"人与自然"与"人与人"的双重和解。其次,要"协同推进新型工业化、城镇化、信息化、农业现代化和绿色化",让"绿色化"成为中国未来的新经济增长点。再次,"要正确处理好经济发展同保护环境的关系,牢固树立保护生态环境就是保护生产力、改善环境就是发展生产力的理念"。最后,"要把创新驱动发展战略作为国家重大战略,着力推动工程科技创新,实现从以要素驱动、投资规模驱动发展为主转向以创新驱动发展为主",真正实现由"中国制造"到"中国智造"的创新性发展。

二、上海美丽乡村建设现状

为贯彻落实中国共产党第十八次全国代表大会、中国共产党第十八届中央委员会第三次全体会议、全国改善农村人居环境工作会议精神,围绕建设美丽中国、生态文明的总体要求，上海市于 2014 年启动美丽乡村建设工作。上海市美丽乡村建设以农村人居环境改善为主要目标，以农村村庄改造工程为载体，坚持生产方式决定生活方式的原则，按照规划先行、分步实施，因地制宜、分类指导，整合资源、聚焦政策，以民为本、体现特色的总体思路，围绕"美在生态、富在产业、根在文化"的主线，在全面保障农民基本生产、生活条件的基础上，促进农村全面健康可持续发展，努力在城乡统筹和新农村建设方面走在全国前列。

（一）上海美丽乡村建设发展概况

为深入推进美丽乡村建设工作，上海市政府成立了以 17 个部门为成员的上海市美丽乡村建设工作领导小组，并先后下发《关于本市推进美丽乡村建设工作的意见》《上海市美丽乡村建设导则（试行）》等政策意见。到 2020 年，上海市美丽乡村建设工作将着力完成三项任务：①在已完成基本农田保护地区的约 32 万户农户村庄改造的基础上，进一步完成其余农户的改造。②从 2014 年起，依据美丽乡村建设导则，每年评定 15 个左右的宜居、宜业、宜游的美丽乡村示范村，累计形成 100 个左右的美丽乡村示范村，引领和带动全市美丽乡村建设。③不断扩大美丽乡村建设成果，促进农村人居环境的持续改善和村民素质的整体提升。

上海市目前有 1600 余个乡村，根据评选标准，"美丽乡村示范村"要求环境美、人居环境好，包括村里道路、生活污水等设施建设较为完备，有旅游、种植水稻等的特色产业，还要有诸如金山农民画那样的文化内涵。截止到 2020 年 6 月，浦东新区周浦镇棋杆村、闵行区浦江镇新风村、嘉定区马陆镇大裕村、宝山区罗泾镇洋桥村、奉贤区庄行镇潘垫村、松江区泖港镇黄桥村、金山区廊下镇中华村、青浦区金泽镇蔡浜村等 124 个村（见表 1）被评为上海市级美丽乡村示范村，崇明区占 24 个。上海市村庄改造，尤其是奉贤区、金山区、崇明区等远郊地区，已进入快速推进阶段。上海市将全面完成基本农田保护区规划保留农村地区村庄改造，进一步加大农田水利设施建设、水环境污染整治、污水处理等项目的整合力度。在此基础上，上海市还将探索美丽乡村示范镇、示范区创建，实现美丽乡村由点及面的建设。

表1 2014~2020年上海市级美丽乡村示范村

区	镇	村
浦东新区 （21）	周浦镇	棋杆村
		界浜村
	航头镇	牌楼村
		长达村
		沈庄村
	新场镇	果园村
		新南村
	大团镇	赵桥村
	祝桥镇	新如村
		星火村
		星光村
		邓三村
	曹路镇	新星村
	老港镇	大河村
	泥城镇	公平村
	书院镇	塘北村
		外灶村
	惠南镇	海沈村
	张江镇	环东村
	川沙新镇	界龙村
	合庆镇	东风村
闵行区 （7）	浦江镇	新风村
	马桥镇	民主村
		旗忠村
	吴泾镇	和平村
	梅陇镇	永联村
	浦锦街道	芦胜村
	华漕镇	许浦村

续表

区	镇	村
嘉定区 （7）	华亭镇	毛桥村
	马陆镇	大裕村
		北管村
	安亭镇	赵巷村
		联西村
	江桥镇	华庄村
	嘉定区工业区	草庵村
宝山区 （9）	罗泾镇	洋桥村
		花红村
		海星村
		塘湾村
		新陆村
	月浦镇	聚源桥村
		月狮村
	罗店镇	联合村
	杨行镇	大黄村
奉贤区 （13）	庄行镇	潘垫村
		新叶村
		存古村
		浦秀村
		张塘村
		吕桥村
	柘林镇	南胜村
	金汇镇	白沙村
	四团镇	拾村村
		五四村
	青村镇	李窑村
	柘林镇	迎龙村
	南桥镇	华严村

续表

区	镇	村
松江区 （9）	泖港镇	黄桥村
		新建村
		胡光村
	叶榭镇	井凌桥村
	新浜镇	南杨村
		胡家埭村
		文华村
	石湖荡镇	新源村
		东夏村
金山区 （15）	廊下镇	中华村
		中丰村
	山阳镇	渔业村
		中兴村
	枫泾镇	中洪村
		新义村
	漕泾镇	水库村
		护塘村
	吕巷镇	和平村
		白漾村
	朱泾镇	待泾村
	金山卫镇	星火村
		八字村
	张堰镇	建农村
	亭林镇	油车村
青浦区 （19）	金泽镇	蔡浜村
		莲湖村
		东西村
		双祥村

续表

区	镇	村
青浦区 （19）	朱家角镇	张马村
		王金村
		淀峰村
	赵巷镇	中步村
		和睦村
	练塘镇	东庄村
		蒸浦村
		徐练村
		叶港村
		东厍村
	华新镇	嵩山村
	重固镇	徐姚村
	白鹤镇	南巷村
		杜村村
	夏阳街道	新阳村
崇明区 （24）	横沙乡	惠丰村
		丰乐村
		民星村
		新永村
		民生村
	竖新镇	仙桥村
		大东村
		惠民村
		春风村
	陈家镇	瀛东村
	庙镇	合中村
	城桥镇	聚训村

续表

区	镇	村
崇明区 （24）	新村乡	新乐村
		新中村
		新卫村
	港西镇	北双村
		团结村
	新河镇	新建村
		新民村
	建设镇	大同村
		浜西村
	长兴镇	创建村
	向化镇	北港村
	港沿镇	鲁玙村

资料来源：根据相关文件整理而得。

（二）美丽乡村建设取得的成效

1. 项目建设扎实推进

截至 2019 年底，上海市已累计对 884 个村实施了村庄改造，受益农户超过 50 万户，占规划改造总任务量的 2/3。其中，2016 年上海市共计 116 个行政村开展了村庄改造项目建设，受益农户 7.3 万户，中央、市级财政奖补资金 10.2 亿元，是村庄改造有史以来推进量最大的一年，项目的数量达到了"十三五"计划改造总量的 22%。美丽乡村建设推进了道路建设、危桥整修、水环境整治等项目。

2. 民居环境得到明显改善

从 2007 年村庄改造开始，上海市就始终坚持以改善民生为主要目标。村庄改造之后基础设施明显改善，人居环境得到明显优化。村内道路联通，路面实现硬化，危旧桥梁整修，主要道路两侧和桥头都安装路灯，农民出行条件大大改善。生活污水纳入市政管网、生化污水科学处理、三格化粪池修缮。一些淤塞河流得到疏浚、岸坡重新修整、庭院绿化美化、农宅墙体白化、家庭养殖规范、生活垃圾及时处置。改造后的农村"路平、桥安、水清、岸洁、宅净、村美"，村民生产生活条件显著提升，村庄环境大幅改观。优美的生态环境为美丽乡村建设提供了重要的审美基础。

3. 城市化特征明显

截止到 2020 年 4 月，上海户籍人口的城市化率已经达到了 88.1%，部分地区已经出现了"农业、农村、农民"分离的趋势。主要表现在以下方面：①农村与农业的分离。目前，上海的农村经济已经不再依赖农业，在上海郊区很多地方，工业和服务业的比重已经占 GDP 的 97% 以上，因此出现了农村和农业的分离。②农民和农业的分离。2000~2016 年，上海农村户籍人口从 335.47 万人降为 136 万人，农村劳动力人口从 256 万人下降到 210 万人。其中本地农户中 36.2% 的农户已经不再经营耕地，真正以农业为主要收入来源的农户不超过 30 万人。③农民与农村的分离。随着郊区新城和新市镇①的逐步兴起，非农经济的逐步集中，农村人口的就业和居住与农村产生了进一步分离。

（三）"美丽乡村"建设模式

上海的"美丽乡村"建设以农为本、根植文化、多元发展，可以概括为现代农业型（包括特色种植和规模种植）、生态旅游型、乡土人文型三种建设模式。

1. 现代农业型

现代农业型可分为特色种植和规模种植，两种类型既互相补充，又相辅相成。特色种植，主要是通过"品牌农产品或特色农副产品 + 产业基地"来带动农业旅游业的发展。比较典型的案例有：崇明区竖新镇仙桥村先后组织了各具特色的农民专业合作社，先后推动了 7 家农家乐健康、持续地发展。规模种植，通常可以分为合作社种植、家庭农场种植、"园区 + 农户"种植三种发展模式。在规模种植的基础上集优质农产品生产、生态环保和休闲观光多种服务功能于一体，以带动农业体验旅游的发展。

2. 生态旅游型

这种模式就是要做足农业的生态气息，同时又富有趣味性和可参与性，以此来带动当地旅游业的发展。比较典型的案例有：浦东新区新场镇果园村现有桃树面积 140 万平方米，辐射带动周边村种植果树面积达到 365 万平方米，在每年的 3 月至 4 月桃花盛开的季节和 7 月至 8 月瓜果飘香的季节，果园村都能够吸引大量上海市区甚至是外地的游客来此地游玩。

---

① 新市镇，指事先经过周密城市规划所兴建的新城市或大型社区，取代现有都市市中心向四方扩张的发展模式。新市镇通常位于城市的郊区，主要目的是解决和舒缓市中心过多的人口和由此而产生的种种社会问题。

3. 乡土人文型

乡土人文型即"乡味文化＋旅游＋农产品"模式，就是以乡味为主题，以文化为亮点，带动当地旅游和农产品的销售。比较典型的案例有：金山区山阳镇渔业村，秉承"修旧如旧"的宗旨，在渔村老街改造上以青砖、黑瓦、马头墙的风格，还原渔村老街的古韵，让游客充分感受到上海的文化。

三、上海美丽乡村建设案例

（一）浦东新区书院镇塘北村——乡村河道"水文化"悄然兴起

塘北村在打造上海市"美丽乡村示范点"中，经过几年的努力已经水清岸绿，乡村美丽风光一览无余。2017 年在中小河道整治项目中，塘北村也有 11 条镇级河道被列入整治范围。通过一段时间的努力，已在 2017 年 6 月底完成了河道疏浚和部分违建的消除工作。但一向具有创新思路的村委班子，并不满足于完成任务或维持现状，而是独具匠心、乘势而上，在水清岸绿的基础上建起了"升级版"，悄然做起了"水文化"的文章，铸造出美丽乡村的新亮点。

塘北村的水清了，村两委召开会议研究继续做"水美"的文章，形成了在乡村河道里种植水生植物的"生态保护水资源的方案"，并请人设计，做出效果图，引进灯芯草、再力花、鸢尾（三色）、千屈菜、木贼、菱角、荇菜、睡莲等，得到了镇农业部门的赞许和支持。塘北村"水文化"的构建使塘北村的"水"锦上添花，百姓更受益。

过去，由于多部门管理，河面、河坡、河岸都是"各人自扫门前雪，莫管他人瓦上霜"，结果造成"河面的垃圾被拉到河坡上不管了，河坡的垃圾被拉到河岸上不管了"，最后还是由村里出人工扫除道路上的垃圾，河道管理得不到保障。由于这样的现象，村书记提出"一支队伍管到底，一把扫帚扫到底，一根管子按到底"，要在河道管理的运行机制上予以改变，这个方案也初步得到其他 7 个村的认可。在河道管理中，塘北村始终坚持充分发挥好老干部、老党员和青年团员的志愿者作用。在违建拆除过程中，由原来的"一个班子"签约，增加为"两个班子"签约，强化签约力量。塘北村正在形成党员"一人一诺""一户一诺"的党建特色，让党员充分发挥好先锋模范作用。把民主管理融入到了日常生活中，使塘北村的良好村风和民风得到了很好的发扬。

（二）闵行区马桥镇民主村——从拼企业到拼环境

"美丽"的必要条件是环境。但让环境美丽起来并不容易，难点在于乡村能否改变传统的发展观念。5 年前的闵行区马桥镇民主村，村民还忙着为环境奔走，现在他们更关心的却是已经搬空的上海郡华厨具设备有限公司的厂房是否有"空位"，因为厂房毗邻斜泾河，环境好、空间大，村民都爱在里面打太极拳、练手狮舞。村支书蒋荣辉认为，"这是建设'美丽乡村示范村'的成果，更重要的是，乡村经过几十年发展，对自我价值有了重新认识"。①

20 世纪 90 年代，和许多乡村追求经济指标一样，民主村开始招商引资，即使是"三高一低"企业也照单全收。2016 年 11 月之前，民主村尚有 7 家中小型企业，其占了百余亩建设用地，全都是橡塑、机电、家具、厨具等对环境污染比较严重的企业。虽然这两年这些企业效益降低、对环境具有不良影响，并且民主村处于二级水源保护区，但在一些人眼中，这些企业仍然是村里对外的"名片"。对大刀阔斧地搞建设用地减量，村民甚至一些干部均提出："那么多厂子都没了，租金也就没有了，还要出钱让他们走，会不会影响村民福利？"为了说服大家，民主村反复召开村民大会，详细晒账本，在建设用地指标上交后，镇政府会以亩为单位给予财政托底保障，扣除清退企业的成本，余下来的资金便存进银行获取利息，其所获利息比原先的租金还要高出许多，村民的福利只有增加没有减少。建设用地上交后，将会复垦。围绕这些"回归"的土地，民主村将启动新一轮的村貌升级改造。

目前，民主村 7 家纳入建设用地减量计划的企业已有 6 家被关停清退。虽然没有了企业和租金，但是民主村的经济却更加繁荣。"以前拼企业数量，现在拼环境。"许多村子都面临年轻劳动力外流的问题，因为环境好、福利好，民主村的年轻人更愿意留在村子里发展。

（三）金山区山阳镇渔业村——文化根源不能断裂

金山区山阳镇渔业村早早拿下上海首批美丽乡村示范村，但现在依旧在为挖掘和保护文化根源而"挣扎"。山阳镇渔业村书记陆宇峰提出，村子要更加美丽，只有一条路，就是挖掘曾有的海渔文化，这条路只要走通，就会在上海

---

① 资料来源：上海已评出30个美丽乡村示范村到2020年将增至100个［EB/OL］新浪上海，http://sh.sina.com.cn/news/m/2016-05-30/detail-ifxsqxxu4638297.shtml，2016-05-30.

所有乡村中脱颖而出。

2011年，上海金山嘴渔村投资管理有限公司成立，渔业村开始第二次转型。首先，按照"江南民居风格、滨海渔村特点"的要求，召开座谈会、聘请专家论证，将渔村当作一个特色景区规划设计，在对827户渔村民宅改造上坚持"修旧如旧"，保留既有的"马头墙、观音兜"的建筑特色，对横贯全村的运石河进行适度修整，搭配装饰渔民画的木制栈桥长廊，形成别具一格的江南水乡风貌。然后，对金山嘴老街进行修缮，保留原生态的渔民老宅，新建了展示渔民生产、生活的场景。例如，由当地渔民制作的百余件渔具和生产生活用具布展而成的渔具馆，还有上海首创的金山嘴渔村妈祖文化馆、海渔文化馆、渔家茶室、渔民画工作室等多个特色展馆。金山嘴渔村投资管理有限公司总经理朱敏提出："因为文化定位是海渔特色，所以对进入老街的业态，要求宁缺毋滥，而且气质要吻合。"刚开始招商引资时，该公司首先投资开了渔业书吧、石磨坊、五号码头等时尚文化业态。渔业村准备把村里遗留的老厂房改造成祥鱼文化创意园区，展示金山所有的非物质文化遗产。

（四）青浦区金泽镇蔡浜村——农民认同才是关键

只有真正融入每个村民对美丽乡村建设的认同感和参与感，美丽乡村才能不流于形式，真正富有生机。

2009年以前，青浦区金泽镇蔡浜村的宅前屋后曾堆满柴火、砖瓦和生活废旧物。蔡浜村党支部书记吴建芳提出，这正是许多美丽乡村面临的共同问题。虽然管理部门花了大力气让乡村美丽起来，但是当地老百姓并不以为然，时间长了还是会回到原来的样子。因此，蔡浜村村委会主动发起各类座谈会，把怎样建设美丽乡村，还有美丽乡村建成后的蓝图展示给村民们看，最终所有的村民都表示支持并愿意参与到美丽乡村建设中来。为了进一步发动村民的积极性，蔡浜村还出台了美丽乡村建设与长效管理办法，每个月对每家每户的宅前屋后、家禽蓄养等9个方面进行考核，对考核合格的住户每月发放80元的奖金，并张榜公告每家每户的考核情况。2017年，蔡浜村还细化了考核和奖励办法，4人及以上的大户，奖金提高至每月100元。如今的蔡浜村已把宅前屋后收拾干净，但这只是村民参与美丽乡村建设的第一步。为了打响"阿婆茶"这一蔡浜村独特的民俗品牌，鲁仙珍和其他4户人家的"阿婆"主动请缨，成为第一批向游客提供"阿婆茶"的农户。最近，阿婆们还商量如何增加"阿婆茶"的文化气质，比如统一戴上花布头巾、穿上花布衫，最好再还原过去一边编织虾笼一边喝茶聊天的传统，以此提升游客的兴趣。

最美丽的乡村，应该是由内而外的美。在蔡浜村村口，有一个长廊，上面挂满了写有村民家风家训的灯笼。这些家风家训，或是由村民自家一脉相传至今，或是由村民从村委会收集的 1000 条家风家训里挑选出来。除了印上灯笼，还由书法家写好，统一装裱，悬挂在各家各户的厅堂之上。

四、上海推进美丽乡村建设进程中存在的问题

（一）居民意识有待提高

目前美丽乡村的建设基本上都由区、镇政府推动，而村民主动发起则相对较少，甚至有的村民对拆除违章建筑等做法还存有抵触。这种局面的形成主要是由以下方面造成的：①不少村民都认为美丽乡村建设和村庄改造是政府和村委会的事情，与自己没有关系或者关系不大。②违规搭建会带来租金收入，而环境整治便会使租金收入减少，使村民的既得利益受到损害，因此村民对此没有热情和积极性。③家庭成员外出打工就业，而留守的老人则对美丽乡村建设和村庄改造积极性较低。④有些政府部门也对美丽乡村建设的重要性认识不足、宣传力度不够，导致了部门之间沟通协调不畅，办事效率低下。

（二）缺乏合理的乡村规划

目前一些乡村在规划的整体性、系统性、有效性等方面都显得比较薄弱，主要表现在对美丽乡村的功能定位缺乏明确的界定，对不同区域的乡村应该凸显怎样的功能也缺乏具体的分类指导。除此之外，对项目能否持续健康有效的发展缺少相关的法律保障。

（三）基础设施建设资金缺乏

美丽乡村的建设需要大量、持续的资金投入。环境卫生、垃圾收集、村庄路灯、绿化养护、道路清扫和健身设备等公共设施的长期维护，都需要大量的资金补贴。如果缺乏基础设施建设资金投资的创新机制，就不能很好地解决资金投入方面存在的问题，美丽乡村建设也就很难得到健康、可持续的发展。

（四）带动农民增收的效果不明显

目前能够带动农民增收的渠道主要是农产品销售、农家乐旅游和房屋租金。从示范村反映的情况来看，农民专业合作社、家庭农场、旅游公司和乡村工业企业都发挥了较大的作用。但是这些企业的职业化水平都还较低，企业化经营能力也较差，带动农民增收的效果还不明显。

五、上海推进美丽乡村建设的新举措

（一）生态文明战略思想是美丽乡村建设的理论基础

在美丽乡村建设中，坚持人与自然和谐共生。要深入贯彻落实习近平总书记提出的着力提高发展质量和效益、牢固树立"绿水青山就是金山银山"的发展理念，着力加强和改善党的领导，着力保障和改善民生，以科学发展为主题，以加快转变经济发展方式为主线，以提高城乡人民生活质量为根本目的，以解决影响群众生活质量的突出环境问题为重点，滚动实施生态市建设行动计划，增加资金投入，以防治污染、保护生态为主要内容，修复生态环境，调整产业结构，大力发展设施农业、生态农业、休闲观光农业等现代都市型农业，努力在美丽乡村重点领域和关键环节取得实质性进展。以生态功能区划为红线，抓规划建设管理，促城市品质提升。充分发挥规划的先导和门槛作用，把发展经济与生态保护、新城开发与中心城区改造、资源利用与改善民生结合起来，形成科学优化的发展格局。进一步完善中心城区、郊区新城、新市镇、中心村的城市布局，统筹城乡规划，统筹产业发展，统筹城乡基础设施建设，统筹城乡劳动力就业，统筹城乡公共服务，不断提高城镇化质量。①

（二）统筹规划是建设美丽乡村的前提条件

坚持以理念创新和统筹规划为引领，把美丽乡村建设纳入城市总体规划，把美丽乡村的动态建设规划作为先导性的工作，要避免为建设而建设，要明确美丽乡村建设的动力源泉和可持续机制。要注重各区域美丽乡村的整体布局，

---

① 《国务院关于深入推进新型城镇化建设的若干意见》（国发〔2016〕8号）。

避免雷同化、格式化、表面化。要在整体上做好总体规划、土地利用总体规划、城镇改造建设规划、村庄整治建设规划、基础设施建设规划、公共服务体系建设规划、产业布局与发展规划、生态环境整治建设规划、城乡人口与就业发展规划、城乡土地整治规划"十项规划"的整体联动与项目设计衔接。要以制度化的形式来确定规划，不能随便变更，从而防止"建了拆、拆了建"的重复浪费状况出现。

美丽乡村规划还要从当地的实际需求和未来发展趋势出发，针对大都市的"农业、农民、农村"三方面既融合又分离的大背景，根据村民的生产生活方式和农村人口结构的变化，让美丽乡村规划以上海国际大都市的发展为背景，更多地面向城市、面向市民、面向非农产业，使之成为构建全球城市与美丽乡村相得益彰的建设发展新格局的行动指南和建设蓝图。

（三）加强领导是建设美丽乡村的组织保障

要对新城、新市镇、中心村进行全方位的思考，加快新城、新市镇、中心村"三中心"联动打造。"三中心"是上海城乡一体化的三大节点，把新城和中心镇作为城乡一体化的主平台来打造，把中心村作为美丽乡村的重点来建设，并形成"三中心"联动打造的建设格局，这是美丽乡村联动建设中最核心的建设项目。

其中，新城[①]是按照区域一体化理念来细化城市总体规划的区域性规划，它既有承担疏解中心城市人口和集聚新的产业、带动区域发展的功能，又是处理当代社会经济、生态和社会问题的有效载体。新市镇既有农村接受城市辐射的桥梁功能，又是促进农民实现就地产业转型、就业转移、生活方式转变的重要载体。中心村[②]是田园城市带动农村的关键节点，同时中心村还是与农业生产相适应的基本形态，无论是发达地区还是落后地区，无论是集约经营还是分散经营，其生产方式都离不开家庭经营这个基本单元。促进人口和生产力布局都向这"三中心"集中，形成人口集中、建设集约、产业集群、服务集聚的美丽乡村联动建设的新空间格局体系。

建设美丽乡村不仅是"三农"部门的责任，更需要综合部门的政策统筹和技术支撑。要调动区、镇、村的积极性和主动性，简政放权、强调服务，让

---

① 在《上海市城市总体规划（1999—2020年）》首次提出了"新城"的概念。

② 中心村，由若干行政村组成，具有一定人口规模和具有较为齐全公共设施的农村社区，它介于乡镇与行政村之间，是城乡居民点最基层的规划单元。

镇、村增添建设美丽乡村的活力。

（四）农民致富是建设美丽乡村的根本落脚点

要坚持农民是美丽乡村建设的主体。在推进美丽乡村建设中，要充分尊重农民的权益，让农民得到更多的实惠。既要增加农民的经营性收入，还要重视农民在土地、财产、就业、社会保障和公共服务等方面的权益。要高度重视培育新型的农村集体经济组织，巩固完善以家庭承包经营为基础、统分结合的双层经营体制，坚守不改变村集体产权性质、不损害村集体利益、不损害农民利益"三条底线"，促进集体资产保值增值，确保村级集体经济发展成果惠及所有成员。[①] 要防止和避免通过简单的少数服从多数决策程序而忽视被征地农民的基本权利，防止和避免行政强权推行而无视农民的基本权利。借鉴和引入农村股份合作制模式，让农民变股民，资产变资本，使广大农民既成为建设美丽家园的劳动者，又成为开发美丽乡村的投资者。

（五）创新机制是建设美丽乡村的活力所在

1. 充分挖掘农村资源

要盘活上海市的农村集体建设用地。让这些土地资源成为美丽乡村建设的物质基础和潜在财富。要结合"锁定总量、增量递减、存量优化、流量增效、质量提高"[②]的新一轮土地调整政策，从扩大宅基地置换试点入手，在统一规划基础上完善功能定位，提高容积率，挖掘土地潜力，变资源为资本。加快农业园区、工业园区、商贸街区、居住社区"四区"联动建设。这"四区"是上海城乡一体化和美丽乡村联动推进在经济发展和产业空间布局上的具体体现。工业园区、商贸街区、城镇居住社区的建设要成为拉动上海城乡一体化建设发展的重要载体，农业园区和农村新社区建设要成为提升美丽乡村建设水平的重要抓手。形成"四区"建设布局合理、功能互补和彰显各自功能特色的新格局。

2. 充分发挥市场配置资源的作用

要学习借鉴其他省市的经验，鼓励和吸引更多的社会资本参与到美丽乡村建设中来。政府的精力应该集中放在公共基础设施建设、规则和标准制定、市

---

① 《上海市扶持村级集体经济发展试点的指导意见（试行）》（沪府办〔2014〕25 号）。

② 《上海市关于本市盘活存量工业用地的实施办法（试行）》（泸府办〔2014〕25 号）。

场和环境卫生监督等方面，同时制定相关法律、法规让社会资本按照规则和标准有序参与美丽乡村建设。

3. 形成农旅结合的美丽乡村产业链

要鼓励集体经济组织把规模化的特色农业产业与特色乡土文化结合，形成农旅结合的美丽乡村产业链，为农民开辟就业岗位，拓宽致富门路，增加财产性收入。要加快农民工市民化、农业现代化"两化"联动推进步伐。按照土地城市化与人口城市化同步的新要求，把新城和中心镇作为新基点，使它们成为农村人口就地就近城市化和农民工市民化最有效的吸纳器，让这些农村居民成为新城和新市镇的新市民。要充分利用新城和新市镇不断增长的农产品消费需求和不断增强的"以工促农、以城带乡"机制，加快转变农业的发展方式，促进传统农业加快向高效生态现代农业的转型升级。要让市民亲近农村天地的自然美，体验农村生活的朴实美，回味农村乡愁的人文美。

4. 加快联动改革

加快土地、户籍、社会保障、住房、产权、行政管理"六项制度"联动改革。以联动改革促联动建设的思路，联动推进这"六项制度"改革，全面实现农地经营规模化、进城农民市民化、农民居住社区化、养老保障制度化、集体资产股份化、政府职能服务化。通过"六改六化"①的联动推进，突破城乡二元结构中最重要的土地资源难以优化配置与农民身份难以转化的问题，实现减少农村人口与增加城镇人口，减少农村住房与增加城镇住宅，减少农村建设用地与增加城镇建设用地，发展第二、第三产业与推进农业规模经营相协调，真正体现上海城乡一体化与美丽乡村联动推进的良好综合经济社会效应。

（六）基础设施建设是美丽乡村建设的基石

1. 加快推进农村村庄改造

全面实施村庄环境综合整治、村内基础设施建设、村公共服务设施建设三大类工程。

（1）村庄环境综合整治。疏浚治理河道水系，改善村庄水环境。开展宅前屋后环境整治，拆除各类违章建筑，规范农户家庭养殖，适当美化农宅墙体。集中收集处理生活垃圾，开展庭院经济、林果、苗木等多种形式的村庄绿化，营造整洁文明的居住氛围。

---

① "六改六化"指：改厨、改水、改厕、改院、改电、改俗，净化、亮化、绿化、美化、硬化、香化。

（2）村内基础设施建设。完善农村道路系统，硬化村主路，合理改造村支路，整修村内危桥，保障村民出行安全。推进农村信息基础设施建设，因地制宜开展农村生活污水处理项目建设，按需建设公共厕所、垃圾箱房等农村环卫设施，安装村内照明装置。有条件的地区开展供水管网改造、燃气管网安装等。

（3）村公共服务设施建设。整理农村公共场地，完善"三室一站一店"①和小型村民活动场所、健身场地、休闲绿地、公共停车场等服务设施，方便村民生活。

2. 开展美丽乡村示范村建设

以村庄改造为基础，以"美在生态、富在产业、根在文化"为主线，深化美丽乡村建设内涵，不断促进农村产业发展，提升农村生态品质，挖掘乡村文化元素。

（1）促进农村产业发展。加快转变农业发展方式，促进农业规模化、专业化、集约化发展，发展家庭农场、村民专业合作社，做优做强农业旅游，出精品、出亮点、成规模，提升乡村旅游品质。优化区域产业布局，增强农村集体经济实力，带动村民收入增长。

（2）提升农村生态品质。进一步完善优化农村生态布局，打造农村生态景观，创新农村造林机制。深入开展农村生活垃圾、生活污水、畜禽粪便的源头治理，加大农业生态环境保护力度，积极发展循环农业和生态农业。

（3）挖掘乡村文化元素。加快城中村、镇中村、城郊村、文化古村的联动改造。要从城中村、镇中村、城郊村已成为中心镇建设攻坚难点的实际出发，对这"三村"进行整体拆迁、改造和整治，建设成为新型的城镇社区，为郊区新城的发展拓展新的空间。把修缮文化古村和培育特色文化村作为美丽乡村建设的一大亮点，使其成为"宜农、宜居、宜游、宜文"的美丽乡村。深入挖掘、修复、传承和弘扬优秀的本土非物质文化遗产，展示浓郁的乡土风情，体现上海江南水乡特色。开展形式多样的科技普及、思想教育、文体活动，提高村民群众的整体素养，培育新型社区文化。

参考文献

[1]陈筠泉.关于生态文明的几点思考[J].马克思主义与现实，2014（1）：5-7.

---

① "三室一站一店"指：标准卫生室、事务代理室、文化活动室（含农家书屋），为农服务站，便民农家店。

［2］加快生态文明建设 着力打造美丽家园［EB/OL］. 光明理论, http://theory.gmw.cn/2013-09/11/content_8868808_3.htm, 2013-09-11.

［3］绿水青山就是金山银山［EB/OL］. 新华时报, http://www.xinhuanet.cn/politics/szzsyzt/sps2017/index.htm, 2017-06-05.

［4］浦东书院镇塘北村拆违请缨"清零消项"［EB/OL］. 人民网, http://sh.people.com.cn/n2/2017/0331/c134768-29953389.html, 2017-03-31.

［5］上海已评出30个美丽乡村示范村 到2020年将增至100个［EB/OL］. 新浪上海, http://sh.sina.com.cn/news/m/2016-05-30/detail-ifxsqxxu4638297.shtml, 2016-05-30.

［6］魏启舜, 李国军, 赵荷娟. 试论农业有机废弃物资源化的意义及发展策略——以江苏省南京市美丽乡村建设为例［J］. 天津农业科学, 2014（5）: 108-111.

［7］习近平: 关于《中共中央关于全面深化改革若干重大问题的决定》的说明［EB/OL］. 新华网, http://www.xinhuanet.com/politics/2013-1115/C_118164294.htm, 2013-11-15.

［8］习近平: 让工程科技造福人类、创造未来［EB/OL］. 中同政府门户网站, http://www.gov.cn/xinwen/2014-06/03/Content-2692596.htm, 2014-06-03.

［9］习近平在中国共产党第十九次全国代表大会上的报告［EB/OL］. 人民网, http://cpc.people.com.cn/n1/2017/1028/c64094-29613660-5.html, 2017-10-28.

［10］严祖斌, 程咏梅. 推进"三点合一"建设美丽乡村［J］. 江苏农业经济, 2014（2）: 55-56.

［11］张礼浩, 李国军, 张晓燕, 等. 以发展现代农业为突破口促进美丽乡村建设——以溧水区东屏镇为例［J］. 天津农业科学, 2013（11）: 41-43.

［12］张晓燕. 加快旅游农业开发推进美丽乡村创建——关于江宁湖熟美丽乡村建设的思考［J］. 天津农业科学, 2013（11）: 44-46.

17. 新时代乡村振兴战略背景下贵州乡村发展的探索研究 *

——基于对贵州典型乡村产业类型的调查分析

邹丹丹

摘要：自党的十九大提出乡村振兴战略目标后，2018年5月中共中央政治局又审议《乡村振兴战略规划（2018—2022年）》，确定了未来5年乡村发展规划与脱贫攻坚战略行动关系。笔者通过走访调查贵州典型乡村产业类型：遵义市湄潭县茶业、贵阳市花溪区久安古茶、遵义市三岔镇蓝莓园、政府帮扶产业桐梓县"山货出城"直通窗口、清镇市站街镇"三变"示范区小河村，分析出经济方面以乡村"产业兴旺"为主导的"四种经济"发展模式，即"农户个体化经营"模式、"农户园区化经营"模式、"农商为主导，政府帮扶"模式、"村委会主导牵头"模式的优势所在及存在问题。生态方面以"生态宜居"为主导的"垃圾分类""厕所革命"行动的进展情况及存在问题。文化方面以"乡风文明"为主导的乡村文化日、乡村舞台、乡村风俗等概况及存在问题。通过上述调查分析，总结出乡村在发展经济、生态、文化方面的有效途径。

关键词：乡村振兴战略；三变；乡村经济；乡村生态；乡村文化

根据2017年贵州省国民经济和社会发展统计公报显示，贵州省地区生产总值13540.83亿元，比2016年增长10.2%。按产业分，第一产业增加值2020.78亿元，增加值占地区生产总值的比重为14.9%；第二产业增加值5439.63亿元，增加值占地区生产总值的比重为40.2%；第三产业增加值6080.42亿元，增加值占地区生产总值的比重为44.9%。其中三大产业投资占固定资产投资比重分别是，第一产业为2.5%，第二产业为16.7%，第三产业为80.8%。仅从数据显示，虽然农业生产总值与固定资产投资比重持续增长，

---

* 邹丹丹，女，西安理工大学马克思主义学院2018级博士研究生。

但在三大产业中比例相对较低，投资者更青睐投资收益高、获利时间短的第二产业、第三产业。因而，实现乡村振兴、乡村产业转型是新时代的一项重大任务。

一、贵州典型乡村产业发展的基本概况

调研五种典型乡村农产业基本概况：①湄潭县茶业。2018 年贵州"茶乡"湄潭茶园面积达 60 万亩，投产面积 56 万亩。初步统计，2018 年 1~8 月茶叶产量达 4.8 万吨，产值 43.66 亿元，同比增长 5.07% 和 11.36%。②久安古茶。久安历史悠久的产业是煤业，2010 年久安乡产业转型"绿色经济"成立"古茶园区"，打造茶叶产业，现已实现古茶树（母本）建设达 1.2 万亩，拓展和辐射面积达 6 万亩。③遵义蓝莓园。遵义农户们因地制宜自主引进蓝莓，使蓝莓从"奢侈"水果转入平民化，实现当地产业经营多元化。④桐梓县"山货出城"直通窗口。依托精准扶贫大背景，在政府帮扶下农商打通农产品收集、销售渠道，带动了当地农户致富脱贫。⑤清镇市站街镇"三变"示范区小河村。在基层干部村主任带动下，通过"三变"已吸纳撂荒土地 1000 余亩入股，其中软籽石榴 800 亩，美国红枫 200 亩，实现了当地经济质的飞跃。通过对上述乡村经济、生态、文化的深入调查，分析出当下存在的问题及有效振兴途径。

二、贵州典型乡村发展的模式分类及其优势、存在问题

（一）经济："四种典型"乡村种养殖发展模式的优势及存在问题

习近平主席就"一带一路"合作模式提出："以点带面，从线到片，逐步形成区域大合作。"面对中国乡村地广、区域情况各不相同的实际，中国乡村产业的发展也需要"以点带面"的思维，通过典型产业来推广，起到示范性作用。因而笔者通过与农户、农商、村委会主任等深入交流，将产业的经营模式划分为"四种典型"（见图 1），即"农户个体化经营"模式、"农户园区化经营"模式、"农商为主导，政府帮扶"模式、"村委会主导牵头"模式，这也是目前

中国普遍存在的模式，并根据此模式分析优劣，如图2所示。

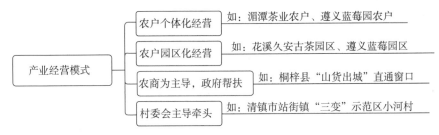

图1 产业经营模式划分

问题对比 类型	收入 稳定性	抵抗 自然风险	品牌意识与 营销模式	科技结合的 先进观念	培训力度	融资能力
农户个体化 经营	不稳定	严重不足	不足	不足	不足	难
农户园区化 经营	一般	一般	一般	一般	不足	一般
农商为主导， 政府帮扶	较好	较好	较好	较好	不足	较好
村委会主导 牵头	最优	最优	最优	最优	一般	最优

图2 "四种模式"的优劣对比分析框架

1."农户个体化经营"的优势、类型及存在问题

这种模式目前最为常见，是以农户个体为单位的经营，俗称"小农经济"或者"家庭式作坊"。突出优势为可提供"物美价廉"的精致商品，由于大型公司生产是规模化、集中化，所以产品具有"大众化"的特点，而农户个体则是自产自销，可提供"经典型""特色型"产品，如茶叶、蓝莓。调研还发现，无论是茶农还是蓝莓种植户，只要是"小农经济"均可具体分为三种类型，现以茶业为例。第一类是以家庭内部为单位的"微型茶叶种植户"，这类农户最显著的特征是茶园产业面积多数为10亩以下的微型茶园，从生产到采茶过程仅以家庭内部成员为主，未涉及雇用人员，出售茶青的收入未能满足全家开销，还需其他盈利方式。第二类是以家庭内部为单位的"小型茶叶种植户"，茶园产业面积多数为10亩以上的小型茶园，由于茶园面积相对较大，在种植、采摘过程需要雇用人手，能达到人均5000元左右的年收益，仅靠出售茶青就能满足全家开销。第三类是以家庭内部为单位的"中型茶叶种植户"，这类的茶农在立足于"小型茶叶种植户"基础上能够自行开展小型加工业，因而第三

类茶农还具备设备购买和加工的能力，在经过简易加工的基础上，熟茶一斤可卖到约 160 元的价格，除满足全家开销外还有盈余，利润在三者之间也最为丰厚，已初步形成小型产业化经营。但这类模式存在的普遍问题是：

（1）收入具有不稳定性。第一，农产品相比其他工业产品更易受气候影响，同一批农产品会出现质量上的优质、普通、劣质现象，造成层次优劣分级情况严重。第二，农户采茶过程中完全纯手工操作，一般情况采茶以单芽、一芽一叶为特级茶青，一芽二叶为优质茶青，由于农户采茶手法、熟练度不同可能会采取一芽三叶、一芽四叶等情况，而一芽一叶的茶多酚为 27.15%，一芽二叶为 25.31%，一芽三叶为 23.60%，依此递减，这就使茶叶呈现出品质的高低。第三，农户的销售方式传统单一，未形成与时俱进的销售观念。例如，目前贵州湄潭县传统的家庭小型茶叶种植户，在采茶后会集中到当地的收茶市场以 20 元一斤的原始价格售卖给茶商，因而发现，生茶的原始价格非常低廉，茶农的收益在整个茶叶链条收益上是最低的。

（2）抵抗自然风险能力严重不足。由于贵州冬季可能出现凝冻、雪灾等，春季、夏季可能发生虫灾，这些自然灾害导致农户防不胜防，特别是冬季自然灾害，很多农户目前毫无应对措施。然而夏季虫灾主要以物理防虫技术、喷射农药来应对。物理防虫技术常见的有三种类型，类型一是频振式杀虫灯，即利用害虫的趋光性，通过灯上的高压电网杀死害虫。其特征是效果较好但成本较高，后期需要经常维护，并对安装有一定的地理位置要求，一般运用在大型农产业集体防虫范围。类型二是防虫网，以棚架覆盖的方式阻挡害虫。其特征是效果较好，但有一定成本，并且每 3~5 年需要更换使用，一般运用在蔬菜种植基地。类型三是摆放粘虫板，利用害虫对颜色的正趋性达到粘虫效果。其特征是物美价廉，因而政府大力推广以免费形式给农户使用，并为广大农户所青睐，但目前制约粘虫板推广的唯一要素是个别农户习惯喷洒农药，防虫意识未与时俱进，接受新事物能力较弱而不愿采取此种形式，导致即使大多数农户采取黏虫板防虫，但只要一家未用，由于害虫的"流动性"会导致其他农户产业受损。喷射农药方式是我国长期使用的除虫、除草方式，但由于长期以来未正确地、合理地、科学地使用农药，从而导致农药残留于土壤，造成土壤污染甚至贫瘠。为了保护土壤的可耕作性与可持续性，政府出台了相关文件《污染地块土壤环境管理办法（试行）》，并于 2017 年 7 月 1 日起施行。除此之外，加上媒体多年的宣传与公民环保意识的提升，大多数农户已经认识到农药对土壤以及自身健康的危害，开始转向科学用肥。

（3）缺乏品牌意识，未形成有效的营销模式。大多数的"微型茶农"与"小型茶农"对品牌的认知欠缺，这主要是由于两者自身文化水平较弱，对相关政策缺乏主动了解，甚至在申报相关材料时没有整理材料、填表的能力。"中型茶农"由于本身具有小型加工的实力，普遍知识能力较强，能够使用智能手机搜寻相关政策、农药的实施方法，在对政策的理解上和相关项目的申报上具备明显优势，但目前"中型茶农"的营销模式多数采取请"亲朋好友代销"的模式，此模式销售量具有不稳定性，没有直接与当地超市或者市辖区小区对接。从整体上来看，目前湄潭县除大型企业能够具备优秀营销团队外，无论是茶农还是茶商都缺乏有效的营销模式，对于互联网营销表示"不是很懂"且缺乏长远的战略规划。

（4）缺乏与科技结合的先进观念。在调研走访中，大多数农户对"大数据""科技设备"知晓略少甚至一无所知。特别是农产品在采摘与除草方面对科技的需求较大，例如在茶叶种植方面，采茶与除草由于全是人工化，耗费时间较长、效率较慢、效果欠佳，若能利用科技设备可以提高效率、节约成本。政府应继续推广"大数据＋农业"的合作模式，如大气候农业科技有限公司研制的"农眼全景"，可以无死角地自动采集空气温度、空气湿度、大气压强、光照强度等作物种植环境数据。这样农户就可以通过手机了解到农产品的实时情况，精确地进行种植。

（5）政府组织的培训以及科研机构的帮助不足，表现在农药实施、农产品管理方面，农产品营销指导不足，特别是种植及营销仍然以农户自己摸索经验为主，当地相关部门甚至不能做到一年一次的农产品培训，即便有培训也存在培训专业不对口现象，从而导致农户学不到真正的管理技术与营销技术，被调研的农户表示对深加工技术、农药使用、产品营销方面的培训需求最大。

（6）资金缺乏、融资渠道传统单一、贷款较难。目前无论是农户本身还是农商均存在融资困难，大多数仍然以传统的融资渠道为主即向周边亲朋好友借取，少部分向金融公司贷款。资金方面的问题集中表现在：①农户在种植过程中需要对农产品进行肥料供给，由于肥料成本较高，农户与肥料供应商普遍采用赊销的方式即先使用肥料施肥，当农产品丰收时再进行结算，在此过程中农户、肥料提供商都处于资金紧张的生产状态。②以公司名义向银行进行农产品贷款较难。调研中发现，若以个人名义贷款，贷款难度较小，但若以公司名义进行农产品贷款，难度较大，甚至出现银行不愿放款现象。这主要由于文化水平限制农户不能提供相应的资料和农产品周期长、回报收益较低以及农户的抵押品价值较低所导致。例如，初次种植茶叶、蓝莓时，需要3~5年左右的培育期，期间农产品需要施肥、防虫、除草、管理等人工成本，因而此期间对于农户来讲只有投入而无回报，加上一些不可抗的因素会导致农产品受损，这样不可预估的风险性会让银行缺乏对农产品的借贷信心，从而增大了以公司名义贷款的难度，这一现象成为目前农业贷款难的循环困境。

2. "农户园区化经营"的优势及存在问题

这种模式的出现弥补了"农户个体化经营"的部分缺陷，即由农户自发组织成立园区并加入当地工会，由管理人员以园区为单位进行统一管理与经营。以茶园园区为例，其突出优势是：

第一，园区具有品牌意识，在扩大产业面积、提升产业效益的同时解决了就业，目前久安古茶园区内共有茶园 2000 多亩，当地小作坊已经改变传统的采茶青销售模式，转化为简易加工出售散茶，提升了经济收入，并为农业旅游奠定了基础。第二，技术稳定，久安古茶园已经积累了 4 年的制茶技术。第三，有利于集中整理资料如年检、税务申报、法律援助、农业补贴、国家政策解读等，特别是电子资料的上报。第四，更易获得国家贷款及补助。如花溪区久安古茶园以园区的名义申请微型企业补贴，目前已有 10 家农商获得补助。除此以外，花溪区工会根据贵州省"雁归行动"计划还对"久安古茶园"进行"贴息帮扶"，即用工会负责贴息、园区只偿还本金的方式减轻了园区资金的困难。第五，更易获得技术指导、场所提供等机会。例如，久安古茶园的当地农业局就无偿提供三分之一的设备，且提供场地供园区茶主日常办公使用。第六，首次种植提供茶苗补贴。例如，久安古茶当地以每亩 500 元进行补贴，连续补贴 3 年。

但仍有不足：第一，虽然使用了投入性成本较高的绿色肥料、人工除草保护了环境，但由于部分顾客、茶商对此不够了解，仅在价格上就望而却步。第二，缺乏高层次的品牌营销团队。第三，缺乏技术丰富的制茶师傅，这一点无论对于农户本人还是茶商都是十分突出的问题。从整体上看，"农户园区化经营"模式利大于弊，而"农户个体化经营"模式弊大于利，因而须加速开发当地产业优势，以"园区化"带动"个体化"，但目前两者的共同点是依旧停留在种植方向，缺乏稳定的销售渠道。

3. "农商为主导，政府帮扶"模式的优势及存在的问题

贵州鼎盛资源开发有限公司是典型的政府帮扶农产业企业，也是官仓镇第一家收购农产品的企业。其经营模式是官仓镇收购当地农产品，再通过运输到贵阳市进行销售。特征是直接开通、完善销售渠道，保证农产品能够稳定销售，因而进一步解决传统"个体化""园区化"销售难的问题。"农商为主导，政府帮扶"模式存在的优势：①扩宽、稳定了销售渠道。由贵阳市政府扶持其在政务中心旁西南美食文化广场设立"官仓镇农产品展示窗口"，窗口依靠贵阳市政府小区，提高了产品信用值、促使销售渠道便捷、减少了农户销售负担，不仅如此，负责人还采取视频销售模式进行大量宣传，将购买过产品的顾

客加入微信群，通过微信群发布养殖、收购过程的视频来提高顾客对农产品的信心与认知度。②初步形成"一体化"经营，即收购、简易加工。③为提高农户积极性，提供了比市场高的收购价，成为脱贫攻坚的重要力量。④政府协助提供场地，并开通绿色通道促使办证便利化。⑤政府协助对接贵州信息技术产业联盟，因而更易建立网络宣传平台。⑥政府协助校农对接。如以扶贫的名义与贵州师范大学、贵州民族大学协商对接出售水果。

目前困境：①运输问题，由于收购的全是农产品，所以运输过程中容易损坏。②农产品产量小于社会需求，因现代人对绿色产品需求增大，而农产品生产周期与产量有限，因而不易与超市对接，无法满足稳定的供货量。③保鲜问题，因都是新鲜农产品，特别是鸡蛋，若存放时间较久就会变质，若存放冰箱会影响口感，针对这一问题目前采取的是提前预定模式。④预防掺假问题，为防止农产品掺假，如土鸡蛋与普通鸡蛋常人无法区分，因而特意上门收取，杜绝掺假。⑤缺少销售技巧、网络平台运用、网络视频推广等技术指导。

4."村委会主导牵头"模式的成功经验及存在的问题

清镇市站街镇小河村是典型的"三变"示范区，即村民无偿将土地入股到合作社，后期产生经济效益后，入股村民、村集体、合作社按照50%、30%、20%的比例进行分红。通过"三变"实现了农户、企业、村委会三方共赢的良好局面。

其成功的经验是：①村委会牵头主导，深入贯彻落实"三变"政策，大力招商引资，资金雄厚。②规划完整，因地制宜进行。③基层干部起到积极的带头作用。④地理位置优越，邻近贵阳市，交通便利。

存在的问题：①"三变"中依旧存在部分农户眼光短浅，不愿拿出土地。②缺乏精益求精的驻村管理性人才，原因是村里外出打工人员居多。③虽然以红枫为主要观赏景点发展，但旅游业缺乏文化载体。④种植成本高，存在一定风险。

（二）生态："生态宜居"为主导的"垃圾分类""厕所革命"行动的进展情况及主要问题

第一，生态系统相对较好。贵州的环境借助天然地理优势因而污染较小，农户纷纷表示自己没有异地搬迁的想法，喜欢天然的生存环境，各村也基本实现通电、通水，能够满足日常生活。第二，"厕所革命"取得效果。各乡（镇）分别翻新当地厕所进行"厕所革命"，改善了基础生活设施，优化了生活环境，基本完成了"三改"即改厨、改厕、改圈。第三，网络设施使用率递增。贵州乡村基本实现了移动网络全部覆盖，能够实现基本性通话，截至 2018 年许多地区宽带以低价进入村民家中，成为沟通外界的新工具，无线网络能够拓宽村民眼界，丰富日常生活。

主要不足：虽然环保意识大幅度提升，但是依旧缺乏科学处理方法。调研中发现在当地政府多年的大力宣传下，直接往河中倾倒垃圾现象已经根除，但农户对于平时种植、养殖的污水排放都是任其自然流入低凹地势中，未形成科学的应对方式。

（三）文化："乡风文明"为主导的文化风俗与文化基础设施等概况

调研中发现贵州乡村文化具有以下特征：①正式性与非正式性的文化日交叉举办。正式性即以民族为主导的民族日，如布依族的"六月六"歌节、贵州水族的"端节"、苗族的"四月八"等。非正式性文化日是以当地产业为主导，由当地相关部门牵头举办的文化日，目的是扩大产业交流、对接，宣传特色农产业，提升经济效益。②新修的乡村舞台、文化广场、农家书屋与传统书院的结合。如花溪区久安乡内不仅有着村民的乡村舞台与文化广场，还有著名的"茫父书院"。③文明的丧葬礼仪。贵州省早已实现了全火化，村民在丧葬上的意识与时俱进，破除了封建迷信的观念，采取科学、文明的丧葬仪式。

三、新时代贵州乡村振兴的有效途径

经济方面：①银行完善"农业资金贷款专项"，每年设置定额指标用以挑选具有代表性、发展空间大的农户或企业。②可借鉴支付宝"蚂蚁森林"的绿色金融模式，让顾客以认养的方式认养茶树，再结合手机平台观测茶树生长，做到环保与经济同时提升的效果。③与大型金融企业合作扩大宣传，如阿里巴巴贵州省农产品平台。④村委会的基层干部要起到带头作用，如简化办事流程、落实"三变"政策、新修道路，只有村中道路硬化、交通便利才能引进人才、留住投资者、运输农产品、开阔农户思维、提升教育质量。⑤科研人员应该积极进行实地调研，将市场需求量高的农产品及时反馈给当地村委会。⑥利用"大数据"监测、分析农药剂量与农产品口感、健康度的配合比例等。⑦组织培训并制作"产品种植""农药使用""农业管理""产品销售"等技术指导视频。⑧宣传方式上与时俱进，例如可在"抖音"等流量大的短视频上投入广告。⑨对于需求大于供给的农产品，政府应该提供补贴，扶持农户大量生产，保证"量"的供应。

生态方面：①以政府为主导规范农药厂，降低或禁止危害较大的农药生产比例，并提供物理防虫补贴减轻农户负担，增强农户健康种植意识，发展绿色生态农业。②落实环境评价制度，对破坏自然环境的农户与企业严格追责。③当地农业局、环卫局、村委会等部门要权责分明，及时处理村里的农业垃圾及生活垃圾。

文化方面：①继续推广宽带入乡，丰富农户精神生活。②组织法律常识相关培训，防止农户被"金融诈骗"。③引进人才，加强教育。

四、总结

综上所述，在顺应乡村振兴战略的背景下，贵州省农户、农商、政府各部门应三方配合，根据当地实际情况因地制宜出"好政策"，响应贵州"三变"改革，提高广大农户、农商的积极性，为贵州乡村经济、生态、文化出力。

参考文献

[1] 2018贵州茶产业脱贫攻坚夏季攻势培训在湄潭举行 [EB/OL]. 多彩贵州网，http：//tea.gog.cn/system/2018/09/11/016798477.shtml，2018-09-11.

[2] 大气候农业发布"农眼"全景物联网，可实时监控农田 [EB/OL]. 新浪，http：//news.sina.com.cn/c/2018-08-27/doc-ihifavph8005158.shtml，2018-08-27.

[3] 单芽和一芽一叶就一定是好茶吗？[EB/OL]. 搜狐网，http：//www.sohu.com/a/192831357_214404，2017-09-18.

[4] 傅杨. 三种可替代农药的物理防虫技术 [J]. 致富天地，2009（12）：29.

[5] 高琰森. 贵州评选十大古茶树之乡 [EB/OL]. 贵阳网，http：//www.gywb.cn/content/2014-08/22/content_1261476.htm，2014-08-22.

[6] 习近平在哈萨克斯坦纳扎尔巴耶夫大学发表重要演讲 [EB/OL]. 中华人民共和国中央人民政府，http：//www.gov.cn/ldhd/2013-09/07/content_2483425.htm，2013-09-07.

18. 农村承包地"三权分置"的法律表达 *

谭贵华

摘要： 在立法中以什么样的权利名称和结构落实农村承包地"三权分置"的政策设想，众说纷纭，大体有六种较具代表性的方案。为了增进有效沟通，形成统一的制度构建基础，各方亟须达成共识。厘定"三权分置"的法律表达方案，首先需要明确土地承包经营权是否保留，其次厘清承包权是否本就独立于土地承包经营权而规定在现行立法中，最后在此基础上确定经营权如何生成与表达的问题。秉持务实精神和折中思维，在法律上以所有权、承包权、土地承包经营权和经营权"四权并立"落实"三权分置"政策是顺势而为的最佳选择。

关键词： 三权分置；四权并立；土地承包经营权；承包权；经营权

农村承包地"三权分置"已成为国家的既定政策选择，但在法律层面，其落实面临诸多难题，首当其冲的一个突出问题便是如何将中央文件提出的权利体系在法律上表达出来。

早在一些政策起草部门专家基于党的十八届三中全会《中共中央关于全面深化改革若干重大问题的决定》做出对农地权利实行所有权、承包权、经营权"三权分离"的"官方"解读时，即有学者指出，这种解读"溢出了严谨的法律规则范畴，属于以政治语言代替法律术语的臆断"；"三权分离"理论虽然对于农地流转具有较好的说明价值，但其经济逻辑不符合法律逻辑，据此构建农地产权结构，无法在法律上得以表达。随着中央发文，明确推行"三权分置"，学术界迎难而上着力提出落实方案，但众说纷纭，分歧很大。据笔者归纳，较具代表性的方案就有六种，而且在一些方案内部，不同学者的主张还不尽相同。

大量分歧的存在，表明有进一步探讨的必要。概念是"构筑科学思想大厦

---

* 谭贵华，法学博士，西南政法大学经济法学院教师，主要研究方向为农村经济法制、企业法。

的工具"，亦是有效沟通的基础。面对政策落实的现实需求，亟须凝练共识，厘定"三权分置"的法权结构及其表达，以便理论上展开更富有成效的研讨，实务上顺利推进具体制度的构建。鉴于此，本文拟对既有代表性观点进行梳理、总结，剖析其中的争议焦点和现实困境，在此基础上，探求一套合适的折中方案。

一、农村土地"三权分置"法律表达的代表性观点综述

归纳起来主要有两类共六种代表性方案。一类为各种形式的"三权说"，绝大多数观点属于此类，只是具体方案不同，大体有五种代表性方案；另一类可称"四权说"，仅为个别学者所提倡，共一种代表性方案。

（一）所有权—承包权—经营权

该方案在形式上体现为所有权、承包权和经营权"三权并立"，但又有两种不同的建构思路：

一种思路可谓直接将政策上的权利架构和称谓移植到立法中，把土地承包经营权拆解为承包权和经营权，从而形成所有权、承包权、经营权三权分置。根据 2016 年中共中央办公厅、国务院办公厅印发的《关于完善农村土地所有权承包权经营权分置办法的意见》（以下简称《分置意见》），"三权分置"是"将土地承包经营权分为承包权和经营权，实行所有权、承包权、经营权分置并行"。这种设计不仅为有关政策部门专家所提倡，法学界亦有学者呼应。例如，张力教授等（2015）认为，承包权和经营权再分离有深厚的实践基础和理论支撑，实施"再分离"后，经营权必须要成为一项独立物权；承包权亦是一项独立的物权，性质也为用益物权。

另一种思路则主张，"三权分置"并不是土地承包经营权拆分为承包权和经营权，而是重构农民集体所有权实现的新体制，即实行农民集体所有权、土地承包权和土地经营权"三权分置"的新体制。其核心是，所有权仍保留在农民集体手中，但土地不再直接发包给农户直接占有使用，而是将农户承包权改造为集体土地的份额权利，将土地的实际占有使用权交给专业农业经营者。

（二）所有权—成员权—农地使用权（土地承包经营权）

该方案的实质是坚持"所有权—土地承包经营权"二权分置架构，在此基础上通过完善农村集体（经济）组织成员权制度和土地承包经营权流转制度来实现"三权分置"的政策目标。陈小君（2014）提出了此种主张。之后，一些学者如吴义龙[①]、高飞等跟进。其中，高飞在予以发展的基础上，明确提出"所有权、成员权、农地使用权三权并立"说。

高飞（2016）认为，"'三权分置'的农村土地权利结构实为集体土地所有权、成员权、农地使用权三权并立"。其指出，承包权是农村集体经济组织成员初始取得承包地的资格，实为成员权或社员权；法律意义上的承包权应被包含于集体土地所有权主体制度中，无法从土地承包经营权中分离出来；在土地承包经营权的法律建构中，能够充分实现试图从土地承包经营权中分离出来的经营权拟实现的制度功能。此外，高飞从推进"农村土地（农地）使用权制度的体系化构建"出发，提出将集体建设用地使用权、宅基地使用权与土地承包经营权一并纳入"农地使用权"范畴，以期在"三权分置"的背景下"整合农地使用权体系以促使包括土地承包经营权在内的各种农地使用权制度的完善"。

（三）所有权—土地承包经营权—土地承包经营权（次级土地承包经营权）/耕作经营权（耕作权）

此方案总体上主张不触动土地承包经营权，亦认同承包权实为成员权，这与前一方案相通。但有所区别的是，它未将承包权或是成员权作为一种独立的土地权利类型呈现，同时提出在土地承包经营权之外创设一项新的权利对接中央文件提出的"经营权"。不过，对于这项新创设的权利用何称谓，又有不同的观点。

例如，朱广新（2015）提出了"所有权—土地承包经营权—土地承包经营权（次级土地承包经营权）"说。他认为："土地承包权只是集体经济组织成员权在土地分配上的一种特定化，不是一种独立的权利类型。""土地承包权与经营权分

---

① 参见吴义龙的《"三权分置"论的法律逻辑、政策阐释及制度替代》。其指出，实行承包权与经营权分置，建立所有权、承包权、经营权三权并行分置的农地权利体系的"三权分置"论面临诸多困境："法律逻辑颠倒了，政策阐释有疑问，实践中也引发了不少问题。"在此基础上，其提出了一种"所有权—土地承包经营权"二权分置框架下的制度替代方案，即完善土地承包经营权物权性质的权能，使之成为真正的财产性权利；在集体土地所有权框架下充实成员权应有属性，使之成为可靠的保障性基础；同时积极跟进配套保障制度。

离政策的意蕴是，在稳定土地承包经营权的前提下，使实际经营土地者可以获得一种具有物权效力和抵押功能的财产权。"而这根本无须在物权法定原则制约下再创设一种被称为土地经营权的用益物权。土地经营权只是一个经济学概念，它实际上是指物权法上的土地承包经营权。可"将土地承包经营权之上设定的以经营土地为目的的用益物权仍然称作土地承包经营权"，这"不仅在我国《中华人民共和国物权法》（以下简称《物权法》）现有体系结构上完全不存在任何障碍，而且不必因为承认这种土地承包经营权而需对《物权法》或者《中华人民共和国农村土地承包法》作更多修改或补充"。不过，其亦提出可"将基于土地承包经营权产生的实际经营土地的权利规定为一种具有抵押功能的次级土地承包经营权。次级土地承包经营权的名称可通过解释《物权法》第125条获得正当性"。

又如，孙宪忠（2016）提出了"所有权—土地承包经营权—耕作经营权（耕作权）"说。其认为，"三权分置"的核心是在农民土地承包经营权之上建立另外一个"经营权"；"所谓三权，就是农村耕作地之上的所有权、土地承包经营权、经营权这三种权利。所谓分置，其实就是这三种权利由不同的民事主体享有"。其不仅强调"在推行'三权分置'时，立法必须坚持不得妨害现有农民的土地承包经营权的原则"，而且"希望另外确定经营权的法律名称"，认为"如果在立法上确定为物权，可以命名为'耕作经营权'或者'耕作权'"。[①]

（四）所有权—承包权—土地承包经营权

该方案的核心观点是，将承包权从土地承包经营权中分离出来并作为一项独立权利，同时沿用"土地承包经营权"概念指称中央文件提出的"经营权"。

丁文（2015）认为，"'三权分离'的关键是土地承包权与土地承包经营权的分置"，问题在于"如何分离"。其指出，"土地承包经营权应包含土地承包权的观点和做法，既缺乏理论依据，又会造成一系列的不利后果"，"两者本身就应该是各自独立的不同类型的权利"，应当而且必须分离。土地承包权分置后，一方面，可通过修改《中华人民共和国农村土地承包法》或《中华人民共和国物权法》，将土地承包权作为一项独立的权利加以规定；另一方面，土地承包经营权回归于真正的用益物权并以现有名称对接中央文件中所说的经营权。

之所以沿用"土地承包经营权"称谓较为妥当，丁文提出了三点理由：第一，"土地承包经营权"这一概念已得到立法的确认，尤其是随着《中华人民

---

① 孙宪忠一直坚持这种观点，可参见孙宪忠的《推进我国农村土地权利制度改革若干问题的思考》。

共和国物权法》的颁布实施，作为表称用益物权的"土地承包经营权"概念已深入人心。第二，不沿用"土地承包经营权"而采用"经营权"的新表述，需要大面积修改现行法律，不仅改动过大，而且经过法律确认已形成的农地上的用益物权观念将荡然无存，并且还可能诱发理论上的争论（如经营权的性质等问题），进而影响新法的实施；若不修改现行法律，则有违"物权法定"的基本原则，缺乏理论支撑。第三，"经营权"概念缺乏法律依据。

（五）所有权—土地承包经营权—经营权

此方案的核心是，将经营权从土地承包经营权中分离出来，同时沿用"土地承包经营权"概念指称中央文件提出的"承包权"。蔡立东、李国强等学者总体上均持此类观点。

蔡立东等（2015）认为，承包权与经营权分置是土地承包经营权的行使和实现方式；经营权是设定于土地承包经营权之上的权利用益物权，承包权则为其行使受到经营权限制的土地承包经营权的代称。承包权与经营权相分置的物权法效果表现为，在土地承包经营权之外创设具有物权效力的经营权。土地承包经营权人在其权利上设定经营权这一用益物权后，其依然享有土地承包经营权，经营权的设定只是其行使并实现土地承包经营权的方式。

李国强（2015）认为，分置后的经营权是土地承包经营权的派生权利，而承包权在现行法律的意义上仍然是土地承包经营权，只是因承包经营权的部分权能让渡于经营权而产生新的权利内容，并非单纯承包土地这样一种权利资格。

（六）所有权—承包权—土地承包经营权—经营权

楼建波（2016）分析指出，"在坚持农村土地集体所有的前提下，促使承包权和经营权分离，形成所有权、承包权、经营权三权分置"的"三权分置论"在法律上和实现中均面临障碍；回归政策本意，在法律上可以"四权"实现"三权分置"。其提出承包权和经营权并不取代流转前的承包经营权。承包权作为一种身份权利，其表达方式是农民的集体组织成员身份。集体土地所有权和承包经营权作为土地物权，其有《中华人民共和国物权法》《不动产登记暂行条例》等规范。经营权作为一种债权，受流转合同的保护，同时可以集体经济组织的备案乃至在承包经营权的登记中将经营权作为一种负担加以记载来强化对其保护。依此思路，所有权、承包权、土地承包经营权、经营权四种权利的不同组合为农地流转、抵押提供了两权分离所不能提供的灵活性，又为法律上表达各种权利提供了便利。

二、农村土地"三权分置"法律表达的
争议焦点和现实困境

综合审视，在"三权分置"的法律表达这个问题上，争议的焦点集中于以下三个方面：一是土地承包经营权何去何从，二是承包权如何生成与表达，三是经营权如何生成与表达，而这些同时也是政策落实的难点所在。

（一）土地承包经营权何去何从

根据《分置意见》，"三权分置"是"将土地承包经营权分为承包权和经营权，实行所有权、承包权、经营权分置并行"。由是可见，土地承包经营权似乎不再保留。不过，无论是理论界还是实务界对此均有不同看法。

在理论界，既有学者赞同将土地承包经营权拆解为承包权和经营权，也有不少学者主张应保留土地承包经营权，后者在法学界甚至可以说占据着主流地位。而与此同时，即便认为应保留土地承包经营权，不同学者对于其走向也持有不同观点，有主张在现行制度框架下强化其物权属性，亦有主张以其指称中央文件提出的承包权或是经营权。

在实务界，从中央及有关部门发布的文件来看，有关土地承包经营权去留的态度也不尽清晰。例如，2014 年和 2015 年中共中央办公厅、国务院办公厅印发的《关于引导农村土地经营权有序流转发展农业适度规模经营的意见》和《深化农村改革综合性实施方案》还分别强调要"用 5 年左右时间基本完成土地承包经营权确权登记颁证工作""明确和提升农村土地承包经营权确权登记颁证的法律效力"。2016 年和 2017 年的"一号文件"则通篇未见"土地承包经营权"字眼，就农地确权登记事宜，使用的是"继续扩大农村承包地确权登记颁证整省推进试点""加快推进农村承包地确权登记颁证，扩大整省试点范围"这类表述。这是否可以解读为中央已经在为推行"三权分置"而有意淡化土地承包经营权的提法？不过，同时值得关注的是，2016年 3 月中国人民银行等五部门联合印发的《农村承包土地的经营权抵押贷款试点暂行办法》仍以"土地承包经营权"为基础设计了一种类型的经营权抵押规则。[①] 2017 年通过的《中华人民共和国民法总则》亦还沿用了"农村土地承包经营权"的概念。

可以说，土地承包经营权是否保留，是厘定"三权分置"法律表达方案所需要明确回应的起点问题，而这也确是一个不好抉择的问题。如果不保留，对现行制度触动太大，带来的改革成本极为高昂。除非有显见的必要性和效益，否则不宜做出如此大的变动。但是如果保留土地承包经营权，似乎又与中央文件要求不符，这也会带来后续问题。

（二）承包权如何生成与表达

关于该问题的分歧主要集中在以下三个层面，正是这些分歧所在给承包权的法律构造带来了极大的困扰。

第一个层面，承包权从何处分离出来。其关键又在于，承包权是否包含于现行法上的土地承包经营权中。根据《分置意见》的表述和有关政策部门专家的解读，承包权包含在土地承包经营权中，承包权乃从中分离出来。但与此同时，不少学者认为，承包权应包含于集体土地所有权主体制度或者说包含于所有权中，即便要分离也是由此分离出来的。如果站在前一立场上，将承包权分离出来，意味着"土地承包经营权"概念不应保留，而这又回归到前文所述的问题中。更为重要的是，前一立场实际上还面临《中华人民共和国农村土地承包法》的法律解释学困境。相较而言，后一立场更能从现行立法中获得支持，但现有主张也并不周全，没有考虑在"其他方式的承包"中非集体经济组织成员亦有承包权这一情况，而这关系到对后续有关问题的理解与应对，不应忽视。

第二个层面，承包权是否需要作为一项独立的权利呈现。根据一些学者的观点，承包权实为成员权或社员权，不是一种独立的权利类型，也没有必要将其作为一项独立的权利加以规定。更有学者主张将农户承包权改造为集体土地的份额权利，土地不再直接发包给农户直接占有使用。无论在前述第一个层面

---

① 《农村承包土地的经营权抵押贷款试点暂行办法》第五条规定："符合本办法第六条、第七条规定条件、通过家庭承包方式依法取得土地承包经营权和通过合法流转方式获得承包土地的经营权的农户及农业经营主体（以下称借款人），均可按程序向银行业金融机构申请农村承包土地的经营权抵押贷款。"该办法第六条规定："通过家庭承包方式取得土地承包经营权的农户以其获得的土地经营权作抵押申请贷款的，应同时符合以下条件：……（三）依法拥有县级以上人民政府或政府相关主管部门颁发的土地承包经营权证；……"

持何种立场，如果承包权不作为一项独立权利呈现，这无疑与中央文件要求不符。将其改造为份额权利实际上意味着不再实行家庭承包经营，这更是动摇了农村基本经营制度的基石，显然不妥。如果承包权作为一项独立权利呈现，又如何阐释成员权与承包权的关系？又该以什么概念表达承包权？对于这些问题，学者们的认知可谓莫衷一是。

第三个层面，如果将承包权独立出来，用什么概念来表达。对于这一问题，即便均持"承包权包含于土地承包经营权中"这一立场，亦存有分歧。如丁文（2015）主张将承包权从中分离出来并以"承包权"表达；蔡立东等（2015）、李国强（2015）则主张，将经营权从中分离出来，继续沿用"土地承包经营权"指称承包权。当然，如果将"承包权实为成员权，可以成员权替代承包权"亦理解为是把承包权独立出来，那么，用"成员权"概念表达承包权，则又是一种方案。总体来看，以"承包权"表达最契合中央文件要求，但若以"承包权包含于土地承包经营权中"为立场，则又面临承包权分离出来后，土地承包经营权何去何从的困境。而无论以"土地承包经营权"还是"成员权"表达承包权，又都不能落实中央文件要求。这些问题交织在一起，给学者们以千头万绪之感。

（三）经营权如何生成与表达

综观各家所提方案，在这个问题上，基于对"现行法上的土地承包经营权是否包含承包权"的不同认知，大体衍生出两种思路，但细节上又有分歧。

第一，现行法律中的土地承包经营权不包含承包权，在此基础上，土地承包经营权即是经营权，可以改称"经营权"，或是根本不用改名。不过，即便都赞同不应触动土地承包经营权，对于农地流转时在土地承包经营权之上设定的实际经营土地的权利该如何表达，又有分歧，如朱广新（2015）主张仍可称为土地承包经营权或称"次级土地承包经营权"；孙宪忠（2016）主张应另外确定新的名称，如"耕作经营权"或是"耕作权"。

第二，现行法律中的土地承包经营权包含承包权，在此基础上，可将经营权分离出来，并命名为"经营权"（土地承包经营权概念可不变，用以指称承包权，或是改名为"承包权"）；或者是将承包权分离出来，土地承包经营权概念改名为"经营权"，抑或继续沿用土地承包经营权概念指称经营权。

上述诸种观点，究竟孰是孰非，如何抉择？稍加审视就可以发现，问题又回到了原点。这便是，要回应经营权的法律构造问题，首先需要厘定现行法律中土地承包经营权是否保留、是否包含承包权等基础性问题，进而在统一筹划下明确经营权如何表达、性质如何界定等具体事项。这客观上增加了求解"经营权如何生成与表达"这一问题的难度，而这同时也反映出，在探求"三权分置"的法律表达方案时，需要遵循这样一条逻辑主线，即首先明确土地承包经营权是否保留，接着厘清承包权是否本就独立于土地承包经营权而规定在现行立法中，进而在此基础上确定经营权如何生成与表达的问题。

三、农村土地"三权分置"法律表达的务实精神与折中方案

虽然在"三权分置"的法律表达问题上歧异众多，但亦有共通点，即在尽可能照顾现行农村土地权利概念体系的基础上架构起对接政策上所提的"三权并立"体系，即便权利称谓与中央文件中的提法不一致。这其中体现出的务实精神和折中（调和）思维应该值得肯定。

诚如有学者所言，"三权分离"理论的提出和政策的跟进，导致"变法"已势在必行；法学界的当务之急是为即将到来的"变法"做好学理上的准备。在此意义上，就"三权分置"的法律表达，应积极与中央政策的提法相衔接，而非故步自封，严守传统"两权分置"的概念体系。但是，我们也须考虑现有法律制度的稳定性，以尽可能低的改革成本来落实"三权分置"政策。因此，在落实中央文件要求时，亦不应拘泥于形式，而是重在从贯彻其精神着手。

进一步审视当前理论界提出的各种方案，虽然相较政策上的提法多少有些调整，但基本都是在"三权"框架下进行设计。在笔者看来，若因政策上提出的是"三权分置"，那么法律上也只能设置三项权利，这种思维仍显教条化，不利于调和制度稳定与政策创新之间的张力。在法律层面落实"三权分置"，应该跳出"三权"框架的束缚。而在这方面，已有学者提出了在法律上可以"四权"实现"三权分置"的主张，但遗憾的是尚未有深入的阐释。在此，笔者提出并围绕这样一种观点展开阐释，即在法律上以所有权、承包权、土地承包经营权和经营权"四权并立"落实"三权分置"是顺势而为的最佳选择。

（一）"土地承包经营权"概念应保留，作为"三权分置"法律概念体系重构的前提

（1）现实中农地并不都会流转，没有必要一律对土地承包经营权再行权利

分置。按照有关专家观点，"三权分置"是在农地流转的情形下，对土地承包经营权进行"承包权"和"经营权"分权设置，即承包者将土地的经营权流转给他人而自己仍保有承包权，形成所有权、承包权、经营权"三权并行分置"的农地权利制度。即便认同这种权利分置思路，现实中农地也并不都会发生流转而是由承包户自己经营，而此时也就没有将土地承包经营权予以拆解的必要。进一步来讲，即便在农地流转时有必要设置一项经营权以表达承包者以外其他主体实际经营农地的权利，也应在土地承包经营权之外创设，而不宜触动土地承包经营权的概念，如将其改称为承包权。毕竟我国绝大多数农村还是承包户依据土地承包经营权自己经营土地，若将土地承包经营权改称为承包权，那么这些农户的经营权何在？这难免会引发农民不安，并有诸多其他因小失大的弊端。此外，若认为土地承包经营权并不包含承包权，其为经营权，可否将其改称"经营权"对接中央文件的提法？诚然，从理论上讲，这不失为一种方案，但结合现实的改革成本考量，亦有因小失大的弊端，不如通过"增量改革"，即在土地承包经营权之外另行创设经营权的方式来落实。

（2）弃用"土地承包经营权"概念导致政策法律改动成本极高。"土地承包经营权"这一概念已经存在和使用30余年，不仅深入人心，也为巨量政策法律所采用，包括新通过的《中华人民共和国民法总则》仍沿用了这一概念。仅以北大法宝法律数据库的检索结果为例，以"土地承包经营权"为关键词进行"全文""精确"检索，命中"中央法规"531篇，"地方法规"9707篇。[①]可见，如果弃用这一概念，需要大面积修改法律法规，修法成本极为高昂，同时也会造成政策上的混乱。

（3）弃用"土地承包经营权"徒增确权登记颁证工作成本。从确权登记颁证角度，无论在不动产统一登记层面，还是在专项性质的土地承包经营权确权登记颁证层面，我国政策立法与实践均使用"土地承包经营权"概念。尤其是我国不少地方已经完成农村土地承包经营权确权登记颁证工作，[②]登记簿上记载的是"土地承包经营权"，颁发的权证是《农村土地承包经营权证》，这些工作已经投入大量的人力物力成本，如果弃用"土地承包经营权"这一概念，势必要求重新登记和换证，而这将导致大量的资源浪费。

基于以上认知，土地承包经营权概念应当保留。在本文所主张的"四权并立"方案中，土地承包经营权表征的是基于承包（包括家庭承包和其他方式承

---

① 检索时间为2018年9月25日。

② 据2015年农业部的统计，全国先后有2215个县（市、区、镇）开展了试点工作，涉及1.9万个乡镇、302万个村，完成确权登记面积2.6亿亩。

包）而取得的经营土地的权利；经营权表征的是基于流转取得的经营土地的权利。这种安排，既能维护现行制度基础的稳定，又可以更加清晰地区分、识别权利人的权利来源和内涵，并在此基础上分类设计更为精细化的流转、抵押制度。[①]

（二）承包权实际上是已经为现行立法所规定且独立于土地承包经营权的一项权利，理应以"承包权"的称谓与"土地承包经营权"并立呈现

（1）《中华人民共和国农村土地承包法》已经就承包权作了相应规定，并使用了"承包权"这一表达。《农村土地承包法》第五条规定："农村集体经济组织成员有权依法承包由本集体经济组织发包的农村土地。任何组织和个人不得剥夺和非法限制农村集体经济组织成员承包土地的权利。"根据其中"有权依法承包""承包土地的权利"等表述，该条无疑可以也应该解读为有关承包权的规定。这种观点也已经为有关立法部门和理论界的专家所认可。[②]此外，《中华人民共和国农村土地承包法》第四十七条更是明确使用了"承包权"这一表达，其规定："以其他方式承包农村土地，在同等条件下，本集体经济组织成员享有优先承包权。"

（2）承包权是独立于土地承包经营权的一项权利，无法从土地承包经营权中分离出来。根据《中华人民共和国农村土地承包法》第五条和第四十七条规定，同时结合该法有关以家庭承包和其他方式承包取得承包地，享有土地承包经营权的规定，可以发现，承包权是一种初始取得承包地或者说取得土地承包经营权的资格，而土地承包经营权的初始取得是承包权行使的结果。据此，承包权与土地承包经营权显然是相互独立的，不存在从土地承包经营权中分离出来的问题。例如，在家庭承包方面，根据《中华人民共和国农村土地承包法》第十五条的规定，只要是本集体经济组织的农户，即为家庭承包的承包方，享有承包权（资格）。接下来，根据第十八条第（一）项的规定，在集体统一组织承包时，承包方既有权"依法平等地行使承包土地的权利，也可以自愿放弃承包土地的权利"。这意味着，享有承包权（资格），并不代表就取得了土地承

---

① 2016年中国人民银行等5部门联合印发的《农村承包土地的经营权抵押贷款试点暂行办法》第六条、第七条的规定实际上已体现了这种思路。

② 参见胡康生主编的《中华人民共和国农村土地承包法通俗读本》和高飞的《农村土地"三权分置"的法理阐释与制度意蕴》。

包经营权。而第十六条规定的承包方享有的各项权利中，也显然是建立在承包方已经取得承包地的基础上。[①] 此外，在其他方式承包中，根据《中华人民共和国农村土地承包法》第三章的规定，能够参与承包即享有承包权（资格）的主体范围是广泛的，并不限于集体经济组织成员，只是本集体经济组织成员享有优先承包权而已。这进一步表明了承包权是外在于土地承包经营权的一项权利，且承包权的主体范畴依土地类型或者说承包方式有所不同。

（3）不应以"成员权"概念笼统代称"承包权"。一方面，农村土地承包有家庭承包和其他形式承包两种形式，在后一种形式中，承包权主体并不限于农村集体经济组织成员，换言之，承包权并不仅是成员的权利。从照应两种土地承包形式的制度安排出发，应从广义层面来使用和界定承包权概念。另一方面，即便在家庭承包中，承包权主体限于农村集体经济组织成员，承包权也仅是成员权在土地承包领域的具体化，成员权的内容更为丰富。在现行立法中已经就土地承包权做出相应规定的情形下，实无必要使用更为泛化的概念来替代指称。

（4）不应以"土地承包经营权"概念指称"承包权"。前文已有述及，承包权实际上是已经为现行立法所规定且独立于土地承包经营权的一项权利。既然是相互独立的两种权利，以"土地承包经营权"来指称"承包权"显然不妥。此外，前亦阐释，"土地承包经营权"概念应保留，而土地承包经营权作为一种用益物权已深入人心，承包权则不应作为一种物权，若将土地承包经营权改称为承包权，也将极大损害现有制度的稳定性，并造成政策上的混乱。

（三）经营权应在土地承包经营权流转时创设并以"经营权"概念独立呈现的一项权利

基于现行法律中的土地承包经营权并不包含承包权，其实际上即是经营权，从理论层面讲，维持现行土地权利制度框架，就以土地承包经营权对接中央文件提出的"经营权"可以说是最佳方案。一方面，改革成本低；另一方面，通过强化土地承包经营权的物权属性，完善其流转制度，即可实现"放活

---

① 《中华人民共和国农村土地承包法》第十六条规定："承包方享有下列权利：（一）依法享有承包地使用、收益的权利，有权自主组织生产经营和处置产品；（二）依法互换、转让土地承包经营权；（三）依法流转土地经营权；（四）承包地被依法征收、征用、占用的，有权依法获得相应的补偿；（五）法律、行政法规规定的其他权利。"

经营权"的政策目标。[①] 不过，从现实层面来看，这套方案已不可行。中央已经在顶层设计中明确提出了设置经营权的改革要求，而且围绕经营权的制度建设和实践已经铺开。可谓"开弓没有回头箭"，不可能也不宜再"折腾"回去。当下更为可取的做法无疑是探求妥适的折中方案。

承上而论，若将土地承包经营权直接改称为"经营权"，又当如何？诚然，这种做法在理论上亦具有逻辑自洽性，而且在形式上又贯彻了中央文件有关"实现所有权、承包权、经营权三权分置"的要求，[②] 因而似乎可取。但是，这种方案对现有的制度基础触动太大，有因小失大的诸多弊端（见前文），实非妥适的折中方案。

作为一项妥适的折中方案，应既维系了现行制度基础的稳定，又能落实中央文件的精神，推进制度的改良。在土地承包经营权之外创设一项经营权，用于表征通过流转取得的经营土地的权利，应是顺应当前改革形势的最佳方案。它兼顾了前述两点要求，既避免了触动土地承包经营权概念带来的诸多弊端，又落实了设置经营权的改革要求，而且据此方案创设一项经营权，对于细化说明农地流转语境下的土地利用关系，对于建立更为精细化的流转制度确有助益。

在此，笔者大体循着《农村承包土地的经营权抵押贷款试点暂行办法》区分"通过家庭承包方式取得土地承包经营权的农户以其获得的土地经营权作抵押申请贷款"和"通过合法流转方式获得承包土地的经营权的农业经营主体申请贷款"两种类型设计经营权抵押制度的思路，就经营权流转制度提出初步设想：第一，总体上，在区分初次流转和再流转的基础上，再分物权性流转和债权性流转两种类型。第二，初次流转时，分别在官方登记层面和农户持有的权证上，针对相应地块记载经营权的流转情况，防止农户就同一块承包地实施多次流转。第三，若初次流转采用转让等物权性流转方式，可为流入方颁发《土地经营权证》，表明其取得一项物权性质的经营权，其实施经营权再流转时，以此为权利凭证，无须经得前一权利人同意。第四，若初次流转采用出租等债权性流转方式，则不用为流入方颁发《土地经营权证》，流入方凭双方签订的

---

① 参见《关于引导农村土地经营权有序流转发展农业适度规模经营的意见》《农村土地经营权流转交易市场运行规范（试行）》《农村承包土地的经营权抵押贷款试点暂行办法》等文件。

② 鉴于承包权实际上是已经为现行立法所规定且独立于土地承包经营权的一项权利，理应以"承包权"的称谓与"土地承包经营权"并立呈现，以及现行法律中的土地承包经营权实际上是经营权，将土地承包经营权直接改称为"经营权"，形式上便体现出"所有权、承包权、经营权分置并行"，逻辑上亦能自圆其说。

流转合同来表明获得了一项债权性质的经营权，其实施经营权再流转时，须经前一权利人同意。如此一来，土地经营权再流转时，流入方可根据流出方是否持有《土地经营权证》来判断对方享有的土地经营权是什么性质的权利，能否自主流转。

针对"经营权"的法律命名问题。孙宪忠特别提出"希望另外确定经营权的法律名称"，并建议命名为"耕作经营权"或者"耕作权"。就此，其提出了以下理由：第一，强调该权利只能针对耕作地，不能适用于建筑用地，也不能将耕作地改变用途。第二，跟农民现有的土地承包经营权有显著的差别，不会对农民现有权利制度发生任何消极影响。① 笔者以为，此种主张值得商榷。尽管其总体上能够自圆其说，但亦有不容忽视的缺陷。一方面，《中华人民共和国农村土地承包法》《中华人民共和国物权法》等基本立法所确立的农村土地承包制度以及土地承包经营权概念，不仅针对耕地，也涵盖林地、草地以及其他用于农业的土地。即便针对林地、草地等另行确立有林权、林地使用权，草原使用权、草原承包经营权等概念及相应的特殊制度安排，但这与以土地承包经营权为上位概念并据此建立共通性的制度并不冲突。中央在一般层面上提出实行农村土地三权分置，并非针对某种类型的农地。因此，对于中央文件所称的"经营权"不应改用仅能适用于耕地的"耕作经营权"或"耕作权"这类称谓。另一方面，中央文件提出并一直使用"经营权"概念，实务界和理论界也已高度接受了这一名称，没有必要再另起一个名称，无谓增加人们认知上的混乱。

参考文献

［1］蔡立东，姜楠.承包权与经营权分置的法构造［J］.法学研究，2015（3）：31-46.

［2］丁文.论土地承包权与土地承包经营权的分离［J］.中国法学，2015（3）：159-178.

［3］高富平.农地"三权分置"改革的法理解析及制度意义［J］.社会科学辑刊，2016（5）：73-78.

［4］高圣平.新型农业经营体系下农地产权结构的法律逻辑［J］.法学研究，2014（4）：76-91.

---

① 根据《农村承包土地的经营权抵押贷款试点暂行办法》第六条、第七条的规定，有两点值得特别关注：其一，区分初始抵押和再抵押；其二，对于前者未规定须经发包方同意，对于后者则要求"承包方同意承包土地的经营权可用于抵押及合法再流转"

［5］李国强.论农地流转中"三权分置"的法律关系［J］.法律科学：西北政法学院学报，2015（6）：179-188.

［6］欧根·埃利希.法社会学原理［M］.舒国滢，译.北京：中国大百科全书出版社，2009.

［7］孙宪忠.推进农地三权分置经营模式的立法研究［J］.中国社会科学，2016（7）：145-163.

［8］张力，郑志峰.推进农村土地承包权与经营权再分离的法制构造研究［J］.农业经济问题，2015（1）：79-92.

［9］朱广新.土地承包权与经营权分离的政策意蕴与法制完善［J］.法学，2015（11）：88-100.

［10］楼建波.农户承包经营的农地流转的三权分置——一个功能主义的分析路径［J］.南开学报（哲学社会科学版），2016（4）：53-69.

［11］高飞.农村土地"三权分置"的法理阐释与制度意蕴［J］.法学研究，2016（3）：3-19.

［12］陈小君.我国农村土地法律制度变革的思路与框架——十八届三中全会《决定》相关内容解读［J］.法学研究，2014（4）：3-25.

19. 基于演化博弈的地方政府与贫困村精准扶贫协同治理研究*

张娜 雷明 李波 张想想

摘要：精准扶贫是一项复杂性较高、涉及范畴较广的系统工作，扶贫主体之间的协同治理是精准扶贫效率提升的关键。地方政府和贫困村是精准扶贫过程中非常重要的两个主体，在有限理性条件下，构建基于演化博弈的县级地方政府与贫困村精准扶贫协同治理模型，研究两者在精准扶贫过程中的策略选择，并利用 MATLAB 仿真平台演示参数变化对演化博弈均衡策略的影响。研究结果表明：①县级地方政府对于贫困村积极扶贫时的激励性奖励存在较大影响，但过多奖励会造成贫困村过度依赖，阻碍双方扶贫的合作进程。②上级地方政府给予的奖励和脱贫后的区域经济效益改善对于促进地方政府和贫困村采取合作策略无明显效果。③贫困村"脱贫摘帽"后的收益增加能够显著提高地方政府和贫困村的合作意愿等。因此，通过构建阶梯式补贴机制，增加"脱贫摘帽"之后贫困村的收益，加大监管机制的力度，有助于精准扶贫效率的提升。

关键词：演化博弈；地方政府；精准扶贫；协同治理

一、引言

党中央和国务院一直重点关注贫困问题和扶贫工作。自党的十八大以来，以习近平同志为核心的党中央把脱贫攻坚作为全面建成小康社会的底线目标和标志性指标，纳入"五位一体"的总体布局和"四个全面"的战略布局，确立

* 张娜，女，副教授，研究方向为区域经济减贫、经济统计。雷明，男，教授，研究方向为可持续减贫、决策分析。李波，女，硕士生，研究方向为区域经济减贫、经济统计。张想想，女，硕士生，研究方向为区域经济减贫、经济统计。

到 2020 年现行标准下的贫困人口实现脱贫，贫困县全部"摘帽"，消除区域性整体贫困的目标。在我国现行标准下，贫困人口由 2012 年年底的 9899 万人减少到 2019 年年底的 55 万人，贫困发生率由 10.2% 降至 0.6%，连续 7 年每年减贫 1000 万人以上，扶贫工作取得显著成绩和决定性进展。但是从全国的扶贫工作实践来看，当前扶贫工作仍面临不少的困难和问题，其中非常突出的一个问题是贫困地区群众内生动力不足。一些贫困地区过度依赖外力，将扶贫看作是一项福利，理解为给钱给物，其贫困状况虽然短期内得到改善，但很容易反弹。作为脱贫攻坚的主导力量，政府既要积极提高基层治理水平，又要大力激发贫困地区和贫困群众脱贫的内生动力。因此，县级地方政府和贫困村的有效合作，是实现消除区域性整体贫困的关键。那么，在县级地方政府和贫困村的竞合过程中，激发双方采取精准扶贫合作策略的关键因素是什么，如何才能更好地激励双方合作而实现脱贫攻坚？本文将针对上述问题进行深入研究。

自 2013 年"精准扶贫"理念正式提出以来，学术界关于"精准扶贫"的难点、困境和存在的问题等方面的研究成果不断增加，而针对精准扶贫协同治理的研究大多集中在治理困境、治理模式、治理路径及治理实践四个方面。

（一）精准扶贫协同治理困境方面的研究

尽管整体性治理理论为创新扶贫工作机制提供了启发性思路，但是我国精准扶贫协同治理仍然存在"碎片化"困境。何植民和陈齐铭（2017）指出由于我国地方政府组织功能遵循的行动逻辑及公共服务"碎片化"治理现状，以及农村贫困治理的复杂性，使得精准扶贫工作在实践中面临着扶贫主体的"碎片化"及扶贫资源配置的"碎片化"等方面的困境与问题。付灿亮（2017）以问卷和访谈资料为依据，审视和剖析了精准扶贫政策执行过程中的精准识别、精准帮扶、精准管理、精准考核四个方面存在的碎片化问题。冷志明、茹楠和丁建军（2017）指出由于信息不对称，我国精准扶贫脱贫实践面临各级政府及帮扶对象之间的"道德风险"、社会公众与帮扶对象之间扶贫"供需脱节"、多主体不协同产生的"碎片化扶贫"三大难题。杨雪英（2017）认为当前我国农村扶贫工作面临着制度间缺乏良性互动、扶贫主体间缺乏协同参与、职能部门间缺乏协同联动、扶贫资源缺乏有效整合及扶贫工作绩效评估碎片化等问题，这些均影响了扶贫的效果。

（二）精准扶贫协同治理模式方面的研究

我国传统单向被动式与粗放漫灌式的贫困治理模式不仅导致扶贫效率低下，也是"年年扶贫年年贫"的主要原因，因此针对此类问题专家学者进行了研究。庄天慧、陈光燕和蓝红星（2015）提出"政府—市场—社会—社区—农户"五位一体的贫困治理模式，探讨了如何从精准识别、帮扶、管理、考核以及利益联结、社会动员等方面保障精准扶贫工作的有效实施。马杰（2016）通过确定产业精准扶贫的使命及政府合作伙伴、建构伙伴关系、培养互信与落实激励以及加强政府网络治理能力建设等对策，为新时期产业精准扶贫的实施提供新的思路。徐龙顺、李婵和黄森尉（2016）通过对精准扶贫过程中贫困者、非贫困者、地方政府、上级政府之间的博弈关系分析，提出完善政府、市场、社会协同模式。林俐（2016）提出构建政府、社会、贫困人口均积极参与的多元化扶贫模式，建立和完善扶贫主体之间的协同机制、扶贫资源整合机制及精准扶贫考核机制。莫光辉（2016）从精准扶贫目标、精准扶贫方式、精准扶贫主体、精准扶贫过程等方面分析了精准扶贫治理模式转型，并指出精准扶贫的治理突破路径在于坚持以人为本的理念、建构全面全程精准化的机制、完善政府主导下的多元参与格局和贯彻新发展理念的价值导向。

（三）精准扶贫协同治理路径方面的研究

针对协同治理分析框架下的精准扶贫困境，我国专家学者对其治理路径进行了积极有益的探讨。谢宝剑和刘少楷（2016）分析了省际边缘区域贫困存在的困境，并指出要解决这些困境必须引入整体性治理分析框架，采取构建省际边缘区域贫困治理目标导向、主体结构、制度体系、跨界协作等整体性治理途径。刘俊生和何炜（2016）认为现行的精准扶贫将逐渐走向协同式精准扶贫，而实现协同式精准扶贫，需要扶贫信息的协同、扶贫制度的协同、扶贫文化的协同和良好社会资本的培育。沈菊（2017）指出精准扶贫本质上是一种精细化的社会治理实践，也应融入分权、合作和参与等治理理念，立足乡村体系，通过要素引进，充分调动政府、社会公众、社区、企业和扶贫对象等主体协同治贫。何炜和刘俊生（2017）指出多元协同精准扶贫与社会资本两者之间存在学理上的契合，良好的社会资本是实现多元协同精准扶贫的前提和基础，需要改造传统社会资本和投资现代社会资本，以此推动多元协同精准扶贫的实现。陈凯堂和李会欣（2017）提出了协同体系下的"精准扶贫"路径，即建立"纵横式"的精准对象识别机制，探求基本公共服务均等化的预防返贫机制，创新

"多元主体"分类管理的扶贫机制等。

（四）精准扶贫协同治理实践方面的研究

精准扶贫整体性治理在实践中也取得了一定的成绩。靳永翥和丁照攀（2016）从"金沙模式"的个案研究为运用社会资本理论构建政府、市场及社会多元协同扶贫机制提供经验证据。管志利（2017）以协同治理为分析框架，深入分析广西壮族自治区精准扶贫工作的突出影响因素，着重从过程协同、制度协同、主体协同、技术协同等方面助推精准扶贫工作机制模式的重新调整与改革深化。王鑫和李俊杰（2016）认为必须从连片整体推进和个人精准帮扶两个层面来部署农村扶贫工作，协调专项、行业和社会三个扶贫体系，找准扶贫脱贫的关键路径。展洋洋（2017）利用协同治理的分析框架，通过对湖北省 S 村、T 村、R 村的实地调查，总结了当前农村精准扶贫中所面临的贫困边缘群体难识别、动态管理难实现、帮扶不精准、社会参与不足、考核材料化等困境，并针对产生困境的原因提出了未来工作的优化路径。牟秋菊和潘启龙（2015）以"政府—市场"扶贫开发的机理分析入手，结合贵州省扶贫开发的实践案例，对"政府—市场"双导向扶贫开发机制进行了初步的探讨。

上述相关研究对于精准扶贫的重要意义不言而喻，但是基于演化博弈模型分析县级地方政府与贫困村的博弈关系，构建精准扶贫过程中对县级地方政府和贫困村激励机制等方面的研究成果相对较少。并且，在精准扶贫过程中，县级地方政府与贫困村往往都是有限理性的，很难在某一次决策中就能做出最优决策。基于此，本文基于演化博弈的基本原理，以县级地方政府与贫困村作为博弈双方来展开研究，这也是将演化博弈理论模型应用于精准扶贫问题的一个尝试。考虑到现实中围绕精准扶贫的博弈关系众多，本文将上一级地方政府作为博弈的环境变量来考虑，并没有将其作为博弈的主体，这样做的意义在于，在精准扶贫过程中淡化上一级行政部门的干预色彩，强化县级地方政府和贫困村的主导作用。

本文所要解决的问题主要有：

（1）分析县级地方政府与贫困村在精准扶贫过程中存在的竞合关系和博弈策略，并将上一级地方政府的支持作为环境因素进行考虑，结合对变量的分析，探讨影响县级地方政府与贫困村朝着合作方向演化的条件。

（2）基于有限理性的前提条件，把精准扶贫的过程看作是一个渐进学习的动态过程，构建精准扶贫过程中县级地方政府与贫困村的演化博弈模型，通过求解模型及设置参数寻找影响县级地方政府与贫困村在精准扶贫过程中博弈策略的关键因素。

（3）通过分析精准扶贫过程中县级地方政府与贫困村演化博弈均衡点及稳定性，研究了两者在精准扶贫过程中的稳定策略选择。然后，通过对上级资金支持、贫困村收益等参数的变化，运用 MATLAB 进行仿真分析，可更为直观地反映出精准扶贫过程中县级地方政府与贫困村博弈演化趋势，并提出合理的对策建议为政府部门提供决策依据。

二、县级地方政府与贫困村博弈模型的构建

（一）问题的描述及模型假设

由于贫困县"脱贫摘帽"的急迫性和复杂性，精准扶贫问题已经不仅仅是县级地方政府的一己之责，更是需要贫困村等相关利益主体的联动才能取得成效。因此，本文将上一级地方政府作为环境变量，考虑精准扶贫过程中县级地方政府和贫困村两个利益主体的博弈问题，两者均为有限理性。在我国精准扶贫管理体系中，县级地方政府是一个非常重要的机构，虽然部分乡镇都有精准扶贫相关机构，为了模型简化，本文假设县级地方政府是高于贫困村一个等级的扶贫机构，其行为策略主要有两类：①积极扶贫，通过合理的激励机制尽快实现县级管辖范围内，贫困村全部脱贫；②消极扶贫，对于精准扶贫工作不采取任何激励措施，不愿意"脱贫摘帽"。

相应地，贫困村也有两类行为策略：①接受扶贫，积极主动配合县级地方政府的扶贫工作，尽力实现全面脱贫；②拒绝扶贫，没有任何脱贫行动，"等要靠"思想严重。因此，县级地方政府与贫困村的行为策略空间分别为：积极扶贫、消极扶贫，接受扶贫、拒绝扶贫。

为了对模型进行更清晰的解释，本文提出如下假设：

假设1：县级地方政府和贫困村均是追求效用最大化的理性人，是"有限理性经济人"。在精准脱贫的过程中，贫困村追求自身效益最大化，而县级地方政府在精准扶贫过程中需要付出脱贫成本，如果贫困村没有脱贫则政府会付出巨大的成本。因此，县级地方政府以社会效益的损失最小化为目标。

假设2：贫困村可以选择"主动脱贫"策略，如积极配合县级地方政府的激励政策，投入大量的人员和精力进行脱贫；也可以选择"不脱贫"策略。县

级地方政府可以选择"积极扶贫"策略，如资金支持、产业支持等；也可以选择"消极扶贫"策略。

（二）损益变量的选取及设定

本文关于县级地方政府与贫困村的损益变量及相关设定如下：

（1）x 表示贫困村接受扶贫的概率；y 表示县级地方政府积极扶贫的概率。

（2）S_1 表示上级政府为支持精准扶贫所给予县级地方政府的支持，例如资金、产业政策等。

（3）S_2 表示上级政府在贫困县参与"精准扶贫"并取得突破（贫困村接受扶贫）后给予的奖励。

（4）W 表示贫困村脱贫为县级地方政府带来的区域经济效益。

（5）C_1 表示县级地方政府积极扶贫时对贫困村进行精准扶贫所付出的成本。

（6）C_2 表示在县级地方政府积极扶贫、贫困村接受扶贫时，县级地方政府给予贫困村的激励奖励。

（7）A_1 表示贫困村"脱贫摘帽"后收益的增加。其中，$A_1 = \omega A_0$，A_0 表示最大收益，ω 为收益系数，与政府态度和贫困村自身基础有关，本文用 ω_1，ω_2 分别表示县级地方政府合作、不合作时，贫困村的收益系数，显然 $0 < \omega_2 < \omega_1 < 1$。

（8）B_1 表示贫困村"脱贫摘帽"需要付出成本。

（9）B_2 表示贫困村不进行"脱贫摘帽"的机会损失。

（三）支付函数的构建

在精准扶贫过程中，县级地方政府和贫困村的竞合博弈关系中，有以下四种典型情况：

（1）当县级地方政府和贫困村都选择合作时，县级地方政府会得到上级地方政府的相关支持和奖励，并对贫困村给予激励性奖励，此时双方的收益：

县级地政府的收益为（$S_1 + S_2 + W - C_1 - C_2$）；贫困村的收益为（$C_1 + C_2 + \omega_1 A_0 - B_1$）。

（2）当县级地方政府选择合作而贫困村选择不合作时，县级地方政府会得到上级地方政府的相关支持但是得不到精准扶贫后的奖励，贫困村也会因选择不合作造成自身的机会损失，此时双方的收益：

县级地政府的收益为（$S_1 - C_1$）；贫困村的收益为（$C_1 - B_2$）。

（3）当县级地方政府选择不合作而贫困村选择合作时，县级地方政府得不到上级地方政府的相关支持但是可以得到精准扶贫后的奖励，贫困村也会因选择合作扶贫付出一定的成本，此时双方的收益：

县级地政府的收益为（S_2+W）；贫困村的收益为（$\omega_2 A_0-B_1$）。

（4）当县级地方政府和贫困村都选择不合作时，县级地方政府的收益为0，贫困村也会由于选择不合作造成自身的机会损失，此时双方的收益：

县级地方政府的收益为0；贫困村的收益为（$-B_2$）。

综上所述，县级地方政府与贫困村的博弈收益矩阵如表1所示。

表1　县级地方政府与贫困村的博弈收益矩阵

县级地方政府 A ＼ 贫困村 B	接受扶贫（x）	拒绝扶贫（1-x）
积极扶贫（y）	（$S_1+S_2+W-C_1-C_2$，$C_1+C_2+\omega_1 A_0-B_1$）	（S_1-C_1，C_1-B_2）
消极扶贫（1-y）	（S_2+W，$\omega_2 A_0-B_1$）	（0，$-B_2$）

三、县级地方政府与贫困村的博弈模型演化

（一）博弈模型演化过程的均衡点

县级地方政府选择积极扶贫和消极扶贫的期望收益 E_0^1，E_0^2 及县级地方政府的平均收益 $\overline{E}_0$ 分别为：

$$E_0^1=x(S_1+S_2+W-C_1-C_2)+(1-x)(S_1-C_1)$$
$$E_0^2=x(S_2+W)+(1-x)\cdot 0$$
$$\overline{E}_0=yE_0^1+(1-y)E_0^2$$

根据 Malthusian 动态方程，县级地方政府积极扶贫策略数量的增长率等于（$E_0^1-\overline{E}_0$），t 为时间，因此县级地方政府的复制动态方程为：

$$F(y)=\frac{dy}{dt}=y(E_0^1-\overline{E}_0)=y(1-y)(S_1-C_1-xC_2)$$

同理，贫困村选择接受扶贫与拒绝扶贫的期望收益 E_1^1，E_1^2 及贫困村的平均收益 $\overline{E}_1$ 分别为：

$$E_1^1 = y(C_1 + C_2 + \omega_1 A_0 - B_1) + (1-y)(\omega_2 A_0 - B_1)$$

$$E_1^2 = y(C_1 - B_2) + (1-y) \cdot (-B_2)$$

$$\overline{E}_1 = x E_1^1 + (1-x) E_1^2$$

因此，贫困村的复制动态方程为：

$$G(x) = \frac{dx}{dt} = x(E_1^1 - \overline{E}_1) = x(1-x)(yC_2 + y\omega_1 A_0 - y\omega_2 A_0 + \omega_2 A_0 - B_1 + B_2)$$

根据以上复制动态方程可以得到二维动力系统 L，即

$$\begin{cases} \dfrac{dx}{dt} = x(1-x)(yC_2 + y\omega_1 A_0 - y\omega_2 A_0 + \omega_2 A_0 - B_1 + B_2) \\[2mm] \dfrac{dy}{dt} = y(1-y)(S_1 - C_1 - xC_2) \end{cases}$$

为了便于分析系统的均衡点及稳定点，令 $M = \dfrac{S_1 - C_1}{C_2}$，$N = \dfrac{B_1 - \omega_2 A_0 - B_2}{C_2 + (\omega_1 - \omega_2) A_0}$。

定理1　系统的均衡点为（0，0），（0，1），（1，0），（1，1）和（M，N）。

证明：对于二维动力系统 L，令 $\dfrac{dx}{dt} = 0$，$\dfrac{dy}{dt} = 0$，显然可知（0，0），（0，1），（1，0），（1，1）是其均衡点。将（M，N）代入二维动力系统，也可以满足 $\dfrac{dx}{dt} = 0$，$\dfrac{dy}{dt} = 0$，即可以得到二维动力系统 L 的五个局部均衡点。

（二）演化博弈稳定性的参数讨论

函数式 G（x）和 F（y）构成县级地方政府对贫困村精准扶贫的动态复制系统，该系统的均衡点未必是系统的演化稳定策略（ESS），根据 Friedman 提出的分析方法，通过 Jaconbian 矩阵的局部稳定性来判断该系统均衡点的稳定性。

$$J = \begin{bmatrix} \dfrac{\partial G(x)}{\partial x} & \dfrac{\partial G(x)}{\partial y} \\[2mm] \dfrac{\partial F(y)}{\partial x} & \dfrac{\partial F(y)}{\partial y} \end{bmatrix} = \begin{bmatrix} a_{11} & a_{12} \\ a_{21} & a_{22} \end{bmatrix} \quad (1)$$

式（1）中：$a_{11} = (1-2x)(yC_2 + y\omega_1 A_0 - y\omega_2 A_0 + \omega_2 A_0 - B_1 + B_2)$；$a_{12} = x(1-x)(C_2 + \omega_1 A_0 - \omega_2 A_0)$；$a_{21} = -y(1-y)C_2$；$a_{22} = (1-2y)(S_1 - C_1 - xC_2)$。

如果同时满足下面两个条件，则复制动态方程的均衡点就是演化稳定策略（ESS）：

（1）tr J=$a_{11}+a_{22}$ < 0（迹条件）。

（2）det J=$\begin{vmatrix} a_{11} & a_{12} \\ a_{21} & a_{22} \end{vmatrix}$=$a_{11}a_{22}-a_{12}a_{21}$>0（雅可比行列式条件）。

将所得到的均衡点代入 Jaconbian 矩阵 J 并对其进行稳定性分析，结果如表 2 所示。

表 2　局部均衡点的行列式值和迹

局部均衡点	a_{11}	a_{12}	a_{21}	a_{22}
（0，0）	$\omega_2 A_0-B_1+B_2$	0	0	S_1-C_1
（0，1）	$C_2+\omega_1 A_0-B_1+B_2$	0	0	$-(S_1-C_1)$
（1，0）	$-(\omega_2 A_0-B_1+B_2)$	0	0	$S_1-C_1-C_2$
（1，1）	$-(C_2+\omega_1 A_0-B_1+B_2)$	0	0	$-(S_1-C_1-C_2)$
（M，N）	0	P	Q	0

其中，P 和 Q 的具体表达式分别为：$P=\dfrac{S_1-C_1}{C_2}\left(1-\dfrac{S_1-C_1}{C_2}\right)(C_2+\omega_1 A_0-\omega_2 A_0)$；

$Q=-\dfrac{C_2\ (B_1-\omega_2 A_0-B_2)}{C_2+\ (\omega_1-\omega_2)\ A_0}\left[1-\dfrac{B_1-\omega_2 A_0-B_2}{C_2+\ (\omega_1-\omega_2)\ A_0}\right]$。

由上述表格计算数据可知，在局部均衡点（M，N）处有 $a_{11}+a_{12}=0$，不符合迹条件，因此（M，N）均衡点肯定不是系统的演化稳定策略（ESS）。下面讨论其余四个均衡点的情况，根据雅可比矩阵 J 的行列式和迹的值，可以判断均衡点的局部稳定性。

定理2　①当$\dfrac{B_1-B_2-C_2}{\omega_1}<A_0<\dfrac{B_1-B_2}{\omega_2}$且 S_1-C_1 < 0 时，二维动力系统 L 的演化稳定策略（ESS）为（0，0）。②当$A_0<\dfrac{B_1-B_2}{\omega_2}$，$A_0<\dfrac{B_1-B_2-C_2}{\omega_1}$且 S_1-C_1 > C_2 时，二维动力系统 L 的演化稳定策略（ESS）为（0，1）。③当$\dfrac{B_1-B_2}{\omega_2}<A_0<\dfrac{B_1-B_2-C_2}{\omega_1}$且 S_1-C_1 < 0 时，二维动力系统 L 的演化稳定策略（ESS）为（1，0）。④当$A_0>\dfrac{B_1-B_2}{\omega_2}$，$A_0>\dfrac{B_1-B_2-C_2}{\omega_1}$且 S_1-C_1 > C_2 时，二维动力系统 L 的演化稳定策略（ESS）为（1，1）。

证明：根据二维动力系统 L 的雅可比矩阵 J 的行列式和迹的值，可以判断局部稳定性。因此在情况①下，当 $\frac{B_1-B_2-C_2}{\omega_1}<A_0<\frac{B_1-B_2}{\omega_2}$ 且 $S_1-C_1<0$ 时，根据各个均衡点的雅可比矩阵的行列式与迹的符号分析，系统 L 均衡点的稳定性分析如表 3 所示，其相位图如图 1 所示。由其相位图可以看出，不管从任何初始状态出发，二维动力系统 L 都将收敛于（0，0），也就是说，县级地方政府和贫困村都不愿意合作的状态。因为此时上级政府给予县级地方政府的支持并不能支撑其对贫困村进行精准扶贫所付出的成本，而贫困村从县级地方政府获得的支持和奖励远远小于自身扶贫需要所付出的成本，出于规避风险的考虑，县级地方政府与贫困村的合作策略会最终演化为（0，0），即（不合作，不合作）。

表 3　情况①下系统 L 均衡点的稳定性分析

均衡点	tr J	det J	稳定性
（0，0）	−	+	ESS
（0，1）	+	+	不稳定点
（1，0）	不确定	−	鞍点
（1，1）	不确定	−	鞍点

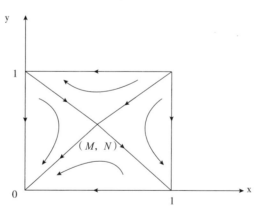

图 1　情况①下的相位图

在情况②下，当 $A_0<\frac{B_1-B_2}{\omega_2}$，$A_0<\frac{B_1-B_2-C_2}{\omega_1}$ 且 $S_1-C_1>C_2$ 时，根据各个均衡点的雅可比矩阵的行列式与迹的符号分析，系统 L 均衡点的稳定性分析如表 4 所示，其相位图如图 2 所示。由其相位图可以看出，不管从任何初始状态出发，二维动力系统 L 都将收敛于（0，1），也就是说，县级地方政府会倾向于选择合作，而贫困村选择不配合扶贫。此时上级地方政府对于县级地方政府正向激励，给予的支持足以支撑其对贫困村扶贫的成本及贫困村配合扶贫的奖励成本，虽然县级地方政府加强精准扶贫力度，但是贫困村出于自身利益还是会选择拒绝扶贫，即（合作，不合作）。

表4　情况②下系统 L 均衡点的稳定性分析

均衡点	tr J	det J	稳定性
（0，0）	不确定	－	鞍点
（0，1）	－	＋	ESS
（1，0）	＋	＋	不稳定点
（1，1）	不确定	－	鞍点

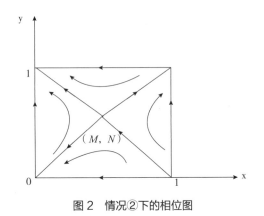

图2　情况②下的相位图

其他情况下 L 均衡点的稳定性分析判断方法与情况①和情况②相同，不再赘述，其演化路径如图3至图6所示。

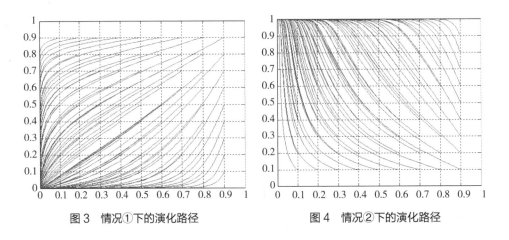

图3　情况①下的演化路径　　　　　图4　情况②下的演化路径

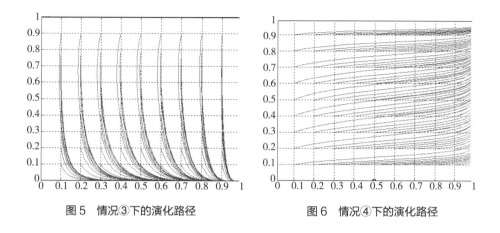

图5　情况③下的演化路径　　　　　　图6　情况④下的演化路径

四、演化仿真研究

根据上述分析，利用 MATLAB 软件进行演化仿真，根据结果分析上级地方政府给予的奖励 S_2、贫困村脱贫后为县级地方政府带来的区域经济效益 W、县级地方政府对贫困村积极接受扶贫时的激励性奖励 C_2、贫困村"脱贫摘帽"后的收益增加 A_1，以及贫困村不脱贫的机会损失 B_2 等对最终博弈演化结果的影响。

假设参数 S_1=4，S_2=5，W=3，C_1=2，C_2=3，ω_1=0.7，ω_2=0.5，A_1=3，B_1=3，B_2=0.5，x_0=0.3，y_0=0.6 根据以上参数假设进行仿真分析。

（一）县级地方政府对于贫困村积极接受扶贫时的激励性奖励 C_2 对竞合关系演化的影响

县级地方政府对于贫困村积极接受扶贫时的激励性奖励 C_2 适度的增加（随着时间变化的一个时间函数），会使县级政府和贫困村加强合作。但是从长期来看，过量的激励性奖励反而会对地方政府和贫困村合作的积极性造成不利的影响。在图7中，当激励性奖励 C_2 随着时间的推移不断增加时，起初对于贫困村的合作策略选择起到较大的作用，但是当 C_2 增加到一个临界值（C_2=7.5）时，贫困村的合作策略开始向不良模式演化。这一结论表明，地方政府过多"输血式"的激励性奖励并不能使得贫困村在长期中选择合作，因为当过量的激励性奖励能够使贫困村通过激励性奖励生存时，脱贫攻坚便不再会是贫困村关注的焦点。

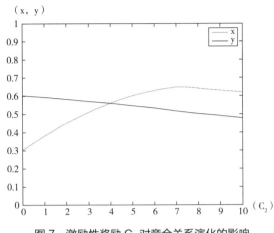

图7　激励性奖励 C_2 对竞合关系演化的影响

（二）上级政府给予的奖励 S_2、贫困村脱贫后为县级地方政府带来的区域经济效益 W 对竞合关系演化的影响

上级地方政府给予的奖励 S_2、贫困村脱贫后为县级地方政府带来的区域经济效益 W 对于推动县级地方政府和贫困村双方合作影响不大。如图8所示，随着 S_2，W 的增大，地方政府和贫困村双方合作概率并没有显著的增加，而仅保持在初始设定的不良状态下。这一结论与一般认知存有偏差，尤其是上级地方政府给予的奖励和脱贫后改善经济效益无法推动双方合作的结论。其实，结合上文分析可知，地方政府往往出于风险与自身成本的考量，上级政府给予的奖励 S_2 是尤为重要的，但是脱贫后带来的经济效益并未促进地方政府采取合作的策略。

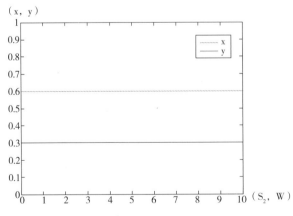

图8　S_2，W 对竞合关系演化的影响

（三）贫困村"脱贫摘帽"后的收益增加 A_1 对竞合关系演化的影响

贫困村"脱贫摘帽"后的收益增加 A_1 对促进双方竞合关系有着较大的影响。如图9所示，当贫困村成功脱贫后带来的收益 A_1 不断增加时，地方政府和贫困村合作的概率显著增加。在现实中，贫困村渴望在脱贫后所得到的经济收益大于在脱贫过程中自我承担的成本，也就是说，收益的不断增加是贫困村持续合作的重要指标，两者具有正相关关系。对于地方政府来讲，基于前期帮扶过程中所提供的扶持成本等因素的考量，贫困村脱贫后的收益不断增加，覆盖地方政府前期投入成本，以促进双方合作向良好的模式收敛。

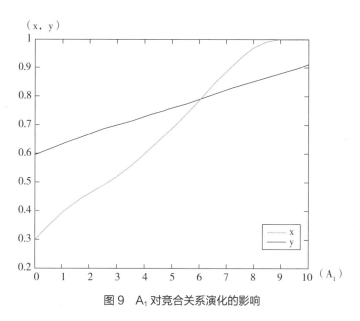

图9　A_1 对竞合关系演化的影响

（四）贫困村不进行"脱贫摘帽"的机会损失 B_2 对竞合关系演化的影响

贫困村不进行"脱贫摘帽"的机会损失 B_2 不利于促进双方合作，对贫困村产生的不力影响尤为显著。如图10所示，随着贫困村不脱贫的机会损失不断增加，贫困村出现较为明显的不良模式演化。此外，地方政府的演化趋势与图8中情形类似，随着参数 B_2 的不断增加，地方政府合作概率呈现出持续不变的趋势。在现实中，地方政府对贫困村不脱贫所产生的机会损失并不敏感。但对贫困村来说，当不脱贫所带来的机会损失达到一定程度时，介于地方政府的积极性并不高，贫困村合作的积极性明显下降。

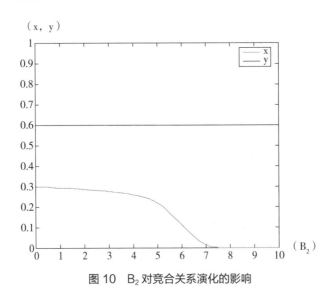

图10　B_2对竞合关系演化的影响

五、结论与建议

在有限理性的条件下，将演化博弈模型运用到精准扶贫过程中，构建了县级地方政府与贫困村的演化博弈模型，通过对进化稳定策略进行求解，并运用MATLAB进行仿真分析，得出激励性奖励C_2、贫困村"脱贫摘帽"后的收益增加A_1、贫困村不进行"脱贫摘帽"的机会损失B_2是影响县级地方政府与贫困村演化博弈合作的关键因素。主要结论如下：①县级地方政府对于贫困村积极扶贫时的激励性奖励在前期对双方合作起到较大作用。但随着激励性奖励的不断增加，会造成过多的"输血式"奖励，促使贫困村过分依赖激励性奖励而放弃合作的选择。②上级地方政府给予的奖励和贫困村脱贫后为县级地方政府带来的区域经济效益对于促进地方政府和贫困村采取合作策略无明显效果。值得一提的是，上级政府给予地方政府的奖励并非像一般认知预期那样能够促进双方之间合作。③贫困村"脱贫摘帽"后的收益增加能够显著提高地方政府和贫困村合作的意愿。④对于贫困村不进行"脱贫摘帽"的机会损失，地方政府并不敏感。贫困村不进行"脱贫摘帽"的机会损失在前期对贫困村影响不大，但随着机会损失逐渐增加，基于地方政府冷漠的态度，贫困村合作的积极性明显降低。

根据上述研究结论，本文从政府的角度提出提升精准扶贫效率的措施如下：①构建阶梯式补贴机制。基于扶贫的现实情况，依托时间维度，严格规划未来几年的上级补贴标准，逐年依照情况相应调整，避免出现过多"输血式"投入。②加大"脱贫摘帽"之后贫困村的收益。贫困村"脱贫摘帽"后，地方政府可以从税收、补贴等优惠政策方面着手，健全贫困群体的利益相关机制，结合贫困村的优势特色产业挖掘其市场潜力。③制定合理的监督机制。贫困村在追求自身利益最大化的前提下，很容易导致扶贫责任意识不强，所以地方政府应该制定合理的监督机制，激发贫困群体的扶贫开发意识。在精准扶贫的过程中相关利益主体众多，本文只是构建了县级地方政府与贫困村的演化博弈模型，探讨精准扶贫过程中多主体协同治理问题，将是进一步的研究方向。

参考文献

［1］陈凯堂，李会欣.协同扶贫体系下农村地区的精准扶贫路径探析［J］.齐齐哈尔大学学报（哲学社会科学版），2017（1）:58-61.

［2］付灿亮."精准扶贫"政策执行中的碎片化及其整体性治理研究［D］.武汉：华中师范大学硕士学位论文，2017.

［3］管志利.协同治理视角下精准扶贫工作机制的构建——基于广西实践的反思［J］.贵州省党校学报，2017（1）：102-108.

［4］何炜，刘俊生.多元协同精准扶贫：理论分析、现实比照与路径探寻—— 一种社会资本理论分析视角［J］.西南民族大学学报（人文社科版），2017（6）：122-128.

［5］何植民，陈齐铭.精准扶贫的"碎片化"及其整合：整体性治理的视角［J］.中国行政管理，2017（10）：87-91.

［6］靳永翥，丁照攀.贫困地区多元协同扶贫机制构建及实现路径研究——基于社会资本的理论视角［J］.探索，2016（6）：78-86.

［7］冷志明，茹楠，丁建军.中国精准扶贫治理体系研究［J］.吉首大学学报（社会科学版），2017（2）：72-77.

［8］林俐.供给侧结构性改革背景下精准扶贫机制创新研究［J］.经济体制改革，2016（5）：190-194.

［9］刘俊生，何炜.从参与式扶贫到协同式扶贫：中国扶贫的演进逻辑——兼论协同式精准扶贫的实现机制［J］.西南民族大学学报（人文社科版），2017（12）：205-210.

［10］马杰.产业精准扶贫实施路径研究——基于网络化治理视角［J］.忻州师范学院学报，2016（5）：30-34.

［11］莫光辉.精准扶贫：中国扶贫开发模式的内生变革与治理突破［J］.中国特色社会

主义研究，2016（2）：73-77.

［12］牟秋菊，潘启龙."政府—市场"双导向扶贫开发机制初探——以贵州省为例［J］.农业经济，2015（9）：45-47.

［13］沈菊.农村精准扶贫多元主体协同机制研究［J］.沈阳农业大学学报（社会科学版），2017（3）：264-268.

［14］王鑫，李俊杰.精准扶贫：内涵、挑战及其实现路径——基于湖北武陵山片区的调查［J］.中南民族大学学报（人文社会科学版），2016（5）：74-77.

［15］谢宝剑，刘少楷.省际边缘区域贫困的整体性治理途径［J］.行政论坛，2016（3）：24-28.

［16］谢识予.经济博弈论［M］.上海：复旦大学出版社，2002.

［17］徐龙顺，李婵，黄森慰.精准扶贫中的博弈分析与对策研究［J］.农村经济，2016（8）：15-21.

［18］杨雪英.协同治理视角下的农村精准扶贫工作机制探析［J］.广东行政学院学报，2017（5）：63-67.

［19］展洋洋.农村精准扶贫的困境分析［D］.武汉：华中师范大学，硕士学位论文，2017.

［20］庄天慧，陈光燕，蓝红星.精准扶贫主体行为逻辑与作用机制研究［J］.广西民族研究，2015（6）：138-146.

20. 乡村文化振兴的内涵界定、理论基础与实现路径 *

耿达

摘要： 乡村文化振兴是一项系统工程，其立足于乡村文化资源，着力于文化资本，并以保护乡村文化生态为出发点、以丰富乡村居民文化生活为落脚点。梁漱溟的乡村建设理论和费孝通的乡土重建理论为新时代乡村振兴战略的实施提供了丰富的思想资源，是乡村振兴的中国特色理论基础。当前中国乡村文化建设面临结构失衡、供需错位、主体性缺失等基本困境。要实现乡村文化振兴就必须要坚持文化与经济共生互济、城市与乡村融合互通，构建城乡文化共同体，打造传统与现代相结合的公共文化空间，并发展乡村特色文化产业，以实现文化育民与文化富民互洽互济，进而达到乡村全面振兴的目标。

关键词： 乡村文化振兴；城乡文化共同体；公共文化空间；特色文化产业

2017 年习近平总书记在党的十九大报告中提出了乡村振兴战略，2018 年中央"一号文件"指出乡村振兴战略的实施要以"产业兴旺、生态宜居、乡风文明、治理有效、生活富裕"为总要求，"解决人民日益增长的美好生活需要和不平衡不充分的发展之间的矛盾"，更加注重乡村的全面可持续发展和融合发展，这为乡村文化建设提供了顶层设计。乡村文化是乡村振兴的灵魂，乡村文化是乡村振兴的基础建构，乡村文化能为乡村振兴提供内生源动力。因为乡村文化是农民群众的一种生活样态，是乡村社会中的黏合剂和催化剂，健康优质的乡村文化能够培育农民的主体性、调动农民的积极性，以促进乡村社会各项事业的建设发展。

---

* 耿达，男，博士，云南大学公共管理学博士后，云南大学文化发展研究院助理研究员，研究方向为公共文化政策、文化产业管理。

对于乡村文化，在不同的发展时期，中国学术界与政府都在积极探索符合中国特色与时代需要的建设路径。进入 21 世纪后，国家高度重视"三农"问题，相继推进"美丽乡村"建设（2005 年）、社会主义新农村建设（2007 年），在乡村文化建设方面取得了一系列的成绩。但是因为乡村文化的多元性与系统性，使得乡村文化建设并非能够一蹴而就，而且随着城镇化进程加速，文化发展与经济发展的不对等，城乡之间发展不平衡不充分问题日益凸显，"文化失调"现象更加突出。特别是城镇化进程推动农村人口大规模、持续性向城镇迁移，乡村文化呈现"空心化"与"虚无感"等特征，乡村地区的文化生态处于结构失衡和供需错位的状态。因此，如何有效地可持续性地推进乡村文化建设，合理利用农村文化资源，保障农民的基本文化福利，满足农民的文化消费需求，是新时代乡村振兴亟须进行理论探讨与实践探索的重大课题。

一、从文化资源、文化资本到文化生态与文化生活：乡村文化振兴的内涵界定

全面精准把握乡村文化振兴的内涵，需要深刻认识和理解中国乡村文化。随着城镇化的发展，传统农业文明不能适应社会生活的变迁，乡村文化面临转型升级的抉择。在这一现代转型的大洪流中，承载着中国传统农业文明的乡村文化不断被冲刷洗涤，乡村文化的乡土性逐渐褪去昔日的光泽韵味。这一转型虽然致使农村居民的生活方式由传统走向现代，但是同时也导致乡村社会关系所固有的"差序格局"松动与瓦解，这使得农村普遍出现人情关系日益淡薄、邻里关系逐渐陌生、宗族关系日益淡化、代际关系逐渐疏离等一系列身份认同迷失与乡土情怀淡化的现象。"空心化""虚无感"等已经成为乡村文化衰落的重要表征，乡村文化的乡土性在逐渐褪色，乡村文化的公共性在慢慢消解。但是，中国乡村文化具有较强的弹性，其延续性和时代性依然彰显着巨大的生命力。因此，乡村文化振兴就是要传承发展提升农耕文明，延续拓展丰富农耕文明的现代性内涵，保存乡村文化的乡土底色，留住乡音、乡亲、乡愁，构建乡村文化共同体意识，涵化现代先进文明成果，实现乡村文化在新时代的繁荣兴盛。

当前关于乡村文化振兴多从文化的表象层面进行建设："一是相对现代文化或主流文化的认识，针对贫穷与落后的现状而采取的一系列改造建设工程；二是从文化多样性原则出发，针对快速消失和同质化现状而采取的一系列保护

工程。这忽略了文化空间及其整体性的内在关联。"乡村文化振兴需要更加关注与重视乡村社区的文化自觉与自主文化重构过程，注重乡村内生性文化空间的培育与发展。因此，本文从"文化空间"的视角来把握乡村文化振兴的深刻内涵。"文化空间"理论源于法国著名学者亨利·列斐伏尔对"空间生产"的研究，列斐伏尔认为"空间是社会的产物，是社会生产的过程"，"空间"具有感知—构想—再现三重辩证互动的属性。1998 年联合国教育、科学及文化组织用"文化空间"来指称非物质文化遗产，称其是建立在时间与空间双重维度上用以呈现民间传统文化活动或事件的场所。后来"文化空间"的内涵进一步拓展，指"一种物质空间或社会空间，它是由拥有这一空间的特定群体的一整套相关行为和生活模式"。乡村文化振兴在于使民间优秀传统文化得到创造性转化和创新性发展，因此，可以将乡村文化振兴的"文化空间"内涵划分为文化资源—文化资本—文化生态—文化生活四个层次来进行详细阐述，如表 1所示。

表 1 乡村文化振兴的文化空间内涵要目

内涵项目	具体含义	表现形式	价值取向	目标愿景
文化资源	通过梳理与整合乡村各种传统文化的载体或形式来进行创意转化	历史遗存、特色民居、民间传统工艺、民间非物质文化遗产	福利性质、产业性质	文化资源得到充分保护与有效开发
文化资本	通过挖掘乡村特色文化资源的经济价值，实现乡村文化产业化开发	乡村文化旅游、特色小镇、田园综合体、现代创意农业等文化资本下乡带动的乡村文化市场	经济价值	文化资本实现城乡之间的合理流动与实效运转
文化生态	通过保存与维护乡村自然景观与人文景观，留住乡愁，实现美丽和谐乡村	山林、稻田、炊烟、祠堂等具有地域特色、民族特色的自然环境与人文景观	美学价值	文化生态宜人宜居
文化生活	通过政府供给、市场供给、社会供给、村民自给等多种文化供给方式，开展丰富多彩的文化活动与服务，满足居民的文化精神需求	农村公共文化服务体系建设、文化产品的消费、农民组织的各种文艺活动	文化认同	文化生活美好幸福

（一）文化资源是乡村文化振兴的立足点

乡村文化资源是孕育乡风文明的养分，也是实现乡村公共文化服务和文化产业开发的载体。振兴乡村文化就是要盘活丰富的乡村文化资源，通过梳理与整合乡村各种传统文化的载体或形式（包括物质性或非物质性）来进行服务创新与创意转化，在充分保护文化资源的原真性的同时实现其功能的最优化最大化。乡村文化资源的具体表现形态有各种历史遗存、特色民居、民间传统工艺、民间非物质文化遗产（音乐、舞蹈、习俗、节庆）等。乡村是承载涵养中国优秀传统文化的蓄水池，多彩的民俗风情、丰富的特色风物、厚重的人文风韵构成了中国乡村文化的美丽图画。

如何充分保护和有效开发这些独具特色的乡村文化资源是乡村文化振兴亟须解决的现实问题。当前，国家相继实施了一系列振兴乡村文化的工程项目（见表2）。例如，为构建中华优秀传统文化传承体系，实现优秀传统文化创造性转化和创新性发展，文化和旅游部联合其他相关部门先后公布了"中国传统村落""中国传统工艺振兴计划""中国民间文化艺术之乡"的名单，对乡村文化资源进行了系统梳理，并提出了具体的保护和开发意见；为带动农业现代化和农民就近城镇化，实现农村文化经济的繁荣发展，住房和城乡建设部开展了全国特色小镇建设项目，财政部推动了田园综合体试点项目，将乡村文化资源融入乡村建设之中。国家所实施的一系列乡村文化振兴工程体现了一些新的特征：①主导推进的行政部门更加多元，联合发力，并积极引导鼓励社会力量参与，尊重农村居民的主体性，建立上下联动的机制来共同推动乡村文化振兴。②实施的工程项目更加综合，注重乡村文化资源的整体性保护和全面性开发。③坚持顶层设计与精准实施，目标更明确，实施过程更加公平、公正、公开，并采取绩效考核，实行动态监管淘汰机制。

表2　国家实施乡村文化振兴的主要工程项目

工程项目	主导部门	主要目的	实施情况
中国传统村落	住房和城乡建设部、文化和旅游部、国家文物局、财政部、自然资源部、农业农村部	保持传统村落的完整性、真实性和延续性，保护和弘扬优秀传统文化	2018年将600个中国传统村落列入中央财政支持范围（分两批）
中国传统工艺振兴计划	文化和旅游部、工业和信息化部、财政部	构建中华优秀传统文化传承体系，加强文化遗产保护，振兴传统工艺	2018年制定发布了第一批国家传统工艺振兴目录（共383项）
中国民间文化艺术之乡	文化和旅游部	推动民间文化艺术繁荣发展，丰富群众文化生活，弘扬中华优秀传统文化	2018年组织开展2018~2020年度"中国民间文化艺术之乡"评审命名工作

工程项目	主导部门	主要目的	实施情况
特色小镇	国家发展和改革委员会、住房和城乡建设部、财政部	带动农业现代化和农民就近城镇化	2016年公布首批中国特色小镇名单127个，2017年公布第二批276个
田园综合体	财政部	实现循环农业、创意农业、农事体验于一体	2017年公布了10个国家级田园综合体试点名单

（二）文化资本是乡村文化振兴的着力点

文化资本是推动乡村文化资源进行产业化、市场化、规模化开发的重要动力。文化资本的概念最早由法国著名学者皮埃尔·布迪厄提出，强调资本形式存在的权力在社会结构和社会阶级分化资源配置中的功能，并指出文化资本可以转化为经济资本。由于我国历史上长期存在城乡二元体制，导致文化资本主要集中在城市，而"农村原始文化产业要素没有有效地从生产要素中被充分激活"，农村文化产业发展"一直处于市场经济的边缘，其产业链条也仅局限于农业化背景下的增收项目，无法适应目前的农村经济状态和今后发展趋势"。乡村具有特色的文化资源，但是文化市场和文化资本却集中在城市。因此，要吸引文化资本下乡必须要在政策上给予足够的动力。2017年12月28日至12月29日，中央农村工作会议强调，"实施乡村振兴战略，必须大力推进体制机制创新，强化乡村振兴制度性供给"。2018年2月4日中央"一号文件"更是直接提出要"加快制定鼓励引导工商资本参与乡村振兴的指导意见，落实和完善融资贷款、配套设施建设补助、税费减免、用地等扶持政策"。让文化资本下乡推动乡村文化资源开发和文化产业发展就是一种强化乡村振兴制度性供给的主要形式。目前，国家所实施的特色小镇和田园综合体项目相继成为文化资本下乡的新蓝海。

但是，在文化资本下乡的热潮中，也存在一些问题：①文化资本下乡的"动机不纯"，其盈利点并非在于开发乡村特色文化资源，而是打着发展乡村文化产业的幌子，进行圈地囤地，为房地产项目做铺垫。②文化资本下乡主要是借势国家相关政策，为套取国家项目资金和政府补贴，获取银行贷款，对于所投资的乡村文化产业具体项目并没有实质性开展。如此形式的文化资本下乡并无益于乡村文化产业的发展，反而致使大量优质的文化资源流失。

乡村文化产业的发展不同于工业和农业，其具有一定的特殊性，主要表现在三个方面：第一，非标准化。文化生产是一种创意活动，不像工厂那样按照标准化的资源和程序进行统一生产，没有对文化资源的深刻体验和感知，是无法创造出既有地方感又有体验性的文化产品的，标准化和同质化的文化产品无法引起消费者的共鸣。第二，传承性。乡村文化的乡土性寄托着人们的乡愁，这种文化记忆是具有温度的，反映在乡村文化产品和服务上就是传承乡村优秀文化和相关工艺，保留这种心底的温热，那种追求标新立异而缺乏乡村风味的文化产品，既不符合农村居民的意愿，也令消费者感到反感。第三，空间属性。乡村文化产业发展主要是一种家庭式生产和运营的作坊制，不同于工业生产的聚集性和规模化。这种空间属性也是导致乡村文化产业发展具有非标准化和传承性的重要因素。这也论证了乡村文化产业发展家庭式生产经营的合理性。乡村文化产业发展的特殊性对以工业生产的方式来组织乡村文化产业形成了障碍，也对文化资本下乡的积极性和有效性形成了挑战。因此，乡村文化振兴在利用文化资本下乡时除了要设立政策防火墙，加强对文化资本下乡的监管审查评估外，还需要解决文化资本下乡所面临的结构性矛盾——工商资本和乡土社会没有有效对接。外来资本与乡土社会互动不畅恰恰表明文化资本下乡需要面对扎根乡土的"本土化"过程，即扎扎实实挖掘乡村文化资源的乡土性和地方感，踏踏实实开发符合人们文化记忆和心理温度的文化产品，实实在在建立文化企业与农户、合作社、游客之间的文化利益共同体联结机制。

（三）文化生态是乡村文化振兴的出发点

文化生态是乡村得以成为田园牧歌印象的重要凭借，乡村文化振兴必须要以保护乡村文化生态为前提。美国学者斯图尔德指出文化生态包括文化的内部生态秩序与外部生态环境，内部生态秩序的相互作用使人类文化历久不衰，外部生态环境则通过与人类文化的相互影响使人与自然和谐相处。因此，乡村文化生态是"乡村文化各要素之间以及乡村文化与其所处乡村生态环境之间的制衡关系"。

乡村文化生态系统可以划分为"文化圈"—"生物圈"—"市场圈"三个层次，三者之间相互依存相互作用。但是目前在乡村文化的开发过程中，却出现了乡村传统文化丧失原真性、乡村文化与乡村自然地理环境相割裂、乡村文化与市场经济相背离的失衡状态，导致乡村文化生态在"文化圈"层面使得农民文化主体性丧失，传统文化再生与文化空间重构的内生动力不足。在"生物圈"层面使得自然环境遭到严重破坏，乡村作为文化生态共同体日益弱化，基础秩序开始瓦解。在"市场圈"层面使得乡村丰富的非物质文化遗产和民间民俗文化脱离于文化市场经济之外，文化经济化的动能严重不足。另外，在城乡一体化的进程中，导致弱势一方的乡村全面向城市看齐，出现"千村一面"的景象，完全丧失了乡村本来的自然田园风光和人文风俗气息。乡村的同化最终必然会导致乡村的终结。城乡一体化绝不意味着"城乡一面"，也并不是要消灭乡村。因此，为了避免理解误差，建议在政策口号上用"城乡共同体"代替"城乡一体化"。"城乡共同体"旨在强调城市与乡村之间既特色鲜明又命运相连，城乡之间不能割裂只能相互融合发展。为提升对乡村文化生态的整体性保护，让文化遗产活起来，从 2007 年起国家文化部开始设立文化生态保护实验区，截至 2017 年底共有 21 个国家级文化生态保护实验区。文化生态保护实验区旨在实现"遗产丰富、氛围浓厚、特色鲜明、民众受益"的目标，"文化生态保护区重点是文化关系的建设，是乡土、乡风、乡愁的统筹推进，能激发群众在自己家园内的文化自信，增强幸福感和满足感"。所以，乡村文化振兴就是要保护乡村文化生态系统的完整性，让"文化圈"生生不息而厚德载物，"生物圈"道法自然而天人合一，"市场圈"互通有无而美美与共。

（四）文化生活是乡村文化振兴的落脚点

从本质上来讲，文化是生活的一种样态。乡村文化是农村居民在日常生活中进行文化生产、生活的产物。一方面，乡村是由历史感和地域性同构的文化地理空间，是乡愁记忆的一种具象表征。"历史感唤起了人们共同的文化记忆与情感认同，地域性实现了人们对不同文化特性的体验需求。"乡村富有地域特色的民居建筑、街坊巷弄、城墙院落、小桥流水、古树昏鸦等场景构成一幅在空间上静止、时间上流动的"浓淡总相宜"的中国山水风景画。这种历史感不仅体现在"物质空间"中，而且还体现在"精神空间"里。浓厚的地域传统文化、民间风俗在历史的长河中沉积凝聚在乡村的各种空间形态中。身临其中便会感知、陶醉于这浓郁的文化气息氛围。另一方面，乡村也是集生产劳作与文化生活于一体的文化生产生活空间。乡村不是一种静止的存在，而是农耕生活的聚落地，是田园生活的一面真实镜像。在乡村这一物质空间中，居民们从事着各种文化生产与休闲娱乐活动。例如，纺织、刺绣、龙船调、杂技、踩高跷、唱大戏……乡村生产生活与文化融为一体，精神表达也丰富多彩，别有滋味。在这种公共空间中，充满着生活感受、生活热情，体现着文化趣味、文化表达，是现实与想象的空间，是农村居民日常生活的反映。因此，实现乡村文化振兴最终必然是要通过乡村文化建设来增强文化自信心与民族凝聚力，增进农村居民文化生活的幸福感与获得感。

总体而言，乡村文化振兴是一项系统工程，其立足于乡村文化资源，着力于文化资本，并以保护文化生态为出发点，以丰富农村居民文化生活为落脚点。为实现乡村文化在新时代的繁荣昌盛，文化资源与文化资本是乡村文化振兴的第一环，即通过整合开发乡村文化资源、实现文化资本的积累和流通来扩展乡村文化产品与服务的生产与消费，使乡村文化产业成为乡村经济发展的新动能，达到文化富民的第一步目标。文化生态与文化生活是乡村文化振兴的第二环，即通过整体性保护乡村文化生态与丰富提升文化生活来激发群众的文化认同与文化自信，使乡村文化成为乡村全面繁荣的底色，达到文化育民的深层目标。文化资源—文化资本—文化生态环环相扣，文化富民与文化育民相互推进，进而实现农民富裕、农业强旺、农村美丽的共同目标。

二、乡村建设理论与乡土重建理论：乡村振兴的中国特色理论基础

乡村振兴是中国由传统农业文明向现代工业文明和后现代工业文明转型过程中所必然要面对和解决的重大理论与实践问题。乡村文化是中国传统文化的根脉，也是维系中国传统社会秩序的基石。早在20世纪30年代，乡村建设运动的代表人物梁漱溟就在《乡村建设理论》一书中指出："中国社会是以乡村为基础，并以乡村为主体的；所有文化，多半是从乡村而来，又为乡村而设。"但是在我国转型发展历程中，"以农为本"的传统中国社会构造逐渐解体，乡村衰落、乡村危机、乡村破产、乡村崩溃成为目前亟须解决的难题。与此同时，由于乡村文化所依托的乡土性的褪色，导致乡村文化也开始慢慢荒凉而沦为荒漠。针对此番景象，中国知识分子提出了一系列相关理论并参与实践，以求实现乡村复兴。其中，梁漱溟和费孝通根据中国特色和乡村实际所建构的理论体系和相关实验，产生了重大影响，对新时代中国特色社会主义乡村振兴战略的实施依然具有重要的理论指导意义与实践借鉴意义。

（一）乡村建设理论：基于乡村改造的文化路向

乡村建设理论形成于20世纪30年代。当时各种社会团体、教育机关和政府机关在全国各地倡导不同模式的乡村建设实验，其中著名的有高阳指导的无锡模式、梁漱溟指导的邹平模式、晏阳初指导的定县（今河北省定州市）模

式、陶行知指导的晓庄模式等。乡村建设运动最大的特点就是从文化入手改造农村、教育农民，以使农村社会构造符合现代组织形态、农民具有现代思想观念。其中梁漱溟所倡导的乡村建设理论和邹平乡村建设实验具有一套完整的理论体系和实践方案，产生了深远的影响。

梁漱溟的乡村建设理论是"以复兴中国传统文化为目标，以教化、礼俗、自力为内核，以团体组织、科学技术为工具重构中国社会组织构造，以解决中国所存在的文化失调问题"。1931~1937年，梁漱溟在山东省邹平县专门设立乡村建设研究院指导邹平的乡村建设实验。邹平实验主要从以下三个方面展开工作：①倡导新礼俗，构建新乡约，重构乡村文化的生态系统。②兴建乡学、村学，建立乡校组织，重塑乡村社会政教合一的组织形态。③促进合作组织，推动农民参加合作社，搭建乡村经济的共同体，共御风险共享利益。

梁漱溟所推动的邹平乡村建设实验取得了一定的成绩，如新乡约的推行、乡农学校的建立、各种农业合作社的运行使当地农民产生了文化自觉、合作组织意识有了加强、经济效益也有了提高。

（二）乡土重建理论：基于乡村重建的经济路向

乡土重建理论产生于20世纪40年代末，并在1978年改革开放后进一步发展，引导了20世纪80年代的乡镇企业发展与城镇化发展。费孝通是乡土重建理论的倡导者，他认为中国传统社会的基本特质是建立在差序格局之上的浓厚的乡土性，要促进乡村社会的发展就必须要解构和重构乡土性。随着中国社会的变迁，乡村社会原有的生活方式和价值体系需要适应工业化的时代趋势。因此，费孝通将乡土重建的重心放在了农村经济问题上，"极力提倡利用现代技术同时建立一个和现代技术相配的社会结构"。

费孝通认为："以往种种乡村建设的尝试，似乎太偏重了文字教育、卫生等一类并不直接增加农家收入的事业。这些事并不是不重要，但是它们是消费性的，没有外力来资助就不易继续。要乡土在自立更新的原则中重建起来，一切新事业本身必须要经济上算得过来的，所以乡土工业可能是一种最有效的入手处。"基于此，费孝通提出了以"乡土工业"为核心内容的农村重建方案。乡土工业包括五个要素：①农民处于半耕半工的状态，不必放弃农业而参加工业。②乡土工业分散在乡村及其周边。③乡土工业的组织形式是合作社，所有权属于参与的农民。④乡土工业原料由农民供给，就地取材。⑤乡土工业所得收益分配给最广大的农民。费孝通希望通过发展乡土工业来解决农民的生存生活问题，以提高农民的收益来推动乡土复员和乡土重建，并以此走出一条"工业下乡与中国式工业化道路"。

费孝通的乡土工业发展路径是"家—村—中心村—市镇"的一种由分散化到聚集化的过程。也由此，费孝通提出了小城镇化的发展思想，即通过乡镇企业的发展带动，把传统的市镇从消费集团发展成为生产社区，从而实现"乡市合拢"，实现农村居民的在地城镇化。但是，20世纪90年代后随着城市化进程加速，大量农村人口和资本单向流动到大城市，农村成为了城市的附庸和边缘地带，呈现出急剧空心化的趋势。因此，在新的时代背景下如何重建乡村社会仍然是一项重大的理论与实践课题。

（三）乡村振兴战略：乡村文化共同体与经济共同体协同共建

梁漱溟的乡村建设理论和费孝通的乡土重建理论为新时代乡村振兴战略的实施提供了丰富的思想资源，是乡村振兴的中国特色理论基础（见表3），值得好好学习和反思。一方面，分析中国的农村问题要从社会整体出发，深刻认识乡村文化与经济和政治之间的关联。中国乡村文化建设的路径并不能盲目跟风和屈从西方发展模式，要走出一条适合中国国情和中国特色社会主义道路的乡村振兴模式。另一方面，乡村社会是一个有机的文化生态系统，要全面了解农业、农民、农村的发展状况，真正地走进农村、走近农民，掌握农民的切实需求，以农民为主体建设农村发展农业。综合梁漱溟和费孝通的理论与实践，我们可以发现，要实现乡村振兴就必须要坚持文化与经济共生互济，推动乡村文化共同体与经济共同体协同共建。

乡村是一个集生产生活为一体的社会组织单位，在这里乡民共同遵守乡约民规，文化认同感趋同，乡村成为一个文化共同体。同时，乡民在这一组织单位内共同从事农业生产活动，互帮互助，有着共同的相关经济利益链，乡村又是一个经济共同体。但是随着20世纪90年代城镇化进程加速和市场经济深入推进，乡村社会出现了明显的分层化现象（包括村庄的分化和村民的分化），乡村社会结构的分化弱化了乡村作为文化共同体和经济共同体的存在。因此，要实现乡村振兴，就必须重塑乡村文化共同体和乡村经济共同体，使其成为乡村振兴的内在动力。一方面，文化认同是乡村振兴的先导性力量，乡村文化的繁荣发展为乡村振兴提供了精神动力；另一方面，特色文化产业的发展是乡村振兴的物质基础。再通过政府引导、统筹资金投入和市场驱动，形成乡村振兴的外部性激励力量。只有形成内外结合、上下联动的机制才能真正实现乡村振兴。

表3　乡村振兴的中国特色理论基础

理论基础	倡导者	主要内容	建设路径	产生效果
乡村建设理论	梁漱溟	从文化和教育出发，倡导新礼俗、构建新乡约、兴建乡学村学、组建农业合作社	文化路向	引导了20世纪30年代的乡村建设运动
乡土重建理论	费孝通	从经济出发，建设乡土工业，增加农民收入	经济路向	引导了20世纪80年代的乡镇企业发展和城镇化进程
乡村振兴战略	习近平新时代中国特色社会主义思想的有机组成部分	产业兴旺、生态宜居、乡风文明、治理有效、生活富裕	城乡融合、全面发展	指导新型城镇化、精准扶贫，是十九大后决胜全面建成小康社会、全面建设社会主义现代化国家的重大历史任务

因此，乡村文化振兴是实现乡村振兴战略最为核心的一环，乡村文化振兴贯穿于"乡村产业振兴—乡村生态振兴—乡村人才振兴—乡村组织振兴"的各个环节，为其提供思想基础和精神动力，并且也是检验乡村振兴最终成效的主要标尺。乡村文化在推动乡村振兴过程中发挥着四种作用：①引领文明乡风形成；②重塑农民的精神风貌；③撬动乡村善治；④助推乡村产业发展。振兴乡村文化其实就是为乡村"铸魂""提神"，弘扬优秀传统文化，实现农业文化内涵、农村思想道德、农民精神面貌全面提升，从而实现乡村全面振兴。

三、育文兴业：乡村文化振兴的实现路径

经过40多年改革开放的不断纵深推进，中国社会经济得到了快速发展，农民的生活水平也有了普遍提高。农民群众对"日益增长的美好生活需要和不平衡不充分的发展之间的矛盾"突出表现在文化需求领域。新时代社会主要矛盾发生了变化，乡村文化建设也面临着新的挑战。第一，结构失衡。当代中国乡村社会正处在由农业文明向工业文明、由传统文化向现代文化、由计划经济向市场经济三重转型相叠加的时期，再加上中国城乡社会二元结构的长期存在，城镇化加速发展，这些都使得乡村社区处于快速流动之中，乡村文化变迁的速度加快，与城市文化建设相比，乡村文化建设处于边缘化地带。国家乡村文化建设的政策效应与乡村社会转型发展节奏之间呈现脱节的现象。第二，供

需错位。农民群体自发性与多样化的文化需求与政府"格式化"供给之间产生严重错位。目前政府所推行的一系列文化下乡活动并没有得到农民群众的认可和满意，政府所供给的公共文化设施（农家书屋、乡镇文化站等）大多处于闲置状态，农民使用效率并不高。第三，主体性缺失。乡村文化建设的本质其实是要构建一种符合乡村文化生态适应农民生产生活的日常样态。但是在政府公权力自上而下主导推行的文化供给体系中，农民群体只是处于一种被动的状态。农民群体是乡村文化的创造者和需求者，只有发挥农民群体文化创造的主动性和积极性，才能够真正地实现乡村文化振兴。结构失衡、供需错位、主体性缺失是当前中国乡村文化建设所面临的根本困境。因此，要破解乡村文化建设的困境就必须找到乡村文化建设的支点。

（一）构建城乡文化共同体

"城乡文化共同体是维系城乡居民相互认同的文化纽带，包括共享的文化观念、文化符码、文化形象、文化记忆等，其融入日常生活之中，并为人们在情感上所认同，成为一种自觉的文化价值取向。"在中国传统农业社会里，城乡虽有差别却是同质的，是一种和谐共生的有机体，是基于宗法观念而形成的一套农业文明体系。但是随着现代工业文明的发展，传统社会的城乡共同体逐渐解体，城市成为现代摩登文化的熔炉，而承载传统文化的乡村由于大量人口市民化迁移而呈现出文化危机。"从以血缘、地缘、礼俗为底色的乡土社会，过渡到以市场、理性、法制为特征的现代社会，是一个充满断裂和新生的巨大变革。"我们必须要承认的是城乡之间存在着差别差距，已经无法建立起传统社会那样同质化的生活共同体，但是我们也应该认识到城乡之间对于中国传统优秀文化的记忆、情感是统一的，这是"一种基于共同的、有约束力的思想观念而形成的精神共同体"。这种精神共同体超越了血缘、地缘、共同生活的基础，却能够受到共同精神力量的牵引而致力于一项共同的事业，这也是一种"想象的共同体"。

因此，要实现乡村文化振兴就必须要推动城乡融合发展，构建一种现代性与多样性共融共通的城乡文化共同体。首先，要建立上下联动与有效对接机制。构建城乡文化共同体要在各级政府的引导下，以农村居民的文化需求为导向，充分调动社会企业、新乡贤、返乡创业者的力量，形成社会合力共同促进乡村文化振兴。其次，要把"送文化"与"种文化"相结合，使外来文化与本土文化渗透融合，使乡村既具有现代气息又不失乡土味道。除继续把深受老百姓喜欢的戏曲、电影、图书、科技培训、健身器材送到他们的身边外，还要加大力度培育乡村文化建设的内生力量，加大力度扶持民间文化组织、乡间艺人、非物质文化传承人，发挥农村文艺能人的积极性、主动性和创造性，使民间优秀文化得到有效保护和传承。最后，要促进城乡文化之间的互动，通过展示、演出等多种形式，推进乡村文化进城，在城市文化空间中为乡村文化构建通道、搭建平台，让乡村文化"走出去"，提升乡村文化的自信。

（二）重塑乡村公共文化空间

乡村公共文化空间是乡村人际交往、信息交流、文化生发和文化传承的重要载体，对于促进农村居民在共同生产生活中形成的生活方式、价值观念、共同信仰、特色文化等有重要影响，并且还发挥着交往沟通、休闲娱乐、宣传教化、心灵慰藉和柔性治理为一体的功能作用。因此，培育和拓展乡村公共文化空间是振兴乡村文化的重要途径。乡村公共文化空间的生成发展有两个特征：一是其形式和活动具有稳定性，能够流传，并保留在当地居民的"文化记忆"中，世代传承；二是其营造了良好的秩序性，能够有效消解农村社会中的各种矛盾冲突，是乡规民约形成的重要载体。由于城镇化带来的人口结构、经济结构、生活方式等方面的变化对乡村固有文化规律造成了一定的冲击，最终导致乡村公共文化空间面临"空心化""同构化""格式化"等问题。

因此，亟须根据乡村的人口情况和文化需求状况来重塑乡村公共文化空间。第一，注重物理空间的保护和重建。对于乡村传统公共文化空间如宗庙、祠堂等，要加大保护力度。对于国家投入建设的现代公共文化空间如农家书屋、文化大院、文化广场等，要基于乡村自身文化特色来建设。最好是建设传统形态与现代形态相统一的"内嵌型"公共文化空间，如浙江等地兴起的文化礼堂，既展示了传统民俗文化，又承担了现代公共文化服务功能，实现了国家与民俗、大传统与小传统、名与实之间的互嵌与重构。第二，注重活动空间的延伸和拓展。对于政府送文化下乡临时形成的活动空间，要提供农民喜闻乐见的节目，并加大活动的流动性，及时更新节目内容，调动农民的文化参与度。对于民间自主生成的文化民俗活动空间，如节庆活动、民间音乐、民间舞蹈、民间戏曲等，政府要鼓励农村自建文化娱乐队，培育农民文化主体性建构，并加大力度支持，为民间民俗文化活动的开展提供培训、器材、技术指导。第三，注重机制空间的设计和完善。为维系乡村公共文化空间的有序长效健康运行，政府要制定一系列的政策制度，为农村现代公共文化服务提供财政保障机制、市场运行机制、绩效评估机制和人才保障机制。

（三）发展乡村特色文化产业

乡村特色文化产业是推动新时代乡村全面振兴的新途径，发展乡村特色文化产业有利于促进农民就业增收、有利于推动优秀传统文化传承创新、有利于提升乡村文明程度。乡村是涵育农耕文化、传统文化、民族文化、民俗文化的蓄水池，丰富多样的乡村文化资源为发展乡村特色文化产业提供了条件。目前乡村文化旅游产业、农事节庆文化产业、乡村民宿饮食产业、乡村传统工艺产业、乡村民间演艺业发展如火如荼，各具特色。例如："河南省宝丰县大力发展以魔术为代表的乡村特色文化产业，涌现出 1400 多家民间演艺团体，吸纳5.5 万多名从业艺人，演艺收入达 10.7 亿元"，形成了"农民创造文化、文化造福农民"的新景象。

在新时代乡村振兴战略下，发展乡村特色文化产业需要注重提质增效。一方面，要深耕细描，讲好中国乡村故事，做强乡村特色文化产业。目前乡村特色文化产业存在文化产业形式单一、文化创意设计缺乏、文化服务能力不足、管理体制落后、投融资渠道不畅、人才资源储备匮乏等问题。乡村特色文化产业的发展需要实现由"数量型向质量型转变、表面展示向深度挖掘转变、要素流出向要素集聚转变"。要根据乡村文化资源的禀赋，以质量深度取胜，发展特色产品、民族产品和优势产品；要做好内容与形式的统一，深入挖掘内涵，导入产业意识、创新意识和品牌意识；要开发延长文化产业链条，促进乡村文化产业和田园农业、传统手工业、生态环境的深度融合发展，形成"一村一品、一镇一业"的乡村特色文化产业发展格局。另一方面，发展乡村特色文化产业要注重理性发展、适度发展和科学发展，以实现经济效益、社会效益与生态效益相统一。要使乡村特色文化产业成为拉动农民就业增收的新引擎和吸纳城市创意人才、资本项目落地生根的大磁场，促进农村经济可持续发展。并且要使乡村特色文化产业发展成为实现全面脱贫全面小康的新功能，通过特色文化产业的发展助力贫困农村地区的精准扶贫工作、助力优秀传统文化传承性发展及创造性转化、助力乡村文化有效治理、助力生态文明建设，真正实现文化育民、文化富民的目标。

参考文献

［1］Jack P. Greene. Imperatives, Behaviors, and Identities : Essays in Early American Cultural History ［M］. Virginia : University of Virginia Press, 1992.

［2］包亚明. 现代性与空间的生产［M］. 上海：上海教育出版社，2003.

［3］鲍懿喜.历史文化街区的空间特性［J］.人文地理，2012（4）：49–53.

［4］本尼迪克特·安德森.想象的共同体：民族主义的起源与散布［M］.吴叡人，译.上海：上海人民出版社，2005.

［5］陈波，耿达.城镇化加速期我国农村文化建设：空心化、格式化与动力机制［J］.中国软科学，2014（7）：77–91.

［6］陈波.二十年来中国农村文化变迁：表征、影响与思考——来自全国25省（市、区）118村的调查［J］.中国软科学，2015（8）：45–57.

［7］方李莉.文化生态失衡问题的提出［J］.北京大学学报（哲学社会科学版），2001（3）：105–113.

［8］斐迪南·滕尼斯.共同体与社会：纯粹社会学的基本概念［M］.林荣远，译.北京：北京大学出版社，2010.

［9］费孝通.费孝通文集：第4卷［M］.北京：群言出版社，1999.

［10］费孝通.费孝通文集：第5卷［M］.北京：群言出版社，1999.

［11］傅才武，侯雪言.当代中国农村公共文化空间的解释维度与场景设计［J］.艺术百家，2016（6）：38–43.

［12］傅才武，许启彤.基层文化单位的效率困境：供给侧结构问题还是管理技术问题［J］.山东大学学报（哲学社会科学版），2017（1）：50–59.

［13］耿达.近代中国乡村改造的两条路向［J］.华南农业大学学报（社会科学版），2016（2）：133–140.

［14］耿达.文化视角下的都市与乡村：20世纪30年代的城乡关系［J］.中国农业大学学报（社会科学版），2017（4）：33–40.

［15］季中扬，李静.论城乡文化共同体的可能性及其建构路径［J］.学海，2014（6）：37–41.

［16］靳浩辉.农村社会治理视阈下祠堂文化与公共文化的互嵌与重构——以浙江省农村文化礼堂为例［J］.理论月刊，2018（7）：161–167.

［17］李宇佳，刘笑冰，江晶，等.乡村振兴背景下乡村文化产业发展展望［J］.农业展望，2018（7）：56–60.

［18］梁漱溟.乡村建设理论［M］.上海：上海人民出版社，2011.

［19］孟德拉斯.农民的终结［M］.李培林，译.北京：社会科学文献出版社，2010.

［20］孟令法.文化空间的概念与边界——以浙南畲族史诗《高皇歌》的演述场域为例［J］.民俗研究，2017（5）：107–119.

［21］彭永庆.社区营造与民族地区乡村文化建设［J］.华南农业大学学报（社会科学版），2017（3）：121–131.

［22］让特色文化产业助推农村发展［EB/OL］.光明网，http：//epaper.gmw.cn/gmrb/

html/2012-09/27/nw.Dlloooo gmrb-20120927-2-07-htm?Div：-1，2012-09-27.

［23］饶蕊，耿达.文化扶贫的内涵、困境与进路［J］.图书馆，2017（10）：13-17.

［24］推动乡村文化共同体与经济共同体协同共建［EB/OL］.中国网，http：//www.china.com.cn lopinion/theorg/2017-12/04/Content_41963452.htm，2017-12-04.

［25］文化生态保护实验区：如何让更多人受益［EB/OL］.央视网，http：//news. cctv com/2017/08/19/ARTItn8IVXJBsHxFYV AaSVii170819.shtml，2018-08-19.

［26］徐宗阳.资本下乡的社会基础——基于华北地区一个公司型农场的经验研究［J］.社会学研究，2016（5）：63-87.

［27］翟向坤，郭凌.乡村旅游开发中乡村文化生态建设研究［J］.农业现代化研究，2016（4）：635-640.

［28］中共中央 国务院关于实施乡村振兴战略的意见［EB/OL］.新华网，http：//www.xinhuanet.com/2018-02/04/c_1122366449.htm，2018-02-04.

［29］中央农村工作会议在北京举行［EB/OL］.新华网，http：//www.xinhua net.com/photo/2017-12/29/C-1122188049.htm，2017-12-29.

［30］周大鸣.告别乡土社会——广东农村发展30年［M］.广州：广东人民出版社，2008.

［31］周尚意，龙君.乡村公共空间与乡村文化建设——以河北唐山乡村公共空间为例［J］.河北学刊，2003（2）：72-78.

［32］朱伟珏.“资本”的一种非经济学解读——布迪厄“文化资本”概念［J］.社会科学，2005（6）：117-123.

21. 乡村振兴中农村金融困境研究 *

王立清

摘要： 农村金融是我国金融体系的重要组成部分，是支持服务"三农"发展，推动乡村振兴战略的重要力量。目前我国农村发展面临着"融资难、融资贵"的金融困境。通过阐述我国农村发展面临的金融困境，并从制度层面分析我国农村金融困境的原因，包括产权不明晰、生产组织方式滞后、政府财力扶持不够等，并在此基础上提出解决我国乡村振兴中农村金融困境的政策建议。

关键词： 乡村振兴；金融困境；产权；政府扶持

一、引言

乡村振兴战略是党的十九大提出的一项重大战略，是关系全面建设社会主义现代化国家的全局性、历史性任务，是新时代"三农"工作的总抓手。自党的十八大以来，以习近平同志为核心的党中央高度重视"三农"工作，强调把实施乡村振兴战略摆在优先位置。

在乡村振兴战略中，产业发展是基础，金融是关键。农村金融是我国金融体系的重要组成部分，是支持服务"三农"发展，推动乡村振兴战略的重要力量。近年来，我国农村金融取得长足发展，初步形成了多层次、较完善的农村金融体系，为农村经济发展、乡村振兴发挥了重要作用。但从总体上看，农村金融仍是整个金融体系中最为薄弱的环节，更是乡村振兴战略实施中亟待突破的瓶颈。

* 王立清，男，郑州银行博士后工作站，经济师。

二、乡村振兴战略中面临的金融困境

农村"融资难、融资贵"的问题由来已久。特别是中西部农村地区，经济基础条件差、公共基础设施不完善、经济发展水平落后。农民金融市场体制不够完善，缺乏有效的金融中介等配套服务体系，进一步增加了农村金融市场的风险管理难度，提高了农村金融市场的运营成本。

由于农村金融市场的风险较大，致使金融机构在农村金融市场要求较高的风险溢价。但乡村经济发展水平较差，传统农业的回报率较低，无法支付金融资本要求的高风险溢价，导致传统的投资、融资模式无法进入乡村，即在农村金融市场出现了市场失灵，依靠传统的市场经济手段无法在农村市场中有效地配置金融资源。

在上个经济周期中，传统农业经济的回报率较低、风险大，大量金融机构出于盈利和控制金融风险的要求，纷纷撤出农村市场。并且农村金融市场建设落后，金融机构对农村市场投入的资源不够，农村银行、证券、信托、保险等金融行业发展严重滞后，除农村信用社以外其他金融机构之间未形成有效的竞争格局。另外，农村金融市场资金来源少，金融产品欠缺，目前农村金融市场除了银行贷款以外，基金、保险等金融产品匮乏，金融机构缺少有效的农业风险控制和产品设计手段，与农业生产经营活动相匹配的金融产品供给不足，农村金融需求与产品供给严重失衡。农村金融需求长期得不到满足，这种现象促进了农村民间金融市场的发展，但这些民间金融市场无法形成正规的金融组织。农村民间金融不属于正规的金融市场，缺乏监管，再加上农民普遍金融素质不高，这就容易导致区域性和系统性金融风险，引发失控的群体事件，并给本就缺乏资金的农民和农村经济造成更大的损失。

由于农业经营活动的特点，农业生产周期长、资金投入大，受自然条件和市场因素影响较大，并且农民持有的流转土地不能进行抵押贷款，导致农民无法提供有效的抵押品，并且银行贷款门槛高，农户和农村中小型企业融资较难。银行贷款还款期限与农业生产活动不匹配、金融和投资机构不看好、小额信贷利率高等问题，严重制约了农村经济的发展。除此之外，农村基础设施融资也存在巨大困难。我国中西部地区农村基础设施长期"欠账"，投入严重不足，制约了农村经济的发展。并且，我国中西部农村所在区域多是贫困地区，基层经济发展落后、财力匮乏、信用等级较差、社会融资能力不强，凭借自身财力无法支持大规模的农村基础设施建设。

目前农村面临金融困境的根本原因在于农业农村现代化程度不高、农业经济发展水平不高、新型农业经营主体发展质量和水平不够，导致金融机构在进入农村市场时缺少优质的客户，无法进行有效的金融资源配置。农村金融困境已经成为制约我国乡村振兴战略实施和"三农"发展的瓶颈。

三、农村金融困境的制度剖析

（一）生产组织方式滞后

自1978年改革开放至今，我国农村逐步确立了两权分离土地制度下的农户家庭分散经营与集体统一经营相结合的农业双层经营制度。早期的改革主要内容是变革集体化的土地产权制度，家庭经营责任制在较短的时间内遍及全国。家庭联产承包责任制使农户成为独立的农地使用者，并在一定程度上成为农业的经营者。以家庭联产承包责任制为核心的"统分结合"双层经营体制将农村组织分为两个层次：①农户经营组织和社区集体经济组织，两者通过承包的方式结合起来，其特点是土地等基本生产资料归集体所有，社区集体经济组织拥有社区土地的所有权、发包权及社区未发包的自留地，农户拥有土地的承包权和使用权。②在收益分配上实行"交够国家的，留足集体的，剩下的都是自己的"包干分配制度，其特点是集体与农户双方的权利与义务通过承包合同约定，在合同约定之外，农户有经营自主权。这种双层经营体制自实施以来在我国农业生产中获得了巨大的成功。由此以来，以家庭经营为基础、统分结合的双层经营体制确立起来，成为中国农村的基本经营制度和党的农村政策的基石。这一政策极大地释放了我国农村的生产力，推动了我国农村经济的第一次飞跃。

随着我国经济的发展，我国经济结构、对外开放程度、城乡人口结构、就业结构、社会结构深刻调整，新型工农、城乡关系加快形成，我国农村以家庭联产承包责任制为核心的经济制度逐渐不能满足我国农村经济发展和现代农业发展的要求。

家庭联产承包责任制产生的背景是我国农业人口占比大，农业经济还是以自给自足和小农经济为特征的自然农业，通过"包产到户"可以有效调动农民的积极性，所以，以家庭为经济主体的农业生产模式解决了农村剩余劳动力的就业问题，并通过长期土地承包的形式，为农民提供了长期的福利保障。但随着我国经济的发展，经济结构和人口结构都发生了巨大的变化，城市化进程的加快使农村剩余劳动力逐渐从第一产业向第二、第三产业转移，我国人口红利逐渐消失，农村剩余劳动力就业压力大大减少。并且我国社会保障体系的完善，农村社会保险制度在农村逐渐铺开，农民的社会福利保障问题也得到了解决。在我国对内改革和对外开放同时推进的背景下，自给自足的自然农业逐渐瓦解，以家庭联产承包责任制为核心的农村经济制度的弊端不断显现。

以单一农户为主体的农业经营单位规模小、碎片化、效率低，与市场经济要求的社会化生产不匹配。首先，单一农户规模小、实力弱，无法适应生产力发展和市场竞争的要求，抗风险能力较差，获取市场信息能力不强，无法对市场的需求及时做出反应，农产品供求关系出现结构性失衡，农产品供给质量和效益亟待提高。其次，单一农户数量多，在与市场进行交易的成本较高，导致农产品无法进行高效的市场转化，农村三大产业融合发展深度不够。最后，以单一农户为主体的农业经营单位生产效率低，无法产生规模效益，无法提供足够的经济回报来吸引资金和人才，造成农村人才匮乏，农业发展后劲不足。低效的生产组织方式，导致农户无法成为优质的贷款主体，使其获得金融机构的融资较难。

（二）政府财力扶持不够

地方政府扶持农村发展财力不足，导致其融资能力不强。自分税制改革以后，我国实行中央地方税收分成制度，地方政府财政收入与地方事务责任的不匹配，造成地方政府对农村基础设施投资的财力不足。特别是对于中西部地区传统农业县，其经济普遍不发达，对上级财政转移支付的依赖度较高。因农业的投资回报率较低，则需要上级政府对农村进行扶持，但目前政府对农村的扶持力度不足。地方政府对工业和农业的投入失衡，使有限的资金集中投向工业领域，这直接导致了农村经济和金融发展的滞后。对于中西部地区传统农业县，其政府财力不强，地方政府没有能力对农村进行基础设施建设，落后的农村基础设施无法改善，乡村发展整体水平亟待提升。

四、解决我国农村金融困境的政策建议

以习近平新时代中国特色社会主义思想为统领，牢牢把握乡村振兴战略作为新时代"三农"工作的总抓手。中央"一号文件"指出，实施乡村振兴战略，必须解决钱从哪里来的问题。要健全投入保障制度，创新投融资机制，加快形成财政优先保障、金融重点倾斜、社会积极参与的多元投入格局，确保投入力度不断增强、总量持续增加。要加快推进农村各项制度改革，不断拓宽农村融资渠道，建立适应农村产权制度和农业生产特点的金融服务体系，确保乡村振兴"有米下锅"、活水不断。《2018年国务院政府工作报告》中提出，要"健全城乡融合发展体制机制，依靠改革创新壮大乡村发展新动能"，解决好"钱从哪里来"是振兴乡村、推动城乡融合的关键。

（一）充分发挥市场决定性作用，吸引社会资本参与

鼓励社会资本投入农业农村，鼓励利用外资开展现代农业和农村基础设施等建设。民营资本是推动乡村振兴的重要力量。政府对于民营资本参与乡村振兴应该大力鼓励引导、稳定政策预期、优化投资环境，让更多的民营资本在乡村振兴中大有作为。要创新投资形式，允许工商资本和政府以土地、产业资源、无形资产等多种形式，以债权、股权多种投资性质进入农村市场。要充分发挥政府在发展乡村经济中的基础作用，搭建金融基础设施，以风险保障基金等形式，帮助企业降低风险。

（二）推动农村要素市场改革，完善农村产权制度

推动城乡要素自由流动、平等交换。要加快农地进入市场，包括土地（林地、山地）经营权（承包权）等，承认农地产权，加快市场流转。落实农村土地承包关系稳定并长久不变政策的基础上，政府要积极推进农村产权制度改革，在依法保护集体所有权和农户承包权的前提下，平等保护土地经营权。完善农民闲置宅基地和闲置农房政策，保障宅基地农户资格权和农民房屋财产权，适度放活宅基地和农民房屋使用权，对农民土地承包权、宅基地使用权、集体收益分配权等农民财产权给予确权，并建立农村产权交易平台，加强农民财产权的流转，解决农民进行融资的抵押物问题。在符合土地利用总体规划的前提下，地方政府要积极探索优化村庄用地布局，建立合理的宅基地占用和耕地补偿制度，有效利用农村存量建设用地。大胆探索利用土地资源和用地指标交易收入充当农村基础设施建设还款来源的投融资机制。

（三）积极推动新型农业经营主体发展，提高农业组织效率

产业发展是解决农村金融困境的关键所在。新型经营主体是农业产业发展的主力军。地方政府应积极引导新型经营主体和农业龙头企业发展。各相关部门也应出台相应的措施扶持，使新型经营主体和农业龙头企业充分享受国家政策红利，推动农业由追求数量增长向追求高质量发展转变，拉长农业产业链条，不断提高农业企业的市场化、组织化程度。

我国农业发展到了从传统农业向现代农业加快转型的新阶段，农业发展方式到了由传统小农生产向新型农业经营体系加快转变的新阶段，通过土地经营权流转等多种形式，实现农业适度规模经营，以农业大户、农民专业合作社和农业龙头企业为代表的新型农业经营主体已经展现了勃勃生机与巨大活力。要发展好农民专业合作社和家庭农场两类农业经营主体，不断提高农业经营效率。农业生产经营方式加快从单一农户、种养为主、手工劳动为主向主体多元、领域拓宽、广泛采用农业机械和现代科技转变，构建新型农业经营体系。要不断壮大农林产业化龙头企业，鼓励建立现代企业制度。通过新型农业经营主体和其他企业与单一农户发展"1+N"的多样化联合与合作，建立契约型、股权型利益联结机制，提升小农户组织化程度。鼓励新型经营主体带动小农户专业化生产，提高小农户自我发展能力。加快建立新型经营主体支持政策体系和信用评价体系，落实财政、税收、土地、信贷、保险等支持政策，扩大新型经营主体承担涉农项目规模。

（四）发挥政府在乡村振兴和农村金融发展中的主导作用

发挥政府在规划引导、政策支持、市场监管、法治保障等方面的积极作用。加快建立健全城乡融合发展体制机制和政策体系，增加对农业农村基础设施建设投入，加快城乡基础设施互联互通。健全乡村振兴投入保障制度，为实施乡村振兴战略提供稳定可靠的资金来源。要制定调整完善土地出让收入使用范围、提高农业农村投入比例的政策性意见，所筹集资金用于支持实施乡村振兴战略。

在财政支持方面，建立健全实施乡村振兴战略财政投入保障制度，公共财政更大力度向"三农"倾斜。在规范地方政府举债融资行为的前提下，支持地方政府发行一般债券和专项债券用于支持乡村振兴领域中的公益性项目。加大政府对农业可持续发展和基本公共服务等重点领域和薄弱环节的支持力度。对有前景、能够拉动当地经济发展的重大项目，要在股本、贷款、财政投入、税

费减免等方面给予倾斜。政府部门应当出台更多的政策措施，与银行合作推出以财政风险补偿基金作为主要担保形式的担保产品，切实发挥农业信贷担保体系的作用，通过财政担保费率补助和以奖代补等形式，积极解决抵押物价值不足、担保难寻的窘境。要充分发挥政府增信机制助推"三农"和中小微企业发展的作用。国家相关部门加大对农业企业的支持力度，对贫困地区农业龙头企业在担保评级、征信融资等方面给予相关政策支持，适度降低其上市融资门槛，放宽限额、开通渠道，鼓励支持贫困地区农业龙头企业融资上市。要完善财政金融机制，在财政预算中安排扶持农业企业发展的专项资金，为农业企业担保、贴息。

在基础设施融资方面，政府加大农村基础设施和公用事业领域的开放力度，规范有序盘活农业农村基础设施存量资产，资金主要用于补短板项目建设。要充分利用政府投融资平台，为乡村公共基础设施融资，提供公共基础设施服务。为乡村产业项目提供增信，政府在乡村振兴战略中要发挥基础作用和主导作用，因地制宜，以地方政府城投公司作为重要融资载体，承接国家开发银行、中国农业发展银行等政策性金融机构和商业金融机构，支持乡村振兴战略融资。各地要根据金融机构对主体信用评级、财务状况、法人治理结构等相关要求，做强做实融资主体。要通过增资扩股等方式扩大融资主体资本规模，上级财政部门注资，增强主体实力，提高主体信用评级，增强融资能力。科学规划项目，根据农村基础设施需求的摸底情况，重点围绕重大民生项目进行策划。根据增减挂钩指标、占补平衡指标两项土地指标交易收入的测算结果以及地区财力情况，把握好项目建设投资规模。合理设计信用结构，在做好项目规划的前提下，科学合理地设计融资信用结构，通过不动产抵押担保、应收账款（主要是增减挂钩指标和占补平衡指标交易收入）质押担保以及第三方提供保证担保等方式，满足金融机构对融资项目的信用要求。落实项目资本金，财政部门要做好项目资本金落实工作，通过预算安排的乡村振兴建设资金、地方政府债券、国家及省级乡村振兴专项拨款等，支持乡村振兴项目工程建设。要科学编制年度财政预算，满足项目主体融资的资本金要求。统筹做好还款安排，在项目规划和确定融资规模时，要统筹考虑还款来源问题。要结合实施乡村振兴项目情况，主要考虑通过村庄集并工作，实现腾退集体建设用地，同时对农用地进行整理和环境改造，新增耕地指标，把建设用地增减挂钩指标和新增耕地占补平衡指标交易收入作为融资还款来源。

在农村金融体系建设方面，发展乡村普惠金融。深入推进银行业金融机构专业化体制机制建设，形成多样化农村金融服务主体。发挥国家开发银行、中国农业发展银行在乡村振兴和农村金融中的核心支持作用，加大对乡村振兴和农村金融的支持力度。加大大型商业银行普惠金融事业部等专营机制建设力度，支持中小型银行优化网点渠道建设，向农村下沉服务重心。保持农村信用社稳步有序的发展，完善村镇银行准入条件，积极引导农村合作金融健康有序发展。稳妥有序推进农村承包土地经营权、农民住房财产权、集体经营性建设用地使用权抵押贷款试点。结合农村集体产权制度改革，探索利用量化的农村集体资产股权的融资方式。金融机构要根据农业生产活动的特点，设计与农业经营活动相匹配的金融产品。农业贷款不仅难，其还款期限相对其他行业也存在紧和急的特点。银行要求的农业企业贷款还款周期一般为一年，这对于生产回收周期长的农业企业来说就非常紧张，企业资金周转空间很小。相关银行应当根据农业企业的特点适当延长还款年限，进一步减少企业还款压力，推动农村产业兴旺发展。

参考文献

［1］陈俊.中国城镇化发展速度问题分析与建议［J］.中国外资，2014（24）：319-320.

［2］李洁光，胡文涛.完善我国农业推广战略规划 加快传统农业向现代农业转型［J］.吉林农业，2015（10）：51-52.

［3］马志艳.基于新疆设施农业发展现状的分析［J］.农业与技术，2015（1）：199-200.

［4］王蕙，李尚红.对我国农村家庭联产承包责任制消极效应的若干思考［J］.湖北经济学院学报（人文社会科学版），2008（1）：21-23.

［5］温世扬.农村土地流转的困境与出路［EB/OL］.中国共产党新闻网，http：//theory.people.com.cn/n/2014/0709/C40531-25257269.html，2014-07-09.

［6］吴义茂.建设用地挂钩指标交易的困境与规划建设用地流转——以重庆"地票"交易为例［J］.中国土地科学，2010（9）：24-28.

［7］张晓山.创新农业基本经营制度 发展现代农业［J］.经济纵横，2007（1X）：3-8.

［8］张月瀛，谈琰.新型农业经营主体培育及发展路径探析［J］.商业经济，2014（12）：14-16.

22. 金融支持乡村振兴战略研究 *

——以贵州省为例

杜欣欣

摘要：党的十九大报告提出乡村振兴战略，金融作为经济中发挥资源配置功能的重要组成部分在乡村振兴中的作用不可忽视。本文以贵州省为例，在分析贵州省金融服务农村经济状况的基础上，进行了实证分析，并提出金融支持乡村振兴战略的总体思路和具体措施。

关键词：乡村振兴；金融支持；农业保险

一、引言

党的十九大对乡村振兴战略做出了重要部署，并作为十九大战略写入党章。中央农村工作会议和《中共中央 国务院关于实施乡村振兴战略的意见》明确提出了乡村振兴战略的总体要求、时间表和路线图，充分体现了以习近平同志为核心的党中央对"三农"工作的高度重视以及推进乡村振兴战略的坚定决心。根据《乡村振兴战略规划（2018—2022年）》要求，健全适合农业农村特点的农村金融体系，把更多金融资源配置到农村经济社会发展的重点领域和薄弱环节，更好满足乡村振兴多样化的金融需求。贵州省是我国西部多民族聚居的省份，也是贫困问题最突出的欠发达省份，是全国贫困人口最多、贫困面积最大、贫困程度最深的省份，是全国脱贫攻坚的主战场、决战区，同时又是"短板"中的"短板"。贵州省尽快实现乡村振兴，是西部地区和欠发达地区与全国缩小差距的一个重要象征，是国家兴旺发达的一个重要标志。

金融是现代经济的核心，是乡村振兴战略顺利推进的重要支撑。目前，农

---

* 杜欣欣，女，中国社会科学院应用经济博士后，贵州师范大学金融学副教授，研究方向为金融风险管理和经济发展质量。

村金融依然是我国金融体系中最薄弱的环节，农村居民金融服务可得性和便利性、农民信贷需求满足度等指标远低于城市，"三农"业务相对于城市业务成本高、收益低、风险大的特征还未完全改变，农村金融发展仍需大力支持。乡村振兴战略为农村金融的未来发展提供了前所未有的机遇，客观上要求加快建立多层次、覆盖广、可持续、竞争适度、风险可控的现代农村金融体系，同时，也需要金融机构加强创新，提高服务质量，以更好支持乡村振兴战略的实施。

二、贵州省乡村经济发展现状分析

（一）农业结构的变化情况

自改革开放以来，贵州省农业和农村经济取得了长足发展，农业产业结构经过不断调整形成了较好的格局。但是，目前的农业产业结构仍存在不少问题。第一，农产品品种、品质结构尚不优化，农产品优质率较低。第二，农产品加工业尚处在初级阶段，保鲜、包装、贮运、销售体系发展滞后，初级产品与加工品比例不协调。第三，农产品区域布局不合理，各地没有充分发挥自身的地区比较优势，未能形成具有鲜明特色的农产品区域布局结构。自 1997 年以来，贵州省第一产业中农业始终占到 60% 以上的比重，牧业次之，而林业和渔业占比则相对较小，如图 1 所示。

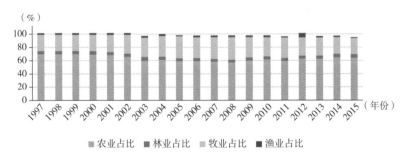

图 1　贵州省第一产业结构变化情况

（二）农民收入

根据国家统计局数据显示（见图 2），自 2010 年以来，贵州省农村常住居民人均可支配收入增长速度超过城镇常住居民人均可支配收入增长速度，2016年贵州省城镇居民可支配收入为 26742.6 元，较 2015 年增长 8.8%；2016 年贵州省农村居民人均可支配收入为 8090.28 元，较 2015 年实际增长 9.5%。2016年贵州省城镇居民可支配收入是农村居民可支配收入的 3.31 倍，高于全国平均 2.71 倍的水平。因此，贵州省城乡二元结构有待破解，这对经济社会平稳发展意义重大。

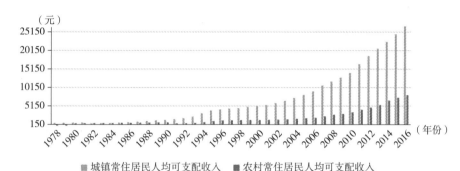

图 2　1978~2016 年贵州省城镇和农村人均可支配收入对比情况

（三）农业投入不足

农业投资一般包含农业固定资产投资与当年新增生产费用之和。由于生产费用方面的数据较难准确收集，且该费用占比较小，对农业的增长影响相对较小，所以本文以农、林、牧、渔业全社会固定资产投资变化情况来体现农业投资的变化情况（见表 1）。从投资总量来看，农、林、牧、渔业全社会固定资产投资总额呈增长趋势，但在 2006 年、2010 年、2012 年不升反降。从投资结构来看，大多年份中农、林、牧、渔业全社会固定资产投资占全社会固定资产投资比重不足 3%，这与农、林、牧、渔业生产总值占地区生产总值的比重失调，这说明对农、林、牧、渔业的固定资产投资严重不足。

表 1　贵州省全社会固定资产投资情况与构成

年份	全社会固定资产投资（亿元）	农、林、牧、渔业全社会固定资产投资（亿元）	农、林、牧、渔业全社会固定资产投资占比（%）
2003	748.12	21.61	2.89
2004	865.23	22.58	2.61
2005	998.25	24.64	2.47
2006	1197.43	24.54	2.05
2007	1488.80	29.32	1.97

续表

年份	全社会固定资产投资（亿元）	农、林、牧、渔业全社会固定资产投资（亿元）	农、林、牧、渔业全社会固定资产投资占比（%）
2008	1864.45	50.87	2.73
2009	2412.02	74.08	3.07
2010	3104.92	71.30	2.30
2011	4235.92	83.21	1.96
2012	5717.80	78.96	1.38
2013	7373.60	88.29	1.20
2014	9025.75	135.60	1.50
2015	10945.54	330.91	3.02
2016	13204.00	457.32	3.46

资料来源：根据国家统计局相关资料整理而得。

三、贵州省金融支持乡村振兴的现状分析

（一）金融服务覆盖面现状

如图 3 所示，贵州省不同的商业银行之间近年来发展速度存在较大的差异，其中在 2013 年前后对小型农村金融机构的统计口径不同，造成前后数据不具有可比性，因此本文只采用了小型农村机构在 2013 年之后的数据。大型商业银行在机构布局方面已经趋于成熟稳定，而股份制商业银行近年来在贵州

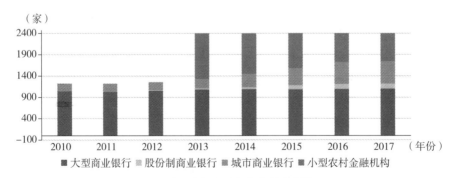

图 3　贵州省银行业机构个数变化情况

资料来源：根据中国人民银行贵阳中心支行相关资料整理而得。

省经历了从无到有的发展历程，城市商业银行的扩张速度也较快，其从 2010 年仅占到大型商业银行数量的 1/5，到 2017 年占到商业银行数量的 1/2，小型农村机构的布局广，成为贵州省全面实现城乡金融服务覆盖的有益补充。

（二）涉农贷款

2018 年第二季度末，贵州省金融机构涉农贷款余额为 10055.6 亿元，较 2018 年初新增 1292.3 亿元；2017 年贵州省涉农贷款余额为 8747.1 亿元，同比增长 20.5%，增速高于贵州省各项贷款增速 3.7 个百分点。2017 年在扶贫再贷款的支持下，金融机构加大金融扶贫产品创新，围绕贫困地区、贫困人口需求，搭建起多层次、覆盖广的金融产品体系。例如，针对贫困人口发展生产、生活等需求，创设了"特惠贷""迁企贷""迁户贷"等信贷产品。针对扶贫产业发展特点和农业经营主体融资需求，创设了"旅游扶贫贷""电商贷"等信贷产品。截至 2017 年第三季度末，贵州省获得扶贫再贷款支持的金融机构对贫困地区累计发放 436 亿元低利率贷款，支持农户 60.8 万余户。2009 年，中国农业银行贵州省分行累计发放涉农贷款 162 亿元，到 2009 年末中国农业银行涉农贷款余额达到了 392 亿元，与 2008 年末相比增加了 85 亿元。2006~2008 年，中国农业银行贵州省分行每年投放的涉农贷款均在 50 亿元以上，增量占比超过了 50%。

2017 年 3 月 3 日，贵州省农村小型水利工程产权抵押贷款"汇水贷"在安顺市平坝区首次发放，两笔共计 500 万元。此举在不改变农村小型水利工程产权性质、不转移使用权和农业用途的条件下，拓展了"三农"融资抵押渠道，是"资源变资金"的有益探索。

为保证贷款安全，安顺市平坝区将小型水利工程产权抵押贷款纳入平坝区金融扶贫风险补偿金范围，为扶贫贷款搭建贷款风险补偿机制。当贷款形成损失类贷款时，承贷金融机构与风险补偿资金按照 2∶8 的比例进行赔付，这有效提升了金融机构发放扶贫贷款的积极性，有利于防范系统性金融风险。

2018 年，贵州省盘县累计发放贷款约 41 亿元支持盘州市"三大领域"建设，分别是水利建设贷款 19.38 亿元，棚户区项目贷款 8.9 亿元，农村公路建设贷款 12.84 亿元。此举致力于解决困扰地方政府的民生问题，对打赢脱贫攻坚战，助力全面建成小康社会起到了积极作用。

黔南布依族苗族自治州积极推动中国人民财产保险股份有限公司运用保险资金开办"支农融资"业务，在三都水族自治县通过中国人民财产保险股份有限公司投资部门直接向贵州某农业公司发放首笔无抵押担保的"保险支农融资"100万元，融资利率为6%、信用保证保险费率为2%，期限为一年。"保险支农融资"是信贷之外的融资新渠道。

（三）农业保险

2013年，农业保险省级财政补贴品种在原来能繁母猪、奶牛、森林的基础上，增加水稻、小麦、玉米、油料作物（油菜）、马铃薯、糖料作物（甘蔗）、育肥猪，保费补贴品种达到10种。2015年，中药材、羊只、母牛保险和涉及生猪、蔬菜的目标价格保险，截至目前农业保险开办品种达到15种，其中地方特色农业保险为5种。主要种养殖产品承保率大幅提升。水稻基本"应保尽保"，烤烟保险在2013年将实现全省覆盖，能繁母猪承保率较2012年同比提高近7个百分点。2016年，农业保险供给品种不断丰富。新开办火龙果、猕猴桃、辣椒、梅花鹿4个品种，加上在办的烟叶、中药材、茶叶、母羊、肉牛等品种，地方特色险种达到12种，生猪、蔬菜目标价格保险分别承保15万头、5万亩，"保险+期货"鸡蛋价格保险、茶叶气象指数保险等新产品研发正在加快推进。

如表2所示，贵州省农业保险自2000年以来的发展可分为四个阶段。第一阶段，在2007年之前业务量较小，除2000年和2003年农业保险收入超过100万元之外，其他5年农业保险收入都在100万元以下，仅占到贵州省财产保险总保费收入的不到0.1%的比重，这说明在2007年以前贵州省的农业保险发展严重滞后。第二阶段，在2007~2008年农业保险规模迅速扩张，2007年农业保险保费收入达到2006年农业保险保费收入的74倍以上，但总体发展并不平稳。第三阶段，2009~2010年农业保险保费收入急剧下滑，2010年农业保险保费收入占到贵州省财产保险总保费的不到0.2%的比重。第四阶段，2012~2016年，农业保险收入占贵州省财产保险总保费的比重稳定上升，农业保险服务乡村振兴的效应开始展现，但值得注意的有两点：第一，农业保险占贵州省财产保险总保费的比重发展远远滞后于农业占贵州省GDP的比重，农业保险发展潜力巨大。第二，从农业保险收支差额来看，2001年、2008年、2009年和2010年，这四个年份的收支差距为负值，而其余年份的农业保险收支差额均为正值，这说明农业保险并未为农业充分发挥杠杆的保险作用。

表2　贵州省农业保险收支情况

年份	农业保险保费收入（万元）	总保费收入（万元）	农业保险收入占比（%）	保费赔款支出（万元）	总保费支出（万元）	农业保险支出占比（%）	农业保险收支差额（万元）
2000	142	73608	0.1929	130	37856	0.3434	12
2001	38	83050	0.0458	53	41277	0.1284	−15
2002	57	93005	0.0613	19	48391	0.0393	38
2003	111	104467	0.1063	31	56723	0.0547	80
2004	96	132296	0.0726	14	64105	0.0218	82
2005	97	146998	0.0660	28	75133	0.0373	69
2006	95	178778	0.0531	16	88438	0.0181	79
2007	7058	239669	2.9449	162	107672	0.1505	6896
2008	7150	300413	2.3801	7836	188553	4.1559	−686
2009	5516	377293	1.4620	8531	253010	3.3718	−3015
2010	920	489187	0.1881	1686	192351	0.8765	−766
2011	2119	617886	0.3429	1311	262490	0.4994	808
2012	6876	738037	0.9317	2316	395728	0.5853	4560
2013	16194	934898	1.7322	7108	468568	1.5170	9086
2014	43949	1173603	3.7448	11033	588310	1.8754	32916
2015	51795	1403184	3.6912	19856	695546	2.8547	31939
2016	66179	1625878	4.0704	26709	844489	3.1627	39470

（四）信息化建设

信息化建设虽然不是金融系统的本职功能，但要想解决农村金融服务的"最后一公里"，增加农村居民的金融服务获得感，加快信息化建设是比单纯由金融机构增加物理网点更为高效的基础设施建设，加快信息化建设可以极大地拓展农村金额服务的边界，减少边际成本。同时，信息化建设还将从全产业方面推进农村产业发展，这将形成乡村振兴的有效推动力。

互联网宽带接入是信息化最基础的建设单元，自2011年以来，贵州省农村互联网宽带接入用户数量不断增加，其占互联网宽带接入用户总数的比重也从2011年的15.3%稳定增长至2016年的21.3%，城市互联网宽带接入用户与农村互联网宽带接入用户数量之间的差距也在逐年减少，从 2011 年城市互联网宽带接入用户是农村互联网宽带接入用户的 5.54 倍下降到了 2016 年城市互联网宽带接入用户是农村互联网宽带接入用户的 3.69 倍。

表3 2011~2016 年互联网宽带接入用户情况

年份	互联网宽带接入用户（万户）	城市互联网宽带接入用户（万户）	农村互联网宽带接入用户（万户）	农村互联网宽带接入占比（％）
2011	204.8	173.5	31.3	15.3
2012	243.9	207.2	36.7	15.0
2013	292.3	247.8	44.5	15.2
2014	310.9	259.3	51.6	16.6
2015	386.7	313.9	72.8	18.8
2016	459.4	361.5	97.9	21.3

四、模型构建与实证分析

（一）模型设定

从已有的文献来看，研究金融支持乡村振兴的实证研究文献数量有限，为了更进一步研究金融与乡村振兴之间的关系，本文通过数理模型分析金融支持与农村经济发展的关系。本文选取第一产业增加值作为衡量农村经济增长质量的指标，由于银行体系在农村金融系统中占有绝对主体的地位，因此在既有的研究金融与农村经济的实证研究中，多数研究仅将存贷款作为衡量农村金融发展的指标，但本文认为除了银行体系以外，充分发挥农业保险的作用对于乡村振兴也是非常重要的，从金融功能的角度而言，农业保险所能提供的分摊损失、经济补偿以及防灾防损这三项功能是银行体系并不擅长的，在金融支持方面，农业保险与银行体系形成了优势互补。因此，本文将农业保险的发展情况也作为了解释变量之一。农业结构优化是乡村振兴的着力点之一，本文使用农业占第一产业的比重来衡量农业结构的变化。生活富裕也是乡村振兴战略的主要目标，本文将农村常住居民人均可支配收入也作为控制变量之一。农村的基础设施建设对于乡村振兴起着基础性的作用，因此，农、林、牧、渔业全社会固定资产投资也作为本文的控制变量之一。

那么本文的计量模型可以表示为：

$$LNZJZ_t = \beta_1 LG_t + \beta_2 LNINS_t + \beta_3 STR_t + \beta_4 LNINC_t + \varepsilon_t$$

其中，LNZGN 为第一产业增加值的对数；LG_t 为各年金融机构贷款总额与第一产业增加值之比；$LNINS_t$ 为各年农业保险收入的对数；STR_t 为农业在第一产业中的比重，反映了农业结构；$LNINC_t$ 为农村常住居民人均可支配收入的对数，反映了农民收入。

（二）变量说明与数据来源

鉴于数据的完整性和可得性，本文采用贵州省 1997~2016 年的数据为实证研究的样本，主要数据来源国家统计局、中国人民银行、中国银行业监督管理委员会、中国保险业监督管理委员会。其各变量的描述性统计如表 4 所示。

表 4　主要变量的描述性统计

变量	均值	标准差	最小值	最大值
LNZJZ	6.225	0.643	5.603	7.521
LG	6.818	2.459	2.802	10.120
LNINS	7.238	2.649	3.638	10.855
STR	0.633	0.043	0.570	0.699
LNINC	7.864	0.630	7.169	8.998

（三）实证估计与结果分析

根据所选取的数据性质，本文采取非线性最小二乘法进行模型的参数估计，非线性最小二乘法是以误差的平方和最小为准则来估计非线性静态模型的一种估计方法，具有较高的准确度。采用经济计量软件 EVIEWS 对以上模型进行参数估计，得到的结果为：

$$LNZJZ_t = -3.071 - 0.072LG_t - 0.015LNINS_t - 0.51STR_t + 1.299LNINC_t + \varepsilon_t$$

$$R^2 = 0.997 \qquad\qquad D.W. = 1.94$$

通过模型结果可知，银行系统和农业保险从 1997 年以来并非如预期中那样促进了农村经济的发展，这也提示我们在贵州省的金融支持农村发展和乡村振兴方面还有相当的差距和进步的空间。

五、结论与政策建议

（一）金融支持农村产业结构优化的建议

第一，保障"粮食安全"，提升农业生产能力。坚决贯彻执行中央和地方粮食收储政策，支持粮食储备轮换，巩固粮食收储主导银行地位；大力营销优质客户，支持粮食市场化收购和产业化经营，将信贷链条由购销环节向生产、加工、流通等全产业链延伸；推动粮油信贷业务向政策性和市场化并重转变。

第二，助力"产业兴旺"，服务农业现代化。因地制宜、择优支持优势农产品产业化发展；推动三大产业融合发展，支持生产基地、物流配送和农超对接，实现"从田间到餐桌"的生产服务一体化；推动质量兴农，支持高标准农田、农产品质量安全体系、农业废弃物资源化利用等，增加绿色生态产品供给。

第三，构建农村三大产业融合发展体系，引入"互联网＋现代农业"的新业态，大力推进绿色农业、品牌农业建设，优化农业产品结构，根据各地农业生产环境、生态体系和资源禀赋，优化农产品区域布局，同时向创新驱动、内涵发展转型，进一步优化农业的生产体系。农业在国民经济中的比重将持续下降，但其重要性和基础地位不会改变。在传统农业中，种植业比重将下降，渔业、畜牧业的贡献将会增加。在种植业内部，粮食作物的比例会缓慢下降，经济作物、瓜菜作物和其他作物的比重将会上升。产品国内需求增长仍旧缓慢，但参与国际分工的比重将会增加，在劳动密集型的蔬菜、花卉等作物将占据比较优势，出口将有较快增长。

第四，支持农业科技发展。围绕国家"现代农业产业园、科技园、创业园"建设，加强金融机构与相关园区的对接合作，重点支持区内有品牌、有专利、有市场的种业企业，以及智慧农业企业、农业生物制造企业、高端农机装备制造企业等农业科技企业。支持基于农业产业链的互联网金融。积极推动农商协作，促进农产品电子商务发展，创新互联网信贷业务，提高农业产业链金融服务水平。

（二）金融支持农村生态优化的建议

着力推进乡村全面振兴。支持农村基础设施建设。通过信贷、债券、基础设施基金等多种形式，以经营性项目为重点，支持电网改造、农村信息入户、经营性公路等建设项目，同时，支持部分纳入政府财政预算、不形成政府隐性债务的饮水、河道治理等公益项目。支持农村生态保护。大力发展绿色金融业务，贯彻国家控制农业用水、减少化肥、农药用量的"一控两减三基本"部署，支持农业面源污染治理。

（三）金融支持农民生活富裕的建议

扩大农村金融服务覆盖面。金融机构通过在农村布点、投放金融机具、开办网络金融业务，推进农村金融"最后一公里"建设，为新型农村社会养老保险、新型农村合作医疗、涉农补贴、农村水电气缴费等农村居民金融服务提供便利，延伸服务覆盖面。

支持农民的创业、消费等需求。为返乡和进城务工农民，在土地承包、创业经营、资金管理等方面，提供更加全面、更加便利的金融服务；针对农民消费升级，探索创新支持农民住房、购车、就医等方面的消费需求。加大对片区重大基础设施项目建设、矿产资源及优质旅游开发项目等的支持力度，助力片区经济发展；以政府增信、银政合作、产业联动等措施，稳妥发展农户小额贷款业务等普惠金融。

（四）金融支持中的风险分担和担保机制

农民因为收入来源不稳定，抵押质押物、征信记录等的缺失，在贷款中一直属于高风险人群。在前期做好调查和筛查工作，并进行精确的风险定价，小额分散也是化解风险的重要保证，关键是培育农户的诚信度。

农村金融机构做好涉农信贷风险防范。监管部门加强涉农信贷投向监管，确保涉农信贷资金投入实体经济。对部分资本充足率低、不良率高的机构，以及部分存在流动性压力的机构，加强流动性风险监测，严格控制业务扩张，防止出现挤兑事件。不断完善符合农村银行业金融机构和业务特点的差别化监管政策，在主要监管指标监测考核方面适当提高涉农贷款风险容忍度，实行适度宽松的市场准入、弹性存贷比政策。

增加村镇银行盈利能力。督促村镇银行坚守支农支小市场定位，创新商业模式、金融产品、渠道和服务，重点加大对"三农"、小微企业、扶贫和基本民生保障等重点领域的金融服务，切实发挥"毛细血管"作用，有效提高服务实体经济的质量与效果。

（五）加强农业保险覆盖面和创新

第一，在贵州省范围内开办的中央财政补贴品种在现代高效农业园区率先实现应保尽保。其他特色农业品种纳入地方政策性险种开展试点。加强与农业种养大户、专业合作社、龙头企业的沟通合作，对未纳入中央和地方财政保费补贴范围、具有高附加值的特色经济农作物和畜牧产品，按照"龙头企业＋专业合作社＋农户"等模式，因地制宜地推动其他现代高效农业险种的发展。

第二，服务现代高效农业园区基础建设。大力推进保险"进工程、进项目"，通过发展工程保险、企业财产保险等业务，为现代高效农业园区的道路、水电气、智能温室、蔬菜大棚、畜禽标准化圈舍、环保、通信等配套设施提供风险保障。努力开拓现代高效农业中仓储、运输、输送等环节的保险业务，大力发展物流保险，促进农产品产销对接。

第三，稳步推动其他涉农险种发展。针对现代高效农业机械化水平高的特点，以农机大户、农机服务专业公司为重点开展农机具保险，提高农机利用率和农机化水平。大力推进农村住房保险发展，帮助灾后农民及时恢复重建。积极开发和引进保障适度、灵活简便的人身保险产品，扩大农民意外伤害保险和补充医疗保险覆盖面，提高保障水平。

第四，完善现代高效农业融资体系。继续拓展和完善"保险＋信贷"融资模式，大力发展信用保证保险、借款人人身意外保险、保单质押贷款等业务，发挥保险机制增信作用，缓解贵州省现代高效农业融资难问题。针对贵州省现代高效农业体系中小企业居多的现状，积极发展中小企业贷款保证保险和信用保险等业务，促进资金更多地流向中小微型企业。密切关注贵州省现代高效农业示范园区和农业产业化建设中的优质重点项目，力争实现保险资金参与贵州省现代高效农业建设并取得重大突破。

参考文献

［1］杜志雄，惠超.发挥金融对推进乡村振兴战略的支撑作用［J］.农村金融研究，2018（2）：12–22.

［2］韩国强.金融服务乡村振兴战略的思考［J］.当代金融研究，2018（2）：96–104.

［3］姜长云.农业结构调整的金融支持研究——以制度分析为重点的考察［J］.经济研究参考，2004（3）：2–22.

［4］王曙光，王丹莉.乡村振兴战略的金融支持［J］.中国金融，2008（47）：69–70.

［5］吴比，张灿强.实施乡村振兴战略对农村金融的需求［J］.农村金融研究，2017（12）：40-41.

［6］赵洪丹.中国农村经济发展的金融支持研究［D］.长春：吉林大学，博士学位论文，2016.

23. 乡村振兴战略下贵州精准脱贫路径实践 *

——习水经验

梁吉平

摘要： 贵州省习水县具有丰富的农牧、生态、历史及民俗资源，具有多重开发价值。在乡村振兴战略背景下，习水县整体开发利用诸类优势资源，利用资源间成片分布优势进行联合开发，实现了优势资源联动效应，使得农民受益与产业发展相互融合，脱掉了国家级贫困县帽子，走出了一条少数民族地区乡村脱贫振兴的创新之路。习水县在精准脱贫实践中形成的"习水经验"，对其他地区资源开发及精准脱贫路径选择也具有重要的参考价值。

关键词： 乡村振兴战略；精准脱贫；习水经验

实施乡村振兴战略是党的十九大做出的重大决策，也是全面建设社会主义现代化国家，全面实现小康社会的重大历史任务。在乡村振兴战略实施中，精准脱贫是需要攻克的最后难关，也是实现共同富裕的决定性阶段，并最终为乡村振兴战略实施奠定坚实的基础。乡村振兴是一个宏大战略，涉及社会发展的方方面面，而且在不同地域规划设计时，应尊重地区发展规律，因地制宜探索出多样化的乡村振兴模式。贵州省在 2017 年仍有 50 个国家级贫困县，贫困区域数量多历史久，精准脱贫任务重，可以说，贵州省脱贫攻坚的顺利实施也关系着全国乡村振兴一盘棋的精心布局与决胜。习水县是贵州 50 个贫困县之一，可喜的是，经过 24 年的艰苦奋斗，终于在 2018 年 9 月 25 日退出贫困县，摘掉国家级贫困县帽子。在其脱帽致富之际，不妨将习水县视为范例来回顾检视贵州省习水县的脱贫振兴之路，也为其他具有类似开发条件的区县或省份提供可借鉴经验。

---

   * 梁吉平，男，博士后、副教授，研究方向为民族学。

一、习水县基本情况

习水县是贵州省遵义市下辖县，位于贵州省北部，是贵州、四川、重庆结合区的枢纽地带。习水县总面积 3128 平方千米，下辖 4 个街道、20 个镇、2 个乡，截至 2015 年，习水县总人口约 746939 人。习水县历史悠久，文化厚重，生态优良，但因其深处黔北山区、山脉纵横、交通不便，受制于地理条件偏僻、有效资源利用不足、老百姓思想认识参差不齐等因素，历史落后局面积重难返，从 1994 年开始，习水县即属于国家级贫困县。近年来，随着国家西部开发及贫困治理工作的深度开展，在贵州省各项扶贫政策的支持下，习水县各类资源整合开发速度加快，精准脱贫致富工作才取得了长足进展。本文从习水县有效资源挖掘梳理、整合利用等方面，初步总结习水经验，反观习水县在乡村振兴战略实施下的脱贫实践之路。

二、习水县优势资源梳理与挖掘

习水县历史悠久，在两千多年的历史长河中，其主体核心地理区域未有较大改变，而且保存了比较完整且多样的各类生态资源，随着市场经济快速发展及精准扶贫的深入进行，很多自然人文优势资源都可以直接转化为经济资源，在经济建设中逐步开发利用，发挥其有效价值，这些资源成为习水县全域经济发展的增长源，也为习水县精准脱贫乡村振兴工作做出了积极贡献。

（一）农牧资源

习水县属于亚热带季风气候，气候温和湿润，四季降水充沛，无严寒酷暑，境内大娄山系和习水河流域为其开展林牧养殖及渔业提供了便利条件。习水县粮豆作物主要有水稻、玉米、薯类、豆类、高粱等。经济作物则有烤烟、茶叶及各类水果。此外，猪、牛、羊、鸡、鸭、鹅等林下畜禽养殖资源丰富。2017 年习水县森林覆盖率高达 57.60%，以杉树、松树等为主，柑橘、樱桃、核桃等经济果林资源丰富，赤水河流域还有大量渔业资源可供利用。诸类丰富的农牧资源均可进行产业化开发，将资源优势转化为现代化产业优势，为习水县农业现代化发展注入新活力。

（二）原生态资源

习水县以山地环境为主，森林覆盖率低，气候优越，山清水秀，自然生态资源丰富且保存完好，境内风景名胜区、自然保护区、国家级森林公园等生态资源共同铸就了习水生态大区的地位。习水县内三岔河、飞鸽子森林公园、天鹅池等自然生态资源景区相连成片，老虎洞、老鹰洞、燕子洞、龟仙洞等景点闻名遐迩，以楠木、巨杉、空壳树为代表的特色古树令人称奇。习水县自然生态中的丹霞地貌、喀斯特地貌、水系风景、原始森林等生态资源种类繁多，有利于生态旅游及大健康产业发展。习水县境内原生态资源在地理上相连成片，有较强的资源联动协作及成片开发效应，在资源开发上也具有天然优势。

（三）历史资源

习水县是我国南方民族的重要发源地之一，自远古西夏到近现代，习水县虽然偏居西南一隅，但仍然是众多历史事件的重要参与者。习水县在历史上不仅受到了不同封建王朝的文化影响，也经受了红色革命的洗礼，在多民族融合发展中，传承了灿烂多样的历史文化资源。从远古鳛人部落开始，文献即多有关于习水县的历史记载。习水县也是红色革命的重要发生地及转折点，如四渡赤水、"鸡鸣三省"会议，又如仙人关战斗、二郎滩战斗、青杠坡战斗等，为中央红军脱离险境开创革命新局面做出了卓越贡献。此外，习水县还遗留有土城新石器、两汉古墓画、古庙宇、古碑刻等众多文物古迹，这也是习水县古代历史文明的重要印证。诸类历史资源都可以在新时期社会经济建设中发挥作用，成为丰富的精神文化，传播习水文明的重要名片。

（四）民俗资源

经过两千多年历史长河的洗涤，习水县形成了多民族大杂居小聚居的民族生活现状。各民族在习水大地上相互融合，共同创造并传承其民族文化，形成了习水县特有的多彩民俗文化。目前习水县常住人口约52万人，有20个民族，其中少数民族人口约1.3万人，苗族9000余人，彝族2000余人。少数民族小聚居之地多处大山深处，交通不便，经济落后，思想比较保守，但比较闭塞的生存环境也保存了其原生态的民族民俗文化，有利于进行整体开发。苗族村寨传承了众多民族特色风俗，是民族历史发展的活化石。如苗族"赶苗场"，苗家会展示充满苗族风俗的芦笙舞，在二郎河灯节期间，苗家还会举办划龙船、对唱山歌等歌舞活动，这些都是具有民族特色的民俗活动，届时将会吸引成千上万的观众游客前来观看。此外，习水县在历史发展中也形成了各种特色村寨及古镇，如土城古镇，作为"川盐入黔"的重要通道，以盐帮为首，形成了糖帮、药帮、船帮、马帮等十八帮行业文化，是西南地区特有的商贸民俗，为理解西南地区商贸经济发展提供了特殊社会学案例，这类民俗资源可以转化为旅游经济资源并着力开发宣传。

三、乡村振兴战略下的习水优势资源开发实践

习水县具有丰富的矿产、农牧、生态、历史及民俗等自然人文资源，其中煤、磷矿产资源储量大、开发久，已经发展有比较成熟的工业经济，而在新时期倡导生态经济可持续发展理念下，农牧、生态、历史及民俗等优势资源的开发利用，更符合生态文明建设及绿色经济发展宗旨，而且全面或整体开发利用诸类优势资源，利用资源间成片分布优势进行联合开发，实现优势资源联动效应，可以有效提高农民的项目参与度，使得农民受益与产业发展相互融合，走出少数民族地区乡村脱贫振兴的创新之路，这也正是习水县精准脱贫的实践价值所在。习水经验所形成的"五新"思路，对其他地区资源开发及精准脱贫路径选择也具有重要的参考价值。

（一）文化扶志先行——扶贫宣传新思路

习水县大部分地区为山区，长久以来，交通不便，就业创收渠道少，农民收入单一，在经济发展中形成了比较封闭保守的思想意识。特别是部分偏僻贫困村，一些困难群众由于条件限制、思维闭塞等原因形成了"无奈穷""习惯穷"，还有部分群众在国家扶贫捐款支助后，形成了"等要靠"的"争当穷"错误思想。经过多年国家扶贫资助，大部分地区在扶贫政策、资金援助等支持下，已经脱离贫困，或者靠自身努力正在脱贫致富，而"无奈穷""习惯穷""争当穷"等困难群众多为精准脱贫攻坚的最大阻力。因此，扶贫先扶志、治贫先治心，扶贫文化宣传正是习水县精准脱贫计划的第一步。配合国家与省级精准

脱贫宣传，习水县政府形成了"扶贫先扶志"的扶贫方略和"扶贫与扶志、扶智三结合"创新宣传理念，从理念、信心、智力及政策等方面进行普及宣传落实，打通了贫困群众心里的"最后一公里"阻力，使"习惯穷""争当穷"的错误思想转化为"要脱贫""争脱贫"的积极心态。在党务工作扶贫宣传及政策引导下，还需要树立脱贫致富典型，让群众看到脱贫希望，收获致富果实，使群众关注脱贫，从脱贫中切实受益。在脱贫惠民方面，习水县的另一重要经验是在党政扶贫宣传的同时引进第三方产业公司现身说法。企业先行展开产业建设试点，使群众通过劳动力、资本金甚至田地房产等入股分红，困难群众以多种形式逐步融入产业建设中，形成了农企联合精准脱贫的新动力。可以说，党务与企业双管齐下开展扶贫宣传，党务扶贫宣传提供脱贫政策保障，企业宣传现身说法实现农民受益，共同调动了贫困群众参与脱贫项目的积极性。贫困群众首先在思想文化上觉醒，进而在心理上树立脱贫自信，这样才能打通脱贫心理阻遏，最终走出精准脱贫乡村振兴的第一步。

（二）夯实基础设施建设——打造人居环境、产业投资环境新生态

贵州省处于西南腹地，受山地环境制约，基础设施建设落后，生产力水平难以发挥，致使经济发展落后局面长期难以改善，外界常称贵州"天无三日晴，地无三尺平，人无三分银"。可见基础设施建设与经济发展水平紧密相连，基础设施建设是支撑经济发展、推动社会进步的重要物质基础。习水县地处黔北，以山地环境为主，仅以山路、水路为主要交通方式，没有一条公路通往外界，部分村镇更是"晴天一身灰，雨天一脚泥"。人居环境差、产业投资环境差，所以夯实基础设施建设需要两手抓，既要改善乡村人居环境，又要完善产业投资配套设施建设，使得人民群众民生得到切实改善，创新创业及产业投资获得良好的人文环境支撑，两种环境优化最终互相推进。近年来，习水县政府着力改善交通条件，以"四保障四确保"推进交通建设，至2017年，习水县通村路及小康路总投资即超过5.1亿元，为乡村建设及群众脱贫拓宽了增收致富道路，很多群众利用当地生态资源优势从事养殖加工、乡村旅游等多种行业，既盘活优势资源解决了就业问题，又打通了黔货出山的创业增收之路。政府主导基础设施建设，补齐交通设施建设短板，完善通路通电、信息网络建设等公共服务体系，乡村人居环境得到了改善，而产业投资环境也得到了较大提升。习水县政府在夯实基础设施建设的同时，加强产业厂房、绿化等硬件配套服务设施建设，建立了良村转工业园区、温水工业园区及二郎煤电化

循环经济工园区。工业园区生产车间配套设施高标准建设，水电路公共服务体系功能完善，相继引入了多家大型企业入驻。如良村转工业园区引入了三好食品有限公司、黔道食品有限公司等企业投资，就近解决了乡村剩余劳动力转化难题，特别是黔道食品有限公司依靠资源优势打造的麻羊"中央厨房"，改变了以往个体散户经营方式，采取"企业＋贫困户"联结机制，订单解决贫困户所种植的农特产品，又通过产品深层加工及网络营销提高农特产品的附加值，以全产业链经营模式带动了农民脱贫与乡村振兴。产业投资环境新生态的建立使筑巢引凤、招商引资活动最终顺利完成。多家大型企业入驻可以形成产业互补优势，不仅促进了工业经济发展，也为当地群众、返乡农民工、困难群众等实现就近就业拓宽了就业渠道，仅良村转工业园区全面启动即可解决3万人就业，实现了农民与企业的双赢。可以发现，通过加强基础设施建设，营造人居环境及产业投资环境新生态，开创了习水县创新创业脱贫致富的新局面。

（三）农旅联动——树立生态旅游新标杆

生态旅游是具有保护自然环境及维护当地人民生活双重责任的活动，依托当地自然生态资源或人文生态资源进行产业化开发，可以成为当前生态文明建设及绿色经济发展的新着力点。习水县的生态旅游产业具有多层次性，有依托良好自然生态资源打造的自然风景旅游景区，如丹霞谷、三岔河、土城小坝等国家级自然保护区，此类依靠自然生态资源形成的省级或国家级生态旅游区，由于开发早、特色明显，已经成为当地生态旅游的重要名片。此外，人文生态资源也是生态旅游的重要组成部分，习水县政府除了保持并发展原有自然原生态旅游产业外，还注重将人文生态与自然生态结合进行连片整体开发，形成了多种旅游产业联动效应，树立了生态旅游的新标杆。以习水县桑木镇土河村为例，土河村山清水秀、气候优越，以种植业、畜禽业为主要产业结构，此外，土河民俗中的红苗文化特色明显。当地政府深入挖掘民俗资源，同时结合当地优良的自然生态，引入第三方旅游公司进行大健康旅游产业开发经营。自2017年开始，由贵州怡园农业综合开发有限责任公司、桑木镇政府及土河村集体经济联合打造，土河村启动建设了"桑木·云陌苗寨"农旅一体化项目，目前已经形成了红苗文化展示、生态餐饮、精品民宿、农耕体验、果蔬采摘、精深加工、生态种养殖等农旅一体化示范性项目，也成为了习水县首批示范性乡村旅游甲级村寨。土河村农旅联动的生态旅游运营模式对其他具有类似条件的区县有较大的借鉴价值，特别是农民以土地、劳动力、房屋等多种形式入股农旅公司，最终可以获得收益，不仅就近解决了村民就业，而且能够盘活农民土地、房屋等闲置资源，以村民入股形式与公司结成命运共同体，形成了农民与旅游公司联合协作的新型旅游产业，对于生态旅游产业发展具有较强的示范标杆作用。

（四）保护与开发并重——旅游资源整合新视角

进入中国特色社会主义建设新时代，我国社会主要矛盾已经转化为人民日益增长的美好生活需要和不平衡不充分的发展之间的矛盾，人民群众对文化、生态及社会有日益增长的更高需求，这也正是西部生态旅游业"井喷式"发展的黄金契机。2017 年贵州省旅游业在全国各省市旅游业总体评价中排名第六，全省共接待国内外游客 7.44 亿人次，实现旅游总收入 7100 亿元，同比增速达 41.6%。贵州省是多民族大省，也是民俗资源大省，独特的自然地理区位使贵州省保存了较多的原生态民族文化，但民俗资源既要整合开发转化为经济增长源，又不能过度介入影响原住民生活，保护与开发并重则是最终破解之法。整合民俗资源并进行保护性开发，也是民族地区发展旅游业的较佳选择。以习水县土城古镇旅游为例，土城古镇历史悠久，文物古迹多，文化遗产丰富。土城是古代川黔交通的枢纽，也是川盐、川货入黔的主要集散码头，还形成了独特的十八帮行业民俗文化。土城又是红军四渡赤水中的一渡码头，土城华润希望小镇则成为现代化特色小镇建设的典范。所以，土城是名副其实的历史文化名镇。土城古镇在旅游资源开发中，不仅注重有效利用，而且更注重保护性开发，使土城原生态古镇面貌得到了保护性建设，而民俗历史文化资源也在整合后得以重新焕发生机。通过整合各类历史文化资源进行保护性开发，土城不仅保留了古城古朴原貌，而且形成了四渡赤水纪念馆、宋窖博物馆、中国女红军纪念馆、盐运文化陈列馆、十八帮文化陈列馆等数十个文化展览馆。旅游资源开发与保护并重，各类特色旅游资源"优中配优"，使资源优势"优中更优"，在区域内实现了成片联动。游客可以在特定区域领略多种特色文化，使得土城古镇成为历史文化全域旅游的知名品牌，也展示了新时代旅游资源整合的新视角。

（五）传承革命基因——把握红色旅游新趋势

习水县是中国革命发展史中的重要一环，中国红军在习水县留下了不可磨灭的革命基因与精神财富。习水县拥有丰富的红色旅游资源，早在 2006 年，习水县即被列为全国 12 个重点红色旅游区及贵州省 6 条红色旅游精品线路。红色旅游是弘扬爱国主义精神，实现革命传统教育的重要方式，在乡村振兴战略实施中，有助于践实并深化社会主义核心价值观，巩固社会主义文化阵线。在精准脱贫攻坚阶段，大力发展红色旅游，也可以团结党务领导干部，预防党内腐败，发挥党员模范带头作用。同时，红色旅游也是中国青少年加深了解中国革命发展史，理解中国发展的重要窗口。习水县政府依托丰富的革命历史资源，紧紧抓住了红色旅游兴盛的新趋势，形成了以四渡赤水纪念馆为龙头，中国女红军纪念馆、红军医院纪念馆、红军总司令部遗址等为支撑的红色旅游群。每年四渡赤水纪念馆所在的土城古镇接待游客近 200 万人次，红色旅游兴盛也带动了周围农民的特产销售创收及周边产品开发，红色旅游资源的整合开发，已经成为习水县旅游发展与精准脱贫攻坚的红色引擎，开创了红色旅游资源带动多产业发展的联动增收致富新途径。

随着脱贫攻坚的深入开展，习水县经济已经取得了显著成绩。习水县区位优势、资源优势、生态优势等成为乡村脱贫振兴的重要条件，但在精准脱贫道路上，仍然有众多待拓展之处，如开展大健康养老产业、开发旅游周边产品、加快建设物流园区、提升西南区域内部联动性等方面尚需着重加强。相信趁着乡村振兴东风，习水县一定会全面有效地打好资源优势牌，成为经济发展强县。

参考文献

［1］贵州旅游持续"井喷"，去年实现旅游总收入 7100 亿元［EB/OL］.中国新闻网，http：//www.chinanews.com/cj/2018/01-22/8430222.shtml，2018-01-22.

［2］决胜全面建成小康社会，夺取新时代中国特色社会主义伟大胜利［EB/OL］.央广网，http：//military.cnr.cn/2gja.20171029/t20171029_524004021.html，2017-10-29.

［3］习水县地名办公室.习水县地名录［M］.遵义：习水县人民政府，1985.

［4］《习水县历史文化丛书》编撰委员会.鰼国 习姓 鰼部 习水［M］.北京：光明日报出版社，2015.

24. 乡村振兴战略下贵州省农村劳动力回流机制探析 *

柳一桥

摘要：劳动力回流农村是夯实乡村振兴人力基础的重要途径。本文采用理论联系实际的方法，探讨了农村劳动力回流的理论框架，分析了贵州省农村劳动力回流机制，并从大力发展农村特色产业、健全农村公共服务体系、优化农村创新创业环境等方面提出了对策建议，以期更好地推进贵州省乡村振兴战略的实施。

关键词：乡村振兴；农村劳动力；回流机制

乡村振兴战略是党的十九大提出的关系我国国计民生的全局性战略。乡村振兴战略的实施有助于发展农村经济，改善农民生活，推动城乡融合发展，加快我国农业发展的现代化步伐。乡村振兴主体是农民，农民的高度参与是乡村振兴有序推进的关键。但是，现阶段由于城乡收入差距的存在，在比较利益驱动下，大量农村青壮年劳动力流失，农村空心化、农业边缘化、农民老年化的"新三农"问题在西部省份尤为突出，并成为制约乡村振兴战略实施的重要因素。

贵州省是我国西部欠发达山区省份，经济总量小、市场化进程滞后，城乡分割的二元经济结构较为突出。在比较利益驱动下，贵州省大量农村青壮年劳动力进城务工，农村青壮年劳动力的缺失已成为制约贵州省农业农村发展的关键性要素。在国家全面实施乡村振兴战略之际，贵州省农业农村迎来了发展的契机。当前，加速构建适合贵州省情的农村劳动力回流机制，引导青壮年劳动力回乡创业，夯实农村发展的人力基础，对于推进贵州省乡村振兴战略实施，加速贵州省农村社会经济全面发展有着深远而现实的意义。

---

* 柳一桥，男，博士，贵州师范学院经济学教授，研究方向为农业经济。

一、农村劳动力回流的理论诠释——基于刘易斯拐点论

经济学家威廉·阿瑟·刘易斯在1954年发表了《劳动无限供给条件下的经济发展》，在该文中刘易斯提出了二元经济结构发展模式，并将经济发展过程分为第一阶段和第二阶段，第一阶段和第二阶段的交点称为刘易斯拐点。经济发展第一阶段，由于农业生产力的发展，农业劳动力出现剩余，加之城市收入水平高于农村收入水平，因此农村劳动力大量向城市转移，现代工业依靠人口红利快速发展。经济发展的第二阶段，随着工业部门的不断扩张，工业部门所需劳动力越来越多，用工成本提高，人口红利逐步消失，农村劳动力出现回流现象，即"刘易斯拐点"。

随着我国经济多年的高速发展，中国经济发展开始出现"刘易斯拐点"。农村剩余劳动力供给已明显不足，用工成本逐年上升，人口红利逐渐消失，"民工荒"问题一再凸显，农村剩余劳动力已经部分回流。当前乡村振兴战略全面实施，顺应了时代发展的潮流，乡村振兴战略实施将引导各类资源要素向农村聚集，为回流农村劳动力提供了良好的创业机遇和发展空间，我国农业农村发展面貌也必将焕然一新。从政府层面看，要抓紧历史契机，优化农村创新创业环境，完善农村公共服务体系，通过提高优质的农村公共服务，吸引更多的青壮年劳动力回流，夯实乡村振兴战略实施的人才基础。

二、乡村振兴战略下贵州省农村劳动力回流机制

在乡村振兴战略下，农村劳动力回流有其内在机制，既存在诱导农村劳动力回流的机制，同时也存在抑制农村劳动力回流的机制。

（一）农村劳动力回流诱导机制

1. 农民群体的乡土情结

中国是一个拥有悠久历史的农业大国，农民自古就形成了一种对土地难舍难分的特殊感情，这就是中国农民的乡土情结。自古以来，我国农民就在土地上繁衍生息，依靠土地作为基本的生产资源。土地是农民生存的最有力保

障,即使农民离开农村,奔赴城市生活,因为非农职业生活对农民依然是不稳定的,所以土地依然是农民的一道生存防线。即使城市工作岗位丧失,农民依然可以依靠农村土地作为未来生活的保障。因此,在农村投资收益率提升,务农收入提升的情况下,在乡土情结的驱动下,农民在心理上有返回农村的意愿。

2. 乡村产业发展的推动

贵州省近年来在扶贫政策的推动下,乡村特色产业发展迅速,各种各样的特色产业基地得到建立,龙头企业、农民专业合作社等新型农业经营主体不断成长。这些产业和组织的存在,为农民返乡提供了载体,农民回乡后,可以加入这些新型农业经营组织,发挥个人能力,开创一番事业。同时,在农业经营组织引导下,单个农民的交易成本和市场风险都大大降低,农业经营收入的稳定性有了更好的保障,进一步增强了农民回乡的信心和意愿。

3. 政府政策的扶持

当前培育新型职业农民是政府农民经济工作的一个重点,返乡农民可以得到政府层面给予的职业技能培训,同时在创业富民方面也能得到税收、信贷政策的支持。在产业政策方面,政府会积极引导农民发展有市场前途的产业,并积极提供市场方面的相关信息,鼓励农民积极调整农业经济结构,生产适销对路的产品。在科技方面,政府会组织农业科研部门和农业高等院校对接农民,加大农业科研成果转化力度,解决好农民在产业发展过程中的技术瓶颈问题。

4. 农民思想观念的转变

随着时代的发展,青壮年农民单纯离家进城赚钱的思想观念也在悄然改变。在城市接受了新的思维模式、学习了新的技能、积累了一定资金的情况下,部分青壮年劳动力也想回乡创业,在家乡发展自己的事业,开创一番新天地。随着近年来国家支农助农政策越来越多,很多返乡农民创业取得成功。这些成功案例也会扩散出去,进一步激发了广大青壮年农民返乡的信心。尤其是在国家乡村振兴战略实施之际,农村将有更多的发展机会和发展空间,农民返乡的意愿进一步增强。

(二)农村劳动力回流抑制机制

1. 农村基础设施薄弱

农村路、网、水、电、仓库等基础设施是农业农村经济发展的基础,但是由于经济发展的滞后性,政府财政实力非常有限,贵州省山区农村基础设施建设相对滞后,与东部地区相比还存在较大的差距。一方面,基础设施建设落后给农民生活带来不便;另一方面,基础设施不完善也带来农业生产经营成本的提高，成本的增加使在山区农村特色产业的竞争优势减弱，农民收入增长的持续性难以得到保障，这是抑制农民返乡的重要因素。

2. 农业生产经营稳定性弱

贵州省是自然灾害高发的省份，平均每两周就要发生一次自然灾害，远高于全国灾害发生平均水平。根据贵州省减灾委员会办公室统计，"十二五"期间贵州省农业受灾面积达到 31646 平方千米，经济损失高达 729.46 亿元。而相应的贵州省农业保险体系还不够完善，覆盖面小、赔付比例低，一旦发生自然灾害，很容易对农业生产造成严重冲击。此外，随着近年来贵州省农村特色产业的发展，农业市场风险问题也日趋严重，2018 年就连续发生了贞丰李子滞销、关岭火龙果滞销等农产品市场风险问题。一旦风险发生，农民很容易蒙受巨大损失。上述农业经营信息会通过一定的渠道传播到外出务工农民耳中，会使农民回乡创业的信心不足，返乡人数会因此下降。

3. 农业公共服务系统不完善

良好的医疗、教育、文化水平是现代农村发展的重要保障。而贵州省作为西部欠发达省份，在农村公共服务产品供给方面相对比较滞后，农村教育水平、医疗水平和城市相比差距较大，文化方面的建设还有待加强。在城市就业的农民工作为理性"经济人"，除了考虑收入外，城市良好的教育、医疗条件、丰富的文化娱乐活动也是驱动农民留在城市的重要因素。公共服务供给的差距也是制约农民返乡的一个重要因素，完善农村公共服务体系应该成为乡村振兴战略的重点突破对象。

4. 农村创业环境有待优化

深入国家层面出台管理农民返乡创业的文件，现阶段我国西部地区农村创业环境还有待进一步优化。虽然现在很多农民有返乡创业的意愿，但是农民创业缺乏系统的引导，很多地区没有农民产业孵化园，缺少创业团队，农民创业起步阶段成本较高。此外，农民返乡创业面临的市场瓶颈、技术瓶颈、资金瓶颈等问题也非常突出。相应的创业支持政策体系还不够完善，这对于大多数小农户而言，创业需要投入大量的时间、精力和金钱成本，如果创业风险较高，农民在权衡取舍之下可能会选择继续留在城市务工而非返乡创业。

三、引导贵州省农村劳动力回流的对策建议

人是社会活动的主体。农业生产的开展、农产品市场的开拓、农村治理制

度的完善、农业生态环境的保护都需要农民发挥主观能动性才能有效实施。当前，对于贵州省山区的农村而言，青壮年劳动力的匮乏恰恰成为制约农村农业发展的突出问题，因此贵州省乡村振兴战略的顺利推进，需要高度重视引导农村劳动力回流。

（一）大力发展山区农村特色产业

农村发展，产业是基础。有了产业，回流青壮年农民才有事业的空间，才有收入增长的保障。对此，要充分依靠贵州省山区的特色农业资源，大力发展精品水果、中药材、高山有机蔬菜、有机茶叶等山区特色产业。特色产业发展可以"一村一品"或者"一乡一品"的形式展开，形成区域化的特色产业布局，政府从科技、信贷、流通等多层面给予支持，助推山区农村特色产业发展壮大。重视龙头企业引进和农民专业合作社建设，通过引入新的农业经营主体，给予回流农民更多的发展平台，增强农业经济活力。

（二）进一步优化山区农村创业环境

第一，在政府层面要高度重视将农村创业环境的优化纳入乡村振兴战略的规划中，出台相关的细则，完善相关的政策体系。构建农业领域党政主要领导负责制度，由主要领导亲自落实好优化创业环境工作和相关政策。整合多个涉及农业的部门，通过部门之间的交流合作，有序合理地推进该项工作的开展。

第二，加大对返乡农民创业的帮扶力度。资金匮乏是返乡农民创业面临的突出问题，可以给予创业农民贴息贷款，在贷款期限和贷款金额方面给予一定的优惠。整合财政支农资金，设立农民创业帮扶基金，针对前景好、有条件的创业项目予以重点资助。完善山区土地流转体系，建立土地流转信息发布、流转交易程序办理平台，引导山区农民适度规模化经营。建立"农民创业孵化园区"试点，完善孵化园配套相关产业服务体系建设，着力解决农民面临的产业不配套、技术支撑弱、农产品销售难等突出问题，降低返乡农民的创业成本。

（三）加强农业风险防控体系建设

加强贵州省农村的农业保险体系建设。针对贵州省山区自然灾害频发的特点，构建农业自然灾害保险体系，扩大保险覆盖面，加大保险宣传力度，增加农民参保人数。此外，还应加强农业市场信息传播体系的建设，着力抓好农产品市场信息的采集、分析与发布，引导农民有序调整农产品的生产结构，降低市场风险对农业生产的冲击力。加强贵州省山地特色农产品的宣传力度和品牌建设力度，扩大农产品的地域知名度，不断开拓农产品的市场空间，使农产品有良好的销售渠道。有条件的地区可发展农产品期货、期权交易市场，通过金融衍生工具效能的发挥有效降低农业的生产经营风险。

（四）逐步健全农村公共服务体系

把加强贵州省山区农村公共服务体系建设摆在突出位置，纳入地方社会经济发展的长远规划，制定社会救助、教育培训、卫生医疗、文化发展等公共服务体系的具体建设目标，确定农村公共服务供给的基本标准，并抓好相关工作的落实。

明确山区农村公共服务体系建设中政府投资的主体性地位。建立起长效性的财政投入增长机制，确保农村公共服务体系建设资金投入到位，真正做到乡村振兴战略实施中的农村教育、医疗、文化、社会保障经费投向农村、用于农民。构建城乡统一的义务教育制度，不断完善农村最低生活保障制度，逐步健全符合贵州省情的农村养老保障体系。加快农村医疗体系建设，加大乡村医疗人才培养力度，全面提升农村医疗服务水平。通过多元化措施，有序推进贵州省的城乡公共服务均等化。

参考文献

［1］董昕.浅谈返乡创业政策对返乡农民创业的影响［J］.劳动保障世界，2018（7）：64-65.

［2］李维波，姜艳虹.农民工回流对我国农村经济结构及农民收入的影响［J］.商业经济，2012（2）：113-114.

［3］徐辉.新常态下新型职业农民培育机理：一个理论分析框架［J］.农业经济问题，2016（8）：9-15.

［4］张长江.返乡农民推动乡村治理现代化研究［J］.农业经济，2018（4）：70-72.

［5］赵绪福，王雅鹏.农业产业链、产业化、产业体系的区别与联系［J］.农村经济，2004（6）：44-45.

25. 贵州省少数民族自治州民营经济发展研究 *

罗一航

摘要： 贵州省少数民族自治州地域辽阔、民族特色浓厚、贫困发生率偏高，大力发展民营经济，转变其发展方式、调整其产业结构和优化其发展环境，有利于推动经济转型、繁荣城乡市场、扩大社会就业、改善人民生活，对实现同步小康社会和可持续发展具有不可替代的作用。

关键词： 民营经济；少数民族；发展方式

贵州省境内有三个少数民族自治州，分别是黔西南布依族苗族自治州、黔东南苗族侗族自治州、黔南布依族苗族自治州。三个少数民族自治州地方特色浓厚，是贵州省经济社会的重要组成部分。①地域辽阔，共计73338.1平方千米，占贵州全省面积的41.63%；②少数民族集中度较高，黔东南苗族侗族自治州少数民族人口占比高达80.3%，黔南布依族苗族自治州少数民族人口占比59.05%，黔西南布依族苗族自治州少数民族人口占比39.7%；③贫困发生率偏高，贵州全省50个重点贫困县中，三个少数民族自治州占据27个，占比高达54%。

自改革开放以来，贵州省少数民族自治州民营经济从小变大、由弱至强，获得了巨大发展。特别是自2011年以来，贵州省委、省政府相继召开三次全省民营经济发展大会，出台了系列支持民营经济发展的若干政策，实施"民营经济三年倍增计划"和"提高民营经济比重五年行动计划"，三个少数民族自治州民营经济迎来了历史上最好的发展机遇，民营经济在推动经济转型、调整产业结构、繁荣城乡市场、扩大社会就业、改善人民生活等方面做出了重要贡献，实现了跨越式发展。

---

* 罗一航，男，中国社会科学院农村发展研究所博士后科研流动站和贵州社会科学院博士后科研工作站联合培养农林经济管理博士后，法学博士，现就职于贵阳农商银行，主要研究方向为民营经济、宪法学与行政法学。

一、民营经济的内涵和外延

（一）民营经济的内涵

在我国历史上，民营经济并不是一个新鲜事物，但是关于什么是民营经济，在不同时间，无论是从统计角度还是研究角度，其内涵与外延也不尽一致。在我国，"民营"一词最早出现在 20 世纪 30 年代初期，即 1931 年我国学者王春圃在其著作《经济救国论》一书中首先使用"民营"一词。中国共产党首先使用"民营"一词的是毛泽东同志，1940 年 12 月 25 日毛泽东在《论政策》一文中指出，"应该奖励民营企业，而把政府经营的国营企业只当做整个企业的一部分"。毛泽东把共产党领导的军队、机关和学校办的农工商业称为"公营经济"，把人民群众办的"农业、畜牧业、手工业、盐业和商业"称为"民营经济"。

近年来，"民营经济"也成为全国各级政府、各大新闻媒体、科研院所频繁使用的术语。但是，什么是"民营经济"，理论界和实际工作者仍有不同的意见和看法，大体有以下三种代表性的观点：第一，从所有制形式角度界定民营经济。例如刘伟直接指出，民营经济在财产关系上主要是指私有制经济，从狭义上理解，就是指私营经济。第二，从资产经营方式角度界定民营经济。例如董辅礽认为，民营经济的概念主要着眼于其运营特征，是与"官营"经济相对应的概念。第三，从所有制形式和经营方式角度共同界定民营经济。例如李国荣、彭建松认为，民营经济作为一种经济形式，总是既涉及经营方式，又涉及所有制形式，因为任何经营方式总是一定财产主体所采取的。

本文认为，第三种观点较为合理。民营经济之释义，"民"这里为主语，是指国民的概念，境外人员不包括在内，进而又可以衍生为"民间"之意；"营"作谓语用，经营之意，即围绕产品和服务开展投入、生产、加工、销售、分配乃至保持简单再生产或实现扩大再生产等各种有组织活动的总称；"经济"为宾语，经营之对象，从所有制性质来看，包括私有制经济和公有制经济，但是由于受主语"民"之限，应主要包括私有制经济，并含有少部分公有制经济。故此，简言之，民营经济系指由民间负责经营的经济。

（二）民营经济的组成部分

当前，关于民营经济外延的划分主要有三种观点：第一，宽范围民营经济，认为民营经济包括除了国有及国有控股企业之外的所有经济，即包括个体经济、私营经济、集体经济、混合所有的民营经济和国有民营经济、外资经济。第二，中范围民营经济，认为民营经济与国有经济相对应，不包括广义中的外资经济。第三，窄范围民营经济，认为民营经济就是私有制经济，范围只包括个体经济和私营经济。

当前，贵州省统计局将民营经济范围界定为：工商登记注册类型中的集体企业、股份合作企业、集体联营企业、其他联营企业、私营独资、私营合伙、私营有限责任公司、私营股份有限公司、其他企业、个体户、个人合伙。本文界定民营经济的组成部分以此为依据，采取中范围的民营经济，即民营经济包括个体经济、私营经济和集体经济，同时还包括混合所有制民营经济和国有民营经济。

二、贵州省少数民族自治州民营经济发展现状

近年来，贵州省少数民族自治州按照省委和省政府的统一部署，全面贯彻落实三次全省民营经济发展大会精神，深入实施《贵州省民营经济倍增计划》和《贵州省提高民营经济比重五年行动计划》，有力推动了民营经济逆势而上、跨越发展，贵州省少数民族自治州民营经济由 2014 年的 1078.74 亿元增长到 2017 年的 1765.3 亿元，占 GDP 的比重由 2014 年的 49.61% 提高到 2017 年的 55.16%，民营经济总体增长速度高于 GDP 的增长速度，具体情况如表 1 所示。

表 1　2014~2017 年贵州省少数民族自治州民营经济主要指标

年份	GDP（亿元）及构成		民营经济增加值（亿元）及其构成、占比		
2014	2174.42	黔西南 670.96	1078.74	黔西南 315.20	49.61%
		黔东南 701.71		黔东南 383.54	
		黔南 801.75		黔南 380.00	

续表

年份	GDP（亿元）及构成		民营经济增加值（亿元）及其构成、占比		
2015	2516.11	黔西南 801.65	1329.74	黔西南 395.70	52.85%
		黔东南 811.55		黔东南 437.62	
		黔南 902.91		黔南 496.42	
2016	2891.58	黔西南 929.14	1547.43	黔西南 454.40	53.52%
		黔东南 939.05		黔东南 511.03	
		黔南 1023.39		黔南 582.00	
2017	3200.37	黔西南 1067.60	1765.30	黔西南 577.00	55.16%
		黔东南 972.18		黔东南 494.30	
		黔南 1160.59		黔南 694.00	

（一）黔西南布依族苗族自治州

第一，规模总量持续增长。"十二五"期间，黔西南布依族苗族自治州民营经济增加值由 2011 年的 153.00 亿元增加到 2015 年的 395.70 亿元，占 GDP 的比重由 2011 年的 40.80% 增加到 2015 年的 49.36%；2016 年黔西南布依族苗族自治州民营经济增加值完成 454.40 亿元，同比增长 8.90%，完成全年目标任务的 162.30%，占 GDP 的比重达到 52.20%。2017 年黔西南布依族苗族自治州民营经济增加值完成 577.00 亿元，同比增长 26.98%，占 GDP 的比重达到 55.00%。[①]

第二，市场主体不断扩大。"十二五"期间，黔西南布依族苗族自治州民营经济市场主体由 2011 年的 73461 户增加到 2015 年的 127700 户。2016 年黔西南布依族苗族自治州市场主体累计达 152661 户。2017 年，黔西南布依族苗族自治州民营经济市场主体达 176577 户，新增 23916 户，比 2016 年同期增长 15.67%。

第三，就业人员稳步增加。"十二五"期间，黔西南布依族苗族自治州民营经济从业人员由 2011 年的 27.80 万人增加到 2015 年的 31.00 万人。2016 年黔西南布依族苗族自治州民营经济从业人员达到 35.60 万人。2017 年，民营经

---

① 根据《2018 年黔西南布依族苗族自治州人民政府工作报告》中"民营经济占比提高到55%"计算而来。

济从业人员比 2016 年增加了 7.9 万人。

第四，民间投资下降。"十二五"期间，黔西南布依族苗族自治州民间投资由 2011 年的 105.00 亿元增加到 2015 年的 280.00 亿元。2016 年黔西南布依族苗族自治州完成民间投资 292.80 亿元，2017 年完成 227.00 亿元。2017 年民间投资较 2016 年、2015 年而言，明显下降。

第五，产业结构不断优化。近年来，民营经济由原来较为集中的第三产业向第一、第二产业拓展，民营经济发展日新月异，呈现出勃勃生机，民营经济逐步涉入现代服务业、金融服务业、能源工业、农特产品加工业、医药等行业，全面介入了经济社会的各个领域，具体情况如表 2 所示。

表 2 2011~2017 年黔西南布依族苗族自治州民营经济主要指标

年份	民营经济增加值（亿元）	占比（%）	民营经济市场主体（户）	民营经济从业人员（万人）	民间投资（亿元）
2011	153.00	40.80	73461	27.80	105.00
2012	180.00①	40.00	76438	30.00	153.00
2013	220.00②	39.36	90656	32.00	227.00
2014	315.23③	47.00	—	27.00	
2015	395.70	49.36	127700	31.00	280.00
2016	454.40	52.20	152661	35.60④	292.80
2017	577.00	55.00	176577	43.50	227.00

（二）黔东南苗族侗族自治州

第一，民营经济总体趋势向好。2016 年，黔东南苗族侗族自治州实现民营经济增加值 511.03 亿元，同比增长 16.77%。自"十二五"以来，黔东南苗族侗族自治州民营经济总体呈扩大趋势，但是 2017 年首次出现了下降。

---

① 本数据来源于《黔西南州民营经济实现快速增长》。

② 本数据来源于《2014 年黔西南布依族苗族自治州人民政府工作报告》。

③ 本数据来源于《2015 年黔西南布依族苗族自治州人民政府工作报告》中"民营经济增加值 315.23 亿元，占 GDP 比重的 47%"。

④ 黔西南州民营经济发展局提供数据为 2017 年民营经济从业人员为 43.5 万人，2016 年为 35.6 万人。

2017 年，黔东南苗族侗族自治州实现民营经济增加值 494.30 亿元，同比下降 3.27%，占 GDP 的比重下降到 50.84%。

第二，民营经济占据半壁江山。民营经济增加值占比不断提高，2015 年民营经济增加值占黔东南苗族侗族自治州 GDP 的比重达 53.92%。产业结构不断优化，第一、第二、第三产业民营经济增加值分别占该产业增加值的比重依次为 58.2%、72.3%、39.3%。2016 年民营经济增加值占黔东南苗族侗族自治州 GDP 的比重为 54.42%，但是随着 2017 年民营经济增加值出现下滑趋势，其占比下降到 50.84%。

第三，民营经济发展活跃度不断增强。2017 年，黔东南苗族侗族自治州市场主体达到 26 万户，比 2016 年增加 34.8%，是 2010 年的 3.38 倍。龙头企业实力不断增强，产值达 10 亿元以上的民营工业企业达 3 户，形成了以贵州其亚铝业有限公司、贵州青酒集团、凯里瑞安建材有限公司等领军民营企业。

第四，民营经济发展质量不断提高。2015 年，民营经济注册资本金总额增大，黔东南苗族侗族自治州民营主体注册资本达 784.94 亿元，注册资金本总额比 2010 年增加 716.38 亿元。盈利能力日渐增强，黔东南苗族侗族自治州民营工业企业规模以上利润总额为 9.58 亿元，增长 3.6%。创新能力不断提高，黔东南苗族侗族自治州民营企业拥有省级企业技术中心 5 个。

第五，民营经济对社会的贡献不断增强。民营经济成为税收的主要来源，2014 年黔东南苗族侗族自治州民营税收为 74.94 亿元，同比增长 10.5%，民营税收占总税收的 72.6%。2015 年黔东南苗族侗族自治州民营经济税收 78.65 亿元，同比增长 4.95%，民营税收占总税收的 74.3%。民营经济成为就业的主要渠道，2015 年民营市场主体登记从业人员为 40.34 万人，比 2010 年增加 25.98 万人，具体情况如表 3 所示。

表3　2013~2017 年黔东南苗族侗族自治州民营经济主要指标

年份	GDP（亿元）	GDP 增速（%）	民营经济增加值（亿元）	民营经济增加值增速（%）	民营经济增加值占比（%）
2013	585.64	16.10	319.42	—	54.54
2014	701.71	19.82	383.54	20.07	54.66
2015	811.55	15.65	437.62	18.00	53.92
2016	939.05	15.71	511.03	16.77	54.42
2017	972.18	3.53	494.30	−3.27	50.84

（三）黔南布依族苗族自治州

第一，民营经济总量逐年增大。2017 年，黔南布依族苗族自治州民营经济增加值完成 694.00 亿元，高于同期 GDP 增速 5.83 个百分点。2017 年民营经济增加值占 GDP 的比重高达 59.80%，比 2013 年提高 7.9 个百分点。

第二，经济贡献日益凸显。自 2011 年以来，民营经济对经济增长的贡献率达到 70% 以上，成为推动经济增长的主要动力。2016 年黔南布依族苗族自治州民营经济税收贡献 82.65 万元，其中国税贡献 28.23 亿元，占比 34.16%；地税贡献 54.42 亿元，占比 65.84%。2017 年，民营经济市场主体达到 21.07 万户，其中私营企业 4 万户、个体工商户 17.07 万户；民营经济注册资本累计达 1959.61 亿元，其中私营企业 1837.80 亿元，个体工商户 121.81 亿元。民营经济新增就业人数达到 5.4081 万人，累计就业 53 万人。民营经济已经成为黔南布依族苗族自治州经济增长的主力军、社会就业的主渠道和促进新型城镇化的加速器，具体情况如表 4 所示。

表 4　2013~2017 年黔南布依族苗族自治州民营经济主要指标

年份	GDP（亿元）	GDP 增速（%）	民营经济增加值（亿元）	民营经济增加值增速（%）	民营经济增加值占比（%）
2013	585.64	16.10	304.00	29.91	51.90
2014	801.75	36.90	380.00	25.00	47.40
2015	902.91	12.62	496.42	30.64	54.98
2016	1023.39	13.34	582.00	17.24	56.87
2017	1160.59	13.41	694.00	19.24	59.80

三、贵州省少数民族自治州民营经济发展面临的问题

在肯定贵州省少数民族自治州民营经济取得显著成效之际，也要深刻认识到，由于部分政府职能部门和民营企业的生态文明意识不强，市场经济体制机制不健全，加之民营经济起步晚、底子薄，仍存在一些制约其可持续发展的问题。

（一）民营经济发展方式与生态文明理念还有差距

广义的生态文明是与原始文明、农耕文明、工业文明相并列的四大历史文明形态，要求从经济、政治、文化、制度等各个层次对人类社会进行调整和变革，使人类社会能够同自然生态系统形成协调共存的关系。狭义的生态文明是人们处理和选择自身与自然环境、自然资源的生活方式，是与物质文明、政治文明和精神文明、社会文明相并列的另一种文明内容，以人与自然的和谐相处为核心，充分遵循自然发展规律、社会发展规律、人自身发展规律，合理开发利用自然资源，保护和治理环境，建立可持续的生产方式，从而实现自然生态的再生产与经济社会再生产形成良性循环和协调发展。

部分领导干部盲目乐观，没有充分认识到贵州省作为喀斯特地貌的典型地区，其生态环境脆弱，一旦遭到破坏将难以修复，没有真正守住生态与发展两条底线，生态让位于经济发展的现象时有发生。部分民营企业对生态环境保护的意识不强，未能正确处理生产经营与环境保护的关系，以短期利益取代长远利益，过于关注自身收益而忽视社会责任。例如，黔南布依族苗族自治州鱼洞河煤矿废水污染等问题长期存在；黔西南布依族苗族自治州兴仁县登高铝业有限公司未经核准，擅自新建年产量为 20 万吨的电解铝过剩产能项目。

（二）民营经济总量不大，与贵州省其他地区相比差距甚大

第一，从民营经济增加值来看。根据贵州省相关部门发布的数据来看，2014~2016 年，民营经济增加值排名前两位，一直被贵阳市和遵义市占据，后三位分别为黔东南苗族侗族自治州、黔南布依族苗族自治州和黔西南布依族苗族自治州。2017 年，3 个少数民族自治州的排名出现了新的变化，黔南布依族苗族自治州从第 7 名上升到第 5 名，黔西南布依族苗族自治州从第 9 名上升到第 7 名，黔东南苗族侗族自治州从第 7 名下降到第 9 名。虽然少数民族自治州的总体排名有所上升，但是整体在贵州省各市州处于落后的局面还未改变，具体情况如表 5 所示。

表5　2016~2017 年贵州省各市州民营经济排名情况

地区	2016 年		
	本地区民营经济增加值（亿元）	比 2015 年增长（%）	民营经济增加值占 GDP 比重（%）
贵阳市	1681.15	15.00	53.20

续表

2016 年			
地区	本地区民营经济增加值（亿元）	比 2015 年增长（%）	民营经济增加值占 GDP 比重（%）
遵义市	1239.51	11.30	51.56
毕节市	890.00	14.10	54.70
六盘水市	742.82	12.38	56.54
铜仁市	603.00	34.48	61.00
黔南布依族苗族自治州	582.00	17.20	56.87
黔东南苗族侗族自治州	511.03	13.50	54.42
安顺市	483.91	18.85	68.99
黔西南布依族苗族自治州	454.40	8.90	52.20

2017 年			
地区	本地区民营经济增加值（亿元）	比 2016 年增长（%）	民营经济增加值占 GDP 比重（%）
贵阳市	1927.00	14.62	54.50
遵义市	1528.80	23.34	56.00
毕节市	1049.71	17.94	57.00
六盘水市	838.80	12.92	57.40
黔南布依族苗族自治州	694.00	19.24	59.80
铜仁市	676.00	12.11	63.00
黔西南布依族苗族自治州	577.00	26.98	55.00
安顺市	538.05	11.19	65.50
黔东南苗族侗族自治州	494.30	−3.27	50.84

　　第二，从民营经济市场主体来看。据贵州省工商局统计，2017 年贵州省共有私营企业 535794 户、注册资本 31075.83 亿元，同比分别增长 23.61%、37.80%。从 9 个市（州）的排名来看，贵阳市、遵义市和六盘水市排名前三，黔东南苗族侗族自治州、黔南布依族苗族自治州、黔西南布依族苗族自治州排名后三位，具体情况如表 6 所示。

表6 2017 年贵州省私营企业各市（州）分布情况

地区	户数	注册资本（亿元）	户数占全省比重（%）	注册资本占全省比重（%）
贵阳市	180378	12883.91	33.67	41.46
遵义市	69294	2696.02	12.93	8.68
六盘水市	35082	1348.84	6.55	4.34
安顺市	30880	1265.76	5.76	4.07
毕节市	46098	2369.11	8.60	7.62
铜仁市	37496	1857.12	7.00	5.98
黔东南苗族侗族自治州	38791	2003.29	7.24	6.45
黔南布依族苗族自治州	44286	2031.82	8.27	6.54
黔西南布依族苗族自治州	29703	1482.27	5.54	4.77
合计	535794	31075.84	100.00	100.00

第三，从民间固定资产投资来看。近年来，贵州省民营经济的固定资产投资信心不足，增速出现了大幅下降的趋势，2017 年贵州省民间固定资产投资为 5381.8 亿元，增速 8.7%。在此背景下，三个少数民族自治州的民间固定资产投资前景不容乐观，甚至出现负增长，例如，2017 年黔西南布依族苗族自治州的民间投资为 227 亿元，相较 2016 年的 292.8 亿元、2015 年的 280.0 亿元，呈下降趋势。2017 年持续下降到 227 亿元。民间固定资产投资形势是衡量民营经济发展程度的方向标，但是贵州省少数民族自治州面临固定资产投资增速下降的趋势，投资信心不足，并且投资增速远低于民营经济增加值的增速，从长远来看，投资不足必将严重影响民营经济的发展。

（三）民营经济发展环境有待进一步优化

对照习近平总书记在 2016 年全国两会上的讲话精神，民营企业遇到了"三座大山"（市场的冰山、融资的高山、转型的火山）和"五个问题"（融资难问题、市场准入问题、公共服务体系建设问题、培育大企业问题、简政放权降低成本问题）。这些问题在贵州省少数民族自治州均存在。近年来，贵州省民营经济发展局建立了民营经济发展环境评价体系，并委托贵州贵统社情民意调查中心，每年对 9 个市（州）和贵安新区的民营经济发展环境指数进行监测、调查、汇总、计算、评价。根据《2017 年贵州省民营经济发展环境指数调查报告》，贵阳市、遵义市和安顺市环境指数列前三位，指数值相对较低的为黔东南苗族侗族自治州，具体情况如表 7 所示。

表7 2017 年分地区民营经济发展环境指数

行政区划	排位	民营经济发展环境指数
贵州省	—	81.85
贵阳市	1	84.40
遵义市	2	83.78
安顺市	3	82.43
毕节市	4	82.00
贵安新区	5	81.56
铜仁市	6	81.27
黔西南布依族苗族自治州	7	81.14
黔南布依族苗族自治州	8	80.58
六盘水市	9	80.15
黔东南苗族侗族自治州	10	79.55

其中，比较突出的问题有：

第一，融资贵融资难仍待破解。目前，金融机构贷款主要集中在基础设施建设领域和政府投资领域，资金流向实体经济特别是民营经济的渠道仍然不畅。金融机构为规避风险一般不愿主动给民营企业放贷，民营企业贷款难度远大于国有企业，只有不到30% 的民营企业能够从银行获得贷款，民营企业贷款余额只占银行贷款余额的不到30%，与民营经济对经济社会的贡献不对等。部分民营企业专项资金项目在获得国家支持的情况下，银行仍要求政府性平台公司出具回购担保承诺。黔南布依族苗族自治州的贵州明黔农业发展有限公司负责人说："我们原来是叫明黔茶叶合作社，主要进行茶叶生产加工，因为银行对农民合作社贷款不放心，不得以才申请注册成公司向银行进行贷款融资。"

第二，政策落地难依旧突出。鼓励民营经济发展的相关政策存在民营企业知晓盲区，存在操作难、有政策无资金落实等问题。2018 年 4 月，贵州省民营经济发展局委托中鼎资信评级服务有限公司中鼎信用研究院，就贵州省委、省政府出台的《关于进一步促进民营经济加快发展的若干意见》等开展第三方现场评估。评估结果显示，该文件对推动民营经济结构转型升级、增强内生动力和扩大就业发挥了重要作用。总体落实评估值为 71.9 分，评估为良好。但是该文件落实效果并未达到预期，整体情况呈现出政策实施初期，部门贯彻执行与企业获得存在一定差异的现象，政策的落实效果有待进一步监测与评估。存在的主要问题为《关于进一步促进民营经济加快发展的若干意见》由于实施时间较短，民营企业对政策的知晓度不高，获得感不强，政策的执行力度不足；同时，融资难、融资贵，用工难、用工贵，土地房产办证难，拖欠工程款等具体问题仍然存在，亟待解决。

（四）促进民营经济发展的市场经济体制不完善

民营经济是社会主义市场经济中最活跃的部分，它与市场经济有一种天然的内在联系。一方面，民营经济发展有利于完善市场经济体制。它既是经济与效益增长的主要推动力量，可持续保持高速的经济增长速度和较高的经济效益，又是市场经济的先行者，其发展推动了生产要素的市场化，对经济效率的提高起到了积极作用。另一方面，市场经济体制又反过来促进民营经济的发展。在计划经济体制下，资源配置主要依靠行政手段调配，产品价格通过政府定价来完成，国有经济一家独大，民营经济失去生存的土壤和空间。一个国家或一个地区，如果不承认市场经济，就不会有民营经济的存在和发展，民营经济与市场经济的发展程度呈正相关关系。贵州省少数民族自治州促进民营经济发展的市场经济体制不完善体现在：

第一，民营经济主体的市场观念还比较淡薄。企业生产的产品品种较为单一、品质科技含量低、品牌知晓度不高，开拓和占有市场的意识不强和能力不足。例如，大多数旅游商品同质化严重，许多景区销售的产品都是从江苏省和浙江省批发过来的；天然饮用水产品绝大多数属于纯净水和泉水，能生产和销售高附加值矿泉水的企业并不多，在省外的市场几乎为零。

第二，民营经济高速发展有赖于政府政策引导以及财政资金支持。自改革开放以来，特别是自"十二五"以来，贵州省少数民族自治州民营经济保持了高位增长，这主要得益于省委、省政府出台的系列扶持政策，得益于三次全省民营经济发展大会的召开，得益于每年数亿元的中小企业专项资金扶持。从某种意义上来说，这并非市场经济充分发展的结果，而是得益于计划经济的结果。

第三，民营经济主体在市场中不平等地位仍需破解。一些干部对民营经济在当地经济社会发展中的重要作用认识不足，在政治地位、社会地位和经济地位上不能给予公平待遇。虽然通过商事制度改革，民营经济在市场准入方面已经消除壁垒和障碍，但是在投资领域，民营企业要进入教育、医疗、基础设施和电力等领域，仍十分困难，"玻璃门""弹簧门"依旧存在。另外，民营企业在享受金融服务和政府招投标方面，依然存在"隐形障碍"。

四、贵州省少数民族自治州民营经济发展的路径分析

2016年印发的《中共贵州省委员会贵州省人民政府关于进一步促进民营经济加快发展的若干意见》，明确了"十三五"期间贵州省民营经济的发展目标和发展方向，对贵州省民族自治州民营经济发展具有指导作用。总体而言，需要以生态文明理念为指引，坚持质量第一、效益优先，以供给侧结构性改革为主线，提高全要素生产率，着力构建市场机制有效、微观主体有活力、宏观调控有度的民营经济体制，优化产业布局，这样才能不断增强民营经济的创新力和竞争力。

（一）优化路径模式推进循环、低碳发展

民营企业要树立世界眼光和战略思维，善于抓住经济结构调整的机遇；进一步加快企业自主创新和技术改造，推动企业进行"产学研"联合和资源整合，加快新技术、新工艺、新材料、新设备的更新换代；要以经济调整为契机，淘汰一批资源配置低、市场竞争能力弱的行业。

第一，出台政策文件引领发展方式转变。发展循环、低碳经济是一项系统工程，亟须在充分发挥市场配置资源基础作用的同时，强化政府在宏观政策指导方面的作用。要把循环、低碳经济纳入生态文明建设和"五个布局"的组成部分，纳入各级政府业绩考核指标之中，纳入国民经济社会发展的总体规划中，并在财政预算中，安排一定的预算经费。要结合贵州省当前的发展实际，出台支持贵州民营经济循环、低碳发展的产业政策、税收政策、金融政策和价格政策等。

第二，以技术创新推进产业循环式发展。国际经验表明，循环经济需要先进的科学技术作支撑，如果没有先进技术的输入，循环经济所追求的经济和环境目标将难以实现。循环经济支撑的技术体系由五类构成，即减量化技术、再利用技术、资源化技术、系统化技术和物质流技术。政府要牵头成立技术研究中心，企业要加大对技术创新的资金投入，共同推动行业间循环链接，实施产业绿色融合专项，特别要在冶金、化工、电力、建材等流程制造业间开展横向

链接，^①推动煤电磷、煤电铝、煤电钢、煤电化"四个一体化"发展。推动不同行业的民营企业以物质流、能量流为媒介进行链接共生，实现原料互供、资源共享，建立跨行业的循环经济产业链。

第三，优化能源结构，鼓励清洁化生产。能源产业转型发展是实现低碳清洁发展的关键。加强煤炭清洁利用，提高清洁能源比重，构建清洁低碳、安全高效的现代能源体系。大力发展新能源汽车，积极培育动力电池、充电设施等配套产业，形成新能源汽车、新能源设备产业集群。支持民营企业研发推广低碳建筑材料和工艺技术，大力发展环保型建筑用材，鼓励民营企业生产绿色建材产品和绿色装饰材料。通过使用清洁能源和原料、采用先进工艺和设备、改进生产管理等措施，最大限度减少污染物的产生和排放，实现源头清洁、过程清洁、产品清洁。

（二）优化产业结构，重点发展生态利用型产业

林毅夫先生认为："如果将给定的生产要素配置在附加价值高的产业部门，那么产值就高，所以经济增长还取决于经济中的产业结构。如果将生产要素从低附加值的产业部门转移到高附加值的产业部门，即使要素投入不增加，经济也可以实现增长。"

第一，加快发展现代山地特色高效农业。贵州省少数民族自治州土壤质量好、立体气候特点突出，要利用独特优势，以发展夏秋蔬菜、早熟蔬菜、反季节蔬菜为基础，构建农业发展新业态。黔东低山丘陵林—农区，重点建设优质水稻、蔬菜、特色畜禽产业带；黔南丘原中山低山农—牧区，重点建设优质玉米、蔬菜、肉羊产业带；黔西高原山地农—牧区，重点建设优质玉米、马铃薯、蔬菜、畜产品产业带。^②

第二，大力发展天然饮用水产业。贵州省少数民族自治州生态环境优良、森林覆盖面积大、降水量丰富，造就了品质优越的天然饮用水资源。立足当地资源禀赋和产业基础，建设"东南部天然饮用水产业群"。重点培育3~5个全省乃至全国级包装饮用水企业品牌，着力优化产品结构调整，丰富品种数量，增加中高端品种、新技术品种和个性化品种。

第三，全面发展农副食品产业。围绕凯里酸汤、麻江蓝莓、从江香猪、都匀毛尖茶、普定朵贝茶、兴仁薏仁米等重点企业、品牌和优质产品，鼓励行业

---

① 《关于印发<循环发展引领行动>的通知》（发改环资〔2017〕751号）。

② 《关于印发贵州省生态文明先行示范区建设实施方案的通知》（发改环资〔2014〕1209号）。

龙头企业通过协议合作等方式与行业内企业建立联盟，引导和推动企业兼并重组，组建大型龙头企业集团，实现资源高效利用、品牌整合、规模扩大、产业升级；丰富"贵+系列"产品。

第四，培育民族医药产业。着力打造"黔药""苗药"品牌和中药驰名商标，培育中药材及名牌中成药骨干企业。加快培育打造一批领军型、示范性的民族医药龙头企业，并围绕龙头企业做大产业集群、做强产业优势。在黔西南布依族苗族自治州、黔南布依族苗族自治州，重点发展兴义石斛与金（山）银花、安龙白及与金（山）银花、兴仁薏苡、龙里及贵定刺梨、罗甸艾纳香、惠水皂角刺等。在黔东南苗族侗族自治州，重点发展施秉及黄平太子参、施秉何首乌及头花蓼、雷山淫羊藿及乌秆天麻、黎平茯苓、剑河钩藤等。^①

第五，打造旅游商品产业。要紧紧抓住"大旅游"发展战略，充分利用各地工业园区，并结合城镇建设，银饰银器、刺绣织锦、民族服饰、蜡染蜡画、石木竹雕、竹藤麻草编、剪刻绘印、民族乐器等为贵州省民族民间工艺品产业发展重点，培育一批旅游商品开发（生产）基地，打造旅游商品聚集区；注重旅游商品品牌设计，组建高规格的设计团队和研发中心，紧扣市场需求变化，为旅游商品企业提供精准化的服务和指导，打造集设计、研发、加工、销售为一体的产业链。推进大专院校、科研单位与企业"产学研"合作，建设科研平台，形成一批企业技术创新基地。强化对技术人才、营销人才特别是设计师的培训，确保设计方案既符合生产工艺，又富有民族元素，还能满足市场需求。

（三）进一步优化民营经济发展环境

企业创造财富，政府创造环境。环境是一个地区经济发展的"晴雨表"，更是投资者投资兴业的"试金石"。李克强总理多次强调，营商环境就是生产力。各地要既不忘"抓项目"的老本事，也要学习"造环境"的新本领，由过去追求优惠政策"洼地"，转为打造公平营商环境的"高地"。

第一，构建新型政商关系。2017年3月4日，习近平总书记在参加全国政协十二届四次会议民建、工商联界委员联组会时，发表了题为《毫不动摇坚持我国基本经济制度推动各种所有制经济健康发展》的重要讲话，专门指出，新型政商关系，概括起来说就是"亲""清"两个字。要提高民营企业家地位，建立政府重大经济决策主动向企业家问计求策的程序性规范，政府部门研究

---

① 《省人民政府办公厅关于印发贵州省发展中药材产业助推脱贫攻坚三年行动方案（2017—2019年）的通知》（黔府办发〔2017〕47号）。

制定涉企政策、规划、法规，要听取企业家的意见建议。积极推荐表现突出的民营经济人士成为各级党代表、人大代表、政协委员、工商联执委候选人，参加劳动模范、优秀中国特色社会主义事业建设者等各类先进的评选；要依法保护企业家合法权益，企业家依法进行自主经营活动，各级政府、部门及其工作人员不得干预。建立完善涉企收费、监督检查等清单制度，清理涉企收费、摊派事项和各类达标评比活动，细化、规范行政执法条件，最大限度减轻企业负担、减少自由裁量权；要营造良好的社会氛围，发挥统战部门和工商联、行业协会商会等作用，建立健全帮扶民营企业的工作联动机制，定期组织企业家座谈和走访，帮助解决企业实际困难。

第二，帮助民营企业拓宽融资渠道。经济学家们一般将生产要素归结为自然资源、劳动力和资本。在这三种要素中，自然资源由于受国土面积的限制可以视为不变要素，劳动力虽然通过发展人口来增加，但是由于受人口成长周期的制约，每年增加的数量也是有限的。变动可能性最大的就是资本。为了积极破解企业融资难题，贵州省自己管辖的银行业金融机构要在少数民族自治州所有县级地区设立分支机构，重点服务"三农"、民营经济和小微企业，达到每个县均有3个以上的银行金融机构。州级、县级政府职能部门要牵头，成立具有"国有"背景的担保公司，根据市场成本收取担保费用，为民营企业担保，缓解金融机构对贷款风险的担忧。建立转贷应急资金管理平台，完善中小型企业转贷应急机制，为部分生产经营正常、市场前景好但暂时资金周转困难的企业提供转贷，帮助办理续贷或展期。

第三，强化政策落实，打通"最后一公里"。李克强总理强调"好政策千条万条不落实等于白条""施政之要贵在落实、重在实干"。加大政策宣传。利用电视、网络、微信等媒体，发挥各类商会作用广泛宣传政策，提高知晓率。在贵州省网上办事大厅设政府扶持政策专栏，建设专业化、市场化的政府扶持政策"搜索引擎"，收集并发布政府出台的各项扶持政策，整理、规范和解释申报范围、条件、程序，并逐条入库，方便中小微企业申请政府扶持政策。引入第三方评估机构，针对民营企业反映突出的问题，每年选择若干专题进行调查分析，委托第三方机构全面评估政策执行情况。建立投诉机制，工商业联合会会同民营经济主管部门负责受理民营企业投诉事项，并调处、移送、监督有关部门依法解决。

（四）建立健全市场经济体制

放眼世界各地，凡是市场经济体制比较完善的地方，民营经济也就越发达，就业问题也就能解决得比较好，人民生活水平也就比较高，这说明市场经济体制对民营经济具有推动作用和促进作用。同时，民营经济的充分发展，又能促进市场经济体制的完善，市场经济理论和体制构架为民营经济的发展提供了体制性的平台，而民营经济又塑造、推进和完善了市场经济体制。

第一，优化资源配置。市场配置方式通常能克服计划经济的一些通病。市场配置方式重在通过市场机制，充分发挥市场主体的能动作用。市场机制是指市场各主要因素，即市场供求、价格、成本与收益之间相互联系、相互制约、相互作用的过程和机理。民营企业要充分认识到强化市场意识的重要性，从市场和消费者的需求着手，克服生产经营的盲目性，调整产品和服务结构，重点打造产品的品质、品牌、品种三大工程，增强供给结构与营销策略对需求变化的适应性。

第二，转变政府职能。党的十八届四中全会通过的《中共中央关于全面推进依法治国若干重大问题的决定》明确要求，行政机关要坚持法定职责必须为、法无授权不可为。行政机关不得法外设定权力，没有法律法规依据不得做出减损公民、法人和其他组织合法权益或者增加其义务的决定。实践证明，凡是政府权力比较大、审批事项比较多的地方或领域，市场化进程就比较慢，市场化水平就比较低。当前，要按照社会主义市场经济改革的路线图，遵循"先市场后政府，大市场小政府"的原则，依法推进发展方式转变、政府职能转变，要以充分发挥市场在资源配置的基础性作用为前提，注重发挥政府宏观调控市场经济，进而弥补市场经济不足，防止市场失灵。

第三，保障民营经济主体地位平等。有序竞争是市场经济的显著特征之一。为了充分发展竞争优势，必须创造民间资本能够平等进入的条件和政策安排。党的十八届三中全会指出，坚持权利平等、机会平等、规则平等，废除对民营经济不合理规定，消除各种隐性壁垒。当前，通过商事制度改革，市场准入障碍基本破除，但是在投资和融资领域，"弹簧门""玻璃门"现象依然突出，民营企业进入基础设施、金融、电力等领域的投资，不能享有国有企业的同等地位。在政府和事业单位采购商品和服务时，大多偏向于国有企业。民营企业融资机会要比国有企业低得多，付出的成本要高得多。要按照"非禁即入"原则，实行统一的市场准入制度，全面放开竞争性经营行业和投资领域，除国家有特殊规定以外，凡是鼓励和允许外商投资进入的领域，均鼓励和允许民间投资进入；在实行优惠政策的投资领域，其优惠政策对民间投资同样适用。根据国家有关规定，制定并颁布投资管理的负面清单。进一步落实鼓励和引导民间投资的政策措施，支持民间资本进入基础产业和基础设施建设、市政公用事业和保障性住房建设、金融服务等领域，支持民间资本进入教育、医疗、养老、文化、体育等社会事业。政府和事业单位的采购应预留一定比例给民营企业。

发展民营经济，要坚持"市场主导、政府服务、企业为主体"的原则，充分发挥市场在资源配置中的决定性作用，政府着力于政策供给、协调服务、宏观引导，企业要强化"主人翁"意识，充分发挥市场主体的主动性和能动性，以市场和消费者需求为导向，增强供给结构与营销策略的适应性和有效性。

参考文献

［1］丁兆庆.经济新常态下民营经济发展环境研究［M］.北京：经济科学出版社，2015.

［2］董辅礽.市场经济漫笔［M］.南宁：广西人民出版社，1999.

［3］国务院发展研究中心课题组.生态文明建设科学评价与政府考核体系研究［M］.北京：中国发展出版社，2014.

［4］李国荣，彭建松.民营经济概论［M］.北京：北京大学出版社，2008.

［5］李克强在全国深化简政放权放管结合优化服务改革电视电话会议上发表重要讲话［EB/OL］.中华人民共和国中央人民政府，http：//www.gov.cn/premier/2017-06/13/content_5202214.htm，2017-06-13.

［6］李义平.用市场经济的思维方式思考民营经济的发展［M］//王忠明.新观察：中国民营经济发展规律探索.北京：中华工商联合出版社，2014.

［7］林毅夫.解读中国经济（增订版）［M］.北京：北京大学出版社，2014.

［8］刘伟.中国经济的盛世金言：刘伟演讲录［M］.广东：广东经济出版社，2000.

［9］毛泽东.毛泽东选集：第2卷［M］.北京：人民出版社，1991.

［10］沈满洪，谢惠明，余冬筠.生态文明建设：从概念到行动［M］.北京：中国环境出版社，2014.

［11］吴大华.中国特色的循环经济发展研究［M］.北京：科学出版社，2011.

［12］中共中央 国务院关于营造企业家健康成长环境弘扬优秀企业家精神更好发挥企业家作用的意见［EB/OL］.光明网，http：//news.gmw.cn/2017-09/26/content-26332300.htm，2017-09-26.

［13］中央第七环境保护督察组向贵州省反馈督察情况［EB/OL］.中国金融信息网，http：//greefinance_xinhua08.com/a/20170802/1718792.shtml，2017-08-02.

26. 农产品关税减让、进口价格变动与农户福利 *

刘杜若　邓　明

摘要：基于农户福利模型与补偿变量概念，本文建立了中国农产品关税减让、进口价格变动与农户福利关系的理论机制与实证模型。首先，测算了中国农产品关税减让和进口价格变动对国内消费价格的影响程度。其次，测算了农产品国内消费价格变动对农村家庭成员工资的影响。最后，从农业经营收入、成员工资收入、农产品消费支出角度，全面汇总中国农产品关税减让和进口价格变动对农村家庭真实收入即福利水平的影响。结果表明，关税减让、进口价格变动对国内农产品消费价格有显著的传递效应，且随农产品不同种类有所不同；这一作用对农村家庭真实收入与福利水平产生了明显影响；关税减让和进口价格变动对中国农村家庭福利的影响存在家庭收入和所处地区方面的差异性。

关键词：关税减让；进口价格；传递效应；福利

一、引言与文献综述

自2001年加入世界贸易组织（WTO）以来，中国认真履行关税减让承诺，关税水平不断降低，进口也持续增长。具体在农产品方面，2001~2011年，中国农产品平均关税率从21%下降至15.6%。进口关税的大幅度减让，使得中国农产品市场对外开放程度不断加深；伴随着农产品市场对外开放度的提高，国际农产品市场价格波动对中国国内消费价格所产生的冲击不断加强。在这一过程中，农民作为农产品生产经营主体之一，其收入不可避免地受到一定冲

　　* 刘杜若，女，副教授，经济学博士，研究方向为国际贸易与劳动力市场研究。邓明，男，副教授，经济学博士，博士生导师，研究方向为国际贸易与劳动力福利评估研究。

击。同时，农民不仅是农产品的生产者，还是农产品的消费者，农民对农产品的消费支出也会随着消费价格的变化而产生变动。上述两种作用叠加后，农民在贸易自由化进程中的真实收入和福利水平究竟是提升还是降低，很难从直观上加以判断。

虽然近年来中国的城镇化水平不断提升，但中国依然是一个农业大国[①]。党的十九大报告明确指出，农业农村农民问题是关系国计民生的根本性问题，必须始终把解决好"三农"问题作为全党工作重中之重。而解决"三农"问题的最终目标，是要提高农民的幸福感和获得感，也就是说要提高农民的福利水平。在中国不断加大开放力度，提升农业对外开放层次和水平的现实背景下，农产品进口关税减让以及农产品进口价格冲击如何影响中国农村居民家庭消费、收入以及福利水平？影响有多大？该如何加以准确评估？对这些问题的回答具有十分重要的理论意义与现实意义。

在学术界，农产品关税减让、进口价格变动对农村居民家庭福利水平的冲击一直是研究者关注的焦点之一。农产品关税减让和进口价格变动会通过影响国内消费价格，对农村家庭福利产生作用，影响渠道主要有两个：一是影响农村家庭的农产品消费支出；二是影响农村家庭的生产经营收入，包括农产品经营收入和工资收入两部分。围绕这样的机制，现有文献展开了大量研究[②]。Minot 和 Goletti（2000）研究了贸易自由化对越南大米种植户贫困度的影响。越南贸易自由化进程提升了国内大米价格，从而对农村家庭收入有利好作用，轻微降低了农村家庭贫困率。Minot 和 Daniels（2010）测算了由全球化所引致的贝宁棉花价格下降对国内农村家庭贫困程度的冲击，发现棉花价格下降 40% 将导致农村家庭收入降低 21%，贫困率从 37% 上升至 59%。Nicita（2009）研究了关税减让对墨西哥居民家庭福利的影响，发现 20 世纪 90 年代墨西哥的关税减让通过收入效应和支出效应两个途径显著提高了墨西哥居民家庭的福利水平，而且，高收入家庭在这一过程中获益更大。Nicita 等（2014）研究了撒哈拉以南非洲国家的贸易开放政策对不同收入阶层家庭福利水平的影响，其研究认为这些国家的贸易政策对低收入家庭福利水平的改进要高于高收入家庭，从而认为这些国家的贸易政策是亲贫困的。Badolo 和 Traore（2015）测算了大米国际市场价格上涨对布基纳法索贫困率的冲击程度，发现在大米净消费者比例高的地区，大米国际市场价格上涨显著降低了该地区家庭的收入，拉高了贫

---

① 国家统计局发布的《2017 年国民经济和社会发展统计公报》显示，2017 年末，全国常住人口城镇化率为 58.52%，户籍人口城镇化率为 42.35%，户籍人口城镇化率不足 50%。

② 关于这一传导机制以及围绕这一机制的文献，Winters 等（2004）有较为全面的综述。

困率。Chakravorty 等（2016）测算了国际市场上大米、小麦和玉米等农产品价格变动对印度国内家庭消费和工资的影响程度，发现印度贫困家庭消费支出和工资收入同时上升，两者结合后扩大了印度的贫困率。

与国外相关研究成果较为丰富相比，国内类似研究为数不多。罗知和郭熙保（2010）最先就进口价格变动对中国城镇居民消费支出的冲击进行了评估，发现进口食品价格上涨会导致国内消费价格下降，进而影响居民食品消费支出。王军英和朱晶（2011）发现贸易开放通过价格传导机制降低了国内农村家庭消费支出。朱晶等（2016）发现中国关税减让使得国内农产品消费价格明显增加，最终提升了农村家庭福利水平。Han 等（2016）利用中国城镇住户调查数据（Urban Household Survey，UHS）研究了贸易自由化对中国城镇居民家庭福利水平的影响，其研究表明，加入 WTO 后，中国城镇居民的福利水平平均提高了 7.3 个百分点。施炳展和张夏（2017）利用中国家庭收入调查（CHIP）数据研究了中国加入 WTO 之后关税减让对中国家庭福利水平的影响，他们发现，关税减让一般而言将中国家庭的福利水平提高了 29.3 个百分点，其中支出效应和收入效应分别为 11.8 个百分点和 17.5 个百分点，而且他们还发现关税减让对低收入家庭的福利提升要高于对高收入家庭的福利提升。上述研究对相关领域做出了重要的推进，但也存在缺憾，即由于中国家庭微观调查数据的可获得性不足，已有研究大多均采用了宏观层面统计数据进行测算，从而无法区分农村家庭在农产品生产和消费上的异质性，测算结果在精准性上可能存在一定的改进空间。近年来，得益于微观数据可获得性的提高，一些学者也开始尝试基于微观数据的研究，但这些研究没有针对中国福利水平较低的农村居民家庭进行研究。此外，国内已有研究多从农村家庭消费支出角度研究关税减让、进口价格变动的影响，同时把农村家庭生产收入也纳入考虑的研究十分少见。这和国外相关研究已取得的进展相比存在一定差距。最重要的是，我国农产品关税减让和进口价格变动对国内农村家庭福利的影响方向到底如何，目前尚未得到一致性结论，相关研究亟待进一步丰富。

基于此，本文使用来自于中国健康与营养调查数据库（CHNS）的家庭微观数据以及与之相匹配的省际面板数据，借鉴 Singh 等（1986）和 Deaton 等（1989）提出的农村家庭模型，研究中国农产品关税减让、进口价格变动对农村家庭消费支出、生产经营收入的影响，在此基础评估农产品关税减让和农产品进口价格变动对农村家庭福利的影响。

与已有研究相比，本文可能的边际贡献在于：①充分利用家庭微观调查数据的特点，解决了已有研究采用宏观加总数据无法获取微观家庭农业生产和消费情况、研究结论不能精准到户的问题，使结论更加深入、可靠。②细分了农产品种类，按蔬菜水果、粮食烟草、肉禽蛋和水产品四个大类①分别研究关税减让、进口价格变动对我国农村家庭福利的影响，以往国内研究均将农产品视为一个整体。③本文不仅研究了关税减让对农村居民家庭福利的影响，还研究了农产品进口价格对农村居民家庭福利的影响。④本文研究了农产品关税减让、进口价格变动对我国不同地区、不同收入水平农村家庭福利的差异化影响。本文余下内容安排如下：第二部分介绍本文的研究方法；第三部分为实证研究结果；第四部分为本文的研究结论与启示。

二、研究方法

由于农村居民家庭既是农产品的消费者，又是农产品的生产者，因此农产品贸易自由化以及农产品进口价格变动所导致的国内农产品消费价格对农村居民家庭福利的影响途径有两个：其一是通过国内农产品消费价格直接影响农村居民家庭福利；其二是通过影响劳动力市场对农村居民家庭的工资收入（非农收入）产生作用进而影响农村居民福利②。因此，评估农产品关税减让和农产品进口价格变动对农村家庭福利效应的影响可以分三个步骤来实现：首先，评估农产品关税减让和农产品进口价格变动对国内农产品消费价格的影响。其次，评估国内农产品消费变动对农村居民家庭工资收入的影响。最后，评估因农产品关税减让和农产品进口价格变动导致的国内农产品消费价格变动以及农村居民家庭收入变动对农村家庭福利的影响。

（一）农产品价格变动的福利效应分析

本文首先讨论农产品消费价格变动对农村家庭福利的影响。现有文献测算农产品价格变动对居民家庭福利的方法主要有补偿变量法、等价收入法和成本函数法。其中，补偿变量法是最为常用的一种方法，因此，本文也使用补偿变量法来度量农产品价格变动对农村家庭福利的影响。补偿变量是指当农产品价

---

① 中国健康与营养调查数据库（CHNS）2006年调查问卷将农村家庭生产经营情况按蔬菜水果、粮食烟草、肉禽蛋和水产品四个大类进行细分，本文依照这一分类进行相关数据的处理。

② 农产品关税减让和农产品进口价格变动对农村居民家庭农业收入的影响会通过对国内农产品生产价格产生影响而体现出来。

格变动后，为了保证家庭原有福利水平不变而需要支付的货币补偿，如果该补偿值为正，说明该家庭需要一笔正的货币补偿来抵消由价格冲击导致的福利变动，也就是说价格变动导致了农村家庭福利受损；如果该补偿值为负，说明为维持价格冲击前的福利水平，家庭仅需要支付更少的货币量，也就是说价格变动提高了农村家庭福利水平。由于农村居民家庭同时具备农产品生产者与消费者两种身份，因此我们还需要区分价格传导对生产经营收入和消费支出的不同影响。借鉴 Singh 等（1986）和 Deaton（1989）建立的农村家庭模型，本文构建如下的补偿变量 CV：

$$CV = e(p_1, u_0) - e(p_0, u_0) + \pi(p_0, w_1) - \pi(p_1, w_0) \tag{1}$$

其中，$e(\cdot)$ 为支出函数，p 和 w 分别表示最终品消费价格和中间品价格，u 为家庭效用，$\pi(\cdot)$ 为家庭生产活动的利润函数。下标 0 和 1 分别表征价格冲击前后。

本文假定短期内农村家庭收入结构、消费结构不发生变化。因此，对式（1）做一阶泰勒展开可得：

$$CV = \sum_{i=1}^{N} \frac{\partial e(p_{i0}, u_0)}{\partial p_i} \cdot (p_{i1} - p_{i0}) - \sum_{i=1}^{N} \frac{\partial \pi(p_{i0}, w_{i0})}{\partial p_i} \cdot (p_{i1} - p_{i0}) -$$
$$\sum_{i=1}^{N} \frac{\partial \pi(p_{i0}, w_{i0})}{\partial w_i} \cdot (w_{i1} - w_{i0}) \tag{2}$$

式（2）右边的三项分别描述了消费价格变化对农村家庭消费支出、农村家庭生产收入和劳动力等中间品投入的影响。由式（2）可得：

$$CV = \sum_{i=1}^{N} Q_{i0}(p_{i1} - p_{i0}) - \sum_{i=1}^{N} S_{i0}(p_{i1} - p_{i0}) - \sum_{i=1}^{N} X_{i0}(w_{i1} - w_{i0}) \tag{3}$$

其中，Q_{i0}，S_{i0} 和 X_{i0} 分别表示价格冲击前家庭中产品 i 的消费量、生产量和中间品投入量。将式（3）两边同时除以家庭初期收入 Y_0，可以得到用百分比表示的家庭福利水平变化情况：

$$\frac{CV}{Y_0} = \sum_{i=1}^{N} q_{i0} \hat{p}_i - \sum_{i=1}^{N} s_{i0} \hat{p}_i - \sum_{i=1}^{N} x_{i0} \hat{w}_i \tag{4}$$

其中，q_{i0}，s_{i0} 和 x_{i0} 分别表示价格冲击前家庭中产品 i 的消费支出、生产收入和中间品投入占家庭收入的比例。符号"^"表示用百分比表示的冲击前后的价格变化。因此，式（4）给出了由价格冲击所引致的家庭福利水平百分比变化的计算公式。

（二）关税减让与进口价格波动对国内农产品消费价格的影响

接下来，我们讨论如何测算因关税减让和农产品进口价格波动导致的国内农产品消费价格变动。由于农户既是农产品的消费者，同时也是农产品的生产者，因此，关税减让和农产品价格变动对农产品消费价格的作用是两方面的：一方面是进口农产品价格变动会直接影响最终的农产品消费价格；另一方面是进口农产品价格变动会影响国内农产品的生产活动以及定价能力，从而间接影响最终的农产品消费价格。因此，类似于 Nicita（2009）、朱晶等（2016）的设定方式，假定只存在进口关税贸易壁垒，本文将国内农产品消费价格设定为：

$$PD_{it} = PP_{it}^{\alpha} \left[PF_{it} E_t (1 + Tariff_{it}) \right]^{1-\alpha} \tag{5}$$

其中，PD 为国内消费价格，PP 为国内生产价格，PF 为进口价格，E 为本币名义汇率，Tariff 为进口关税税率。上标 α 和（$1-\alpha$）分别表示国内农产品生产价格和完税进口价格对最终消费价格的影响程度。下标 i 和 t 分别表示农产品种类与年份。式（5）两边取自然对数可得：

$$\ln PD_{it} = \alpha \ln PP_{it} + (1 - \alpha) \ln PF_{it} + (1 - \alpha) \ln E_t + (1 - \alpha) \ln(1 + Tariff_{it}) \tag{6}$$

前文已指出，α 和（$1-\alpha$）分别表示国内农产品生产价格和完税进口价格对最终消费价格的影响程度，因此，当 $\alpha=0$ 时，表明进口农产品的完税进口价格对国内农产品价格的影响是完全的，完税进口价格的变动会全部传导给国内消费者；当 $\alpha=1$ 时，表明农产品的消费价格完全由国内生产价格决定。类似于经典的价格传导机制研究文献中所设定的那样，本文放松式（6）中右边不同影响因素前面的系数（$1-\alpha$）不变的设定，构建如下方程：

$$\ln PD_{it} = \beta_1 \ln PP_{it} + \beta_2 \ln PF_{it} + \beta_3 \ln E_t + \beta_4 \ln(1 + Tariff_{it}) \tag{7}$$

此外，Nicita（2009）认为，开放条件下的国内消费品价格还会受到贸易成本（Cost）的影响，罗知和郭熙保（2010）也认为，中国省际层面的贸易成本会影响进口价格对消费价格的作用程度。因此，本文还考虑贸易成本通过影响进口关税对国内农产品消费价格产生作用，在式（7）中引入贸易成本变量与进口价格、进口关税的交互项来表征进口贸易对农产品消费价格的影响。由于中国是具有地区差异的大国，各地区的要素价格和地理条件均存在巨大差异，因此本文在实证分析中使用了省际层面的面板数据，以控制地区异质性。最终，构建如下实证方程用以估算关税以及进口产品价格对国内消费价格的影响：

$$\ln PD_{irt} = \beta_0 + \beta_1 \ln PP_{irt} + \beta_2 \ln PF_{it} + \beta_3 \ln E_t + \beta_4 \ln(1 + Tariff_{it}) + \\ \beta_5 Cost_r \ln PF_{it} + \beta_6 Cost_r \ln(1 + Tariff_{it}) + \beta_7 Cost_r + \varepsilon_{irt} \qquad (8)$$

其中，下标 r 表示地区，β 为各变量的估计系数，ε_{irt} 为随机扰动项。基于式（8），本文可以得到国内农产品消费价格对关税和进口农产品价格的反应弹性分别为：

$$\frac{\partial \ln PD_{irt}}{\partial(1 + Tariff_{it})} = \hat{\beta}_4 + \hat{\beta}_6 Cost_r \qquad (9)$$

$$\frac{\partial \ln PD_{irt}}{\partial \ln PF_{it}} = \hat{\beta}_2 + \hat{\beta}_5 Cost_r \qquad (10)$$

（三）农产品消费价格对家庭工资收入的影响

由进口贸易所引致的农产品国内消费价格变化，不仅对家庭售卖所得产生影响，还会通过影响劳动力市场，对劳动力的工资收入产生作用。因此，需要就国内消费价格变化对家庭成员工资收入的影响进行评估。在明瑟经典工资方程的基础上，引入农产品消费价格，实证方程设定如下：

$$\ln Wage_{ir} = \beta_0 + \beta_1 PD_{1r} + \beta_2 PD_{2r} + \beta_3 PD_{3r} + \beta_4 PD_{4r} + \beta_5 Edu_{ir} + \\ \beta_6 Gender_i + \beta_7 Age_i + \beta_8 Age_i{}^2 + \beta_9 Com_i + \beta_{10} Career_i + \varepsilon_{ir} \qquad (11)$$

其中，Wage 为劳动力月工资金额对数，下标 i，r 代表个人和省份。PD 为国内农产品消费价格，下标数字 1~4 分别代表蔬菜水果、粮食烟草、畜禽蛋和水产品四个大类农产品。Edu 为受教育年限。Gender 为性别虚拟变量，男性为 0，女性为 1。Age 和 Age^2 为劳动力年龄及其平方。式（11）同时还控制住劳动力的所在单位性质 Com 与职业特征 Career。ε_{ir} 为随机扰动项。将式（9）和式（10）计算得到的国内农产品消费价格对关税和进口农产品价格的反应弹性与式（11）结合起来，即可得到关税变动和进口产品价格变动引致的工资水平变动。

因此，我们的评估过程为，首先，利用宏观层面的数据，基于式（8）估算农产品关税减让和进口农产品价格变动对国内农产品消费价格的传导系数及其程度，并进而分析其对消费支出的影响。其次，结合宏观数据和家庭微观数据，结合式（9）、式（10）和式（11）估算出农产品关税减让和进口农产品价格变动对农村居民家庭工资收入的影响。最后，利用家庭微观数据，基于式（4）测算因农产品关税减让和进口农产品价格变动引致的消费支出变动和收入变动对家庭福利的影响。

三、数据来源与实证结果

（一）数据来源

根据前文的分析可知，本文的实证分析过程既需要国家层面的关税数据，也需要地区层面的价格指数和贸易条件等数据，同时也需要家庭收入、支出和消费等个体数据。我们所考虑的地区范畴为省级地区，各地区农产品消费价格分类指数、农产品消费支出、居民消费价格指数、人民币汇率数据来自历年《中国统计年鉴》；各地区农产品产量、农产品集贸市场价格和农产品生产价格分类指数来自历年《中国农产品价格调查年鉴》；历年农产品进口额、农产品进口关税数据分别来自联合国商品贸易统计数据库 COMTRADE 和世界银行 WITS 数据库；贸易成本变量用各省会城市到最近港口的距离表示；进口关税采用最惠国待遇（MFN）实施关税税率中的税目简单平均数据。

家庭微观数据则来源于中国健康与营养调查（CHNS）。CHNS 是由中国疾病预防控制中心营养与食品安全所和美国北卡罗来纳大学人口中心合作发起的追踪调查项目。该调查是目前针对中国微观调查中，调查年份最多，并同时对家庭和个体进行连续观测的数据样本。被调查家庭样本来自辽宁省、黑龙江省、江苏省、山东省、河南省、湖北省、湖南省、广西壮族自治区、贵州省 9 个省区。该调查目前已在 1989 年、1991 年、1993 年、1997 年、2002 年、2004 年、2006 年、2009 年和 2011 年进行了 9 轮。由于中国是在 2001 年 12 月 11 日加入 WTO，但中国的关税减让并非在加入 WTO 之日立即大幅度减让，而是逐渐减让的，2001~2005 年是中国承诺的履行减税期，这期间中国关税减让幅度显著，因此本文使用的是 2005 年之后关税有了大幅度减让之后的数据。但由于在 2008~2009 年，中国农产品进口关税减让幅度微弱，因此，我们没有使用 2009 年的数据。此外，2011 年的 CHNS 调查中食品代码发生了改变，目前尚未见到权威的代码识别资料，因此本文也没有使用 2011 年的数据。最终，本文使用的是 2006 年的 CHNS 调查数据①。中国健康与营养调查（CHNS）2006 年数据包括了住户调查、个人调查和膳食调查，分别提供了本文所需的家庭农产品生产收入、家庭成员工资收入和家庭农产品消费等数据。按照中国健康与营养调查（CHNS）2006 年数据中对家庭农产品生产种类分组的数据特征，本文将农产品分为蔬菜水果、粮食烟草、畜禽蛋和水产品四个大类。中国健康与营养调查（CHNS）2006 年数据将劳动力所在单位的性质区分为国有企业、外资企业、私营企业和集体企业四种，在式（11）的回归中，我们用变量 Com 控制了劳动力所在单位的性质②。此外，中国健康与营养调查（CHNS）2006 年数据中职业类型共有 13 类，因此，在式（11）的回归中，我们用变量 Career 控制了劳动力职业类型③。

根据前文可知，我们需要使用地区层面的宏观数据来估算关税减让、农产品进口价格对国内农产品消费价格的影响，同时还需要估计工资的价格弹性。在这个估计中，本文使用的是中国省际层面的面板数据，由于本文的数据是 2006 年的微观数据，为了使微观数据同省际层面的面板数据相匹配，本文在选择省际数据的年份时遵循如下原则：①宏观数据的年份应当包含 2006 年；②省际层面的样本数据距离 2006 年的时间间隔不宜太长。考虑到 2003 年的农产品细分价格数据不可得，本文最终使用的是 2004~2009 年的省际层面面板数据。本文采用 2003 年各大类农产品集贸市场价格数据表征基期消费价格。由于中国地区层面农产品生产价格数据不可得，借鉴已有研究做法，本文假设 2003 年生产价格为同年消费价格的 1/2。自 2004 年起各年份消费价格和生产价格数据分别由基期消费价格和生产价格数据乘以消费价格分类指数和生产价格分类指数得到。在加总四大类农产品消费价格、生产价格和进口价格的过程中，分别利用各农产品的家庭消费支出占比、地区生产量乘以生产价格所得到的生产额占比、进口额占比为相应权数，求出四大类农产品的加权消费价格、生产价格与进口价格。所有价格均通过消费者价格指数平减为 2003 年不变价。

---

① 本文也采用中国健康与营养调查（CHNS）2009 年数据进行了实证研究，但由于在 2008~2009 年，我国农产品进口关税减让幅度微弱，导致相应结果接近于 0，分析的意义与价值不大，因此最终用于分析的数据是 2006 年的数据。

② 由于劳动力所在单位属性共有四类，因此我们使用了三个虚拟变量用以控制单位属性。

③ 这 13 种职业分别是高级专业技术工作者、一般专业技术工作者、管理者/行政官员/经理、办公室一般工作人员、农民/渔民/猎人、技术工人或熟练工人、非技术工人或熟练工人、军官与警官、士兵与警察、司机、服务行业人员、运动员/演员/演奏员、其他，因此本文使用了 12 个虚拟变量用以控制劳动者的职业属性。

（二）农产品关税减让、进口价格变动对国内消费价格的传导

由于农产品生产价格和农产品消费价格同属省份层面数据，因此，在估计式（8）中的解释变量系数时可能存在反向因果关系。本文参照已有研究做法，采用工具变量法来提高估计的精确性，将农产品生产价格的滞后1期作为该变量的工具变量。表1给出了工具变量的检验结果。LM检验和Wald-F检验结果显示，本文选取的工具变量是有效的，不存在无法识别和弱工具变量问题。DWH检验结果显示，除水产品的生产价格不存在内生性问题外，其他三大类农产品的模型估计均须采用工具变量法。

表1 工具变量的检验结果

变量	（1） 蔬菜水果 （PD$_{1r}$）	（2） 粮食烟草 （PD$_{2r}$）	（3） 畜禽蛋 （PD$_{3r}$）	（4） 水产品 （PD$_{4r}$）
生产价格（PP）	0.817***	0.793***	0.744***	0.930***
	（14.99）	（7.61）	（5.90）	（13.35）
汇率（E）	−1.094	1.226***	−0.395	−0.0340
	（−1.21）	（2.90）	（−0.99）	（−0.07）
贸易成本（Cost）	−0.0111	−0.000609	0.00185	−0.00410***
	（−0.67）	（−1.36）	（0.56）	（−2.70）
进口价格（PE）	0.360	0.145	0.0114	−1.385
	（0.81）	（1.17）	（0.14）	（−0.89）
进口价格 × 贸易成本（PE×Cost）	−0.00123*	−0.0000520	−0.0000474	0.00250
	（−1.87）	（−0.34）	（−0.35）	（1.28）
进口关税（Tariff）	−55.70	−1.085	2.607	−12.97
	（−0.53）	（−0.69）	（0.13）	（−0.66）
进口关税 × 贸易成本（Tariff×Cost）	0.0769	0.00155	−0.0147	0.0285
	（0.63）	（0.77）	（−0.55）	（1.56）
_Cons	10.82	−1.093	1.694	2.861**
	（0.82）	（−1.13）	（0.84）	（2.43）
样本数	54	54	54	54

续表

变量	（1） 蔬菜水果 （PD_{1r}）	（2） 粮食烟草 （PD_{2r}）	（3） 畜禽蛋 （PD_{3r}）	（4） 水产品 （PD_{4r}）
DWH 检验	7.24219 ［0.0071］	4.14472 ［0.0418］	6.47351 ［0.0109］	1.89495 ［0.1686］
LM 检验	10.369 ［0.0013］	27.184 ［0.0000］	17.606 ［0.0000］	14.550 ［0.0001］
Wald-F 检验	287.655 {16.38}	114.231 {16.38}	181.407 {16.38}	539.824 {16.38}

注：①回归采用稳健标准误；②（ ）内为 t 值、［ ］内为 p 值、￤￤内为 10% 显著性水平上的 Stock-Yogo 检验临界值；③ *、** 和 *** 分别代表 10%、5% 和 1% 的显著性水平；④ DWH 检验原假设为解释变量是外生的，若拒绝原假设说明解释变量不是外生，回归应采用工具变量法；⑤ LM 检验原假设为工具变量识别不足，若拒绝原假设说明不存在工具变量识别不足问题；⑥ Wald-F 检验原假设为工具变量弱识别，若 F 值大于 Stock-Yogo 检验临界值则拒绝原假设，说明不存在工具变量弱识别问题。

基于表 1 结果，采用面板数据模型与工具变量法对式（8）进行估计。根据联合 F 检验、LM 检验和 Hausman 检验的结果，对面板数据模型的混合效应、固定效应与随机效应进行选取。表 2 报告了各大类农产品实证过程的相应检验结果与模型选取后的估计结果。其中，列（5）和列（8）由于采用固定效应模型，地区贸易成本变量在回归中被省略。

表 2　进口贸易对农产品消费价格的影响

变量	（5） 蔬菜水果 （PD_{1r}）	（6） 粮食烟草 （PD_{2r}）	（7） 畜禽蛋 （PD_{3r}）	（8） 水产品 （PD_{4r}）
生产价格（PP）	0.0147 （0.07）	0.423*** （3.24）	0.193 （1.08）	0.275*** （4.01）
汇率（E）	−1.680*** （−4.45）	0.686*** （2.79）	−1.549*** （−3.83）	−0.469* （−2.29）
贸易成本（Cost）	— —	−0.000501 （−1.43）	0.00162 （1.04）	— —

续表

变量	（5） 蔬菜水果 （PD_{1r}）	（6） 粮食烟草 （PD_{2r}）	（7） 畜禽蛋 （PD_{3r}）	（8） 水产品 （PD_{4r}）
进口价格（PE）	-0.525^{*}	0.106^{**}	-0.0869^{*}	0.443
	（-1.69）	（2.01）	（-1.83）	（1.06）
进口价格 × 贸易成本（PE×Cost）	-0.000353	-0.0000591	-0.0000130	-0.000179
	（-0.98）	（-0.87）	（-0.24）	（-0.25）
进口关税（Tariff）	-94.15^{**}	-0.829	8.398	-16.94
	（-2.38）	（-0.98）	（0.81）	（-1.67）
进口关税 × 贸易成本（Tariff×Cost）	0.0291	0.00122	-0.0143	0.0287^{**}
	（0.61）	（0.97）	（-1.14）	（2.70）
_Cons	14.43^{***}	0.0413	4.624^{***}	2.408^{***}
	（3.56）	（0.07）	（3.17）	（6.42）
样本数	54	54	54	54
联合 F 检验	28.76	64.05	37.43	42.17
	［0.0000］	［0.0000］	［0.0000］	［0.0000］
LM 检验	11.49	74.73	82.11	80.22
	［0.0004］	［0.0000］	［0.0000］	［0.0000］
Hausman 检验	23.52	5.36	3.29	6.59
	［0.0000］	［0.1474］	［0.3495］	［0.0863］

注：① 回归采用聚类稳健标准误纠正省份层面误差的相关性；②（ ）内为 t 值、［ ］内为 p 值；③ *、** 和 *** 分别代表10%、5% 和 1% 的显著性水平；④联合 F 检验原假设为使用混合回归，若拒绝原假设说明固定效应优于混合回归；⑤ LM 检验原假设为使用混合回归，若拒绝原假设说明随机效应优于混合回归；⑥ Hausman 检验原假设为使用随机效应。

表 2 结果显示，蔬菜水果类农产品进口价格变量系数显著为负，说明当该类进口农产品价格上升时，国内消费价格会下降。这意味着，当蔬菜水果类农产品进口价格上涨时，由于国内同类产品价格较低，具有一定比较优势，消费者会转而选择国内同类产品，替代了对进口农产品的需求，从而拉低了国内消费价格。这一发现与罗知和郭熙保（2010）的发现类似。粮食烟草类农产品的进口价格变量系数为正，说明进口价格的上升或下降会传导至国内消费市场，并导致国内消费价格的同方向变动。可能的原因在于，一方面，烟草类产品

作为致瘾性商品，其需求价格弹性较低，因此进口价格变动对消费需求影响不大；另一方面，国内粮食质量安全问题越来越受到人们的关注，与进口粮食价格变动相比，人们更关心的是食品安全问题，即使在进口粮食价格上涨的情况下仍然会购买，从而导致了粮食国内消费价格与进口价格之间的同方向变动。这一发现与王孝松和谢申祥（2012）结论一致。畜禽蛋类进口价格变量系数显著为负，说明国内消费者对该类进口产品需求和本国产品之间替代性较强。这和蔬菜水果类产品情形类似，说明中国蔬菜水果及畜禽蛋类产品具有一定的竞争力。进口价格对水产品的影响不显著。农产品消费价格对进口价格与贸易成本的交互项均不显著，说明农产品进口价格对国内消费价格的影响不存在地区层面的差异。

进口关税主要对蔬菜水果和水产品类的农产品产生显著影响。对蔬菜水果类而言，进口关税变量对国内消费价格的影响为负，说明关税减让会促使国内进口更多的蔬菜水果类农产品。由于此类产品进口价格较高，因此拉升了该类农产品的国内消费价格；对水产品而言，进口关税与贸易成本交互项的系数为正，说明进口关税减让会通过降低价格加成，使国内水产品的消费价格下降，且这一影响存在着地区层面的差异。进口关税减让对粮食烟草、畜禽蛋类农产品的影响并不显著，可能的原因在于本文样本区间处于中国加入WTO的"过渡期"及以后，农产品关税减让的承诺已充分履行，因此进口关税对部分农产品国内消费价格的影响已不再显著。

从控制变量结果来看，国内生产价格对各大类农产品国内消费价格的影响均为正，这意味着两者之间有正向传导机制，与王军英和朱晶（2011）结论一致。汇率上升代表本国货币贬值（直接标价法），从而对进口商品价格有抬升作用，不利于进口。实证结果显示，汇率对粮食烟草类产品国内消费价格的影响显著为正，对其他三类农产品国内消费价格的影响显著为负。这意味着，当人民币贬值时，尽管进口价格有所提升，但中国消费者仍然会保持对粮食烟草类进口品的需求，从而对国内消费价格产生了拉升效果；而在其他三类农产品方面，中国消费者会转而选取国内较低价格的同类产品进行替代，从而对国内消费价格产生拉低作用。这一发现与前文实证结论是一致的。

（三）国内农产品消费价格对劳动力工资的影响

家庭工资与消费价格之间同样可能存在反向因果问题，因此在估计式（11）时本文同样选取四大类农产品消费价格的滞后1期作为相应的农产品消费价格的工具变量。已有研究结论显示，进口贸易对中国技能劳动力与非技能劳动力工资的影响存在差异，因此，本文认为农产品消费价格对不同技能水平的劳动力的影响可能存在异质性。基于国际上对技能分类的通用标准，本文采用职业类型对不同技能劳动力进行分组，并进行分组回归。具体而言，根据中国健康与营养调查（CHNS）2006 年数据中的职业分类，本文将高级专业技术工作者、一般专业技术工作者、管理者/行政官员/经理、技术工人或熟练工人四类职业的就业者归为技能劳动力，其他九类职业的就业者归为非技能劳动力。具体的回归结果如表 3 所示。

表 3　农产品消费价格对劳动力工资的影响

变量	（9）全体劳动力	（10）非技能劳动力	（11）技能劳动力
蔬菜水果消费价格（PD_{1r}）	0.276**	0.370**	0.185
	(2.13)	(2.21)	(0.92)
粮食烟草消费价格（PD_{2r}）	0.431***	0.494***	0.404*
	(3.15)	(2.90)	(1.80)
畜禽蛋消费价格（PD_{3r}）	−0.465***	−0.478***	−0.328
	(−2.98)	(−2.64)	(−1.11)
水产品消费价格（PD_{4r}）	−0.0510	−0.0278	−0.187
	(−0.43)	(−0.21)	(−0.88)
受教育年限（Edu）	0.0286***	0.0205***	0.0401***
	(9.10)	(6.51)	(5.81)
性别（Gender）	−0.205***	−0.247***	−0.159***
	(−7.68)	(−7.03)	(−3.84)
年龄（Age）	0.0246***	0.0344***	0.0194
	(2.89)	(3.38)	(1.25)
年龄平方（Age^2）	−0.000248**	−0.000426***	−0.000117
	(−2.26)	(−3.21)	(−0.61)
单位性质（Com）	控制	控制	控制
职业类型（Career）	控制	控制	控制
_Cons	6.151***	6.102***	5.967***
	(13.15)	(10.78)	(7.28)
样本数	2052	1186	866

续表

变量	（9） 全体劳动力	（10） 非技能劳动力	（11） 技能劳动力
DWH 检验	37.1378 [0.0000]	26.9217 [0.0000]	16.5447 [0.0024]
LM 检验	404.178 [0.0000]	219.265 [0.0000]	183.377 [0.0000]
弱 IV 检验 p 值	0.0000	0.0000	0.0000

注：①回归采用稳健标准误；②（ ）内为 t 值、[ ] 内为 p 值；③*、** 和 *** 分别代表 10%、5% 和 1% 的显著性水平；④DWH 检验原假设为解释变量是外生的，若拒绝原假设说明解释变量不是外生，回归应采用工具变量法；⑤LM 检验原假设为工具变量识别不足，若拒绝原假设说明不存在工具变量识别不足问题；⑥弱 IV 检验原假设为工具变量弱识别，若 p 值为 0 为拒绝原假设，说明不存在工具变量弱识别问题；⑦非技能劳动力回归中的职业类型共使用了 8 个虚拟变量，技能劳动力回归中的职业类型共使用了 3 个虚拟变量。

表 3 工具变量检验结果显示，工具变量是有效的，不存在不可识别和弱工具变量问题。DWH 检验 P 值均小于 0.01，说明拒绝变量是外生的原假设，需要采用工具变量法。从回归结果上看，消费价格对劳动力工资产生影响的农产品主要集中在蔬菜水果、粮食烟草和畜禽蛋三大类上，水产品消费价格对劳动力工资影响不显著。其中，蔬菜水果、粮食烟草消费价格的上升会显著提升全体劳动力工资水平，而畜禽蛋消费价格的工资效应则相反。在对劳动力进行技能分组后，蔬菜水果消费价格的上升显著提升了非技能劳动力的工资水平。由于中国蔬菜水果类农产品的生产主要以非技能劳动力为主，当产品市场价格上涨时，管理者出于扩大生产的需要，会雇用更多的非技能劳动力，从而对其工资有提升作用。粮食烟草消费价格上升同时提升了非技能劳动力和技能劳动力的工资水平，意味着这类农产品生产对劳动力的技能水平没有明显偏好。畜禽蛋消费价格上涨则对非技能劳动力工资产生负向作用。可能的原因在于，与其他农产品的生产相比，此类农产品生产机械化程度较高，当市场价格提升时，雇主更倾向于购置新的机械设备用于扩大生产，从而替代了非技能劳动力的生产参与。

在控制变量中，受教育年限系数显著为正，说明教育对工人工资报酬具有显著提升作用。年龄对工人工资的作用呈现出倒 "U" 型机制，说明随着劳动力年龄的增长，劳动力市场对其需求会呈现出先增加后下降的趋势。此外，女性员工面临着显著的性别歧视，因性别不同而导致的同工不同酬现象明显存在。

（四）农产品关税减让、进口价格变动对农村家庭福利的影响

对中国农产品关税减让、进口价格变动的农村家庭福利效应测算需要家庭层面的生产收入、消费支出及工资收入等数据。本文首先对中国健康与营养调查（CHNS）数据进行如下处理：①根据家庭住户编码变量合并住户调查表、膳食调查表及个人调查表；②剔除缺失值与异常值；③加总家庭在蔬菜水果、粮食烟草、畜禽蛋及水产品四大类农产品销售收入及成员工资收入作为家庭总收入；④根据《中国食物成分表2002年》，按食品代码变量将家庭的农产品消费量归类至四大类，导入农产品消费价格数据，求得家庭在四大类农产品上的消费支出；⑤分别用农产品销售收入、家庭成员工资收入和消费支出除以家庭总收入，得到生产销售比例、工资比例及消费支出比例数据[①]，该结果如表4所示。基于表4可以看出，中国农村家庭收入的最主要来源是粮食烟草类农产品生产收入，其比例高达64.09%，其次分别是畜禽蛋、蔬菜水果和水产品。由于中国农村家庭成员结构以非技能劳动力为主，因此非技能劳动力工资占家庭收入比例高于技能劳动力工资占比。在消费方面，蔬菜水果、畜禽蛋和粮食烟草类农产品是农村家庭最主要的消费支出对象。

表4　2005年农村家庭农产品消费支出、生产收入与工资收入占比　　　　单位：%

农产品分类	消费比例	生产比例	技能劳动力工资比例	非技能劳动力工资比例
蔬菜水果	19.08	8.78	4.06	10.47
粮食烟草	17.16	64.09		
畜禽蛋	17.98	11.10		
水产品	3.25	1.50		

资料来源：由作者测算得到。

将上文求得的农产品关税减让、进口价格变动对消费价格的传导系数、工资的消费价格弹性和表4结果代入式（4），即可测算出农产品进口贸易所引致的家庭福利水平变化率，结果如表5所示。

[①] 中国健康与营养调查问卷没有报告家庭农业生产的中间投入情况，因此无法直接测算包括劳动力在内的中间品投入受到的关税减让及进口价格冲击。本文基于地区内劳动力自由流动的假设，测算得到家庭成员工资所受到的关税减让及进口价格冲击。未来若有更详细的家庭微观调查数据，可就家庭农业生产的中间投入如种子、化肥等展开，从而得到更加精确的结果。

表5　2005年农产品关税减让、进口价格变动对农村家庭福利的影响　单位：%

| 农产品分类 | 消费支出 | 生产收入 | 工资 | | 家庭福利补偿变量 |
			技能劳动力	非技能劳动力	
蔬菜水果	0.76	0.35	—	0.15	0.26
粮食烟草	0.60	2.24	0.06	0.18	−1.88
畜禽蛋	−0.38	−0.24		0.11	−0.25
水产品	−0.10	−0.05	—	—	−0.05
加总	0.88	2.31	0.06	0.44	−1.92

资料来源：由作者测算得到。

　　从加总结果来看，2005年农产品关税减让、进口价格变动使得农村家庭消费支出增加了0.88%，但同时使生产收入、技能劳动力工资和非技能劳动力工资分别增加了2.31%、0.06%和0.44%，家庭福利补偿变量为−1.92%，说明农村家庭为维持关税减让、进口价格变动价格冲击之前的福利水平，仅需要支付较低的货币量，家庭福利有所改善。这一结果与朱晶等（2016）的结果类似。从分项上来看，蔬菜水果类农产品关税减让、进口价格变动对农村家庭消费支出的增加程度大于对家庭收入的提升程度，导致农村家庭福利受损；粮食烟草类农产品关税减让、进口价格变动对农村家庭消费支出的增加程度低于对家庭收入的提升程度，改善了农村家庭福利；畜禽蛋和水产品两大类农产品的关税减让和进口价格变动则使农村家庭消费支出与生产收入双双下降。由于前者下降幅度高于后者，农村家庭净支出下降，福利有所上升。

　　按照农产品四大类细分讨论农产品关税减让、进口价格变动对中国农村家庭福利的影响：

　　对于蔬菜水果类而言，2005年进口价格下降使得国内消费者扩大了进口蔬菜水果的购买比例。由于进口蔬菜水果价格高于国内同类产品价格，因此对该类农产品的国内消费价格有拉升作用。关税减让也扩大了消费者对高价格进口蔬菜水果的需求，进一步促进了国内消费价格的上涨。最终，该类农产品国内消费价格的上涨使得中国农村家庭对该类农产品消费支出上升了0.76%，生产收入和工资收入分别上升了0.35%和0.15%，家庭福利补偿变量为0.26%。这一结果说明，当蔬菜水果类农产品进口价格下降时，中国农村家庭要获取一笔正的收入才能保持之前的真实收入水平，家庭福利受到损害。

　　中国农村家庭粮食烟草类生产比例远高于消费支出比例，是净生产者，因此该类农产品进口价格变动方向与农村家庭福利变动方向一致。2005年粮食烟草类进口价格上升，使得国内农村家庭生产和工资收入分别增加2.24%和

0.24%，大于消费支出的增加比例，家庭福利补偿变量为 −1.88%，说明家庭福利得到改善。此处值得引起我们重视的是，在粮食烟草类进口价格向下波动的其他年份，中国农村家庭生产收入下降幅度大于消费支出下降幅度，导致家庭福利受损。考虑到国内外粮食价格长期倒挂的现实，我们必须关注由国外粮食价格波动所引致的国内农村家庭福利损失问题。

畜禽蛋进口价格上升，消费者转向国内较低价格的同类产品消费，导致国内消费价格下降。由于中国农村家庭畜禽蛋生产比例低于消费支出比例，是该类农产品的净消费者，在消费支出下降 0.38% 的同时，农村家庭生产收入下降 0.24%，工资收入上升 0.11%，家庭福利补偿变量为 −0.25%。这说明，当中国畜禽蛋类农产品进口价格上升时，国内农村家庭为维持冲击前的真实收入水平，净支出有所减少，家庭福利得到改善。结合当下社会舆论关注的进口牛肉、鸡蛋等农产品是否对国内造成冲击等热点问题，本文的发现从农村家庭微观层面提供了一种可能性答案。

水产品关税减让通过减少进口价格加成，使国内消费价格有所下降。由于农村家庭是水产品的净消费者，消费支出下降程度高于生产收入下降程度，农村家庭福利最终得到改善。

本文还关注由农产品关税减让和进口价格变动对不同收入层次农村家庭福利的差异化影响。按照收入水平 25%、50%、75% 分位数对农村家庭进行分组测算，表 6 报告了测算结果。农产品关税减让、进口价格变动提高了所有分位数水平上农村家庭的福利水平。有两点结论值得注意：① 2005 年农产品关税减让、进口价格变动对 25% 分位数以下群体的福利水平有改善的作用。考虑到这一收入水平及以下的农村家庭绝大多数属于贫困群体，这说明中国贸易自由化进程对农村家庭具有减贫的作用，这与林文和邓明（2014）的结论一致。②收入越高的家庭，其福利水平改善程度越大，这一发现与朱晶等（2016）类似。造成这一现象的原因有二：一是蔬菜水果类农产品对于收入在中位数及以上水平的农村家庭福利补偿变量影响为负，说明这部分农村家庭仅需要支付较冲击前更少的货币量就可以维持福利水平不变，福利水平得到改善；二是由于关税减让、进口价格变动显著提高了非技能劳动力工资和农村家庭收入，促使同时提供农产品和劳动力的这部分高收入农村家庭获益更多。需要重视的是，考虑到家庭福利补偿变量采用占收入百分比的形式，农产品关税减让、进口价格变动对较高收入农村家庭福利的绝对增加量大于对较低收入家庭福利的绝对增加量，不同收入水平农村家庭福利水平绝对值之间的差距被拉大。

表6 2005年农产品关税减让、进口价格变动对不同收入水平农村家庭福利的影响 单位：%

农产品分类	0~25	26~50	51~75	76~100
蔬菜水果	1.14	0.47	−0.04	−0.58
粮食烟草	−1.69	−2.11	−2.02	−1.69
畜禽蛋	−0.42	−0.24	−0.17	−0.16
水产品	−0.16	−0.07	−0.01	0.04
加总	−1.13	−1.95	−2.24	−2.39

资料来源：由作者测算得到。

表7报告了农产品关税减让、进口价格变动对不同地区农村家庭福利水平的差异化影响。辽宁、黑龙江、江苏、山东、河南等产粮大省的农村家庭福利水平增加率明显高于其他省份的农村家庭福利水平增加率。此外，广西、湖南等农业大省的家庭福利水平改善程度也较大。由此可以看出，中国农产品关税减让、进口价格变动的地区间农村家庭福利效应随各地农业生产结构差异而有所不同。

表7 2005年农产品关税减让、进口价格变动对不同地区农村家庭福利水平的影响 单位：%

农产品分类	辽宁	黑龙江	江苏	山东	河南	湖北	湖南	广西	贵州
蔬菜水果	−0.11	0.43	0.10	−0.02	0.85	0.33	0.14	−0.04	0.27
粮食烟草	−1.97	−2.43	−2.15	−2.14	−2.31	−1.61	−1.21	−1.41	−1.27
畜禽蛋	−0.40	−0.22	−0.37	−0.25	−0.19	−0.21	−0.21	−0.39	−0.09
水产品	−0.05	−0.10	−0.07	−0.11	−0.02	0.01	−0.03	−0.08	−0.02
加总	−2.53	−2.32	−2.49	−2.52	−1.67	−1.48	−1.31	−1.92	−1.11

四、研究结论与启示

通过上述研究，本文得到以下基本结论：第一，关税减让、进口价格变动对国内农产品消费价格有显著的传递效应，且随农产品不同种类有所不同；第二，这一作用通过农村家庭生产收入、消费支出渠道，从而对农村家庭真实收入与福利水平产生了明显影响；第三，关税减让和进口价格变动对中国农村家庭福利的影响存在家庭收入和所处地区方面的差异性。

本文研究结论的意义是深远的。随着中国开放水平和开放层次不断加深，国际市场上农产品价格波动对中国农户福利产生了不可避免的显著影响。例如，当进口价格上涨时，国内较低价格的蔬菜水果、畜禽蛋类农产品与同类进口品相比具有一定的比较优势与替代性，从而对农村家庭福利水平有利好作用；但是，当进口价格下跌时，国内消费者会选择更具有相对价格优势的进口蔬菜水果、畜禽蛋类农产品，从而对农村家庭福利水平有负向影响。而国内粮食烟草类农产品因为竞争力不足，面对进口价格冲击，国内价格只能"随波逐流"，极其不利于国内粮食安全与农户福利稳定。因此，在对外开放水平不断提高的时代背景下，必须下功夫大力培养中国农产品在质量、品牌、信誉等方面的竞争优势，从而加强中国农业、农村和农民面对国际市场价格波动时的风险抵御能力。这不仅是深化中国农业供给侧结构性改革、促进农业现代化建设的重要抓手，更对中国农村家庭福利水平的提升、"三农"问题的解决和乡村振兴战略的顺利实施具有深远的影响。

此外，国家还应加强对不同地区、不同收入水平农村家庭生产、消费情况的大数据监测、公布和应用工作。这将有助于相关学者就国际农产品市场价格波动对中国农村家庭支出、收入、福利和贫困的冲击问题及时进行评估与研究，从而为提高相关产业政策与扶持、救助政策的精准性、有效性提供基础研究支撑。

参考文献

［1］Badolo F., Traoré F. Impact of Rising World Rice Prices on Poverty and Inequality in Burkina Faso［J］. Development Policy Review, 2015, 33（2）: 221-244.

［2］Banks J., Blundell R., Lewbel A. Tax Reform and Welfare Measurement: Do We Need Demand System Estimation?［J］. Economic Journal, 1996, 106（438）: 1227-1241.

［3］Chakravorty U., Hubert M., Marchand B. U. The Effect of the US Biofuels Mandate on Poverty in India［R］. 2016.

［4］Deaton A. Rice Prices and Income Distribution in Thailand: A Non-Parametric Analysis ［J］. Economic Journal, 1989, 99（395）: 1-37.

［5］Goldberg P.K., Knetter M. M. Goods prices and exchange rates: What have we learned ［J］. Journal of Economic Literature, 1997, 35（15）: 1243-1272.

［6］Guido G. Porto Using Survey Data to Assess the Distributional Effects of Trade

Policy［J］. Journal of International Economics, 2006, 70（1）: 140–160.

　　［7］Han J., Liu R., Marchand B.U., et al. Market Structure, Imperfect Tariff Pass-Through, and Household Welfare in Urban China［J］. Journal of International Economics, 2016（3）: 220–330.

　　［8］King M. A. Welfare analysis of tax reforms using household data［J］. Journal of Public Economics, 2012, 21（2）: 183–214.

　　［9］Mincer J. Schooling, Experience, and Earnings［M］. New York: Columbia Univeisity Press for the National Bureau of Economic Research, 1974.

　　［10］Minot N., Daniels L. Impact of Global Cotton Markets on Rural Poverty in Benin［J］. Agricultural Economics, 2010, 33（S3）: 453–466.

　　［11］Minot N., Goletti F. Rice market liberalization and poverty in Viet Nam［R］.2000.

　　［12］Nicita A. The Price Effect of Tariff Liberalization: Measuring the Impact on Household Welfare［J］. Journal of Development Economics, 2009, 89（1）: 19–27.

　　［13］Nicita A., Olarreaga M., Porto G. Pro-Poor Trade Policy in Sub-Saharan Africa［J］. Journal of International Economics, 2014, 92（2）: 252–265.

　　［14］Singh I. Squire L. Strauss J. Agricultural Household Models: Extensions, Applications and Policy［M］. Published for the World Bank, the Johns Hopkins University Press, 1986.

　　［15］Slaughter M. J. What are the Results of Product-Price Studies and What Can We Learn from Their Differences?［R］. 1998.

　　［16］葛玉好，曾湘泉. 市场歧视对城镇地区性别工资差距的影响［J］. 经济研究，2011（6）: 45–56.

　　［17］何秀荣. 我国农产品国际贸易研究方面的问题及建议［J］.农业经济问题,2003(3): 23–25.

　　［18］黄季焜，马恒运. 价格差异——我国主要农产品价格国际比较［J］.国际贸易，2000(10): 20–24.

　　［19］李实，杨修娜. 农民工工资的性别差异及其影响因素［J］.经济社会体制比较，2010（5）: 82–89.

　　［20］林文，邓明. 贸易开放度是否影响了我国农村贫困脆弱性——基于 CHNS 微观数据的经验分析［J］.国际贸易问题，2014（6）: 23–32.

　　［21］路子显. 粮食重金属污染对粮食安全、人体健康的影响［J］.粮食科技与经济，2011（4）: 14–17.

　　［22］罗知，郭熙保. 进口商品价格波动对城镇居民消费支出的影响［J］.经济研究，2010（12）: 111–124.

　　［23］施炳展，张夏. 中国贸易自由化的消费者福利分布效应［J］.经济学（季刊），

2017（4）：1421–1448.

［24］王军英，朱晶. 贸易开放、价格传导与农户消费［J］. 农业技术经济，2011（1）：111–120.

［25］王琦. 中国农产品关税水平及结构分析［J］. 世界农业，2014（1）：100–106.

［26］王孝松，谢申祥. 国际农产品价格如何影响了中国农产品价格？［J］. 经济研究，2012（3）：141–153.

［27］张明志，刘杜若，邓明. 贸易开放对技能溢价的影响：理论机制与中国实证［J］. 财贸经济，2015（4）：85–95.

［28］张品一. 食品价格上涨对我国农村异质性家庭福利的影响——基于 CHNS 数据的实证研究［J］. 中国经济问题，2017（1）：99–110.

［29］2008 年 12 月农业模式草案对中国的影响［EB/OL］. ICTSD，http：//www.ictsd. org/sites/default/files/down loads/2009/07/chinese-version4.pdf，2009–07.

［30］朱晶，张腾飞，李天祥. 关税减让、汇率升值与农户福利——基于价格传导视角［J］. 农业技术经济，2016（7）：4–18.

27. 中国传统工艺与乡村社会 *

张学渝

摘要： 本文侧重从技术与社会互动的脉络，认识 20 世纪以来中国传统工艺在乡村的际遇。本文认为，近代以来伴随着现代化、机械化和城市化的浪潮，"乡村技艺"从民间技艺概念中脱颖而出。它的特点是：①技艺准备—实施—完成等各个环节均体现实用性；②技艺有强大的社会支持，技艺相关的产业链条完整、技艺本身的技术链完整、工匠与工匠之间互帮互助。20 世纪上半叶，受困于国家经济发展，乡村技艺一小部分转化为工业，大部分被毁坏；20 世纪下半叶，乡村技艺又在国家农业支持工业的国家战略中牺牲了自我。新时代，国家传统工艺振兴和乡村振兴战略的实施，乡村技艺迎来了发展机遇。未来乡村技艺的变化有：其一是作为工匠的农民个人素质整体提升；其二是乡村技艺的技艺环境支持度增高。但是乡村技艺对乡村社会的互动和支持、各项技艺的核心技艺和核心文化作为内化于乡村技艺的两大特点不会随着时代的变化而变化。

关键词： 乡村技艺；传统工艺；乡村社会；技术史

一、问题的提出

"传统工艺"是当下学术界和大众使用率特别高的词汇，其内涵非常丰富。从内容上看，传统工艺是用于解决人们衣、食、住、行、用五个方面的物质性生存问题的技艺。从本质上看，传统工艺主要是指那些传承有序的符合自然、人类生活的手工技艺。

早在 20 世纪初，学术界已经开始对传统工艺进行调查与研究。第一，社会学、经济学领域的调查与研究，其研究队伍浩大，部分研究还带有官方调研

---

* 张学渝，中山大学历史学系（珠海）副研究员、博士后，研究方向为传统工艺、科学技术史。

背景，关注的重点集中在传统工艺内容方面，从行业的角度阐释技艺与社会、经济发展之间的关系。费孝通《江村经济》，以及费孝通与张之毅《云南三村》是这一领域的经典。第二，技术史领域的调查与研究，其研究队伍相对较小，关注工艺本质，以历史、手工和自然的技艺特征为导向进行传统工艺研究，开启于 20 世纪 30 年代王振铎、谭旦冏、许衍灼等学者的传统工艺调查，《中国传统工艺全集》是集大成者。

这种"大队伍向外走，小队伍向内行"的传统工艺研究，解决了许多传统工艺的学术问题和现实问题。但也遗留了一些问题，尤其是时代变换产生了对传统工艺价值的发问，例如如何回答当下乡村社会里的传统工艺发展问题。本文结合上述两种研究成果，侧重从技术与社会互动的脉络认识自 20 世纪以来中国传统工艺在乡村的际遇，回应当下传统工艺振兴和乡村振兴的战略。

二、乡村技艺的概念及特征

（一）"乡村技艺"的出现

手工艺品有着两个明显的特征，即手工制作和满足特定消费者。这使得手工技艺的面貌受消费者的影响较大，是一种消费者导向型的技艺。与此相对，工业产品是一种模式化的满足普遍性群体消费需求的商品，其制作技艺主要受制作者影响，是一种制作者导向型的技艺。因此，从受众的角度看传统工艺，"乡村技艺"则是指其中主要满足乡村社会的那一部分技艺。"乡村技艺"并非凭空出现的概念，但也并非历来就有的概念。将之单独提出来，有其历史原因。

"乡村技艺"就是民间技艺。中国是一个传统工艺大国，创造了辉煌的手工艺成就与文化。历史上中国的手工艺基本上要面对如下群体，即统治阶层、官僚阶层、文人阶层、普通民众阶层。相应地，形成了"宫廷技艺""官方技艺""文人技艺"以及"民间技艺"。但随着封建帝制的解体和社会的变迁，"宫廷技艺""官方技艺""文人技艺"的概念逐渐被弃用，成为描述历史现象的词汇，而"民间技艺"依旧具有活力。

虽然"乡村技艺"就是民间技艺，但它的产生与"城市"的产生密切相关。从地理角度来看，人类聚居的地方被称为聚落，聚落可分为乡村和城市。有研究表明"清晰的城乡差异在中国的出现是一种现代现象"，是伴随着工业化和现代化而产生的。这样一来，"乡村"和"城市"不但在行政划分上，更在经济文化社会生活上均出现巨大差异。由于生活方式的分化，生产技艺也相应出现了适应于乡村和城市的分别。因此，"乡村技艺"是城市兴起的产物，诞生于乡村，服务于乡村。

（二）"乡村技艺"的固有特点

彭南生认为，近代中国存在三种乡村手工业形态，即农民家庭手工业、工场手工业、工匠手工业，其中家庭手工业占主导地位。这是从工匠职业化程度来划分乡村技艺，近代乡村技艺有以下两大特点：

第一，技艺以实用为上。这种实用体现在技艺准备—实施—完成等各个环节。例如，在技艺的时间选择上，以不与农忙冲突的农闲时期为主；在技艺各环节的重要性上，原料经济＞使用便捷＞产品美观；在产品的品质上，以经久耐用、朴素大方为宗旨。原料通常就地或就近取材，很少出现跨区域选材且人工投入比机械投入更节约。制作者购买得起制作产品，产品以服务就近区域为主，较少跨区域流通。近代乡村技艺的这种实用性充分体现了适时而用、适当而用的造物思想，和传统农业社会自产自销、自给自足的社会经济状态相适应。

第二，技艺拥有强大的社会支持。大量的事实表明，一种手工技艺就是一种社会支持。艾约博提出，"技能就是社会关系"。乡村技艺诞生于熟人社会，因此技艺有着强大的乡村社会支持。首先，技艺相关的产业链条完整。例如，织布技艺涉及种麻、制靛、织布、染布，甚至刺绣等工作，这些工作可以由家庭独自完成，也可以在一定区域内实现工艺对接。其次，技艺本身的技术链完整。检验工匠是否合格的标准就是他能否独当一面，独立完成产品。最后，这种社会支持还体现在工匠与工匠之间的互帮互助方面。"换工"就是典型表现。换工是在乡村中广泛存在的一种共享免费劳动力的形式。工匠在换工的过程中填补了劳动力不足的困境，与此同时实现了工匠间的信息互通、情感互通。这与花钱"雇工""招工"有本质区别。传统社会的强大社会支持使得乡村技艺的影响限定在一定区域内，人工成本较低。

乡村技艺与乡村社会是相互联系的。通常与工匠搭配度高的村子，其社会影响力也较大。因此，乡村技艺在传统社会中有着稳定乡村社会的功能。有的技艺发展较好的地区，乡村技艺还产生了技术民俗，技艺牢牢嵌入乡村社会，成为乡民精神生活的重要组成部分。

三、20 世纪的乡村技艺

（一）失落于乡村

20 世纪上半叶是国之不安的动荡时代。辛亥革命结束了延续两千多年的封建帝制，中国接着进入了混乱的军阀混战，随后卷入第一次世界大战和第二次世界大战，后又面临内战，直到 1949 年中华人民共和国成立，战争的硝烟方为平息。梁漱溟认为，自清朝同光年间起的百年间，中国的历史就是一部乡村破坏史。

政府和各界人士曾为乡村复兴投入了精力与热情。中华民国国民政府将乡村工业建设作为农村复兴运动的一项重要内容。1933 年 5 月，中华民国国民行政院提议在农村复兴委员会中设立农村副业组。晏阳初在河北定县（今河北省定州市）进行了乡村振兴实验。梁漱溟在山东邹平进行了乡村建设运动。西方学者也在此时关注了中国的乡村技艺。鲁道夫·霍梅尔在 20 世纪 20 年代对大半个中国的手工业进行了调查，形成了巨著《手艺中国：中国手工业调查图录》。

在这些努力中可以看到，政府考虑的是如何将乡村技艺转化为工业的问题，部分技艺被纳入国家工业化的发展规划。中国学者考虑的是从教育出发如何振兴乡村的问题，并未直接针对乡村技艺，面对乡村技艺凋敝的情况也无可奈何。西方学者是从异文化的角度关心乡村技艺，是中国乡村技艺受战争影响而失落的见证者。最终，乡村技艺一小部分转化为工业，大部分毁坏于战争，还剩一小部分残存于乡村中。

20 世纪下半叶国家优先发展重工业的工业化战略，无形中又让乡村技艺备受煎熬。"长期以来，无论是理论还是公共政策皆将城市中国作为现代化的归宿，并以牺牲和消灭乡土中国为前提。"集体化时期，乡村技艺面临着姓"工"还是姓"农"的问题。"基于以农业为主的经济基础和重工业发展对资本的巨额需求，农业充当了提供资本形成与积累的角色。"

（二）淹没于现代化

如果说社会动荡和国家政策的倾向对乡村技艺有着巨大影响，摧毁了乡村技艺的坚硬外壳，那么整个 20 世纪现代工业文明的技术冲击则对乡村技艺是毁灭性的，几乎荡平了乡村技艺的核心文化内涵。西方国家将洋钉、洋火、洋布、洋铲等工业产品倾销至中国。中国的手工制作和西方的机器制作开始正面交锋。然而，与此同时，国家正沿着工业化的路子艰难前进。"中国的现代化一直被理解为一个古老农业国向工业国的结构转变。自近代以来的百余年间，先后历经近代国家官僚工业化、国家工业化、乡村工业化、沿海工业化，中国的结构形态发生重大跃迁。"在国家主动工业化和国外工业产品的夹击下，乡村技艺步履维艰。笔者曾撰文言："整个 20 世纪中国的工匠传统与近现代西方技术进行着艰苦卓绝地摩擦与融合。这个过程不亚于一场没有硝烟的战争。大部分经验性技术在这场战争中'革'掉了自己的'命'。"

近现代技术出现了很多非自然的资料，比如塑料、合成纤维、化学染料等，使得自然原料的成本上升，同时也挤占了自然原料的使用空间，改掉了生活中低层乡村群体的使用习惯，进而导致乡村技艺的衰退。人工合成材料与自然原料最大的区别在于是否可持续，这是传统工艺与现代机器产品最大的区别。旧的发展观并没有将是否可持续问题纳入，乡村技艺失落的结果是衣食住行用五类中，受到冲击最小的是"食"这一类，其他几类受到现代文明冲击较大；农业类技艺稍微好一点，牧业类技艺、渔业类技艺的凋亡最快。

乡村技艺在现代化、机械化、城市化的浪潮中逐渐被淹没，和其他传统工艺一起由过去的日常转变成为当今社会的一种"非物质文化遗产"。

四、新时代的乡村技艺

新时代，国家重新调整了前进的步伐，开始将可持续发展和乡村技艺振兴问题纳入新的实践中。20 世纪初，梁漱溟曾提出"中国的问题就是乡村的问题"。这个观点对于当下依然有效。

（一）乡村技艺振兴的政策依据

2017 年 3 月 12 日，国务院办公厅转发了《中国传统工艺振兴计划》，提出实施传统工艺振兴的战略。2017 年 10 月 18 日，国家主席习近平提交的党的十九大报告中明确提出"乡村振兴"战略。2018 年 9 月 26 日，中共中央、国务院印发《乡村振兴战略规划（2018—2022 年）》，明确提出了振兴乡村传统工艺。《乡村振兴战略规划（2018—2022 年）》指出，"大力推动农村地区实施传统工艺振兴计划，培育形成具有民族和地域特色的传统工艺产品，促进传统工艺提高品质、形成品牌、带动就业"。"乡村传统工艺振兴"被列入乡村文化繁荣兴盛八个重大工程之中。

从技术史的角度来看，从"传统工艺振兴""乡村振兴"到"乡村传统工艺振兴"，是一个完整的乡村社会振兴计划。只有技术与社会的共同兴旺，才有可能真正让手工技艺落地生根并有助于经济繁荣与社会稳定。因此，可以看到，国家已经开始从整体上进行乡村技艺的振兴部署。

（二）乡村振兴的三种成熟案例

中国幅员辽阔，人文地理各不相同，因此如何探索新的乡村振兴之路，有很多种可能。目前可以看到三种较为成熟的乡村振兴案例。

第一，生态农业代表江西省南垣村的"南垣模式"。2011 年，返乡青年姚慧峰从大城市回到家乡江西省宜丰县新庄镇南垣村从事生态水稻的种植。2013 年成立宜丰县稻香南垣生态水稻种植专业合作社。这是一个由当地农户自发成立的组织，种植老品种和常规品种水稻，种植过程不用农药、化肥、除草剂等任何化学制剂，用农家肥，稻鸭共作，依靠 CSA 模式（社区支持农业）进行水稻销售；同时，专业合作社也发掘和传承乡村传统手工艺，开展乡村公益。直到 2016 年，生态水稻种植面积达 1000 亩，加入农户 80 户，影响一方。

第二，乡村工业代表江苏省永联村的"永联模式"。永联村建于 20 世纪 70 年代，位于苏南地区，由长江滩涂围垦而来，地势低洼、易发涝灾，经济较为落后。20 世纪 80 年代后期，永联村民挖塘养鱼搞副业、办钢厂，探寻"以工补农"发展道路，实现村庄富裕，得到"华夏第一钢村"的美誉。据统计，"全村 98% 的村民实现了集中居住，98% 的耕地实现了集体流转，98% 的劳动力实现了就业，98% 的村民享受到了比城市居民更优越的福利保障"。

第三，乡村旅游业代表云南自治下勐劈村的"下勐劈模式"。下勐劈村位于德宏傣族景颇族自治州盈江县苏典傈僳族乡，是一个依山傍水的傈僳族村寨。县委县政府根据村子的地理和人文特色，提出"美丽乡村建设 + 乡村旅游"的发展思路，在村民家办客栈，客栈是股份合作制经营，村民半年分红一次。有数据显示，在下勐劈村全组 57 户共 246 人中，有建档立卡贫困户 41 户 170 人，农民人均可支配收入 1486 元。2016 年底，全村农民人均可支配收入达到 4600 元，41 户共 170 人建档立卡贫困人口全部脱贫。

从上述三种成熟的乡村振兴模式中可以看到，"南垣模式"的特点是乡村田园化，走第一产业农业发展的道路，村民可以拾起种植的老本行，实现在家致富。"永联模式"和"下勐劈模式"的特点分别是乡村工业化和旅游化，走第二产业工业和第三产业服务业的发展道路，都依托于集体的力量进行资源整合，办集体经济，村民入股，年终分红，村民脱离农业生产或在农闲时从事经营活动。前一种模式依赖当地带头人发挥带头作用，后两种模式更多依赖乡村固有的自然资源和人文资源。

（三）乡村技艺的瞻望

目前，中国社会处于由传统农业社会向现代工业社会的过渡期，即"城乡中国"阶段。经济学的研究表明："中国的现代化须经历三个阶段：乡土中国、城乡中国、城市中国，而非从乡土中国直接抵达城市中国。""城乡中国阶段，乡村的分化还会加剧，部分乡村的复兴和大部分乡村的衰败总体来看是趋势使然。"脱胎于"乡土中国"的传统乡村技艺，在迎接未来的"城市中国"前一定是在变化中寻求新的发展机遇。可以预见的一些变化有：

第一，作为工匠的农民个人素质的整体提升。这种提升包括接受教育程度的提高，对社会认知度的提高、技艺水平的提高等。这种整体素质的提升必将带来身份的自觉。梁漱溟曾言："乡村建设顶要紧的第一点便是农民自觉。"乡村社会也急需"工匠自觉"。这种自觉包括农民身份和工匠身份的自觉，社会责任感的自觉、文化自觉等。只有"工匠自觉"才可以寻找和抓住推动乡村技艺发展的内外机遇，是乡村技艺长远兴盛的根本。

第二，乡村技艺的技艺环境支持度增高。社会各界投入乡村技艺的热情增加，乡村技艺比以前更容易获得资金、智力和物力的支持。社会新兴技术和新兴经济社会发展模式亦可以为乡村技艺助力。在乡村工匠和社会各界的共同努力下，乡村技艺退掉"落后""简陋"的标签，成为"环保""时髦"的代名词。

时代的变化必定会影响到技艺，旧有的乡村技艺，哪些需要在新时代中加以改变，哪些需要继续保留，不同的乡村可以有不同的答案。但有两点一定是不会变的：

一方面，乡村技艺对乡村社会的互动和支持。传统工艺本是一定地域与民族文化的结晶。乡村技艺脱胎于乡村，也应该服务于乡村。现代社会中的"传统工艺"并非机械化、都市化。新时代的"传统"是继承了旧时代的优秀"传统"、摈弃不良"传统"并与新时代创造的"新传统"有机结合。其中"新传统"就是传统工艺反映新时代的社会生活，是传统工艺与现代生活接轨的具体体现。乡村技艺的现代发展应与整个民族、地域文化的现代化转变一致。

另一方面，各项技艺的核心技艺和核心文化。核心技艺就是传统工艺中最能体现技艺特色的那一部分工艺。而技艺总是附着于一定的民族地域文化，这样才使其具有了"核心技艺"的根本属性。因此，"核心文化"滋养着"核心技艺"。两者是一项技艺有别于另一项技艺的根本标志。

五、结语

回望 20 世纪以来中国乡村技艺的际遇，中国的乡村技艺诞生于乡村，失落于乡村，目前已经到了破茧待出的新时期。从个体经历来说，当一种理念处于上行期时，某项政策对于个体而言才具有实际意义；反之，当一种理念处于下行期时，某些原来看似很好的政策对于个体而言并无实际用处。工匠、技艺与社会有着各自的进退，对于工匠个体而言，体会到的是时代变换对技艺的影响；对于某项技艺而言，遭遇到的是技艺的兴衰更替；而对于社会而言，体现的是时代前进步子的谨慎与大胆。回到中国传统工艺的语境，乡村技艺仍然是非常重要的一类，对于维持乡村社会稳定、推动乡村经济繁荣、构建乡村文化复兴具有重要的意义。梁漱溟先生说："乡村建设，就是要从中国旧文化里转变出一个新文化来。"20 世纪的乡村技艺历史表明，诞生、失落后的乡村技艺，即将在 21 世纪振兴。

参考文献

［1］艾约博. 以竹为生 —— 一个四川手工造纸村的 20 世纪社会史［M］. 韩巍，译. 南京：江苏人民出版社，2016.

［2］梁漱溟. 梁漱溟全集：第 1 卷［M］. 济南：山东人民出版社，1989.

［3］梁漱溟. 梁漱溟全集：第 2 卷［M］. 济南：山东人民出版社，1990.

［4］刘守英. 城乡中国的土地问题［J］. 北京大学学报（哲学社会科学版），2018（3）：80-95.

［5］刘守英. 土地制度变革与经济结构转型 —— 对中国 40 年发展经验的一个经济解释［J］. 中国土地科学，2018（1）：3-12.

［6］鲁道夫·霍梅尔. 手艺中国：中国手工业调查图录［M］. 戴吾三，译. 北京：北京理工大学出版社，2012.

［7］彭南生. 半工业化：近代中国乡村手工业的发展与社会变迁［M］. 北京：中华书

局，2007.

［8］彭南生. 论近代中国乡村手工业的三种形态［J］. 华中师范大学学报（人文社会科学版），2007（1）：61-69.

［9］朴忠焕，李胜波，曹星等. 乡村与都市：当代中国的现代性与城乡差异［J］. 中国农业大学学报（社会科学版），2007（2）：45-69.

［10］数据来源于《德宏团结报》。

［11］数据来源于中国永联村官方网站。

［12］王先明. 乡村漫漫：20世纪之中国乡村（1901—1949）［M］. 北京：社会科学文献出版社，2017.

［13］乡村一般规模较小，主要有农村、牧村、渔村等不同类型，人们一般从事耕作、放牧、捕鱼等生产活动；而城市规模较大，人们主要从事工业、服务业等工作。因此，在历史研究中，常常采用"乡村"而非"农村"的说法。通常史学研究中所谓的乡村，大多指城市以外的地区，包括县城以外的镇、乡、村和传统城市的郊区。

［14］张学渝. 传统工艺败给了谁 ——《以竹为生》引发的思考［EB/OL］. 学问，http：//xuwen.cnki.net/CCND-2HDS201705240100.html，2017-05-24.

［15］张学渝. 技艺社会史：传统工艺研究的另一种视角［J］. 东北大学学报（社会科学版），2017（1）：15-19.

28. 对贵州省乡村振兴"产业兴旺"的几点建议 *

朱启臻

贵州省围绕乡村振兴，做好乡村产业大文章，在产业选择、农民素质教育、农业制度和农民组织等方面不断创新，取得了一系列的突破性成果，总结贵州省乡村产业发展的实践，本文提出以下四个方面的建议，旨在帮助完善乡村产业发展模式和路径，进一步思考应该发展什么样的乡村产业。

一、"产业兴旺"要走乡村经济多元化的道路

乡村产业振兴一定要坚持多业并举，走乡村经济多元化的道路。乡村经济多元化既包括乡村经济主体的多元化，也包括产业内容的多元化。有多样化的种植、多样化的养殖；丰富多彩的乡村手工业；既有大田的农业生产，也有房前屋后、种瓜种豆的庭院经济和手工业；更要发展乡村休闲度假体验等新型服务业。贵州省特殊的气候与地理环境，造就了丰富的珍稀特有资源，为多样化产业类型创造了条件。乡村经济在内容上的多元化至少有三个方面的好处：首先，满足农民多样化的需求，农民要吃五谷杂粮，要消费肉蛋奶、需要新鲜的蔬菜，其中的大部分可以自给自足，正是多样化的种植和养殖满足了农民多样化的需求，维系了"去货币化"的消费方式，尽管农民的货币收入不高，但并不因此降低生活质量，就是得益于自给自足的"福利"。其次，乡村经济多元化有利于降低市场风险和自然风险。农民懂得"东方不亮，西方亮"的道理，多样化农业可以分散自然风险和市场风险。最后，乡村经济多元化有利于充分利用乡村资源，包括乡村的自然资源、社会资源和文化资源，也包括乡村空间资源和人力资源。

---

* 朱启臻，中国农业大学农民问题研究所所长，农业文化研究中心主任，教授，博士生导师。

二、"产业兴旺"要发展乡村特色产业

从理论上讲存在两种农业，一种是政府的农业，另一种是农民的农业。前者所追求的是一个国家的农业安全，本质上体现为公共产品，政府对农产品的要求以追求数量充足、价格低廉、质量安全为目的。农民的农业首先考虑的是增加自己的收入。这两个目标并不总是一致的，常常发生矛盾。特色产业和融合产业是农民视角的农业，是以增加农民收入为落脚点的农业。

常看到一些"特色"农业失败的案例，其实那不是具有任何意义的特色。特色农业是指在特定的地理环境下、凭借独特资源条件所形成的具有独特产品品质以及特定消费市场的特殊农业类型。特色农业是天时地利人和在农业生产上的具体反映。不可替代和不可复制是其重要特征。特色农业主要表现为地域特色，其他地区或不能生产，或产品品质不能保障，或成本过高，使得该农业类型在特殊区域保持着独特优势。具体说，发展特色农业要突出三个特色：第一，突出环境特色，贵州省 92.5% 的地区为山地，自然环境优越，"绿水青山"可以通过发展特色中药材、食用菌、茶叶、特色蔬菜等有机、绿色农产品实现向"金山银山"的转变。第二，突出物种资源特色。特殊的地理环境形成了丰富的珍、野、稀、名、特物种资源，是发展特色农业的"宝库"。这些资源具有不可复制性、不可替代性，是特色农业的重要基础，很多地理标志产品就是以特殊物种资源为条件的。第三，突出气候特色。特殊的气候特色不仅造就了特色物种，也形成了特色产业类型。例如河谷热、坝区暖、山区凉、高山寒的立体气候，形成了多样化的地方特色农产品优势。气候特色不仅可以生产出特色农产品，还可以通过气候差、季节差获得市场空间。

特色农业除了地域特色外，还应该包括文化特色和民族特色。当特色文化融进了特色农业，便形成了独特的农业特色产品。

三、"产业兴旺"要发展融合产业

麻江县蓝莓产业从种植、加工、科普、教育，到体验、观光，特别是与村寨及其文化融为一体，为农业产业融合提供了可资借鉴的样板。融合产业特别强调把获得的综合利润留给农民，而不是排斥农民。发展融合产业，首先要明确农户、家庭农场、合作社是产业融合的主体。产业融合只有在农业生产者内部实现才有意义。其次，要明白融合什么内容。就乡村产业融合路径而言，主要有两种途径可以选择：

第一，农业产业链的延伸，主要指三大产业的融合。农家乐之所以受农民欢迎，就在于其有效的产业链延伸模式，即从地头延伸到了餐桌。除了传统的"产加销"产业链延伸维度，另一个产业链延伸维度是利用农业副产品发展乡村手工业，如编织、刺绣、纺织、印染、雕刻等，手工业是乡村经济的重要方面，也是产业融合的重要内容，具有变废为宝、循环利用的价值。2018 年中央"一号文件"明确指出要振兴乡村传统工艺，要培育一批家庭工场、手工作坊、乡村车间，为乡村产业融合提供了前所未有的发展空间。

第二，农业与乡村功能的扩展。人们越来越认识到农业和乡村诸如生产、生活、生态、文化与教化等的多种价值，特别是近些年"文旅农"的融合，成为变乡村综合价值优势为经济发展优势的有效途径。为休闲、度假、养生、教育等新型业态发展提供了空间。融合农业发展对培养农民综合利用农业资源的素质和能力、激发农民从事农业生产的积极性具有重要意义。

四、"产业兴旺"要发展组织起来的产业

农民组织建设是现代农业的基础，也是实现农民增收和维护农民利益的保障。什么样的组织形式有利于乡村产业的发展，有助于实现农民利益，贵州省"龙头企业＋合作社＋农户"的模式值得借鉴，即龙头企业做市场、建品牌并下订单给合作社；合作社覆盖全体农户，负责种养环节，农民不承担市场风险。转变农业生产方式，需要创新农民经济组织，以下三个方面应特别注意：

第一，必须十分清楚家庭经营是农业经营的基本形式。党的十九大报告指出要保持土地承包关系稳定并长久不变，第二轮土地承包到期后再延长三十年。同时指出，要实现小农户和现代农业发展的有机衔接。保证了家庭经营的长期性和稳定性。这是由农业特点和家庭特点所共同决定的。农业劳动对象的生命性、农业生产的地域性、季节性和周期性等性质决定了农业劳动不仅需要丰富的经验和技术，更需要高度的责任感、自觉性、主动性和灵活性。而家庭特点恰好与农业生产的特点相吻合，决定了家庭是土地产出效率最高、风险最小、成本最低的农业经营方式，只要农业生产特点不变，农业经营的家庭方式

就不会发生变化。任何否定农户经营的基本制度，要土地而排斥农民的做法违背农业发展的基本规律，不可避免地要付出惨重代价。

第二，家庭农场是未来现代农业的基本单位。在肯定农户经营适应性的同时，也必须看到小农户经营农业的弊端和问题。但是，解决农户生产存在的问题不能以否定家庭经营为代价。应该看到，乡村人口城镇化为乡村规模农业提供了条件，通过深化农村土地制度改革，完善承包地"三权"分置制度，把已经脱离耕地家庭的承包地流转给种地的农民，让这些农民种更多的地，培育出适度规模经营的家庭农场，作为中国现代农业的基本经营单位。家庭农场特点在于保留了农户经营全部优势的同时可以克服小农户的某些劣势。

第三，合作社是农业生产者的理想组织形式。家庭农场与一般农户都存在一些自身难以克服的问题，如市场交易成本问题、市场价格波动问题、农业品牌建设问题、农业社会服务问题等，这些难以通过农户或家庭农场自身力量得以解决，而是需要更高层面的组织才能实现。理论和实践证明，这种更高层面的组织形式是合作社。通过合作社把农户、家庭农场、农业企业等联合起来，与健全的农业社会化服务体系一起构建现代农业生产经营体系。这样才能确保国家粮食安全，维护农民的利益，把中国人的饭碗牢牢端在自己手中。合作社发展，要在微观上培育家庭农场，家庭农场作为新型职业农民的载体，可以激发农民的内在合作需求，解决合作社微观动力不足问题。在宏观上，要解决合作社规模问题，农业的规模效益要通过合作社规模来实现，而不是通过大规模流转土地实现。鉴于中国文化传统和行政体系，以家庭农场和农户为基础，以村落为单位的村社一体合作组织应该成为中国农村合作组织的主要形式，在此基础上进一步通过联合社形成全国合作社网络。农业的供给侧结构性改革、特色农业、品牌农业、融合农业、可持续农业以及农村多元化产业等农业形式只有在组织起来的框架下才是有效的。

29. 更好地用精准扶贫思想指导产业扶贫实践 *

檀学文

精准扶贫思想是治国理政的行动理论，是打赢脱贫攻坚战的重要指导思想，是习近平新时代治国理政思想的重要组成部分。精准扶贫思想将随着实践的深化而不断发展，经过脱贫攻坚战的洗礼，形成更加成熟的精准扶贫理论。脱贫攻坚实践需要以精准扶贫思想为指导，不断面对和解决新的问题，不断克服难点问题。

一、精准扶贫思想特点与实践转化

（一）精准扶贫思想的根本特点

精准扶贫思想是关于精准扶贫工作的完整观念体系，包括精准扶贫、精准脱贫和脱贫攻坚三个方面的核心内容。精准扶贫是对扶贫工作全过程提出的要求，可以概括为"六个精准"[①]。 精准脱贫是对脱贫方式和脱贫成效提出的要求，要针对主要致贫原因，综合采取以"五个一批"[②]为代表的脱贫路径，使贫困户的收入和生活条件达到脱贫标准，并规范退出。脱贫攻坚是明确要在现行标准下，实现农村贫困人口脱贫、贫困县全部摘帽、解决区域性整体贫困的脱贫目标；确立党政同责领导体系、大扶贫格局、资源投入和政策保障体系、

　＊　檀学文，中国社会科学院农村发展研究所研究员，贫困与福祉研究室主任。

①　"六个精准"为扶持对象精准、项目安排精准、资金使用精准、措施到户精准、因村派人精准、脱贫成效精准。

②　"五个一批"为发展生产脱贫一批、易地搬迁脱贫一批、生态补偿脱贫一批、发展教育脱贫一批、社会保障兜底一批。

扶贫责任体系，为实现脱贫目标提供支撑体系。

精准扶贫的目的是要找到所有的贫困人口，识别其致贫原因，再针对性地提供适用的脱贫措施和手段；精准脱贫是要让识别出的贫困人口能够真正实现脱贫，这就要求脱贫措施具有适用性、充分性和持续性，还要解决部分贫困户内生动力不足问题；脱贫攻坚既是精准扶贫的动员令，又是行动指南。精准扶贫思想的根本特点是精准扶贫、精准脱贫、脱贫攻坚三者的高度统一，每个方面都具有独特的内涵，相互支撑，缺一不可，但是最终以精准脱贫为目的。

（二）精准扶贫思想的实践转化

从 2014 年开展建档立卡工作开始，精准扶贫思想迅速转化为实践。经历了多年的实践检验，许多早期实践中存在的困难和问题得以解决并发展成为一套基本成熟的精准扶贫体制机制、政策体系和行动方案。精准扶贫实践可以简要概括为以下七个方面：①迅猛增加人力投入和资源投入，尽一切可能追求全部脱贫目标；②坚持党的领导和政府主导，实施全社会超常规动员，合力进一步增强；③不断改进贫困人口识别方式，逐渐消除指标控制，提高识别精准度；④在中央统筹、省负总责、市县抓落实的扶贫责任制基础上，在村级层面形成了由村"两委"、第一书记、扶贫工作队、帮扶责任人组成的扶贫"四支"队伍，第一书记和扶贫工作队的力量不断加强；⑤以责任、权利、资金、任务"四到县"和资金整合推动项目安排和资金使用的精准；⑥形成了多样化的脱贫路径，最终可归入发展生产、基本公共服务均等化、社会保障三大机制；⑦发挥考核和评估"指挥棒"威力，以贫困退出机制保障脱贫质量。

二、精准扶贫实践面临的问题

精准扶贫思想是一个完整的体系，但是在实践转化过程中还存在着不少问题，或者说实践与理论存在偏差。这些问题包括但不限于：现行建档立卡工作机制没有从根本上解决精准识别问题；扶贫与脱贫的主客体角色界定不明确，尤其是脱贫主体责任缺乏界定；基层脱贫攻坚责任制百花齐放，但暗含着村级治理能力隐忧；现行脱贫机制还不够完善，信息核查缺乏专业性和权威性，对不愿脱贫、因懒致贫等现象缺少有效应对手段；较高脱贫标准引发的福利悬崖效应导致新的不公平；产业扶贫仍然是坚中之坚。

三、用精准扶贫思想加强对脱贫攻坚实践的指导

中国的精准扶贫已经创造了奇迹，下一步应该更好地推动精准扶贫思想的实践应用，在实现脱贫基础上进一步提升脱贫质量。接下来的时间里脱贫攻坚的重点就是要坚持精准扶贫思想，加强对脱贫攻坚的指导，致力于解决各种仍然存在深层次体制机制问题以及各种难啃的"骨头"。对于脱贫方式，根据习近平总书记的总结，目前已经形成了十多种做法和手段。但是归根结底，这些手段可以归纳为发展生产、基本公共服务均等化、社会保障三大机制。其中，后两类措施都是福利性的，要达标，但是不是多多益善；只有发展生产类的措施是通过经济活动，为贫困户创造借以脱贫的财富。只要涉及经济活动，就要服从经济规律；只有当扶贫产业按照市场规律运行，才有可能实现产业扶贫的稳定性和持续性。所以，到了脱贫攻坚的后期，为了确保持续脱贫，发展生产成为最重要和最需要持续努力的扶贫方式。

产业发展的脱贫效应体现在两个方面：一方面是自发带动就业的"涓滴效应"；另一方面是瞄准贫困户的精准扶贫。贫困户与产业扶贫的联系包括三个层次，即直接自主地在产业扶贫体系之下开展生产经营活动、作为受雇劳动者参与生产劳动，以及作为权益人分享产业收益。理想的产业扶贫模式是拥有具备足够市场竞争力的经营主体带动—产品适销对路—贫困户可以根据自身条件自主选择参与方式。产业扶贫成功的条件看似简单，但是实际上与市场经济条件下对一般市场主体的要求是一致的，那就是要具有市场竞争力、生存能力以及盈利能力。政府支持扶贫产业或企业，要以企业经营符合市场规律为前提条件。政府的支持是为了补偿企业参与扶贫的社会贡献，不能为了扶贫目的而支持弱质的或不符合社会需求的产业。换句话说，产业扶贫的成功有两个必要条件，其一是产业自身符合市场规律；其二是做到精准扶贫。

当前产业扶贫的现实困难更在于产业自身要符合市场规律。在产业经济方面，任何投资都是基于对未来的预期，所发展的产业未必在长期、短期或区域范围内符合市场规律；在企业经营层面，是否具备资源、人才、技术、市场等内外部必要条件，是重要的现实约束。开发式扶贫是中国历来传统，是社会主义社会本质属性的体现。中国本身就处在市场经济健全发展和产业结构转型升

级的过程中，贫困地区发展更是相对滞后。扶贫产业成功的例子虽然比比皆是，但是盲目的决策、扭曲的支持所导致的丰产不优质、优质不优价、丰收滞销、谷贱伤农等现象也普遍存在。在当前农产品供给总体饱和的大背景下，几乎任何新增产品入市都只是加入更激烈的竞争中。农产品流通体系建设、电商发展、产销对接、消费扶贫等措施在一定程度上缓解了扶贫产业的困境，但是都不是根本性的。

因此，产业扶贫攻坚战的打法与教育、健康、危房改造等领域是不同的。对于单个企业和局部地区来讲，可以采取出奇制胜、特色化和差异化等非常规思路取得成功；但是在宏观层面上以及对于政府来讲，还是要坚守"久久为功"的信条，尊重市场规律过程。各级政府更重要的任务是创造良好的发展环境和市场条件，避免指令性计划，制定符合市场规律的产业规划并提供相应的支持和激励政策，在基层做好贫困户自主自愿参与和利益保护工作。

贵州省作为全国重点贫困省份之一，近年来实施大扶贫战略，以脱贫攻坚统揽经济社会发展全局，创建扶贫攻坚示范区，开展春季攻势和秋季攻势行动，脱贫成效走在全国前列。贵州省坚持大力发展具有贵州特色的山地高效农业，设立脱贫攻坚农业产业投资基金，实施"三变"改革①，把产业扶贫作为根本性脱贫方式。自 2018 年以来，贵州省更是开展了农村产业革命，推动观念转变、作为转变和产业发展方式转变，把产业革命置于"四场硬仗"②之首，这是扭住了精准脱贫方略的"牛鼻子"。建议贵州省在推动产业革命的过程中，在发扬革命精神的同时，保持战略定力，放长眼光，尊重市场规律，培育企业家群体和发扬企业家精神，发扬"上下结合"推广成功经验的优良传统，培育贫困农户自我发展能力，尊重农民意愿，保护农民权益，确保农村产业的健康发展和产业扶贫的稳健持久！

---

① 农村"三变"改革指农村资源变资产、资金变股金、农民变股东的改革。

② "四场硬仗"是打好产业扶贫硬仗，打好就业创业扶贫硬仗、打好金融扶贫硬仗、打好生态扶贫硬仗。

30. 打通产销对接关键一环 破局农村产业革命*
——基于新型城镇化的视角

张明玉

乡村振兴战略是新时代"三农"工作的总抓手,"产业兴旺"是这一重大战略的源头根本和基本前提,产业兴旺的关键在于依靠农村产业革命壮大乡村发展新动能,通过产业革命引导和推动更多资本、技术、人才等要素向农业农村流动,促进农村三大产业融合发展,保持农业农村经济发展旺盛活力。其中,产销对接是农村产业革命成败的关键一环,这个环节如果没做好,前面的农业生产将前功尽弃,后面的利益联结也无从谈起,而农产品物流恰好是实现产销对接的重要手段。因此,大力发展农产品物流是农村产业革命的有效途径。

农产品物流作为一个复杂开放的系统,是由包含农业生产至农产品消费全过程的农产品物流各个环节,以及所涉及的主体、物品、信息、设备设施、资金等若干相互联系、相互制约的要素构成的具有特定功能的有机整体,其演化本身具有自组织特征,会受到社会空间结构、农业生产经营方式和物流技术三个序参量的主导。因而,在制定农产品物流的引导与扶植政策时必须以顺应其客观演化规律为基本前提,一方面要及时准确地发现并把握社会空间结构、农业生产经营方式和物流技术三个序参量自身的发展变化;另一方面要意识到序参量变化对我国农产品物流系统带来的重要变革。具体而言:

首先,要意识到社会空间结构的变革,城乡统筹的新型城镇化将带来人口分布结构、土地利用格局、生产力分布格局和地域功能结构的重要调整,变革"城—乡"分割的二元社会空间结构为"城—镇—村"协调的三元社会空间结构。其次,要意识到农业生产经营方式的变革,"农地集体所有权—承包权—经营权"的"三权分置"制度设计为建立灵活高效的农地经营权流转市场提

---

* 张明玉,北京交通大学发展战略研究所所长,教授,博士生导师,国务院学科评议组成员,"万人计划"领军人才。

供了保障，有效促进了农业生产的规模化和现代化，带动以专业大户、家庭农场、农民专业合作社、农业产业化龙头企业为骨干的新型农业生产经营组织体系的产生并发展。最后，要意识到物流技术的变革，信息网络技术的快速发展和农村基础设施的完善将大幅提高冷链运输车、自动化立体仓储、物流规划技术、物联网、GPS 等先进物流技术在农村区域的获取与应用，有效弥合农产品物流技术的城乡二元鸿沟，促进物流技术在城市和乡村实现时间、空间和组织上的有效对接，实现城乡物流技术一体化。

与此同时，要深刻认识到在"城—镇—村"三元社会空间结构、新的农业生产经营方式和一体化物流技术的协同作用下，我国农产品物流系统将发生重大变化。

第一，农产品物流节点功能形态的转型升级，传统以家庭为单位的小农生产方式向现代化农业生产基地模式转型；传统只具备单一集散功能的农产品批发市场向集低温仓储、检验检疫、流通加工、信息服务、交易展示和电子结算等功能于一体的农产品综合物流园区升级；传统农产品物流配送将升级成为以信息流为核心，以自动化物流设备设施为基础，同时实现敏捷作业与柔性作业的智能化柔性配送中心。

第二，以配送中心为代表的流通型农产品物流节点与以农产品物流园区为代表的综合型农产品物流节点将发生空间分离，流通型农产品物流节点将更多地布局在城市周边郊区且紧邻市内交通干道的区域，综合型农产品物流节点将逐渐转移到小城镇实现可持续发展。

第三，农产品零售商的渠道权力逐渐增加，"农超对接""农社对接""农企对接"等双段三元结构占比逐渐提高，以农产品电子商务为代表的现代直销模式将迎来巨大的发展空间。

第四，各类农产品物流服务商将建立优势互补、利益共享、风险共担的合作关系，形成一种基于合作协议的网络组织。

因此，为保障我国农产品物流系统快速稳定演化，进而有序深入推进农村产业革命，应重点从以下六个方面做出努力：

（1）加快农业现代化建设，提升农产品进入流通领域形态。①有序推进农村土地经营权有序流转至新型农产品生产经营主体，促进农业适度经营。②推进农产品地理标志战略引领农业品牌化发展。③加快农业现代化改造，完善产地分选、预冷、包装等商品化处理功能，完善检验检疫、农技推广、信息发布等公益性功能，设立现代农业示范区。④加快生鲜农产品专用运输工具在农村的推广运用。⑤重视各类农业数据及信息资源的采集、存储、传输、分析，并对农民开展手机应用技能和信息化设备应用培训。

（2）优先选择位于城市群内交通便利的小城镇，完善其基础设施建设，为综合农产品物流园区提供稳定的空间载体。在城市群内部，优先选择处于大城市交叉区域的小城镇建设综合型农产品物流园区，在园区建设上，要给予用地保障、税收优惠等政策扶持，充分遵循生态文明理念，搞好园区"三通一平""五通一平""七通一平"建设，①加强信息网络、支付结算系统等现代基础设施打造。在园区运作上，要以市场化为基础，体现更多公益性，建设安全监测和可追溯体系。同时，健全小城镇的失地农民社会保障制度，实施转移人口技能培训，尤其是与农产品流通、加工有关的就业技能培训，全方位保障小城镇这一新的空间载体的形成和稳定，并为农产品物流在小城镇的稳定发展提供人力支持。

（3）整合重组城市周边的老旧仓库，改造升级成为智能化柔性农产品配送中心。充分考虑城市区域传统批发仓储腾退下来的仓库库房、露天垛位等空间的价值，鼓励跨库整合，进行冷链系统改造和信息化改造，配备新能源冷链车，发展冷链共同配送，打造智能化柔性配送中心。

（4）鼓励电商平台与农业生产基地和生鲜农产品零售商合作，合理布局生鲜自提柜，推动线上线下融合。鼓励电子商务企业前向与新型农业经营主体建立长期稳定的购销合同，后向与生鲜连锁超市、社区便民菜店、标准化菜市场等农产品零售业态深度合作，加快推进农超对接、农社对接，下沉农产品电商渠道。以一线、二线城市为试点，深挖消费者需求，在各大商圈、社区等人群密集区投放生鲜自提柜，缩短交付时间，提升用户消费服务体验。

（5）大力发展社会化的农产品第三方物流，保障农产品物流节点高效衔接。这里所指的农产品第三方物流是广义概念，指的是部分或全部农产品物流职能由商品供需双方以外的第三方专业物流企业承担的业务模式，包括农产品的运输和仓储、信息管理、决策支持、技术咨询等内容。通过招大引强、整合兼并等途径壮大第三方农产品物流市场主体，培育农产品第三方物流行业龙头；通过冷链技术改造、信息化升级、开发增值服务等方式提高农产品第三方物流服务水平；通过打破区域分割、建立企业信用评价体系、制定严格处置措施等方式，保障第三方农产品物流市场环境公平有序。

（6）完善农产品物流设备、操作、信息的标准化体系建设，提高系统环节衔接效率。政府与行业协会共同协商建立行业统一的农产品分等分级标准、包装规格标准、产品编码标准、贮藏标准、运输标准、设备标准、作业操作标

---

① "三通一平"指水通、电通、道路通和场地平整；"五通一平"指通水、通电、通路、通信、通气和平整土地；"七通一平"指道路通、自来水通、电通、排水通、排洪通、电信通、煤气管通及平整土地。

准、节点建设标准、质量检测标准等。政府尽快制定农产品物流信息技术标准和信息资源标准，并负责协调检验检疫、交通运输、工商管理、税务、金融等部门，加强相互之间信息的互联互通与共建共享。

31。以产业融合推动产业发展与产业革命 *

"三农"问题是关系国计民生的根本性问题。作为新时期急需解决的重要问题，党的十九大报告提出"实施乡村振兴战略"，同时明确指出农村三大产业融合发展是实施乡村振兴战略的重要内容。

实施乡村振兴战略的总要求，首位就是产业兴旺。而乡村产业兴旺就是要以推进农业供给侧结构性改革为主线，以构建现代农业产业体系、生产体系、经营体系为抓手，促进农村三大产业融合发展，推动产业发展与产业革命，提高农业综合效益和竞争力。

实际上，2015 年中央"一号文件"就提出了推进农村三大产业融合发展的重大政策导向。2016 年的中央"一号文件"专列内容部署"推进农村产业融合，促进农民收入持续较快增长"。2017 年党的十九大报告中提出促进农村三大产业融合发展，支持和鼓励农民就业创业，拓宽增收渠道。2018 年中央"一号文件"明确提出构建农村三大产业融合发展体系。

可以说，在目前脱贫攻坚的关键时期，农村三大产业融合发展的提出不仅为乡村振兴发展，同时为扶贫攻坚产业革命带来新的契机。推进农村三大产业融合发展，不仅是实现乡村产业兴旺的有效途径，也是决胜全面建成小康社会的着力点和突破口。而如何有效地抓住这一机遇，将农村产业融合转化为扶贫攻坚产业革命产业脱贫的抓手，自然就成为当前急需解决的重大理论问题及实践问题。

一、当前面临的问题

我们知道，所谓产业融合是在农村地区经济发展中通过技术创新、制度创

---

* 雷明，北京大学贫困地区发展研究院院长，北京大学光华管理学院二级教授。

新带动的纵向农业产业链深化、横向农业功能拓展等形式来提升融合的质量和效益从而形成农村三大产业融合。

从这个角度看，目前在乡村振兴以及扶贫攻坚产业发展和产业革命过程中，还存在着以下突出问题：

（1）乡村产业融合的利益联结松散、农业多功能性开发不充分造成的三大产业融合层次低；产业融合存在土地、资金、人才等要素供给不足的瓶颈约束；龙头企业、农民专业合作社等产业融合主体带动能力较弱；产业融合相关管理体制僵化、办事效率低等政策障碍；相关基础设施建设滞后等问题。

（2）虽然贫困地区农村通过三大产业融合发展，能够形成一种打破传统产业界限的新产业融合模式。但是由于贫困地区自然条件、历史、政治等因素的影响，其第一产、第二产和第三产融合发展进程较为缓慢、模式也比较单一、同步发展极不均衡，限制了贫困地区依托产业脱贫的效果。

（3）目前我国贫困地区农村三大产业内部相互依存、彼此影响、共同促进的效果不显著，三大产业融合发展的协调水平不高，甚至处于失调阶段，而且地区产业协调度分布与贫困地区县域经济发展水平具有很大的空间对应性。

二、解决办法

为将农村产业融合变为扶贫攻坚产业革命产业脱贫的真正抓手，切实以产业融合推动产业发展与产业革命，需要针对当前存在的问题，从构建农村三大产业融合发展体系、提高贫困地区农村三大产业融合协调度入手，找准工作重点。

（一）构建农村三大产业融合发展体系

就构建农村三大产业融合发展体系而言：

首先，要大力开发农业多种功能，延长产业链、提升价值链、完善利益链，通过保底分红、股份合作、利润返还等多种形式，让农民合理分享全产业链增值收益。实施农产品加工业提升行动，鼓励企业兼并重组，淘汰落后产能，支持主产区农产品就地加工转化增值。其中包括：①培育新业态，开发农业多功能性。实施"互联网＋"现代农业行动计划、"物联网＋"智慧农业，发展休闲农业、观光农业、创意农业，满足人们的多样化需求，缩短农户购、销供应链，促使小农户快速融入现代信息化市场经济。②发展多种农村产业融合模式，延长产业链。促进技术渗透型、功能拓展型、链条延伸型等多种产业融合模式和谐共存、优势互补、协同发展。加快农业产业链的业态创新和商业模式创新，使农村产业朝绿色化、优质化发展。③建立紧密的利益联结机制。促使订单合作、股份合作、产销联动、产业链式等各种利益联结方式更加紧密。要以保障农民权益为核心，使新型农业经营主体之间及其与普通农户之间形成风险共担、互惠共赢的利益共同体。④建设有利于农村产业融合发展的公共服务体系。建立农村综合性信息、法律援助、农产品营销、产权评估等多元化公共服务平台，增强服务能力，降低涉农生产成本，提高农村产业整体盈利能力。

其次，要重点解决农产品销售中的突出问题，加强农产品产后分级、包装、营销，建设现代化农产品冷链仓储物流体系，打造农产品销售公共服务平台，支持供销、邮政及各类企业把服务网点延伸到乡村，健全农产品产销稳定衔接机制，大力建设具有广泛性的促进农村电子商务发展的基础设施，鼓励支持各类市场主体创新发展基于互联网的新型农业产业模式，深入实施电子商务进农村综合示范，加快推进农村流通现代化。

最后，大力实施休闲农业和乡村旅游精品工程，建设一批设施完备、功能多样的休闲观光园区、森林人家、康养基地、乡村民宿、特色小镇。对利用闲置农房发展民宿、养老等项目，研究出台消防、特种行业经营等领域便利市场准入、加强事中事后监管的管理办法。发展乡村共享经济、创意农业、特色文化产业。

（二）提高三大产业融合协调度

为解决贫困地区农村三大产业融合协调度不高的问题，国家层面应继续加大全面深化改革的力度，进一步强化供给侧结构性调整，持续释放制度创新的红利，为农村三大产业的良性融合发展构建更加科学的、完善的制度体系。

同时针对贫困地区农村三大产业呈现出的地域性差异，各地也应在充分发挥政策优势的基础上，在不断发展自身的同时不断完善跨区域合作利益分享机制，逐步缩小地区之间的差异。

另外，贫困地区还应在注重产业协调发展的同时，促进产业间的相互作用。每个地区要结合当地的经济基础、资源禀赋、产业特色等要素找准产业融合增长点，提高产业综合增长水平，并采取相关举措积极推进三大产业协调发展。

从贫困地区三大产业融合发展水平空间格局来看，各地还应充分发挥相邻省市的相互促进作用，避免三大产业协调度高的省市对邻近省市发展可能造成的阻碍，同时也要避免协调性低的省市间可能出现的相互抑制性作用。此外，从其影响因素来看，要充分发挥农业现代化的基础作用，并进一步促进工业转型升级，调动龙头企业的带动作用，加大工业与农业、服务业的深度协作。同时，还要注重第三产业内部结构优化升级，逐渐推进其向中高端水平发展，不断增强其综合竞争力。

（三）工作重点

就工作重点而言，应着重抓好以下方面：

（1）着力打造创意农业产业链。通过强化产业链整合和分工协作、重视创新因素提升产品附加值、通过文化宣传提升市场吸引力、充分发挥拍卖市场的分销作用等方式打造完整的、发达的创意农业产业链条。

（2）推进和推广家庭农场及农民专业合作社及其模式。

（3）打造以乡村旅游为主的多功能农业。以乡村旅游为抓手推动当地农业向第二、第三产业融合发展。

（4）推动产业纵向、横向融合。加快推进农业产业与工业、服务业纵向融合以及精确农业、工厂化农业、分子农业、太空农业等农业产业横向融合的进程，促进现代农业产业发展。

（5）提高农牧业高度现代化水平。以先进的畜牧业技术、完善的现代农业科技推广体系和不断创新的农民合作组织，推动现代农业、畜牧业的发展。

（6）实施"六次产业化"战略①。大力推进实施农业"六次产业化"战略，通过农业后向延伸，内生成长出立足于地域农业资源利用的第二、第三产业，提升农产品竞争力、开拓农业多功能性、增加农民收入、激发农村活力，让农林渔生产者能够分享农产品加工、流通和消费环节的收益。

（7）发展精致农业。以"精致农业"的发展思路，打造全民共享的健康农业、科技领先的卓越农业、安适时尚的乐活农业体系。

---

① "六次产业"即不仅种植农作物（第一产业），而且从事农产品加工（第二产业）与流通、销售农产品及其加工产品（第三产业），以获得更多的增值价值。"1+2+3"等于6，"1×2×3"也等于6，"六次产业"给农业带来丰富的想象空间。

32. "来一场振兴农村经济的深刻的产业革命"正逢其时 *

杜正雄

贫困地区精准扶贫、精准脱贫与实施乡村振兴战略具有内容上和形式上的高度统一性。精准扶贫的关键措施在于培育主导产业，没有产业支撑的脱贫只能脱于一时而难以持续。产业振兴更是乡村振兴的重要方面，没有乡村产业的振兴，产业兴旺这个乡村振兴的首要目标不可能实现。可以这样说，产业振兴、产业兴旺既是精准扶贫、精准脱贫的重要支撑，也是乡村振兴的物质基础。因此，作为精准扶贫、精准脱贫的重点区域，同时也是乡村振兴大有可为的贵州省，省委提出"来一场振兴农村经济的深刻的产业革命"可谓正逢其时、正当其地！

一、围绕资源优势选产业

产业选择是实现农村产业革命和产业振兴的前提和基础，但也并不是什么产业都适合农村，什么样的乡村都能发展好产业。农村产业革命最重要的是要围绕资源优势选好产业。

贵州省是山多地少、集中连片耕地缺乏的区域，土层薄、人均少，望天田、望天土遍布，这是贵州省农村极贫地区面临的共性问题。但得天独厚的山地、气候和优良的环境条件，具有发展林产品、果产品、蔬菜、中药材等特色产业的优势。这类产业应该成为农村产业革命的首选。同时农产品生产要在转变生产方式、降低生产成本、提升产品质量、扩大产品集群规模、培育市场品牌、完善冷链物流、广拓市场空间上下功夫。

贵州省也是一个少数民族集中居住的省份。多民族且民族集中居住的特

---

* 杜正雄，中国社会科学院财经战略研究院党委书记、研究员。

性，形成了丰富多彩的民族建筑、食品、风俗等多元特色文化。这些多元文化因素可以变成乡村产业发展当中与农业融合的要素，符合城市居民去乡村品尝新鲜农产品、享受清新空气和乡村宁静、追寻特色乡村景观、探秘差异化乡村文化等的猎奇心态，大力发展以农产品为核心，农业与旅游业相结合的农家乐、乡村旅游、乡村休闲和乡村养老等融合型产业。对农业融合型产业发展而言，人气是最大的生产力！这类产业发展的关键是要通过差异化融合型产品组合减少同质化竞争，通过交通设施特别是乡村交通设施的完善来提高通达性，通过跨区域市场开拓集聚人气，通过服务质量的强化吸引回头客和引来更多的新游客。

贵州省还是一个地貌特征独特、生态环境优良的区域。大量的乡村产品、文化、建筑等产业发展的要素都处于优美的生态环境之中。优美的环境不仅使这里的乡村更美丽，还使这里的产品更优质、更有机。环境因素对于乡村产业振兴的价值在于可变环境优势为产品和服务质量优势，通过产品和服务的质量提升、环境品质条件的推介实现产品和服务的环境溢价，使贵州省的农产品得到更多的市场认可，价格可以卖得更贵，更加有助于贵州省的美丽环境和美丽乡村向美丽经济转变跃迁，真正实现"绿水青山就是金山银山"！

二、通过深化改革助发展

乡村产业革命和产业振兴需要深化农村改革来培育发展动能、优化发展环境。

资源变资产、资金变股金、农民变股东的"三变"改革是贵州省农民和基层干部共同创造的农村改革新经验。这一改革的核心是把广泛存在于乡村产业发展的土地资源和人力资源、各种来源渠道的资金和闲置或低效利用的资产集中起来，形成乡村产业发展和振兴的合力，它在促进区域优势整合，特色产业开发，农村第一、第二、第三产业融合发展，推进扶贫攻坚和农民增收等方面，取得了明显的效果，也为增强集体经济发展活力和实力探索了一条有效路径。这项改革需要继续深化，并与其他领域的改革相配套，共同驱动贵州省乡村产业革命。

进一步深化农村土地制度改革。土地是产业发展之本。无论是农林业发展，还是农业融合型产业发展，土地利用制度都是基础性条件。要继续在农地确权颁证、"三权分置"改革基础上，培育新型农业经营主体、促进土地流转，形成土地适度经营新格局；继续深化农村集体建设用地改革、农村居民宅基地"三权分置"改革，为农村融合型产业提供充分的土地资源保障，更为城市人才资金助推乡村产业革命提供土地保障。

打通城乡要素双向流动的渠道，建立健全城乡融合发展的新机制。产业发展和振兴需要资金、技术、人才等多种要素的整合，更需要具有严密而准确的市场分析能力和判断能力，同时还要有发展产业与发展好产业的意志力，仅有乡村自身的资源和要素是远远不够的。要通过城乡融合发展机制的改革，充分吸引和调动城市的资源，通过外部资源和本土乡村产业发展振兴要素的顺畅流动和有效整合来完成产业革命的目标。应该说，"三变"改革、农村土地利用制度改革也为实现城乡融合发展创造了条件。

深化农村财政投入机制改革，为农村产业革命提供引导资金、创造基础设施等产业发展的先导条件。财政投入，特别是用于支持经济和产业发展的财政投入重点要用于为产业发展创造先导条件，用在提高乡村交通、信息基础设施的通达性项目上。同时，应避免有限的财政资源"撒胡椒面"、搞平均分配，可以根据乡村产业选择和发展的实际情况、资金需求，依次投入，不求每一次投入面面俱到。要以绩效预算改革为契机，增强财政投入对推动农村产业革命的有效性。

三、抓住关键环节优发展

要培育好农村产业革命的带头人，着力培育新型产业经营主体。要通过优化培训机制，强化提升这些作为产业革命主体的企业家的素质。要完善创新创业环境，引导其更好地带动产业价值链升级和区域优势特色产业供给质量的提升。同时，要加强农民培训，增强农民参与产业开发和创业就业的能力，并使其不断向农村产业革命的主体和带头人转化，这也使发展的效益更多地为当地人所享有，助推精准扶贫、精准脱贫变得更加可能。

强化市场营销网络和品牌服务。贵州省有好的产品，但由于距离主流消费和服务市场较远，优质产品和服务"远在深山人未识"的局面并未根本改变，随着高铁、机场等交通设施的改善，特别是大数据中心地位的形成，这种格局有了被打破的条件。在这种情况下，强化传统和现代市场营销网络及供应链建设、培育做精品牌应成为促进贵州省农村产业革命的关键环节。

加强产业发展的要素及其产权流转平台建设，促进资源和要素在城乡之间、区域之间、产业之间的大范围流动。可以说资源和要素流转的范围在一定程度上决定了其价值的大小，更决定了其服务的产业的拓展能力。要在加强平台建设的同时，完善平台的运作范围和机制，放大资源和要素在产业发展上的时空效能，促进农村产业革命。

加强乡村产业发展的领导和统筹。乡村产业发展，无论是农业还是农业融合型产业最容易产生同质化、一窝蜂现象。同质化导致的过度竞争更是产业发展的大忌。虽然地理、民族文化、环境风貌有先天差异，但在产业选择、商业模式上同样有容易导致同质化的因素。以县域为单位，加强对乡村产业发展的领导和统筹，做好乡村产业发展规划，在产业发展之始就注意避免同质化竞争是非常必要的。

33. 农村产业革命的意义、原则及路径 *

向德平

一、认识农村产业革命的意义

习近平总书记提出，要推动乡村产业振兴，紧紧围绕发展现代农业，围绕农村一二三产业融合发展，构建乡村产业体系，实现产业兴旺，把产业发展落实到促进农民增收上来，全力以赴消除农村贫困，推动乡村生活富裕。

乡村振兴，关键是产业要振兴。产业振兴是乡村振兴的重要内容，也是基础和前提。乡村产业将农业、农村、农民连接在一起，直接关系到农民增收、经济发展、社会稳定和文化兴盛。

只有发展壮大乡村产业，不断筑牢农村经济基础，农民生活水平不断提升，才能为其他方面的振兴奠定坚实的基础，进而有效带动其他方面的振兴。产业振兴是农村经济实现高质量发展的必经之路。乡村产业发展，有助于推进第一、第二、第三产业交叉融合，进一步提高产业发展质量，加快形成彰显地域特色和乡村价值的产业体系，培育发展壮大新动能。乡村产业振兴，会吸引更多的人才、资金、技术进入农村，使农村充满生机和活力。

乡村产业振兴是农民脱贫的重要途径。要打赢脱贫攻坚战，让农村贫困人口同全国一道进入全面小康社会，必须大力发展乡村产业，推进乡村产业振兴。

乡村产业有着广阔的发展空间，蕴藏着推动农村经济社会发生深刻变化的巨大潜力。实现乡村产业振兴，就是要围绕全面建成小康社会目标和"四化同步"发展要求，立足贵州省实际，以保障农产品供给、提高农民生活水平、实现乡村振兴为目标，以全面提高乡村人口承载力、产业竞争力和可持续发展能力为方向，以现代农业产业体系、生产体系、经营体系为支撑，以农村第一、第二、第三产业融合为纽带，通过农村产业革命，构建产业门类合理布局、资

---

* 向德平，武汉大学中国减贫发展研究中心主任，博士生导师。

源要素有效集聚、创新能力稳步提升、内生动力充分激发、综合效益明显提高的农业产业体系。

二、明确农村产业革命的原则

贵州省在农业产业革命方面大胆探索，形成了一些创新性的理念、政策和措施，具有以下方面的特点：

第一，以农村供给侧结构性改革为主线，以市场为导向，以转变产业发展方式的战略思维布局农业产业发展。

第二，积极融合现代农业发展的新理念、新技术和新方法，促进农业产业转型升级。

第三，立足生态优势，着力培育绿色产业。

第四，大力推动组织形式创新，加强推进农业产业化的制度、政策和机制建设。

第五，积极构建和完善社会利益联结机制，保障农村产业发展对贫困村和贫困人口的带动效应。

第六，充分发挥市场机制的作用，打好市场牌，增强农业产业的市场竞争力。

农村产业革命要把握好四条原则：

（1）坚持以农为本，这是农村产业革命的基本前提。农村产业发展必须扎根于农村、立足于农业、服务于农民，充分利用农村特有的资源优势、人文条件、生态风光，将农村作为长期发展的坚实基础。

（2）坚持产业升级，这是农村产业革命的主要内核。紧紧围绕乡村产业振兴，在推动优势特色产业升级、培育产业产品品牌、打造现代特色农业示范区升级版、推进农业科技创新、提高农产品加工水平、促进农村产业融合发展和培育壮大农业龙头企业等方面下大功夫，加快构建现代农业产业体系，加快培育现代农业产业经济，发展农村新产业新业态，大力提高农业发展质量和效益，进一步提升农业产业现代化水平。

（3）坚持协调带动，这是农村产业革命的本质要求。要促进第一、第二、第三产业交叉融合，发展农村新产业新业态新模式，激发乡村发展新动能。要把农村产业革命落到促进农民增收、农村繁荣上来，在保持乡村生态环境、乡土风情、公序良俗的基础上，走生产发展、生活富裕、生态良好的发展道路。

（4）坚持增强活力，这是农村产业革命的重要指向。农村产业革命的目的是要提高农业产业的活力。要不断培育新型经营主体，引领乡村产业参与市场竞争，塑造核心优势，实现可持续发展。要充分发挥农民的主体作用，让农民成为农村产业革命的参与者、引领者和受益者，让农民真正富起来，留住农村青年人才，提升农民的获得感、幸福感和安全感，实现乡村振兴从"输血"向"造血"的转变。

三、大力推进农村产业革命

农村产业革命是一场革命，这既是发展观念的革命，又是产业方式的革命，也是工作作风的革命。在这场革命中，要制定相关政策，采取有力举措，大力推进农村产业发展。

（一）确立农村产业革命的理念

要大张旗鼓地宣传实施农村产业革命的重要意义，积极宣传农村产业革命的政策方针，在全社会营造产业革命的舆论氛围，促使政府、市场和社会力量自觉投入到农村产业革命、乡村振兴中来，让资本、技术、管理、信息等生产要素在乡村振兴中发挥更大的作用。

从倡导对象来看，应重点鼓励三类对象参与农村产业革命：

第一，鼓励拥有优势资源、发展能力强、有农业开发背景的企业到农村投资兴业。

第二，鼓励本土企业或者具有乡土情结的企业家在农村投资兴业，带动贫困人群发展。

第三，鼓励乡村经济能人或返乡创业人员参与农村产业振兴，带动贫困人群致富。

从倡导内容来看，既要倡导政府、市场和社会主体的责任，也要倡导共赢的舆论环境。新阶段的扶贫开发要广泛开展舆论宣传，培养人们参与扶贫的意识和责任，激发人们参与扶贫的爱心，但是同时也要让市场主体认识到参与扶贫开发的利益回报。特别是对各类企业参与贫困地区的扶贫开发而言，企业除了具有社会责任之外，其根本取向是逐利的。企业参与扶贫特别是民营企业应该获得相应的收益，要改变过去单一依靠企业社会责任感参与扶贫的做法，加大对参与扶贫开发企业的支持力度。

（二）完善农村产业革命的政策

推进农村产业革命必须制定完善的政策，让政府和市场及社会主体的参与透明化、公开化、公正化。

第一，要制定细则，建立制度化服务平台。政府有关部门和金融机构等服务机构要在财政支持、税收减免、土地使用、金融支持等方面共同制定具体细则，引导各类主体参与农村产业革命，推动规范化、制度化的深入和长期合作。

第二，要公开政府扶贫资源。特别是在项目资金方面要做到公开透明，为企业参与农村产业革命提供公平竞争的机会，提高各类主体参与农村产业振兴的积极性，充分发挥不同主体的优势，增强农村产业革命的效果。

（三）实施激励措施

要出台激励措施，激发各类主体的参与动力。

第一，要细化相关激励政策。拿出切实可行的实施方案，避免在农村产业革命中喊口号、走过场。应该在具体的激励政策中体现各主体的地位、权利、义务等，形成常态化的激励机制。

第二，及时创新相关的激励政策。例如，将激励措施与产业发展效果挂钩，设计合理的评价指标，评估结果作为支持各类主体的依据。

第三，在金融、财政方面要创新激励政策，同时建立落实工作机制。要明确政策协调机构，建立问责机制。

（四）改革资源配置方式

如何科学有效地配置资源，确保农村产业革命成效的可持续，根本的出路在于市场化改革。从资源分配来看，要充分发挥市场机制的作用。政府资源向市场竞争力强、产业带动作用强的主体流动。从资源使用来看，应该遵循市场经济规律，探索能够让资源产生最大效益的方式。政府应出台一系列优惠政策，通过政策引导和鼓励市场主体到贫困地区投资开发。政府还应提供信贷支持和创业环境来引导市场主体参与扶贫开发。

（五）建立利益联结机制

建立合理的利益分配机制。从实践来看，市场主体、社会主体参与农村产业革命的长效利益联结机制有待完善。在现有的利益链条中，各主体的地位并不对等，政府、企业、合作社、大户、贫困农户之间处于不同的利益链条中，利益共享格局较难实现。如何在尊重市场规律的基础之上，建立稳定的利益链条，是动员各类主体参与农村产业革命必须解决的问题。要支持农户与新型经营主体通过订单农业、股份合作等形式建立紧密的利益联结机制，让处于产业链低端的小农户也能分享财政支农的政策红利、参与全产业链和价值链的利益分配。此外，要完善农业风险保障机制。

34. 推进贵州省农业产业革命，促进高质量发展 *

张照新

当前，在城乡居民消费升级和新技术快速普及应用的双重驱动下，我国农业产业进入多重变革相叠加的时代，农业经营体系、农产品市场竞争、农业技术路线和农业政策目标发生了重大变化，新产业新业态新模式大量涌现，由此推动着农业产业的急剧变革。在这种大背景下，顺应发展趋势，加快推进贵州省农业的产业革命，是贵州省农业实践发展的要求，对于提高贵州省农业供给的质量和效益、实现农业高质量发展具有重大意义。

第一，加快推进农业由增产导向到提质导向转变。由于人多地少的基本国情，长期以来我国农产品供求处于产不足需的格局，由此提高农业综合生产能力、增加粮食产量，一直是我国农业的首要目标。但进入21世纪以来，国家连续大幅增加农业投入，我国农业综合生产能力持续稳定提高，粮食产量实现了"12连增""15连丰"，农产品供给量大幅度增加。农产品供求的主要矛盾由总量不足转变为结构性矛盾，总量供大于求、优质农产品供给短缺成为常态。在这种背景下，农业生产的目标要由追求产量增长向提高农产品质量转变，支持发展各种优质高效的农产品品种，减少低端无效供给，推动农业的品质革命。

推动贵州省农业的品质革命，一方面要大力培育和推广普及优质品种，推动品种的更新换代，以优质品种替代普通品种；另一方面要强化农产品质量管理体系建设。健全各类农产品生产的操作规程和标准体系，推动生产各环节的标准化。强化农业投入品管理，从源头上杜绝各类违禁投入品，确保农产品质量安全。完善农业生产的档案资料工作，建立农产品质量全程可追溯制度。支持经营主体开展各类农产品质量认证，逐步提高产品质量水平。

第二，加快推进农业由成本竞争转向品牌竞争。在改革开放初期，由于我国经济发展水平低，农业劳动力成本低廉，农户自己的投工投劳甚至不算成

* 张照新，农业农村部农村经济研究中心产业与技术研究室主任、研究员。

本；农民自己的承包地，也很少计算成本和费用；各种环境生态等因素也未纳入成本中。由此带来我国农产品物美价廉，具有较强的市场竞争力。但随着国家经济发展水平的提高，农民机会成本不断提高，农业劳动投入成本大幅度增加；随着土地大量流转，地租水平也不断上扬，在农产品生产成本中的占比也不断加大。这就要求农业要由追求低成本转向追求高附加值，实现竞争方式的革命。

转变贵州省农业的市场竞争方式。首先，推动各类主体转变经营理念，由主要关注生产环节转向更多关注市场和消费需求，眼光由内向外，推动农业由生产导向转向市场导向。经营决策、品种选择，都要瞄准市场需求，根据需求调整自己的生产行为。要深入分析消费需求，研究不同收入、不同年龄段、不同区域人群的需求差别。结合自身资源要素禀赋，选择相适应的消费群体和目标市场。其次，要培育品牌，打造自身的核心竞争力。品牌培育，既要注重品牌的内在质量保证，也要注重品牌的内在文化传递，实现品牌软实力与硬实力的结合。当前很多地方在积极开展区域公共产品品牌的打造，这对于提高一个地区农业附加值、增强农业竞争力具有重要作用。但要注重区域公共品牌与企业品牌的协同发展。在市场中，企业品牌是主体，因此应在培育区域公共品牌的基础上，培育形成一批有市场号召力的企业品牌，这样才能真正提高产业的附加值，增强产业的竞争力。

第三，由高产技术模式向绿色发展模式转变。过去为了追求产量，大量使用化肥农药，不但影响了产品品质，而且也给资源和生态环境带来了严重破坏，难以持续。随着农产品供求关系的缓和，特别是城乡居民消费升级，对于优质农产品需求增加，特别是对于休闲观光、度假康养等生态产品需求的增加，要求农业在生产技术模式上要由高产技术模式转向绿色发展模式。

一方面，贵州省生态环境比较脆弱，需要更加注重资源和生态环境的保护；另一方面，贵州省内资源生态品种丰富，具有明显特色，发展各类生态产品具有较好的基础。推动贵州省农业绿色发展，要转变理念，拓展农业产出视角，改变过去仅把农产品产量视为农业产出的看法，要把农业副产物、农作物生产对生态环境的影响、对土壤的影响，都视为农业产出，构建农业产出的大视野观。同时，要尊重生态系统，尊重生态系统内在规律。在推进特色产业发展中，要注意保护生态系统的多样性，维护生态系统的平衡。要大力发展以休闲、度假、康养为主要内容的生态产品，充分发挥贵州省自身的资源特色，真正把资源优势转变为产业优势和经济优势，把"绿水青山"变为"金山银山"。

第四，加快推进由小农农业向服务农业转变。20世纪70年代末至20世纪80年代初的改革，使得千家万户的农户成为农业的微观经济主体，激发了农民的生产积极性，促进了农业生产力的大幅度提高。但进入 21 世纪以来，随着农村劳动力的大量转移，土地流转比例不断提高，逐步形成了家庭农场、农民专业合作社等一批规模经营主体，一批专业化服务组织迅速兴起，推动了农业分工的深化。与此同时，消费需求升级和互联网技术快速渗透，也吸引了一批工商资本进入农业，催生了新业态新模式，成为农业产业转型升级的重要引领者。

政府应顺应农业产业体系变革的要求，积极推动新业态、新模式的发展。要大力支持规模经营主体的发展，支持服务主体的发展，推动农业分工的深化。尤其是要支持面向小农户的专业化服务组织，重点解决小农户干不了、干不好的环节，提高小农户的生产经营水平，真正把小农户与农业现代化有机衔接起来。要大力支持以品牌服务、质量管理、标准制定、金融法律等各类新型服务组织的发展，通过这些新型服务组织，大幅度提高农业经营管理水平，推动农业转型升级。要支持以互联网、大数据应用为代表的各类新型业态尤其是服务平台建设，利用信息技术加快对农业产业的改造，实现贵州省农业的"弯道超车"。

推进贵州省农业产业革命，还要处理好三个关系：

首先，要处理好政府和市场主体间的关系。既要发挥政府在推动制度完善、政策健全等方面的作用，又要注重发挥各类市场主体的活力。

其次，处理好特色产品专业化规模化和生态多样性的关系。特色产品只有在一定区域内实现较大的规模，才能有利于形成产业集群集聚，但生态系统应当是多样化的。这就需要在推动特色产业发展时，既要扩大其规模，同时又要注重产业种类的复合性，维护生态的多样性。

最后，要处理好新型经营主体和小农户的关系。推动农业转型升级，需要培育和发展各类新型农业经营主体，推动农业经营体系的建设。同时，也要关注小农户，尤其是自身难以向非农产业转移的以中老年农民为主体的小农户，完善对这些小农户的支持政策。

35. 中国农村产业革命的思考 *

谢 扬

党的十九大提出的建立现代经济体系，从"三农"发展角度提出了新课题，即如何在振兴乡村的过程中，让农业发生一场深刻的产业革命。2018 年 1 月 30 日，习近平总书记在中央政治局就建设现代化经济体系进行第三次集体学习时指出，建设现代化经济体系是转变经济发展方式、优化经济结构、转换经济增长动力的迫切要求。贵州省委紧跟中央政策，敢为人先，将农村产业革命置于三年脱贫攻坚背景下予以战略性突破，于 2018 年 2 月 9 日在贵州省委农村工作会议上提出，要来一场振兴农村经济的深刻的产业革命，推动农业产业结构调整取得革命性突破，让农业成为有奔头的产业，让农民成为有吸引力的职业，让农村成为安居乐业的美丽家园。

谈论产业革命有各种不同角度，例如从科技革命角度，从组织创新角度等。当前，农业产业发展发生了一些实质性的变化，表现出了一些新特征，成为推动农业产业革命的重要因素。

首次，农业产业的环保生态化。例如，为应对全球气候变化，应对能源危机，美国逐步发展起玉米乙醇产业。为此，美国开放大量休耕土地重新纳入玉米种植。原来的休耕制度是应对粮食周期性过剩，由于粮食与乙醇产业结合，释放了生产力，也缓解了粮食周期性压力，并同时在推广乙醇汽油中为减少碳排放做出了贡献。由此，可大幅减少农业补贴，为美国掌握世界贸易组织（WTO）和应对气候变化问题上的谈判争得了主动权。

其次，农业产业的市场全球化、互联网化。大宗农产品生产经销物流系统的建立以及各种保鲜手段（冷链）、农产品深加工工艺等的改进，为农业产业全球化、互联网化提供了极大的支撑，同时也成为影响农产品价格的重要变量。除了以粮食油料为代表的土地密集型农产品资金技术发展模式外，以其他经济作物为主、以劳动资金技术密集型为代表的小农户模式也在展露出新的魅力。以苹果产业为例，我国苹果种植面积的产量平稳增长，截至 2016 年，我

* 谢扬，国务院发展研究中心研究员。

国苹果产量已达 4388 万吨，与 10 年前相比，苹果产量增幅 58%。我国是世界上最大的苹果生产国，其种植面积和总产量均占全世界的一半以上。陕西省、山东省、河南省、山西省和河北省是我国苹果种植的五大主产区，这 5 个省份的苹果产量占全国总产量的 3/4。2017 年，中国、欧盟国家、美国的苹果出口量分别为 120 万吨、100 万吨和 89 万吨，分列世界苹果出口量的前三位，对全球苹果购销价格有重大影响。

最后，农业产业的需求个性化、独有化、有限规模化、品牌化。主要表现为人们对食品安全的关注，市场对有机、绿色、无公害食品的追崇，大力发展短链食品，即产自本地的安全节能的农产品成为市民、游客餐桌上食品的主体。如德国在有机食物方面每年大约花费 70 亿欧元，人均消费额约为 73.6 欧元，已当之无愧地成为欧洲的"有机王国"；美国加利福尼亚州是美国有机食品的主要产区，种植基地面积约 261 万亩。从欧洲大力提倡农业多功能，到日本强调地域文化特色食品（食品专卖店、制作体验店、博物馆），更为农业产品的多样化、品牌化朝个性化和独有化开辟了广阔道路。正好适应互联网时代的发展要求，为小规模农户发展提供了不同以往的发展空间。

农业产业革命不可能"从天而降"，而是与原来农业发展各方面因素密切关系中突破创新产生产业联动的结果。

第一，土壤微生物修复技术创新型联动方式。我国原来的农业现代化技术首先在于种子、植物发育成长方面的技术；其次是肥料或药物；再次就是水利等设施。大田作物和畜牧业则是从节省劳动力的角度开展农业机械化。但是，对土壤本身从修复角度、调整团粒结构的技术突破较为少见。随着土壤盐碱化、化肥施用过量、土壤板结及重金属污染等影响农产品产量和质量的问题日益突出，土壤微生物修复技术创新型联动方式应运而生。各种改造盐碱地、恢复土壤地力方式和修复技术成为精细农业和传统精耕细作升级的重要选择。

第二，直销式物联网化产销联营或成主流。较具代表性的有北京农业信息技术研究中心近年来发展的"社社对接"模式，即生产合作社与消费合作社（单位工会）融入互联网，逐步升级规范，北京农业信息技术研究中心还创立了"京合农品"。今后在强化物联网的基础上，还要增强直观、有效监督和必要的体验效果，确保在产销上高质高端对接可持续。此外，还有货柜冷藏、寄存方式、菜单式供货等诸多新型销售方式的出现。

第三，生产商、经销商互联网垄断趋势今后应有所改观。近些年来农产品生产商、经销商不断被互联网线下和线上联营"跑马占地"后，失去了不少传统领地。例如淘宝网目前仍发展迅速，工业品下乡基本被其垄断，而农产品上行发育一直比较缓慢。用互联网方式重组农产品原有产销格局也成为一种方式，改组生产商、经销商原有的利益格局，使其产权易位。这种趋势应引起高度关注，我们国家在市场组织形式未充分发育完善时发展起来的各种互联网方式，必然存在各种合理的、不合理的冲突。不管哪种互联网销售农产品、食品的方式，都必须遵循消费者第一的原则。

第四，农业合作社联社及联盟应是应对挑战的措施之一。农产品、食品问题关系到生产商和经销商乃至消费者的利益，还关系到生产农户的利益保障问题。各种从专业合作社基础上发展起来的合作社联社及其联盟是应对上述挑战的措施之一。否则，不同方面利益的冲突、碰撞和诉求如果不能纳入有序的协调机制中，风险是巨大的，例如周期性市场风险、自然灾害风险乃至不同地区价格波动引发的风险等。

第五，原产地标识等独有品牌建设应是后发地区进入农业产业革命的一个"优势"。原产地标识最为直接的表现是中国地理标志产品，即产自特定地域，其所具有的质量、声誉或其他特性本质上取决于该产地的自然因素和人文因素，经审核批准后以地理名称进行命名。原产地标识是知识产权的一种，是一个地区象征性的"名片"，加快农产品原产地标识建设，避免出现"到处是五常大米""有普洱市，却无普洱的独有品牌"等问题，这对提升地区知名度，促进区域经济发展有着重要而深远的意义。在工作中，要把大力实施地理标志产品保护和实施名牌战略、技术标准化战略有机结合起来，做到相互补充、相互促进，进而促进农业规范化、品牌化发展。

第六，遵循农业原有的地理分布及市场半径创建区域品牌。农业具有一定地理分布和市场销售半径，有着区域特色的产品特征。因此，创建不同特色的区域品牌对农产品而言具有重要的特殊意义。农产品贸易是个特殊领域，曾有人建议全球应划定 8 个农产品贸易区，在不同特色中制定不同又可协调的贸易规则，这样才能符合多样化生物的实际情况，这样的规则才符合贸易规律。

第七，走与农村旅游文化建设相结合的食品开发道路。全球都在面临着城市化进程中一部分乡村走向衰败、没落乃至完全凋敝的问题，这几乎成为不可逆转的态势。而所有振兴乡村的举措中，农村旅游文化建设均成为重头戏。众多的"乡村游""古镇浏览""人造水乡""仿传统村落"，均在营造乡愁气氛，重塑古风古韵。这一切均离不开当地食品开发的探索，应在"农家乐"基础上不断升级换代，将"色香味"乃至文化、非物质文化遗产等因素恰当地结合在一起。

国家乡村振兴战略指出："把握城乡发展格局发生重要变化的机遇，培育农业农村新产业新业态，打造农村产业融合发展新载体新模式，推动要素跨界配置和产业有机融合，让农村一二三产业在融合发展中同步升级、同步增值、同步受益。"中国农业的产业革命必将伴随着乡村振兴的发展而发生深刻变化。未来的 20~30 年，城乡发展格局也将重塑我国农业的基本面貌。在现代化、城市化和新型工业及信息化的道路上，农业的产业革命无论在形态上还是在实质内容上都将无可限量。